轨道交通运营初期
公共交通系统优化方法

Optimization Method of Public Transportation System
in the Initial Operation of Urban Rail Transit

过秀成　李家斌　等著

东南大学出版社
·南京·

内 容 简 介

轨道交通运营初期公共交通系统优化方法研究实现各方式合理分工、协同合作，便捷高效的多模式协同的公共交通系统，对支持新型城镇化发展具有重要意义。

本书主要研究了轨道交通运营初期公共交通系统特征、公共交通与土地利用协调发展策略、轨道交通运营初期公共交通客流需求分析、轨道交通与地面公交网络衔接规划方法、轨道交通站点交通接驳设施规划方法、轨道交通与地面公交运行协调技术、轨道交通运营初期公共交通运营管理策略与技术，并结合工程案例进行了应用研究。

本书可供交通运输工程领域的教学、科研、管理人员使用，亦可供城市规划、交通工程、土木工程等相关工程技术人员，尤其是从事轨道交通、地面公交的规划、设计、管理工作者参考之用。

图书在版编目(CIP)数据

轨道交通运营初期公共交通系统优化方法/过秀成，李家斌等著. —南京：东南大学出版社，2015.7
　ISBN 978-7-5641-5736-4

Ⅰ.①轨… Ⅱ.①过…②李… Ⅲ.①城市铁路—交通运输管理 Ⅳ.①U239.5

中国版本图书馆 CIP 数据核字(2015)第 102919 号

轨道交通运营初期公共交通系统优化方法

出版发行	东南大学出版社
社　　址	南京市四牌楼 2 号
网　　址	http://www.seupress.com
出 版 人	江建中
责任编辑	姜晓乐(joy_supe@126.com)
经　　销	全国各地新华书店
印　　刷	江苏凤凰数码印务有限公司
开　　本	700 mm×1000 mm　1/16
印　　张	19.5　彩插：4
字　　数	380千
版 印 次	2015 年 7 月第 1 版　2015 年 7 月第 1 次印刷
书　　号	ISBN 978-7-5641-5736-4
定　　价	59.00 元

本社图书若有印装质量问题，请直接与营销部联系。电话(传真)：025-83791830

前　言

我国正处于快速新型城镇化建设阶段,轨道交通建设对特大城市、大城市提升公共交通服务水平、促进城市空间集约化发展、实现节能减排等具有重要作用。在较长的网络建设起步期内,轨道交通在中心城区承担服务客流走廊需求的功能,在外围地区承担引导空间拓展的功能。处理好土地利用与公共交通协调发展关系,调整公共交通线网功能与结构布局,融合轨道交通与地面公交网络,完善换乘设施配置,协调运行组织,优化运营管理,是该时期内实现公共交通可持续优先发展的关键问题。

东南大学 Bluesky 团队近期与无锡市交通产业集团、无锡市城市规划编制研究中心、苏州规划设计研究院等企、事业单位共同开展了轨道交通运营初期公共交通客流需求分析、线网调整、轨道交通站点接驳设施规划和站点综合开发策划等研究,取得了轨道交通运营初期公共交通系统优化方法等系列成果。

本书共分为11章,第1章绪论;第2章轨道交通运营初期公共交通系统特征分析;第3章公共交通与土地利用协调发展策略;第4章轨道交通运营初期公共交通客流需求分析;第5章轨道交通与地面公交网络衔接规划方法;第6章轨道交通站点交通接驳设施规划方法;第7章轨道交通与地面公交运行协调技术;第8章轨道交通运营初期公共交通运营管理策略与技术;第9章无锡市轨道交通开通后地面公交线网调整规划;第10章无锡市轨道交通1、2号线交通接驳规划;第11章苏州市轨道交通2号线换乘枢纽单体规划与设计。

全书由过秀成教授统稿,各章的编写分工如下:第1章过秀成;第2、6章过秀成、李家斌;第3、5章李家斌;第4章过秀成、张宁;第7章过秀成、胡婷婷;第8章李家斌、陶涛;第9章王国新、黄炯耀、赵欢欢(无锡市交通产业集团);第10章卞大伟、张政(无锡市城市规划编制研究中心);第11章施进华、樊钧、徐瑷瑷、韩兵(苏州规划设计研究院)。

特别感谢交通运输部规划研究院何明博士和孔哲博士、郑州大学严亚丹博士、南京林业大学姜晓红博士、江苏省城市规划设计研究院张小辉博士、南京市城市与交通规划设计研究院刘超平硕士、杭州市城市规划设计研究院祝伟硕士、苏州规划设计研究院王恺硕士等在项目研究、学术研讨和资料分享中给予的支持及贡献的智慧。

本书在撰写过程中参阅了国内外大量文献与著作,由于条件所限未能与原著者一一取得联系,引用及理解不当之处敬请见谅,在此谨向原著作者表示崇高的敬意和由衷的感谢!

由于作者的时间和水平所限,书中难免有疏漏之处,恳请读者批评指正。

电子信箱:seuguo@163.com。

著 者
于东南大学
2015 年 7 月

目 录

第1章 绪 论 ··· 1
   1.1 背景与意义 ··· 1
   1.2 既有研究综述与实践现状 ··· 3
   1.3 研究内容 ··· 14
   1.4 本章小结 ··· 16

第2章 轨道交通运营初期公共交通系统特征分析 ······························· 17
   2.1 多模式公交系统构成及供给特性 ··· 17
   2.2 轨道交通运营初期公交系统调查技术 ·· 21
   2.3 轨道交通运营初期公交客流需求特征 ·· 30
   2.4 本章小结 ··· 50

第3章 公共交通与土地利用协调发展策略 ··· 51
   3.1 轨道交通对城市用地与空间布局的影响 ··· 51
   3.2 轨道交通沿线用地开发策略 ·· 54
   3.3 公共交通综合体开发策略 ··· 59
   3.4 本章小结 ··· 68

第4章 轨道交通运营初期公共交通客流需求分析 ······························· 69
   4.1 客流需求影响因素分析 ··· 69
   4.2 客流需求预测方法 ··· 71
   4.3 客流需求指标分析 ··· 90
   4.4 本章小结 ··· 94

第5章 轨道交通与地面公交网络衔接规划方法 ·································· 96
   5.1 公共交通系统线网功能与布局调整技术 ··· 96
   5.2 轨道交通与地面公交网络衔接技术 ·· 102
   5.3 走廊上地面公交线路调整技术 ·· 108
   5.4 轨道交通接运公交线路生成方法 ··· 123
   5.5 本章小结 ··· 139

第6章 轨道交通站点交通接驳设施规划方法 ····································· 141
   6.1 站点交通接驳系统配置 ··· 141
   6.2 站点交通接驳设施规模测算 ·· 149
   6.3 站点交通接驳设施布局 ··· 162

 6.4 本章小结 ··· 173

第7章 轨道交通与地面公交运行协调技术 ························· 174
 7.1 轨道交通与地面公交运行协调策略 ······················· 174
 7.2 轨道交通与地面公交时刻表协同设计 ····················· 177
 7.3 地面公交实时调度优化 ································· 188
 7.4 本章小结 ··· 209

第8章 轨道交通运营初期公共交通运营管理策略与技术 ·············· 210
 8.1 公共交通运营管理的目标与内容 ························· 210
 8.2 公共交通票价制定与票制优化 ··························· 211
 8.3 公共交通信息服务系统建设 ····························· 221
 8.4 本章小结 ··· 230

第9章 无锡市轨道交通开通后地面公交线网调整规划 ················ 231
 9.1 公共交通发展现状 ····································· 231
 9.2 轨道交通沿线用地与地面公交现状 ······················· 233
 9.3 公交线网总体规划 ····································· 236
 9.4 公交线路调整 ··· 238
 9.5 线路运营组织调整 ····································· 243
 9.6 调整方案评价分析 ····································· 244
 9.7 方案实施 ··· 247
 9.8 本章小结 ··· 249

第10章 无锡市轨道交通1、2号线交通接驳规划 ···················· 250
 10.1 轨道交通沿线用地与地面交通现状 ······················ 250
 10.2 客流需求分析 ·· 254
 10.3 站点交通接驳系统配置 ································ 257
 10.4 站点交通接驳设施规模测算 ···························· 259
 10.5 站点交通接驳设施总体布局规划 ························ 261
 10.6 典型站点交通接驳设施布局规划 ························ 266
 10.7 本章小结 ·· 272

第11章 苏州市轨道交通2号线换乘枢纽单体规划与设计 ·············· 274
 11.1 轨道交通沿线地面交通现状 ···························· 274
 11.2 换乘枢纽发展目标与策略 ······························ 277
 11.3 典型站点规划与设计 ·································· 277
 11.4 本章小结 ·· 298

参考文献 ··· 299

第1章 绪 论

1.1 背景与意义

轨道交通作为大城市实现公交优先战略的重要举措,在城市人口和经济快速增长以及公共政策措施的强力推动下,正处于一个快速发展的阶段。2003~2009年我国城市轨道交通年新增运营里程维持在70~150 km,年均106.6 km。自2010年起年新增里程迅速增长。2010~2014年共新增运营里程1 351 km,年均增长337.75 km,年增运营里程数约为2003~2009年的3倍。2010年新增运营里程最高,为454.1 km,如图1-1所示。

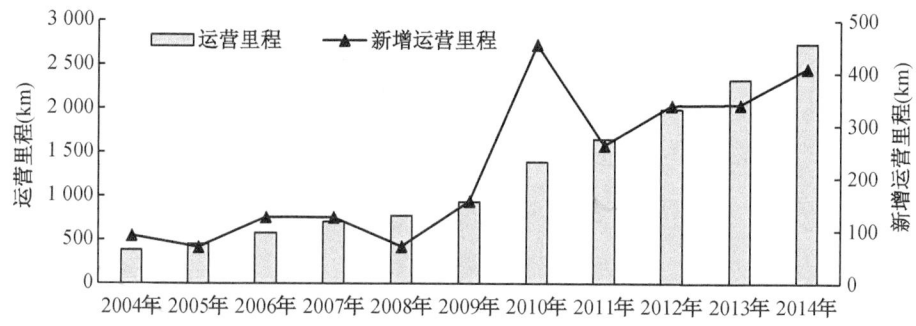

图1-1 2004~2014年中国城市轨道交通运营里程发展情况

截至2014年底,已有北京、上海、广州、深圳、天津、南京、重庆、杭州等22个城市运营着总里程达2 735 km的城市轨道交通系统。石家庄、太原、兰州、贵阳等40个城市的轨道交通系统正在建设中,涉及里程3 892 km。

新型城镇化的发展形成了新的城镇空间形态,如城市群(带)、城镇聚集区等。随着人们生活水平的提高,城市居民对交通出行的快速性、灵活性、舒适性和安全性也有了更高的要求。在国家土地、环境以及节能减排政策的引导下,城市土地开发利用将朝高密度、集约化的方向发展。在特大城市、大城市以及城市群中,将需要更多的轨道交通系统,以引导城市空间结构的发展。

2014年底,上海(643 km,17条)的线网规模排名第一,北京(604 km,19条)

第二,广州/佛山(239 km,9条)第三,重庆(202 km,4条)、深圳(179 km,5条)、南京(176 km,6条)分别列第四、五、六位,如图1-2所示。而绝大部分城市轨道交通拥有1~3条线路,规模在100 km以下,处于网络建设的起步期,是公共交通系统的骨干,线路以客流支撑功能为主,部分覆盖了主要客流走廊,以客流引导功能为辅,引导城市空间合理扩张。上海、北京、广州三个城市的轨道交通网络发展历程显示,轨道交通的发展速度具有由慢到快的特征,致使形成了一个长时间的网络发展起步期,如图1-3所示。

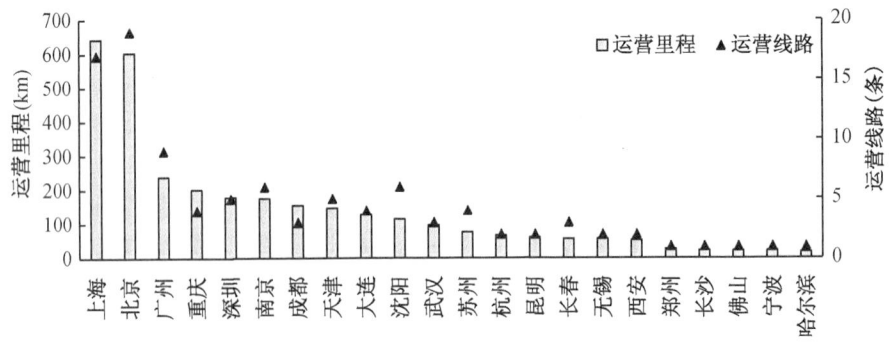

图1-2　2014年中国内地城市轨道交通运营里程以及线路情况

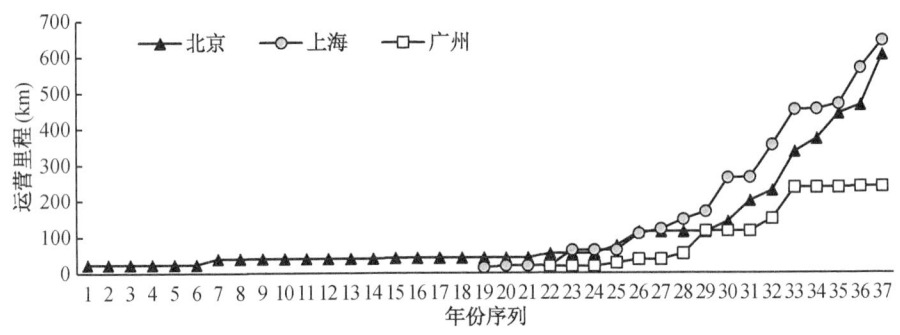

图1-3　上海、北京、广州轨道交通网络发展历程

将轨道交通引入到特大城市、大城市的公共交通系统中,起到了缓解交通拥堵、带动就业、促进社会发展、支持城镇化发展等作用,但由于轨道交通与地面公交在规划、建设、运营、管理上缺乏统一的体制及必要的协商机制,在轨道交通运营初期,两者在线网衔接、换乘设施配置、运营组织协调等方面有待优化。

1. 线网衔接

大城市地面公交覆盖率高,线路在城市主要的客流走廊上,并与之共生共长。

而轨道交通线路也同样选择城市最主要的客流走廊进行布设,两网的直接叠加将产生线网衔接不畅的现象,线路功能定位与分工需要加以明确,且线网布局有待优化。客流走廊上,地面公交与轨道交通线路长距离共线,存在明显的竞争态势;在轨道交通线路的终端缺乏地面公交线路的紧密衔接,有可能导致违法运营的黑车、摩的出现。

2. 设施配置

轨道交通与其他交通方式的换乘设施配置往往迁就现状,站点周围地面公交场站、机动车与非机动车停车设施的规模与布局无法适应轨道交通客流集散与转换的要求,如轨道交通建设引起地面公交站点的迁移,造成出入口与站点之间的换乘距离过长。

3. 运营组织

轨道交通运营后,地面公交线路的运营组织没有及时调整。晚班运营结束后或者早班运营之前无地面公交衔接。大客流集散,使得部分地面公交线路满载率过高,车厢拥挤。

大部分城市轨道交通与地面公交在票制票价上相互独立,乘客在两者之间的换乘得不到优惠,"短驳公交+地铁"的出行模式没有得到鼓励。公交出行信息服务,尤其是轨道交通与地面公交换乘信息有待整合完善。

为适应公共交通可持续优先发展要求,针对目前城市轨道交通系统长时间处于网络建设起步期阶段、轨道交通与地面公交系统衔接问题日益突出的情况,协调土地利用与公共交通发展,衔接公交网络,完善换乘设施配置,协调运行组织,优化运营管理,对于实现各方式合理分工、协同合作,便捷高效的多模式协同的公共交通系统,支持新型城镇化发展具有重要的现实意义。

1.2 既有研究综述与实践现状

1.2.1 既有研究综述

1. 轨道走廊上地面公交线路调整相关研究

国外相关的研究集中在对两者进行综合优化,属于多模式公交网络设计问题(Multi-modal Transit Network Design Problem,MTNDP)。Bruno 等(1998)建立了行人网络、小汽车交通网络、公交网络、两方式网络(行人-公交),以建设成本与出行成本最小为目标,提出新的双边标准数学规划模型用于估算快速公交线路的吸引力,进行多方式网络设计,运用 K 最短路算法计算非劣解。Wan 等(2002)利用两阶段方法在多模式网络中进行公交线网设计,第一阶段建立状态增广多模式网络,使用随机用户均衡进行公交客流分配,第二阶段运用混合整数规划方法,以运营成本最小为目标函数建立线路设计模型。之后其(2009)考虑拥挤效应与方式换乘,在上述多模式状态增广网络中,对线路间及方式间的换乘行为进行建模。Van等(2004)研究多方式出行对公交网络设计的影响,进行包括线路密度、站点密度和服务频率在内的策略设计。Uchida等(2007)构建包括轨道交通、巴士、小汽车、步行在内的多模式交通网络,运用Probit随机用户均衡建模出行路径选择,运用敏感性分析定义Probit随机用户均衡客流与设计参数之间的线性近似方程,作为约束条件,运用隐式编程算法求解多方式公交网络设计问题。Li等(2012)所设计的包括小汽车出行、公交出行、小汽车和公交出行的多方式出行计划系统中,采用Dijkstra算法选择在出行起、终点附近的公交站点或停车场。

国内有很多文献都对轨道交通开通后地面公交线网的调整进行了论述,基本从定性的角度给出了地面公交网络优化方案的确定方法。如范海雁等(2005)从公交站点、线路及线网3个层面研究了以轨道交通为核心的地面公交线网的调整问题,提出了由点到线到面的常规公交线路的调整方法。莫海波(2006)对轨道交通建成后,其影响区内地面公交线网调整的必要性、目标、原则进行分析,提出地面公交线网的调整原理与方法。赵路敏等(2007)以北京地铁13号线望京西站为例,基于地面公交与轨道交通的衔接原则,结合公交客流分配,提出线路优化方案。周昌标等(2008)提出了地面公交与轨道交通同步发展、地面公交支持轨道交通发展、地面公交与轨道交通分区3种服务模式下地面公交线路的调整原则,并从线路功能结构、客流变化幅度、可替代性3个方面对广州地铁5号线运营后的相关线路进行了调整。梁丽娟(2009)对轨道交通形成期的地面公交线路进行聚类分析,提出了地面公交线路分类及诊断方法,在地面公交线路调整原则的基础上,以各线路的诊断结果为依据提出各条线路具体调整方案。李橘云(2009)从走廊上居民出行时耗、费用、OD分布3方面分析,认为轨道交通与地面公交竞争的客流主要为出行O、D点至少有一个在轨道交通直接辐射范围内且出行距离为4~9.7 km的客流,并以此为基础提出了基于轨道交通的地面公交线路调整对策。孔繁钮等(2010)利用轨道交通与地面公交重合的站点数,结合轨道走廊分区,提出了各分区的"重合度",并针对不同的"重合度"提出不同的调整策略。周韬等(2011)从公交出行需求和走廊运输能力、道路运行状况、公交服务质量以及换乘枢纽的位置等方面分析线路调整的影响因素,并以上海公交为例,给出了每种影响因素下的具体调整方法。王振报(2011)从客流均衡性、设施供给平衡性、线路几何合理性、线路之间协调性对单条线路调整方案进行评价。陈素平等(2013)以企业利益、公交服务水平和公交网络运载效率三方均衡发展为优化目标,构建公交线网优化评价指标体系,采用目标要素分析方法,抽离各评价指标的关键要素,并基于此对公交线网优化的比选方案进行进一步分析,并选取最终的实施方案。孙杨(2014)首先提出地面公交候选线路的生成算法,并以公交网络有效服务及轨道交通客运量最大、乘客平均公交成本最小、运营成本最低、车辆需求最少为目标,构建常规公交网络优化调整的多目标规划模型。

2. 轨道接运公交线路生成相关研究

在对轨道接运公交线路生成的研究中,一般是在轨道交通线路既定的条件下,研究接运公交网络设计问题(Feeder Bus Network Design Problem,FBNDP),可分为分析模型与网络模型。国外早期的研究以分析模型为主。Kuah 等(1988)认为轨道站点周围接运道路间相互平行,且交通需求均匀分布在各交通小区中,通过分析模型计算接运公交的线距、站距和发车频率。Chien 等(2000)在此基础上以公交企业和乘客的出行总成本最小为目标构建模型求解接运公交线路走向及发车频率。分析模型依赖于简单的路网结构和研究区域内出行生成率。实际上城市的路网往往是不规则的,而网络模型则更加符合实际情况,且认为需求集中于交通节点上。Kuah 等(1989)将此问题分为"多对一"(各公交站点只连接一个轨道站点且只经过一条公交线路)和"多对多"(各公交站点连接多个轨道站点且经过多条公交线路)两种类型,并分类建立以乘客出行总时间最小为目标函数的非线性规划模型,利用启发式算法进行求解。Lúcio 等(1998)研究了"多对一"需求模式下的此问题,目标函数为乘客出行总成本和公交运营最小成本。Shrivastav 等(2011)首先确定线路首末站,以"最大需求-偏离最短线路时间"和"线路运行时间"为标准,设计了启发式算法,通过逐个插入车站的方式设计接运公交线路。Verma 等(2005)在研究接运公交服务范围的基础上,提出了两阶段方法:利用线路长度约束,应用 K 最短路算法求解候选线路,后应用遗传算法选择候选线路以组成接运公交网络。Kuan 等(2006)第一次将蚁群算法应用于此问题的研究,通过 20 个测试算例说明了其相比于遗传算法,可在更短的时间内求解到较优的解。Shrivastava 等(2009)结合遗传算法与启发式算法,设计了求解此问题的混合算法,并与先前研究结果进行比较,证明了其有效性。与普通的常规公交不同,国外也将响应式公交模式作为轨道交通集散客流的公共交通模式。Chien 等(2001)在随机需求下,比较了普通接运公交模式与响应式公交模式在企业运营和乘客出行方面的成本,结果表明在高峰采用普通接运公交系统、平峰采用响应式公交模式可以有效地降低成本。Quadrifoglio 等(2009)在以上研究基础上应用连续近似法,求得两种公交服务模式所适应的需求转换点。Li 等(2010)认为接运公交设置应该以服务质量最大化为目标(乘客的乘车时间、等车时间、步行时间),也研究了需求转换点,认为响应式公交模式更适用于晚高峰的运营。Mohaymany 等(2010)以乘客成本、运营成本、社会成本最小化为目标建立模型,研究了多种公交模式的轨道接运系统。Alshalalfah 等(2012)以多伦多轨道交通的 3 条接运公交线路为例研究了在近郊区选用响应式公交模式代替固定线路公交模式的可能性与收益情况。

国内蒋冰蕾等(1998)和李诗灵等(2010)以可能为轨道交通接运的最大周转量选取接运轨道站点,以接运效率(接运线路周转量与长度的比值)最大为目标,分别开发启发式算法和粒子群算法进行逐条搜索。曹玫等(2005)以运营者和乘客出行成本之和最小为目标建立模型,并介绍了利用遗传算法搜索最优路线的计算步骤。许旺土等(2009)和宋瑞等(2011)建立最少线路数和最大接运客流量的多目标规划模型,并分别给出了改进的遗传算法和启发式算法,以北京地铁宋家庄站和刘家窑站为例进行了实例分析。孙杨等(2011)引入 Logit 模型分析乘客对接运交通方式的选择,以接运公交乘客量最大化、乘客成本最小化、运营成本最小化为目标建立模型,并选用遗传算法求解。邓连波等(2012)相比于先前的研究,将换乘费用加入到乘客出行费用中,以乘客出行成本和公交运营成本最小化为目标,分别建立客流"多对一"和"多对多"两种情形下的模型,开发遗传算法求解,并对两者情形下的接运公交线网结构进行了比较。郭本峰等(2012)和张杰林等(2013)考虑了土地性质、出行需求和公交运营成本等因素,建立公交运营效益最大的接驳范围单变量非线性规划模型,在此基础上考虑站点覆盖率、非直线系数、运营成本,以公交系统运输效率最大为目标,使用启发式算法布设新增公交接驳线路。熊杰等(2013)定义了路段的需求潜力指标,以路径需求潜力最大为目标,并兼顾路径旅行时间及圈点线路约束建模,利用遗传算法进行求解。

3. 轨道交通站点与其他方式衔接换乘相关研究

国内外学者对轨道交通站点与其他方式衔接换乘进行了接驳方式比例、接驳设施配置以及换乘效率评级及改善等方面的研究。Meyer 等(2001)认为在中心城区,轨道交通、地面公交、小汽车等多种交通方式必须相互衔接才能满足居民的出行需求,并利用两阶段优化方法得出一体化的换乘枢纽比普通换乘枢纽可以减少30%的换乘时间。Joffr(2001)提出了选择和生成概率的广义离散选择模型来确定接驳交通方式分担率。Hall(2003)以欧洲大城市接驳换乘设施为对象,分析了换乘影响因素,并对设施位置提出了建议。Sara(2010)研究了轻轨与其他交通方式的换乘效率、可达性及接驳距离,提出了评价换乘效率的指标体系。Nabil(2010)对地铁客流特性进行了研究,建立了客流服务水平评价模型,并对现有的站点客流组织效果进行了实例分析,提出了改善建议。

国内周立新等(2001)研究了枢纽站换乘形式的适应性,并以出行时间为自变量,提出了轨道交通换乘时间与旅行时间关系的计算方法,并就改善轨道交通换乘系统的途径提出了建议。王学尽(2004)研究了不同等级轨道交通站点接驳公交的配置规模,并运用数据包络法对换乘效率进行了评价。殷远飞(2005)从出行者的角度建立 Logit 模型,分析了轨道交通接驳方式选择的影响因素。胡思涛(2007)结合客流集散量研究了轨道交通站点换乘设施的规模和布局,并利用熵值法和广义效用函数,对换乘系统进行了评价。过文魁(2007)对轨道交通站点的换乘模式和布局及适用性进行了研究,并针对不同 TOD 模式,提出了轨道交通站点接驳设施的布局原则。王文红等(2008)建立了双层 Logit 模型,研究了轨道交通站点接驳交通方式结构。秦观明(2010)以哈尔滨地铁 1 号线为例,运用聚类分析法对站点进行了分类,并针对不同类型站点,建立了上层为接驳方式、下层为出行方式的双层 Logit 模型,对接驳方式选择进行了研究,后基于广义费用相同的假设建立了客流吸引范围模型。王宇萍(2010)根据接驳方式及客流特征把轨道交通站点服务范围分为 3 类,建立了广义出行时间模型,以此为基础建立了各类接驳方式吸引范围模型。宗传苓等(2011)基于粗糙集理论,利用灰色聚类法对市域快线与城际轨道的接驳模式进行了评价。秦焕姜等(2012)基于随机平衡理论认为轨道交通乘客停车换乘需求在一定范围内具有极限值,超过一定范围后随着接驳距离的增加而减少。

4. 轨道交通与地面公交协调运行相关研究

国外关于轨道交通与地面公交协调运行的研究主要集中在两大领域:计划调度和实时调度,其中计划调度着重于协调调度计划制定方法的研究;国内关于协调调度计划的研究还处于初步探索阶段,定量化模型基本是按照国外学者的思路和方法建立。

Lee 等(1994)提出了优化协调调度公交运营计划两步骤法,以优化待协调线路集的发车间隔和离站松弛时间。Chien 等(1997)对轨道交通接运公交运行组织问题进行了研究,假定每个站点仅有一条接运公交线路等,建立模型对接运公交的站间距、发车频率进行了计算。Maged 等(1999)面向换乘枢纽,基于不同的运营条件建立了 8 种实时调度策略并进行了仿真评估。Chowdhury 等(2001)针对换乘枢纽站点一条轨道交通线与多条接运公交线运营协调的情况进行了研究,其模型建立主要考虑了行车时刻表和发车间隔;在后续研究中(2002),将 Lee 的研究进一步拓展到轨道交通与其接驳公交的协调调度。Cevallos 等(2006)利用已有时刻表和站点客流数据,考虑车辆到达的随机性,采用遗传算法优化公交系统换乘时间,即调整公交到发时间,以达到与轨道交通同步的目的。Chung 等(2007)提出了通过对乘客等待时间的预测,决定车辆是否需要滞留以保证乘客等待时间在可接受范围内,并分析了滞站效果。

邹迎(2002)分别以区域内各线路各车辆同时到达次数最多和总运营成本最小为目标,分别对客流和车辆建立了优化模型,对公共交通行车计划编制方法进行了研究。杨晓光(2003)、周雪梅(2004)等研究了理想状态下与轨道交通相协调的地面公交行车时刻表。滕靖(2004)从公交车辆运行和出行者行为两方面分析了公交枢纽广义费用的构成因素,建立模型研究了在提供公共交通信息条件下,面向枢纽的公交调度优化问题。后续研究(2006)中从运营管理层面阐述了ITS环境下公交基础调度模式的信息流程改进情况,进而提出了面向枢纽的公交协调调度模式,并对该协调调度的基本功能和信息流程进行了设计。李萌、彭国雄(2006)以经济效益最大化为目标,建立了地面公交与轨道交通换乘系统总经济效益模型,研究了地面公交线路与城市轨道交通线路的协调换乘问题。林国鑫(2007)以运营者与乘客出行总成本最小为目标,建立了计划时刻表编制模型,研究了动态调度中行程时间与实时OD预测方法,并建立动态协调调度模型。张宇石(2009)基于概率论提出了4种不同类型的换乘形式下乘客换乘成本的确定方法,并建立了轨道交通与地面公交运营协调模型。何波(2009)考虑了现实中公交线路车辆配置的约束,将运能匹配、调度协调相结合,建立了以公交系统中运营者和公交乘客总成本最小为目标的轨道交通与地面公交非运营协调控制和运营协调控制模型。陈鹏等(2011)根据福利经济学理论,以社会福利最大化为目标,在分析轨道交通与地面公交运营协调系统的消费者剩余和生产者剩余的基础上,分别建立了非协调计划调度模型和协调计划调度模型。

1.2.2 实践现状

1. 香港公共交通发展概况

1) 管理机构

香港特别行政区运输及房屋局负责管理和统筹香港路上运输与轮渡服务,制定整体政策,其下属单位负责执行具体事务:运输署主要承担相关公共交通服务条例的执行监管工作;警务处负责执行交通法规和违规处罚等工作。行政长官交通咨询委员会和区议会下属的交通运输委员会主要就重要运输政策向政府提供咨询意见。交通审裁处根据《道路交通条例》规定设立,主席和成员全部由公众人士出任,接受市民有关交通运输方面的意见。

2) 运营机制

香港实行企业经营、政府监管的公共交通运营机制。地面公交线路通过竞标方式由多家私人企业经营,自筹资金、自负盈亏,而线路专营权、票价、利润水平、服务规范、配车数量等均需要接受政府的监管。部分基础设施的建设采用建设—经营—转让(BOT)形式,政府通过招标批准私人企业建设,并给予一定时期的经营权,期满后交还。这使得企业具有长期投资、改善经营管理、提高服务质量的动力,也提高了公共交通服务水平和乘客利益,一定程度上减少了财政支出。政府宏观调控,实施竞争与规制相结合,允许和鼓励多元经营,企业除经营公交服务外,同时经营房地产、商业、物业管理等业务以赚取利润。

地铁经营者仅为一家,为政府全资公司。企业不接受政府直接补贴,而采取"地铁+物业"联合开发策略,即地铁项目建设时,由政府批准沿线部分土地开发权,利用地铁建设带来的土地升值效应,溢价回收,弥补地铁建设和运营的资金缺口。土地开发致使人们出行方式发生改变,开发商在注重广场、商业服务等公共设施建设的同时,也很重视公共交通服务设施建设,以吸引和方便居民乘坐地铁,在一定程度上开发商代替政府进行了城市公共基础设施的建设。

3) 网络特征

香港公共交通网络呈现多样化、多层次特征,由轨道交通(地铁、轻铁、铁路)、地面公交(专营巴士、非专营巴士、小巴)、有轨电车、轮渡等方式构成。地铁和铁路是公共交通系统的骨干,串联港岛、新界、九龙、大屿山等片区,提供长距离客运服务;轻铁布设于新界西北的3个主要新市镇(屯门、元朗、天水围),服务于新市镇内部出行以及地铁接驳客流,如图1-4所示。地面公交为公共交通系统的主体,其中专营巴士即传统的地面公交,采取分区运营模式;小巴分为绿巴(固定线路、固定站点、固定价格)和红巴(非定线、自主定价),用来接驳专营巴士和轨道交通的客流,服务于低客流强度区域;非专营巴士包括社区巴士、校车、通勤车等,主要为缓解高峰期人们对专营巴士和绿巴服务的需求。有轨电车位于港岛,与地铁港岛线共走廊,站间距小,与地铁共同承担走廊客运需求,并发挥旅游观光功能。轮渡提供港岛、九龙、大屿山之间的水上客运服务。

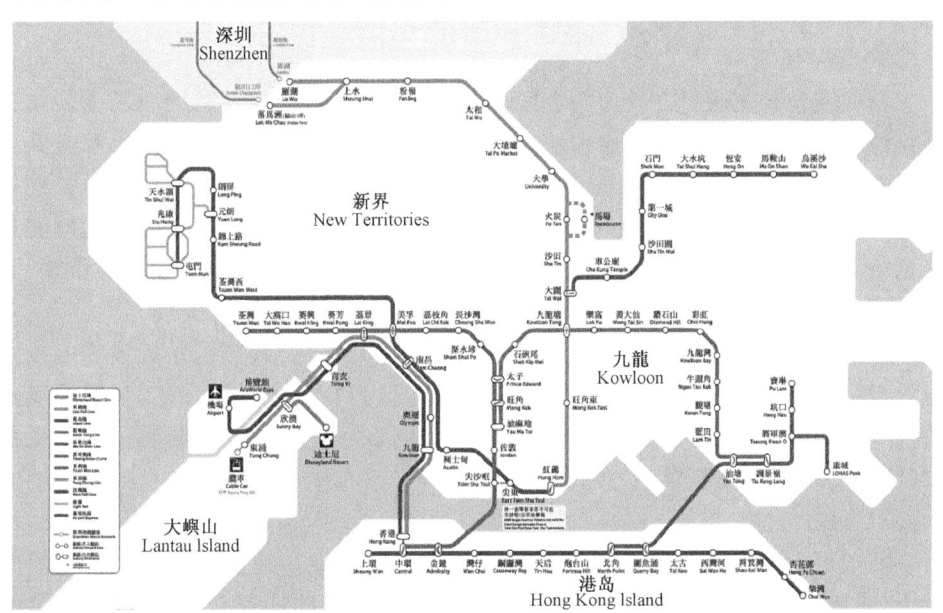

图1-4 香港轨道交通网络图

4) 票制票价

香港公共交通具有明确的定价机制和价格体系。轨道交通票价制定需要通过立法会交通事务委员会和交通咨询委员会的咨询程序后,运营公司可以拥有自主权,如提出换乘优惠计划等。专营巴士票价由行政长官与议会确定,同一企业内部线路的盈亏,由企业内部调节。

香港地铁采用计程票制,乘客可选用八达通卡(成人、儿童、老年和学生卡4种)或单程票(成人和特惠票两种)搭乘。用成人八达通卡,12港币以上长距离出行至少优惠10%,8.5~11.9港币的中距离出行至少优惠50%;使用成人单程票同样享受中长距离出行优惠,但幅度小于前者。使用八达通卡在30 min内乘地铁在九龙塘、尖沙咀等站换乘其他线路可享受换乘优惠,最多可换乘两次;地铁乘客在1 h内换乘港铁公司经营的轻铁、港铁巴士和接驳巴士,票价优惠将于扣除接驳交通车费时回赠。港铁也推出了西铁线、机场线日票,市区全日通,落马洲周票以及东铁线、马鞍山线、西铁线月票,可供乘客在有效期限内无限次使用。

2. 新加坡公共交通发展概况

1) 管理机构

新加坡公共交通由陆路交通管理局管理,具体负责公共交通的规划、发展、实施和管理工作。公共交通委员会由来自各个阶层的公众代表组成,由交通部任命但不受其直接干预,主要负责批准线路规划、规范服务标准以及核准票价等工作,对于不符合要求的运营企业,可给予一定的处罚。

2) 运营机制

新加坡公共交通服务分为两个区域,城市轨道交通公司和新加坡巴士公司分别提供各自区域内的轨道交通和地面公交服务,专营区域之间的服务由双方共同提供。两家公司通过联合创办通联公司制定公共交通规划,报送陆路交通管理局和公共交通委员会审批,避免了两家公司之间以及轨道交通与地面公交之间的过度竞争。2008年新加坡公交服务改革后,线路规划改由陆路交通管理局负责,其把"冷"、"热"线路"捆绑"招标。

新加坡公共交通采用市场化的运营机制,政府负责公共交通基础设施的投资建设,运营成本不予补贴,由企业自行承担。企业自行制定运营计划,但需要满足政府规定的服务标准,主要包括线路布局、直达性、可达性、长度、与轨道交通衔接以及发车频率、满载率等。

3) 网络特性

新加坡公共交通网络由地铁、轻轨、地面公交组成。地铁是公共交通系统的骨干,承担了接驳主要片区间客流走廊上大部分客流的任务;轻轨是地铁系统的补充和拓展,主要用于连接地铁站与主要居住区和商业区;地面公交以服务片区内部和相邻片区间的近距离出行需求为主。新加坡轨道交通（地铁、轻轨）网络图如图 1-5 所示。

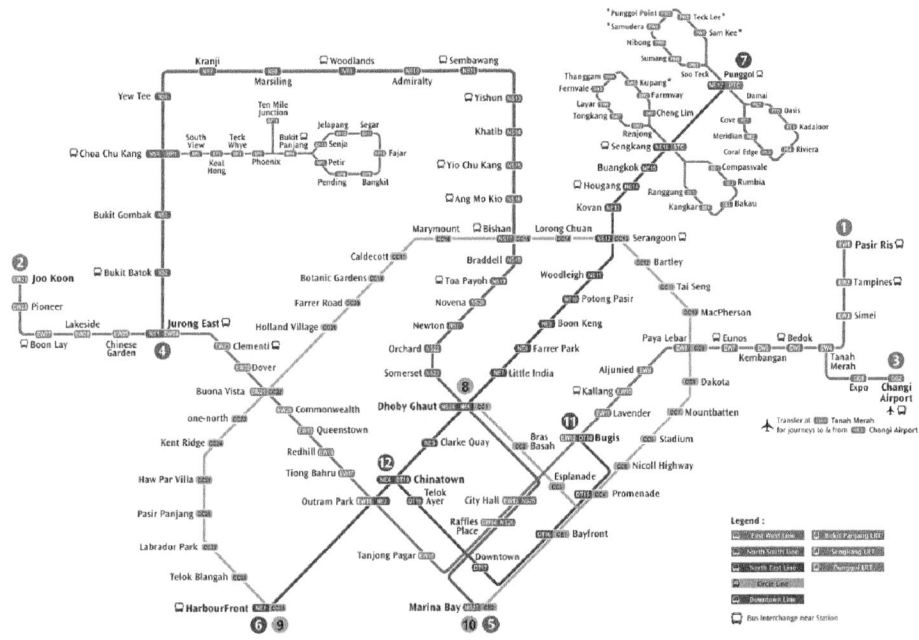

图 1-5　新加坡轨道交通网络图

4）票制票价

票制票价政策由公共交通委员会制定，票价水平与经济发展、工资水平和生产力挂钩，采用灵活、透明的公式进行计算。票制分为一票制和计程制两种，前者主要用于短途接驳的公交支线，而后者应用于干线、快速公交以及地铁、轻轨。各公交方式可共用 EZ-Link 卡收费，儿童卡和老年卡可享受一定幅度的优惠。乘客在各方式之间 45 min 内进行换乘可以享受优惠。轨道交通也针对学生和全职服役人员推行月票。

5）土地利用与公共交通相协调

新加坡对轨道交通站点周围的土地进行多功能（居住、工业、商业等）、高密度的开发。以轨道交通为纽带构建城市空间结构，新城之间以及新城与商业区、工业区之间由轨道交通线路相连接。这强化了人们选择公共交通作为出行方式的取向，又使得人们将公交站点（特别是轨道交通站点）周围作为自己居住、工作和休闲娱乐的首选地点，进而带动了站点周围物业的开发，推动土地增值，使得整个城市形成了以公共交通为导向的发展模式。

3. 首尔公共交通发展概况

1) 管理机构

首尔市公共交通管理机构主要有 4 个：首尔大都市区交通局（以下简称"交通局"）、大都市交通局委员会、市民政策委员会以及公共交通协会。交通局是大都市区交通主管部门，由首尔、仁川等地方政府联合组建，用以加强首尔市与相邻地区交通领域的协调合作，拥有制定、调整交通政策的权利。大都市交通局委员会由大都市区交通局部门负责人、交通领域专家、地方议会成员、建设交通部负责人等 15 名人员组成，其主要职责是修改大都市区交通局协议、决定或修改重要方案以及批准财政预算等。市民政策委员会主要以协调人的身份，代替政府负责协调各方利益关系。公共交通协会既受公交企业委托，与政府协商企业利润和补贴标准，又受政府委托，负责企业间利益的平衡和票款的清分。

2) 运营机制

地铁由政府负责出资建设，并拥有所有权，首尔地铁公司和首尔快速城市轨道交通公司通过竞标方式获得经营权。两家企业的收费标准相同，主要在服务质量上相互竞争，促进轨道交通发展。

地面公交采用政府管制与竞争性招标相结合的运营机制。私人运营企业的线路布设、服务标准、运营计划的决策权由交通局管制；交通局按照"自主选择，公开透明"的原则，对既有线路采用竞争与协商相结合的方式确定运营企业；运营企业组成协调机构自行磋商、调整，签订共同遵守的"运营协定"，并与交通局协商，经批准后实施。新增线路通过竞争性招标选定运营者。

交通局对运营企业实施收支两条线的营收管理，并以线路招投标和运营服务质量考核为抓手，以运营企业营收联合管理机制为核心，形成闭环管理机制，如图 1-6 所示。在实际管理中，交通局对一些确实经营不善的企业，实施年度线路调整，新辟线路以置换其经营不善的线路，或将这些线路从经营不善的企业置换到经营效益好的企业。

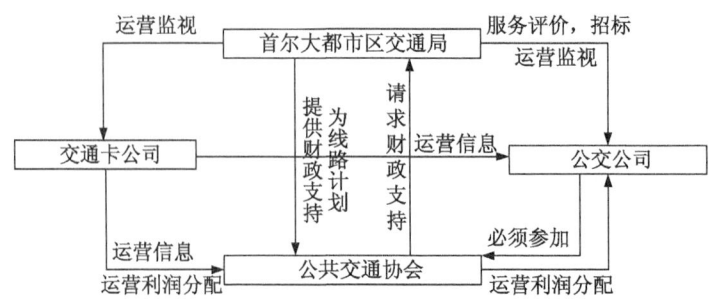

图 1-6　首尔市公共交通管理流程图

3) 地面公交线网特征

2004年首尔推行公共交通改革,对公共交通进行分区,并分批对全市所有公交线路重新进行了规划和编码,如图1-7所示。不同车辆颜色代表了不同的线路功能。蓝色车辆为公交干线,在市区主干道、公交专用道上跨片区行驶,提供连接市区和郊区、市区和次中心以及次中心之间的公交服务;绿色车辆为公交支线,提供向干线和地铁站集散客流的公交服务;红色车辆为市郊快线,连接市区和各卫星城;黄色车辆为市内环线,在市区内环线运行。线路的番号对应不同的行驶区域,以蓝色车辆为例,采用3位号码编码,格式为:出发区域+到达区域+序号(0~9)。

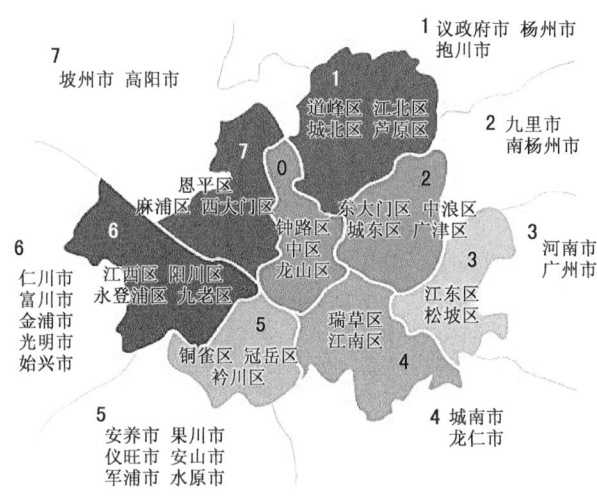

图1-7 首尔大都市区公共交通分区示意图

4) 专用道设置

首尔政府规定,单向3车道以上、地面公交流量在150辆/h以上的道路应规划建设中央式公交专用道。专用道的建设主要由市政府负责,在协调警察、交通、市政等部门的基础上制定建设计划。首尔实施了严格的专用道管理制度,路侧式专用道高峰时段供公交支线使用,中央式专用道专供公交快线运营。为确保地面公交行驶专用空间不受侵犯,首尔政府还制定了相应法律法规并严格执法,在所有专用道安装了电子监视系统,对侵入专用道的车辆处以重罚。

5) 票制票价

政府可根据经济发展情况,每两年调整一次公交基准票价,由运营企业和公交协会向大都市区交通局提出调价申请,经审核向总统报告后由市长批准执行。2004年首尔公共交通改革,统一了轨道交通与地面公交费率,实行基础票价和等级票价相结合的票制,并给予一定的换乘优惠。使用T-Money智能卡乘坐地面公交中的蓝车、绿车、黄车以及轨道交通实行单一票价900韩元,对7～12岁儿童实行单一票价400韩元;乘坐10 km以内可以免费换乘4次,每次换乘间隔有效时间不超过0.5 h,超过10 km每5 km增加100韩元。而使用现金支付票款,单一票价为1 000韩元,且不能享受换乘优惠。

1.3 研究内容

本书结合公共交通系统运行现状和存在的问题,分析轨道交通运营初期公共交通客流需求,从公共交通网络衔接、换乘设施配置、运行协调、票制票价、信息服务以及土地利用与公共交通协调发展等方面总结、归纳、丰富轨道交通运营初期公共交通系统优化方法,为轨道交通和公交运营主体、管理主体和相关规划编制者提供技术参考。基于此,提出以下几个研究问题:

(1)轨道交通的引入对公共交通系统有何影响,轨道交通运营初期公共交通在系统、走廊、线路、枢纽层面分别呈现怎样的特征,如何在轨道交通投入运营前对其有准确的预测与分析?

(2)公交系统与土地利用应当如何协调发展,以保障公交可持续优先发展以及城市空间结构的良性扩张?

(3)如何重新确定整个公共交通系统内各类线路的功能与布局,进而指导地面公交线路的调整与新增以及换乘枢纽的布局与设施配置?

(4)如何在公交运行、票制票价、信息服务等方面对轨道交通与地面公交进行优化?

本书围绕以上问题进行研究,主要内容如下:

(1)轨道交通运营初期公共交通系统的构成及特征分析

介绍公共交通系统的构成,重点对比分析轨道交通和地面公交两种主要公交方式的供给特征。提出公共交通系统调查技术,包括基础设施调查和公交运行及客流调查。从乘客出行、公交系统、走廊、线路、枢纽等方面分析轨道交通和地面公交客流需求特征。公交乘客出行特征主要分析公交与其他方式以及轨道交通与地面公交方式在出行者特征、出行时耗、出行目的上的差异。从轨道交通运营后公交系统客运量和客运结构两方面的发展趋势分析公交系统特征;从轨道交通客流构成、客流出行时间与费用变化等方面研究地面公交客流向轨道交通转移情况;分析轨道交通运营初期网络/线路客运强度、网络换乘系数、网络平均乘距与线路平均运距;分析轨道交通开通前后地面公交线路客流量、客流分布变化特征;从轨道交通站点集散量、换乘量、换乘接驳方式结构与接驳时空范围等方面分析公交枢纽客流集散与转换特征。

(2) 公共交通与土地利用协调发展策略

分析轨道交通对城市发展轴、中心区、用地性质和开发强度的影响,提出轨道交通沿线用地开发基本原则以及不同类型站点周边用地开发模式,并分析轨道交通建设与沿线土地开发的时序关系。分析公交场站建设情况及发展制约因素,提出公共交通综合体开发模式,并阐述其用地来源、建设形式、投融资模式和运营管理模式。

(3) 轨道交通运营初期公共交通客流需求分析

分析影响公共交通客流需求的内外因素,提出基于"四阶段"模型和基于客流转移理论的轨道交通运营初期客流需求预测方法,并提出客流需求预测分析指标,包括总量、流量流向、空间不均衡性、时间不均衡性以及敏感因素指标。

(4) 轨道交通与地面公交网络衔接规划方法

阐述公交线网功能与布局调整的必要性,提出服务分区、线网分类、枢纽分级的公共交通系统线网功能与布局调整技术。分析轨道交通与地面公交线路竞合关系与空间关系以及网络衔接方式,提出轨道交通与地面公交网络衔接技术。提出走廊上地面公交线路调整技术,包括待调整线路集筛选、线路调整措施及适用性和调整时序。提出轨道接运公交线路生成技术,包括候选线路集合生成和线路布局方案生成。

(5) 轨道交通站点交通接驳设施规划方法

分析轨道交通站点交通接驳系统的构成、功能层次、需求特征、供给运行特征,以及影响交通接驳系统配置的因素,并提出设施配置指引。提出交通接驳设施规模测算模型,包括地面公交设施、停车换乘设施、临时停车换乘设施、自行车停车场、公共自行车租赁点以及步行设施。分析站点换乘设施的需求特征,提出交通接驳设施的布局形式,包括交通接驳设施总体布局以及各类接驳设施布局设计指引。

(6) 轨道交通与地面公交运行协调技术

从地面公交与轨道交通线路空间关系与客流换乘两方面研究,确定需要进行运行协调的地面公交线路,提出运行协调策略,包括时刻表计划协同与实时调度协同。分析换乘影响因素和过程,研究公交车辆在轨道交通站点的到发时间;结合运能匹配,考虑乘客和公交车辆到达的随机性,以实现乘客出行和运营商运营成本的最小化为目标,建立基于轨道交通的地面公交时刻表协同优化模型,确定地面公交线路的发车间隔、松弛时间等运行参数。提出实时调度优化策略的框架和内容,包括常态调度策略和异常态调度策略,并构建中途越站调度控制模型和动态驻站控制模型。

(7) 轨道运营初期公共交通运营管理策略与技术

提出轨道交通运营初期公共交通运营管理的目标与内容,包括公共交通票价制定与票制优化和公共交通信息服务系统建设;分析公共交通票制票价体系、票价制定影响因素和原则,提出票价制定策略和票制优化策略以及相关技术;提出轨道交通运营初期公共交通信息服务系统建设策略;提出公交信息服务体系中信息服务内容、信息服务发布途径、乘客信息服务需求、信息服务配置指引以及相关技术。

具体章节安排如下:第 1 章绪论,阐述轨道交通运营初期公共交通系统优化的目的和意义;第 2 章轨道交通运营初期公共交通系统特征分析,提出公共交通系统调查技术,分析公共交通系统的构成及供给特征,分析公交客流需求特征;第 3 章公共交通与土地利用协调发展策略,分析轨道交通对城市用地与空间布局的影响,提出轨道交通沿线用地开发模式和公共交通综合体开发模式;第 4 章轨道交通运营初期公共交通客流需求分析,分析公交客流需求的影响因素,提出轨道交通运营初期公共交通客流需求的预测方法以及分析指标;第 5 章轨道交通与地面公交网络衔接规划方法,提出公共交通系统线网功能与布局调整技术、走廊上地面公交线路调整技术和轨道交通接运公交线路生成技术;第 6 章轨道交通站点交通接驳设施规划方法,提出轨道交通站点交通接驳设施配置模式、规模测算和布局方法;第 7 章轨道交通与地面公交运行协调技术,提出运行协调的对象与策略,以及时刻表协同方法和实时运行调度协同方法;第 8 章轨道运营初期公共交通运营管理策略与技术,提出轨道交通运营初期公共交通票价制定策略、票制优化策略和相关支撑技术,以及公共交通信息服务系统建设策略、信息服务配置策略和相关支撑技术;第 9 章无锡轨道交通开通后地面公交线网调整规划;第 10 章无锡轨道交通 1、2 号线交通接驳规划;第 11 章苏州轨道交通 2 号线换乘枢纽单体规划与设计。

1.4 本章小结

本章阐述了在轨道交通运营初期,对公共交通系统进行优化的背景与意义,从轨道走廊上地面公交线路调整、轨道接运公交线路生成、轨道交通站点与其他方式衔接换乘以及轨道交通与地面公交协调运行 4 个方面综述了既有研究现状,并介绍了香港、新加坡和首尔 3 个城市公共交通在系统构建、网络布局、设施建设、运营管理等方面的经验,提出了本书研究内容。

第 2 章 轨道交通运营初期公共交通系统特征分析

2.1 多模式公交系统构成及供给特性

2.1.1 经济技术特征

城市公共交通系统是指在城市范围内以集体方式,按照固定线路、固定班次运行,并按照固定的票价收费,为市民共享的公共性客运服务系统,由公共汽(电)车(即地面公交)、轨道交通、出租车及轮渡等交通方式组成。

在轨道交通运营初期对公共交通系统进行优化,首先需要对公共交通系统中最主要的方式(即地面公交和轨道交通)的经济技术特性进行分析。

轨道交通与地面公交相比,在系统性能、服务水平等方面具有明显差别,有利于形成级差的、多元化的公共交通运输服务,以适应城市居民多样化出行需求。轨道交通与地面公交供给特征比较如表 2-1 所示。轨道交通是大中运量公交系统,以服务中长距离客流为主;而地面公交属于小运量系统,以分担中短距离客流为主。轨道交通由于采用了列车编组化程控运行方式,因而其运量较地面公交大,单向最高断面为 5 万人次/h 左右;运营系统具有相对封闭独立,运行稳定性好的特性,而且行程速度高,可达 35 km/h 以上,高于地面公交的 14~16 km/h。轨道交通是一种相对准时可靠、舒适安全且快速的公交方式;而地面公交线路设置灵活,网络覆盖率高。

表 2-1 轨道交通与地面公交供给特征比较

公交方式		地面公交	轨道交通	
			地铁	轻轨
系统性能	系统特性	小运量公交系统,以分担中短距离客流为主	大中运量公交系统,以分担中长距离客流为主	
	客运能力(万人次/h)	0.5~0.9	4.0~6.0	1.0~3.0
服务水平	平均运行速度(km/h)	14~16	35~45	25~35
	高峰行车间隔(min)	1.5~3.0	1.0~2.0	

(续　表)

公交方式		地面公交	轨道交通	
			地铁	轻轨
服务水平	准点率	较差	良好	良好
	舒适度	中	优	良
	安全性	较好	好	好
	可靠性	中	优	优
	线路识别	难	易	易
资源环保	单位乘客占用面积(m^2/人)	1.6～0.9	<0.1	
	单位能耗[kJ/(人·km)]	714.0	322.40	
	能耗比	1.0	0.45	
	废气总排放量比	1.0	0.70	
社会成本[美元/(人·km)]	自身成本	0.144 0	0.375	
	占用道路成本	0.010 0	0.000	
	占用停车场成本	0.007 4	0.000	
	交通事故损失成本	0.001 2	≈0.000	
	环境成本	0.121 0	0.009 66	
	时间价值	0.867 0	0.325	
其他	与道路隔离率	较少	100%	灵活
	乘车适宜时间(min)	8～30	10～60	10～50
	利用城市地下空间	有	有	无

轨道交通可利用地下和高架的敷设方式，占用地面空间小；采用电力驱动，能耗低且无有害气体排放。相对地面公交方式，轨道交通在节约土地资源和能源、自然环境保护等方面具有优点。

与地面公交相比，轨道交通在占用道路及停车场成本、事故损失成本、环境成本及时间价值等方面具有优势；虽然在自身成本上轨道交通高于地面公交，但是综合各项成本，其社会成本明显低于地面公交。轨道交通作为准公共产品，社会成本较低，一旦建成运营，能够节约城市运转所需的社会资本投入。

运营初期，轨道交通是公共交通系统的主骨架，覆盖主要客流走廊，以承担中长距离、跨片区客流功能为主，体现其大运量、快速、准时、舒适的特征。地面公交机动灵活、网络覆盖范围广，是提供中、短途区内出行服务的主力，为轨道交通功能提供补充并提高公交网络覆盖率。两者相互依存、相互补充，共同为城市公共客运提供服务。

2.1.2 网络布局与发展特征

1. 轨道交通建设起步期网络布局特征

城市发展初期通常为单中心的空间结构,随着城市吸引力的增强,促进了城市以同心圆式、星状、带状、跳跃式4种演变形式交替进行的空间位移与扩张。在这个过程中,城市发展轴起到了重要的牵引作用,如图2-1所示。人口、就业岗位和功能活动聚集于城市发展轴上,各类客流在其上呈线性流动,在两者不断的互动下逐步形成客流走廊。

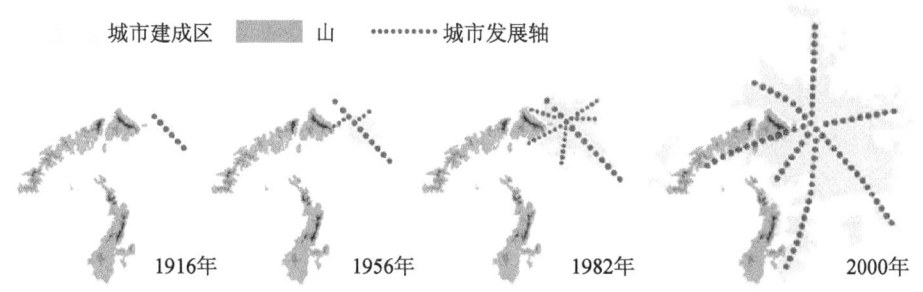

图 2-1 无锡城市空间形态发展演化图

网络建设起步期轨道交通密度低,覆盖范围小,一般只有2～3条线路。对于与城镇化和机动化发展水平相比轨道交通起步相对较晚的城市,如杭州、南京等,轨道交通以服务客流走廊为主,兼顾引导新区开发;对于与城市化和机动化发展水平相比轨道交通起步较早的城市,如苏州、无锡等,轨道交通将服务客流走廊与引导新区开发并重。

依托于放射型的城市客流走廊,线网布局总体上呈现X形交汇形态,如成都、苏州、沈阳、西安、无锡等城市。由于城市空间结构及用地布局存在一定差异性,起步期部分轨道交通线路布设不是标准的X形,而是X形布局的变式。当城市在中心城区外围建设有大型对外客运枢纽时,需要轨道交通作为其集疏运系统的组成部分,轨道交通线路多采用L形,兼顾两个方向的客流走廊,并与对外客运枢纽衔接,如上海轨道交通1、2号线即为L形,分别串联上海火车站和虹桥机场,又如深圳地铁1号线向西到达南山区后折向北连接宝安机场;当一条轨道交通线路服务于交叉的两条客流走廊时,线路也将形成L形的布局形态,如武汉地铁1号线和广州地铁2号线,此类布局一般两条轨道交通线路在城市核心区处交汇,形成单枢纽L形布局形式。当城市在核心区外围存在重点开发的CBD时,需要轨道交通枢纽引导开发建设,轨道交通线路一般采用口字形布局,在轨道交通建设起步期即构建一个闭合环,形成两个换乘枢纽,分别服务于旧城中心和新区中心,南京地铁 1 号线和 2 号线即为此类典型,分别在新街口和河西 CBD 交汇,又如杭州地铁的两个换乘枢纽分别位于凤起路商圈和钱江新城 CBD 核心区。我国部分城市轨道交通建设起步期线网布局形态如表 2-2 所示。

表 2-2　我国部分城市轨道交通建设起步期线网布局形态

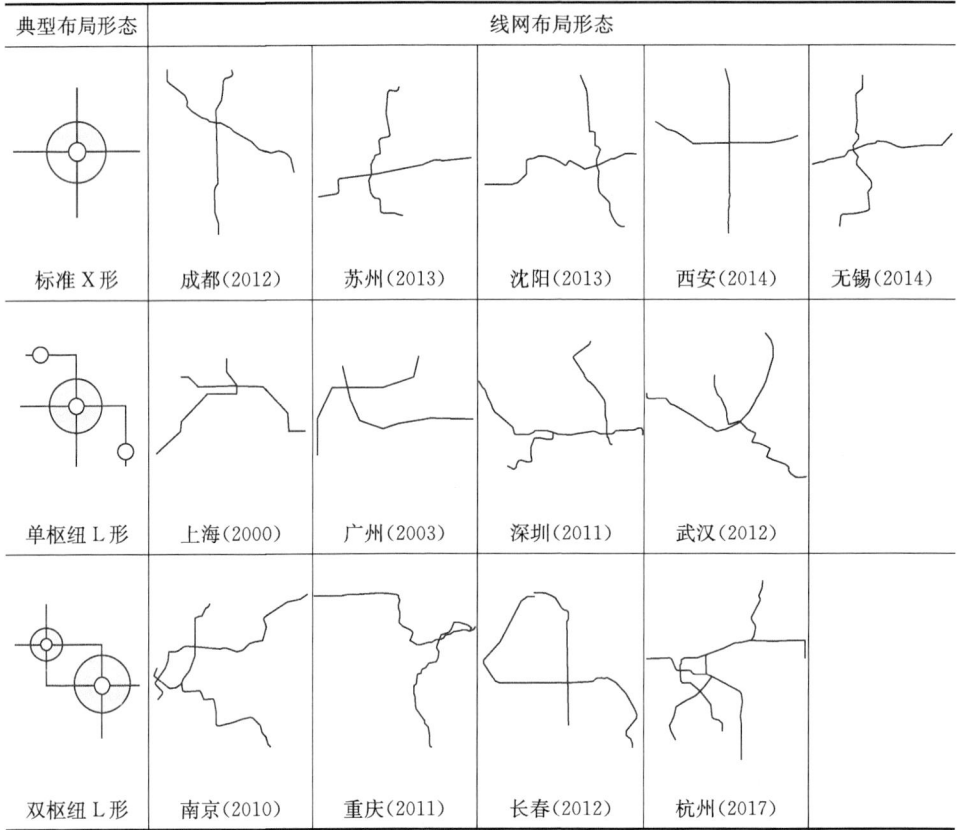

典型布局形态	线网布局形态					
标准 X 形	成都(2012)	苏州(2013)	沈阳(2013)	西安(2014)	无锡(2014)	
单枢纽 L 形	上海(2000)	广州(2003)	深圳(2011)	武汉(2012)		
双枢纽 L 形	南京(2010)	重庆(2011)	长春(2012)	杭州(2017)		

在轨道交通建设起步期,部分城市在 X 形轨道交通主线的基础上引入轨道交通支线引导城市新区开发,呈现 Y 形。轨道主线覆盖城市客流主走廊并延伸至一个新区,支线延伸至另一不同新区,或轨道主线覆盖城市客流主走廊,支线延伸至一个新区。由于核心区用地空间受限,支线端点一般设置在城市核心区的边缘。例如南京地铁 1 号线串联主城、河西新城和东山副城,又如杭州地铁 1 号线串联主城、江南副城、临平副城和下沙副城。

纵观北京、上海、广州 3 个城市轨道交通网络发展历程,网络规模从 0 km 至

100 km 分别用时 32 年、8 年和 8 年,而从 100 km 增加到 200 km,用时则短许多(5 年、4 年和 4 年),即网络发展速度具有由慢到快的特征,形成了一个长时间的网络发展起步期。一方面 2000 年以来我国加大了基础设施建设投资,促进了城市轨道交通网络的发展,而更重要的是在建设初期经验缺乏、城市空间的缓慢扩展以及乘客出行适应过程并不适合快速扩展网络规模。

2. 地面公交网络布局特征

轨道交通运营初期大城市在城市发展、空间扩张以及出行需求增强的进程中,地面公交网络特征主要表现在网络覆盖和线路布局上。

(1) 网络覆盖。网络覆盖总体上良好,在中心城区 500 m 站点覆盖率甚至达到 100%,而在外围地区网络基础设施建设滞后于快速的城镇化发展,常于城市外围新建小区等地出现服务盲区。

(2) 线路布局。发展初期的城市空间结构一般具有向心性,道路资源少,线路在主要客流走廊上逐步布设并延续,线路重复系数大,而外围放射线路通常接入中心城区的对外交通枢纽,加重了这一现象。线路层次和功能单一,一般都将客源直接连通,线路迂回曲折,非直线系数大。

轨道交通网络建设起步期,线路往往选择在城市最主要的客流走廊布设,在中心城区承担支撑客流走廊需求的功能,与地面公交线路共线现象明显;在外围地区承担引导新区开发的功能,与地面公交线路缺乏衔接。

2.2 轨道交通运营初期公交系统调查技术

2.2.1 公交基础设施调查

公共交通基础设施调查对象主要是线路、场站(首末站、枢纽站、停车保养场和中途站)、专用道和信号优先设施 4 类。线路设施需要调查的内容包括线路编号、长度、配车类型与数量、运营时间、发车班次、发车间隔(高峰/平峰)、平均运营车速和日均客运量等。首末站、枢纽站、停保场设施需要调查的内容包括场站名称、占地面积、现状占用泊位数/总泊位数、始发公交线路和夜间停车公交线路等;中途站设施需要调查的内容包括名称、具体位置、停靠公交线路和港湾式与信息化情况等。专用道设施的调查内容是专用道编号、位置(起讫点)、道路等级与断面、车道宽度和行驶公交线路等。信号优先设施需要调查的是信号优先设施编号、具体位置、优先形式、传感器类型和行驶公交线路等。上述设施配置运营资料一般有统计,可到公交运营商或行业主管部门拿取并加以整理,调查表格如表 2-3 至表 2-9 所示。

表 2-3　公交线路基本情况统计表

番号	长度(km)	配车数(台)	车型	运营时间	发车班次(个)	发车间隔(min)	运营车速(km/h)	客运量(人次/日)

表 2-4　公交首末站情况统计表

名称	占地面积(m^2)	具体位置	现状占用泊位数/总泊位数	始发公交线路	备注

表 2-5　公交枢纽站情况统计表

名称	占地面积(m^2)	具体位置	现状占用泊位数/总泊位数	始发公交线路	备注

表 2-6　公交停车保养场情况统计表

名称	占地面积(m^2)	具体位置	现状占用/总泊位数	始发公交线路	备注

表 2-7　公交中途停靠站情况统计表

名称	具体位置	停靠公交线路	是否港湾化	是否信息化	备注

表 2-8　公交专用道情况统计表

编号	位置(起讫点)	道路等级	道路断面	车道宽度	行驶公交线路	备注

表 2-9　公交信号优先设施情况统计表

编号	位置(交叉口)	优先形式	传感器类型	行驶公交线路	备注

2.2.2　公交运行及客流调查

公交运行状态及客流是动态变化的,在轨道交通运营初期对其进行调查并统计分析数据,可以了解客流在时间、空间上的动态变化规律,为公共交通模型的构建提供必要的数据支持,能够对公共交通客流需求预测、地面公交线路调整、轨道交通与地面公交换乘设施配置以及地面公交运行协调与优化等提供参考数据。调查内容包括公交线路客流调查、公交乘客出行特征调查、公交车辆运行特征调查、公交走廊客流断面调查、轨道交通走廊乘客出行转移特征调查和居民轨道交通出行意向调查6项。其中,最后两项用意均为预测轨道交通运营后的客流转移量,不同的是前者为实际调查(即 Revealed Preference,RP 调查),而后者为意向调查(即 Stated Preference,SP 调查)。

1. 调查内容

(1) 公交线路客流调查

调查公交线路乘客乘坐公交的起讫站信息,可获取线路全日或高峰小时上下客流量及断面流量等相关指标。

(2) 公交乘客出行特征调查

调查公交乘客出行起讫点、出行目的、购票方式、换乘情况及个人属性等相关信息。

(3) 公交车辆运行特征调查

调查公交车辆运行过程中经过每个站点的到离站时间、上下客时间以及沿途交叉口的延误情况,可获取公交线路的运行速度、延误等相关指标。

(4) 公交走廊客流断面调查

调查某道路断面各公交车辆经过的时间及载客情况,可获取公交线路实际运行过程中的到站不规律指数及满载率等相关指标。

(5) 轨道交通走廊乘客出行转移特征调查

在轨道交通运营初期且客流稳定后,调查轨道交通乘客个人特征、当次出行详细信息以及在轨道交通运营前当次出行的原出行详细信息,可获取轨道交通站点的吸引范围、各交通方式客流转移量等信息。

(6) 居民轨道交通出行意向调查

在轨道交通运营前,调查出行者对于当次出行向轨道交通和地面公交组合交通方式转移的偏好,以及出行者对出行时间、费用以及换乘3个因素的敏感性,可预测轨道交通运营后各交通方式的转移量。

2. 调查方式

公交客流调查方式主要有跟车调查、驻站调查和流动调查3种。针对上述6项调查内容,公交线路客流调查、公交乘客出行特征调查和公交车辆运行特征调查可采取跟车调查的方式;公交走廊客流断面调查采用驻站调查方式;轨道交通走廊乘客出行转移特征调查和居民轨道交通出行意向调查采用流动调查方式。跟车调查的3项调查内容之间可以相互校验、补充,同时也可与驻站调查形成交叉互补,保证调查数据的可靠性、有效性和全面性。

1) 跟车调查

将跟车调查人员分为若干个线路组,每个线路组于早晚高峰在各自线路公交车上同时进行三项调查或有选择性的进行调查。当线路发车频率为 n 时,将线路组分为 $2n$ 个小组,分别从首站和末站跟随 n 辆车。采用对向间隔跟车方法,在首站上车开始调查,抵达末站后跟随同一辆公交车返回,即往返调查一次。该方法能够使抽样对象均匀分布在整个高峰期内。当调查人力紧缺时,可缩减小组数量,分别从首站和末站跟随 $n/2$, $n/3$, $n/4$…辆车,即等间隔跟车。

(1) 公交线路客流调查

在进行公交线路客流调查时,为获取全面的乘客出行信息,可采用一种工具——小票,范本如图2-2所示。调查员A、B分别在公交车辆的上车门和下车门发放与收取小票。调查员A向每名上车乘客发放编号唯一的小票,并记录其上车站点及时间,每张小票对应一名乘客,可以在获得上车人数的同时,将每名乘客编码。调查员B在持有小票的乘客下车时收取其小票,并记录其下车站点及时间。利用小票能够同时获得上下车乘客人数,以及乘客出行的起讫站点信息。小票编号方便对应公交乘客出行特性调查表。调查登记表格如表2-10所示。

第 2 章 轨道交通运营初期公共交通系统特征分析

编号	上车站	时间	下车站	时间

尊敬的乘客：

您好！为改善乘车环境，使您的出行更加方便、快捷、舒适，请协助我们进行本次调查。请您妥善保管本票，并在下车时交给后门的工作人员。谢谢您的合作！

×××××××××××
××年××月

图 2-2 调查小票范本

表 2-10 公交线路乘客乘降调查登记表

调查日期：____年__月__日　　天气：晴□　阴□　雨□　　线路：___路

车辆编号	发车时间		首站		车辆编号	发车时间		首站	
	到站时间		末站			到站时间		末站	
上行					下行				
序号	站点	上车人数	下车人数		序号	站点	上车人数	下车人数	

（2）公交乘客出行特征调查

乘客上车后由调查员 C 按照随机抽样的原则选取调查对象，并按要求记录乘客手持小票编号、出行目的、出行起讫点、换乘情况等主要信息，以及缴费方式、性别、年龄、职业等个人基本信息。调查表格如表 2-11 所示。

表 2-11　公交乘客出行特征调查表

调查日期：___年___月___日　　天气：晴□　阴□　雨□　　线路：___路　　车辆编号：_____

问题设置：(以下问题请在对应选项中勾选一项"√")

1. 您手中的小票号：_____
2. 付费方式：□1) 刷卡　　　□2) 投币
3. 性别：□1) 男　　　　　　□2) 女
4. 年龄：□1) 6～14 岁　　□2) 15～19 岁　　□3) 20～29 岁　　□4) 30～39 岁
   　　　□5) 40～49 岁　　□6) 50～59 岁　　□7) 60 岁及以上
5. 职业：□1) 小学生　　　　□2) 中学生　　　□3) 大中专学生　　□4) 工人　　□5) 服务人员
   　　　□6) 职员　　　　　□7) 个体劳动者　□8) 家务　　　　　□9) 退休　　□10) 其他
6. 出行目的：□1) 上班　　　□2) 上学　　　　□3) 公务　　　　　□4) 生活购物　□5) 文娱体育
   　　　　　□6) 探亲访友　□7) 看病　　　　□8) 接送孩子　　　□9) 回程　　　□10) 其他
7. 出行起点：_____　　　　出行终点：_____
8. 从起点到达公交站点时间：_____分钟　　站点等待时间：_____分钟
9. 上车前是否乘坐过其他公交：□1) 是：___路(请填线路号)　　□2) 否
10. 下车后是否要继续换乘：□1) 是：___路(请填线路号)　　□2) 否
11. 对目前公交服务满意程度：□1) 很满意　　□2) 较满意　　□3) 一般　　□4) 不满意
12. 您觉得目前公交存在哪些问题：(可多选)
    □1) 车内挤　　　□2) 行车不准时　　□3) 等车时间太长　□4) 站台距离远
    □5) 服务态度差　□6) 换乘不方便　　□7) 无法直达　　　□8) 车速慢
    □9) 线路曲折　　□10) 车内卫生差

(3) 公交车辆运行特征调查

调查员 D 在跟车过程中，准确记录公交车辆各站点到离站时间、上下客时间和通过交叉口时间等数据，精度要求精确到秒。调查表格如表 2-12 所示。

表 2-12　公交车辆运行特征调查表

调查日期：___年___月___日　　天气：晴□　阴□　雨□　　线路：___路　　车辆编号：_____

发车站点：_____　　发车时间：_____　　收车站点：_____　　收车时间：_____

备注	1. 车辆故障　2. 道路交通事故　3. 一次绿灯未通过　4. 在站多次启动　5. 其他					
序号	站点及交叉口名称	进站时间	上下客时间	出站时间	驶入路口时刻	驶出路口时刻	备注

2）驻站调查

公交走廊客流断面调查需沿走廊选取固定的几个调查断面（一般位于公交车站）对公交车辆进出站以及载客信息进行记录。公交车辆进入车站后，驻站调查员记录其线路号、车辆编号及进出站时间，并对该车的满载率状态进行评估并记录。调查表格如表2-13所示。

表 2-13 公交走廊客流断面调查表

调查日期：___年___月___日　　天气：晴□　阴□　雨□　　调查地点：_____　　方向：_____

序号	线路	车辆编号	出站时间	满载状态		满载率评估标准
				序号	未能上车人数	
						0：有少量乘客　　　　6：1/4乘客站立
						1：有1/4乘客　　　　7：1/2乘客站立
						2：有1/2乘客　　　　8：3/4乘客站立
						3：有3/4乘客　　　　9：全部占满
						4：座位全满　　　　　10：过度拥挤（留客）
						5：少数乘客站立

3）流动调查

流动调查即调查员在各时间段，在规定的若干区域内流动，对出行者进行问卷调查。调查对象的选取要服从随机抽样的原则。

（1）轨道交通走廊乘客出行转移特征调查

调查员流动于轨道交通车厢内，通过对轨道交通乘客的访问，调查其当次出行信息以及轨道交通运营前其出行信息。需要记录的内容包括个人特征、出行方式、出行时间、换乘情况及满意度等。调查表格如表2-14所示。

表 2-14 轨道交通走廊乘客出行转移特征调查表

一、个人基本情况
1. 性别：□1）男　　□2）女
2. 年龄：□1）6～14岁　　□2）15～19岁　　□3）20～29岁　　□4）30～39岁
　　　　□5）40～49岁　　□6）50～59岁　　□7）60岁及以上
3. 家庭人口数量：□1）1人　　□2）2人　　□3）3人　　□4）4人　　□5）5人　　□6）>5人
4. 家庭人均月收入：□1）<1 000　　□2）1 000～2 999　　□3）3 000～4 999
　　　　　　　　　□4）5 000～6 999　　□5）>7 000
5. 职业：□1）小学生　　□2）中学生　　□3）大中专学生　　□4）工人　　□5）服务人员
　　　　□6）职员　　□7）个体劳动者　□8）家务　　□9）退休　　□10）其他
6. 学历：□1）研究生　　□2）本科　　□3）大专　　□4）初高中（含中专）　□5）小学及以下
7. 居住地：_____（具体到小区名称，请尽量详细填写）
8. 已拥有交通工具及其数量：1）自行车___　2）电动车___　3）摩托车___　4）小汽车___
9. 三年内是否打算购买私家车：□1）是　　□2）否
10. 每周乘坐地铁、公交次数：□1）<3次　　□2）3～6次　　□3）7～10次　　□4）11～14次　　□5）>14次

(续　表)

二、本次出行情况(出发地→上车地铁站→下车地铁站→目的地)

11. 出行目的：□1) 上班　　□2) 上学　　□3) 公务　　□4) 生活购物　□5) 文娱体育
　　　　　　　□6) 探亲访友 □7) 看病　□8) 接送孩子　□9) 回程　　　□10) 其他

12. 出发地址：(具体到建筑名称/小区名称/临近十字路口/桥，请尽量详细填写)
_____

13. 目的地址：(具体到建筑名称/小区名称/临近十字路口/桥，请尽量详细填写)
_____

14. 从出发地到上车地铁站方式：□1) 步行　□2) 自行车　□3) 电动车　□4) 公交车__(请填线路号)
　　　　　　　　　　　　　　　□5) 出租车 □6) 摩托车　□7) 私家车　□8) 班车　□9) 其他

15. 上车地铁站：_____　　　16. 下车地铁站：_____

17. 从下车地铁站到目的地方式：□1) 步行　□2) 自行车　□3) 电动车　□4) 公交车__(请填线路号)
　　　　　　　　　　　　　　　□5) 出租车 □6) 摩托车　□7) 私家车　□8) 班车　□9) 其他

三、地铁未开通时，该次出行情况

18. 地铁没有开通时，您从出发地到目的地依次的交通方式是：
出发→_____→_____→_____→_____→到达
时间：(__分钟)(__分钟)(__分钟)(__分钟)
费用：(__元)(__元)(__元)(__元)

交通方式包括步行、自行车、电动车、公交、出租车、摩托车、私家车、班车等。若选择公交，请填写线路号。

例	出发→ 步行 → 12路 → 步行 →_____→到达　(填出行方式)
	(20分钟)(20分钟)(5分钟)(__分钟)　(填时间)
	(0元)(1.2元)(0元)(__元)　　　　 (填费用)

四、其他问题

19. 您对地铁线路和站点的熟悉程度是：□1) 不熟悉　□2) 比较熟悉　□3) 非常熟悉

20. 您选择乘坐地铁而不选择公交出行的原因是：(可多选)
□1) 离站点近　□2) 节约时间　□3) 节约费用　□4) 等车时间短
□5) 换乘少　　□6) 准点　　　□7) 舒适　　　□8) 安全　　　□9) 其他

21. 地铁开通后，有部分公交线路被撤销或调整，您怎么看？
□1) 不了解情况　□2) 能接受　□3) 不能接受

22. 如果地铁换乘公交有票价优惠，您会选择"地铁＋短驳公交"出行方式吗？
□1) 会　　　　□2) 不会　　□3) 说不好

23. 今后是否打算继续选择地铁：□1) 是　　□2) 否

(2) 居民轨道交通出行意向调查

调查员在将要开通的轨道交通沿线选取若干区域，对区域内潜在乘客进行流动问卷调查。调查的主要内容是分别针对现状选择非机动车、私人机动车和地面公交的出行者，调查在给定的轨道交通条件下，其向轨道交通和地面公交组合交通方式的转移意向。调查问卷可以分为个人信息、现有交通方式选择和对轨道交通和地面公交组合交通方式的选择等。调查表格如表2-15所示。

表2-15 居民轨道交通出行意向调查表

一、个人基本情况和出行目的

1. 性别：□1) 男　　□2) 女
2. 职业：□1) 小学生　□2) 中学生　□3) 大中专学生　□4) 工人　□5) 服务人员
　　　　□6) 职员　　□7) 个体劳动者　□8) 家务　□9) 退休　□10) 其他
3. 出行目的：□1) 上班　□2) 上学　□3) 公务　□4) 生活购物　□5) 文娱体育
　　　　　　□6) 探亲访友　□7) 看病　□8) 接送孩子　□9) 回程　□10) 其他

二、假如你的家或公司在 A 附近，单位或学校、其他活动的目的地在 B 附近，两地相距 5 km。请回答以下问题（请在□内打钩）。

4. 你从 A 到 B 利用什么交通工具？

交通方式	自行车（电动车）	地面公交（无需换乘）	出租车	摩托车	单位车	私家车
时间(min)	30	20	15	15	15	15
票价(元)	—	1	15	—	—	—
您的选择	1. □	2. □	3. □	4. □	5. □	6. □

5. 轨道交通开通后，假如从 A 到 B 可以采用轨道和地面公交组合交通方式（即直接乘坐轨道或者采用公交和轨道换乘的方式）到达，当组合交通方式为以下条件时，您是否会选择放弃之前的交通方式而改用组合交通方式。

时间(min)	10	10	15	15
票价(元)	2	4	2	4
换乘次数(0表示可用轨道直达，1表示需要进行一次换乘)	0	1	1	0
您是否会选择放弃之前的交通方式而采用组合交通方式	是□	是□	是□	是□
	否□	否□	否□	否□

三、假如你的家或公司在 A 附近，单位或学校、其他活动的目的地在 C 附近，两地相距 10 km。请回答以下问题（请在□内打钩）。

交通方式	自行车（电动车）	地面公交（无需换乘）	出租车	摩托车	单位车	私家车
时间(min)	60	30	25	25	25	25
票价(元)	—	1	22	—	—	—
您的选择	1. □	2. □	3. □	4. □	5. □	6. □

6. 您从 A 到 C 利用什么交通工具？

7. 轨道交通开通后，假如从 A 到 C，可以采用轨道和地面公交组合交通方式（即直接乘坐轨道或者采用公交和轨道换乘的方式）到达，当组合交通方式为以下条件时，您是否会选择放弃之前的交通方式而改用组合交通方式。

时间(min)	15	15	20	20
票价(元)	2	4	2	4
换乘次数(0表示可用轨道直达，1表示需要进行一次换乘)	0	1	1	0
您是否会选择放弃之前的交通方式而采用组合交通方式	是□	是□	是□	是□
	否□	否□	否□	否□

2.3 轨道交通运营初期公交客流需求特征

2.3.1 公交乘客出行特征

选择南京市 2008 年综合交通调查数据进行分析,调查数据中共记录有 11 种交通方式,包括步行、自行车、助力车、轨道交通、地面公交、出租车、摩托车、私家车、单位大车、单位小车、轮船。研究轨道交通运营初期的公交乘客出行特征,主要需要关注轨道交通与地面公交,以及与公共交通存在合作或竞争关系的出行方式,如步行、非机动车(自行车、助力车)、公共交通、私家车。

1. 出行方式分担率

居民出行结构如图 2-3 所示,公共交通方式为 19.5%,略高于私家车的 18.40%,两者竞争态势明显。

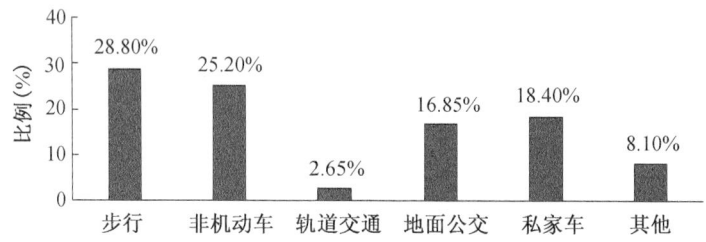

图 2-3 交通方式分担率

分析不同出行目的下交通方式分担率。将原始居民出行调查中 9 类出行目的整合为上班、上学、公务、购物娱乐、探亲访友和看病 6 类。回程出行基本是上述出行目的的逆向出行,存在较大关联性,不展开对其分析。为了便于对某一类出行目的下所有方式的分担率进行组内对比,同时对某一类交通方式进行跨出行目的的组间对比,先计算不同出行目的所占的比例,进而对每一类出行目的计算不同交通方式所占的比例,分出行目的方式分担率如图 2-4 所示。通过组内对比分析可知,尽管通常认为不同目的的出行对快速性、准时性、舒适性、便捷性等要求不同,但结果显示公共交通在服务不同出行目的时所占的比例相近,而轨道交通与地面公交间则存在差异。由于轨道交通运营初期网络密度低,而购物娱乐和看病的出行目的地多集中于轨道交通走廊上,轨道交通服务于上述出行目的所占比例相对于其他出行目的更接近于地面公交方式。通过组间对比分析可知,上班出行在所有出行目的中所占比例最高,尽管其公共交通分担率较低,但其绝对数量是最高的,占所有出行的 5.3%。

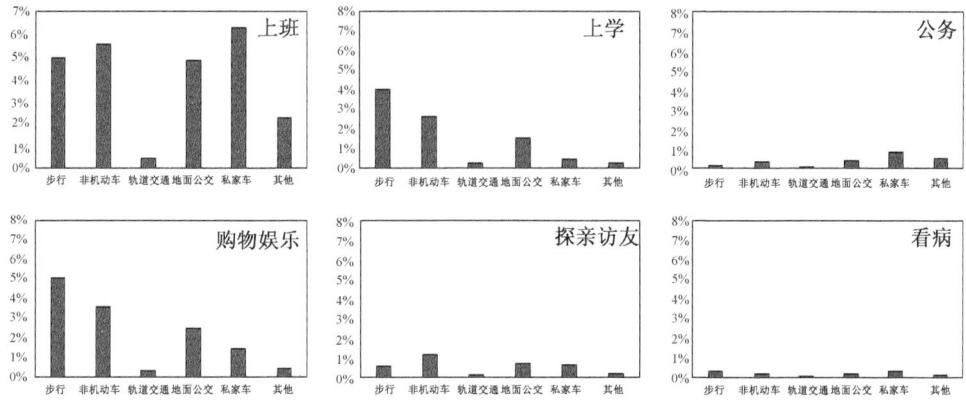

图 2-4　分出行目的方式分担率

分析不同职业出行者交通方式分担率。将原始居民出行调查中 9 类职业整合为中小学生、大学生、工人、服务员、职员、个体劳动者和家务人员 6 类。采用上文中分出行目的分担率的方法进行分析，分出行者职业方式分担率如图 2-5 所示。组内对比分析，不同职业出行者选择出行方式的差异明显，大学生、工人、服务员、职员的公共交通出行比例最高，达 30% 左右，中小学生、个体劳动者和家务人员的公共交通出行比例为 15% 左右。中小学生的地面公交与轨道交通使用比最低为 6.54，其他各类人群的该值均为 9 左右。职员的公共交通出行比例与私家车最为接近。组间对比分析，工人、服务员和职员是公共交通出行的主体。

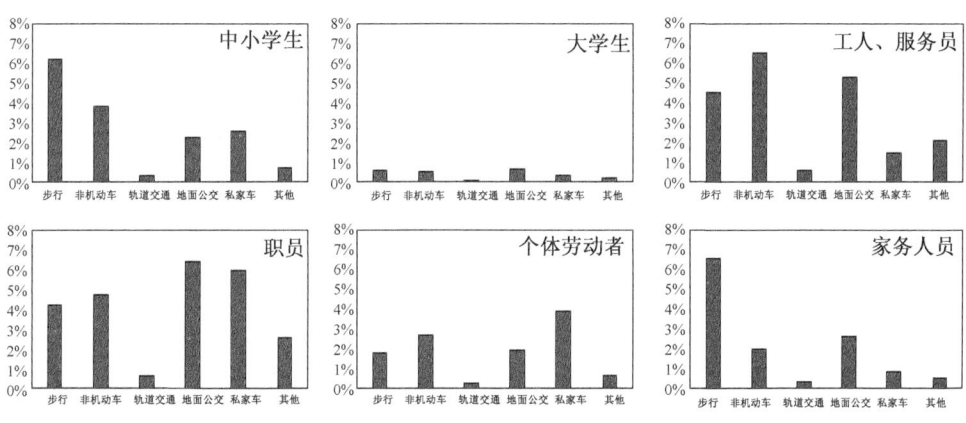

图 2-5　分出行者职业方式分担率

分析不同年龄出行者交通方式分担率。将原始居民出行调查中 8 个年龄段整合为 6~19 岁、20~24 岁、25~29 岁、30~49 岁、50~59 岁和大于 60 岁 6 类。采用上文中分出行目的分担率分析方法，分出行者年龄方式分担率如图 2-6 所示。组内对比分析,不同年龄出行者选择出行方式的差异明显,6~19 岁以及 60 岁以上出行者的公共交通出行比例相对最高,均在 25% 以上,30~49 岁的比例最低,仅为 16.45%。60 岁以上老年人的地面公交与轨道交通使用比最高为 11,因为该人群对于新型交通方式的接受有一个适应过程。组间对比分析,由于 30~49 岁的出行者比例最高,尽管其公共交通分担率较低,但其绝对数量是最高的,占所有出行的 6.77%。

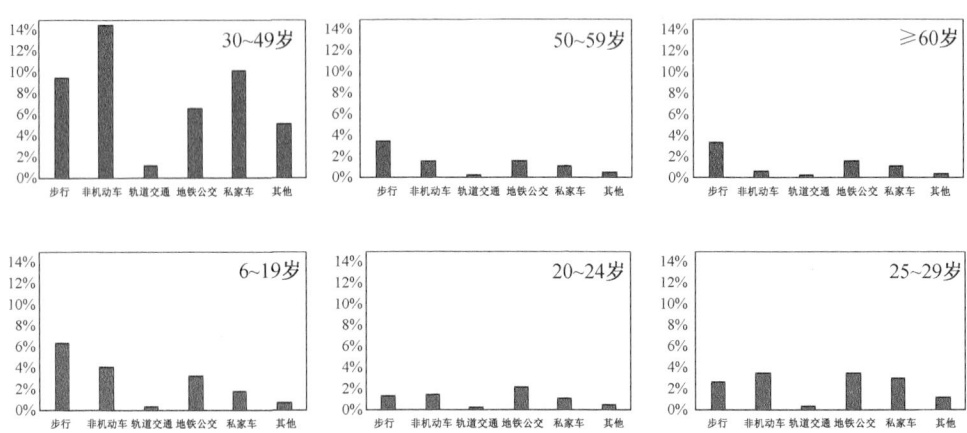

图 2-6　分出行者年龄方式分担率

2. 出行时耗

各交通方式运输特性不同,在城市交通系统中承担的功能也不同。总体上,时耗较短时,一般采用步行和非机动车方式,随着时耗的增加,轨道交通、地面公交以及私家车等出行方式的分担比例开始上升。不同出行方式时耗分布情况如图 2-7

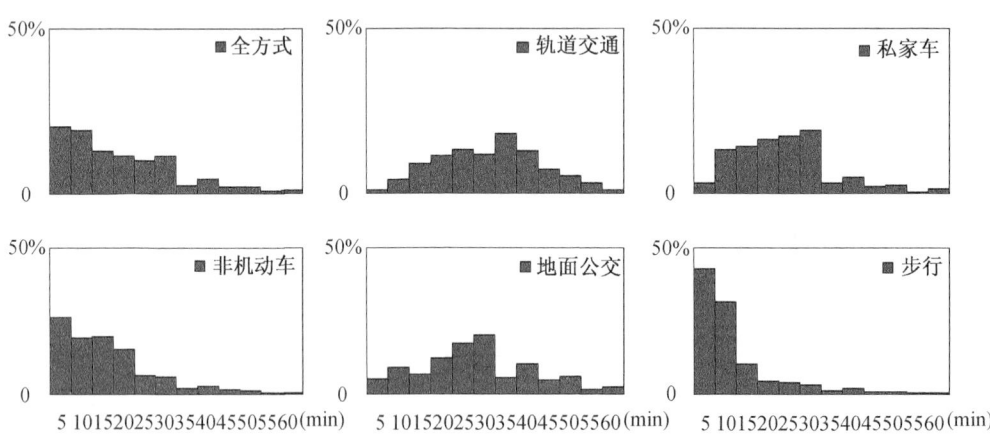

图 2-7　不同出行方式时耗分布情况表

所示。步行和非机动车交通在 5～10 min 处存在峰值,但与步行相比非机动车峰态并不明显。地面公交与轨道交通的出行时耗分布则较为均匀,轨道交通的出行时间更长且峰态相对明显,峰值发生于 35～40 min,公共交通和慢行交通存在良好的互补性。仅有 15% 的私家车出行在 40 min 以上,其与公共交通的竞争主要发生在 20～40 min 的出行。

2.3.2 公交系统特征

城市轨道交通网络的演变分为起步期、发展期与成熟期。起步期,轨道交通线路布局呈现"十字形"骨架居多,与城市公交客流主走廊保持一致,贯穿于城市中心区,连接城市副中心和大型交通枢纽的主要客流集散点。部分城市为了实现轨道交通建设前期对多个重点新区开发的引导功能,在城市中心区边缘增加轨道交通枢纽节点的支线建设,服务新区客流出行。运营初期,轨道交通进入公交系统后,原地面公交乘客将在两者间重新选择,非公共交通方式出行的居民也将考虑是否放弃原有的出行方式,因此原有公共系统特征将会改变,主要反映在客运量和客运结构上。

国内城市轨道交通发展基本处于起步期,运营线路为 1～3 条,里程在 100 km 以下;以南京、深圳等为代表的城市轨道交通线路数量达到 4～8 条,里程在 100～300 km 之间,处于发展期;北京与上海轨道交通起步较早,发展规模远超其他城市,线路达到 15 条以上,里程在 400 km 以上,处于网络的成熟期。横向对比各城市轨道交通运营线路总里程与其占公交客流比重的关系,得出轨道交通客流占公交客流的比重随着其规模的扩大而上升,一方面轨道交通网络密度的提高,使得出行者能够方便地进入网络,另一方面轨道交通网络越成熟的城市规模越大,平均出行距离相对越长,使得更多的出行者愿意选择轨道交通出行。但轨道交通相对于地面公交较低的覆盖率使得其并不能承担起所有的公共交通出行需求,客流比重的增长稳定于 50% 左右。网络起步期比重为 5%～10% 左右,成熟期比重达到 40%～50%,而网络发展期的轨道交通客流的比重则介于两者之间,如图 2-8 所示。

以上海、南京两个城市的轨道交通系统发展历程为例进行纵向比较。上海地铁 1 号线于 1995 年开通,次年地铁日均客运量为 24.45 万人次/日,占公交客流总量的 3.74%。此后几年中,两者同时保持一定的增长态势,但地铁所占的比例基本维持在 4%～5% 左右。2001 年,上海地铁 2 号线开通,形成"十字形"骨架线路,两者客运量依旧稳步上升,至 2005 年,地铁客运量占公交客流总量的比例为 17.63%,如图 2-9 所示。南京地铁 1 号线于 2005 年开通,次年地铁日均客运量为 15.88 万人次/日,占公交客流总量的 4.53%,而地面公交客运量则有 1.59% 的小幅下降,为 260.35 万人次/日。此后,两者同时保持增长的趋势,且地铁客运量增长更为明显。特别是在 2010 年地铁 2 号线开通,形成"十字形"骨架线路,地铁日

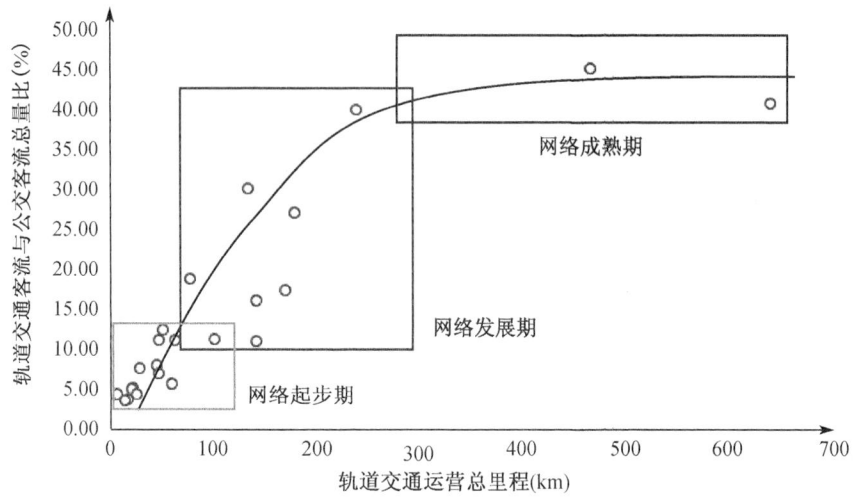

图 2-8 轨道交通运营总里程与占公交客流比重关系图

均客运量达到96.16万人次/日,占公交客流总量的20.09%,而地面公交客运量并没有减少,有了0.18%的小幅增长,如图2-10所示。

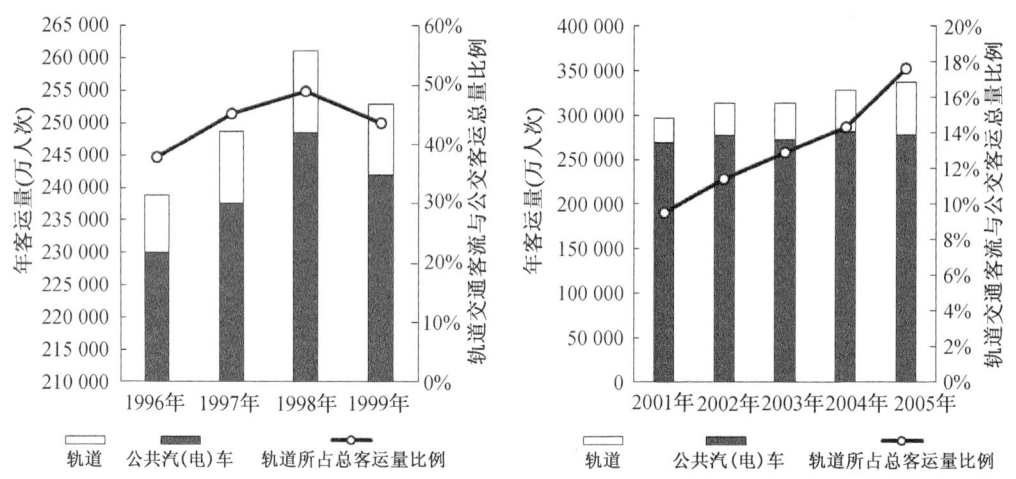

图 2-9 上海公共交通客运量发展情况

运营初期,轨道交通只能对轨道交通线路附近有限地区的乘客出行产生影响,能承担部分原来的公交出行量。在单条轨道交通线路运营条件下,线路只承担了主客运走廊上的客运需求,轨道交通客流占公共交通客流总量的5%左右;轨道交通建成"十字形"骨架网络后,其客流占公共交通客流总量的比重有显著提升,但仍较小,为20%左右。轨道交通的运营并没有从根本上改变整个公交系统结构,地

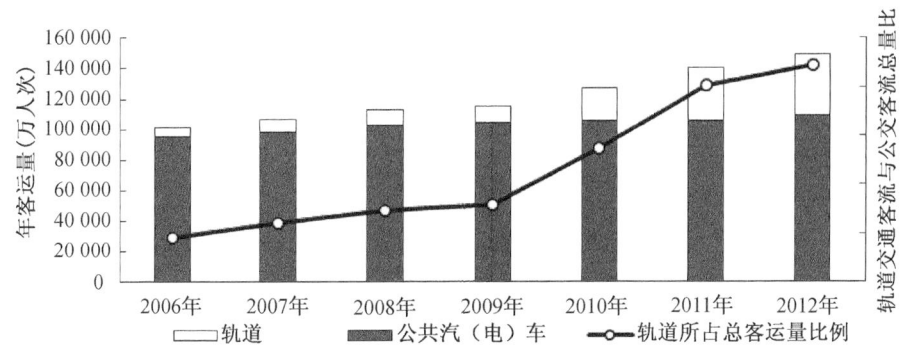

图 2-10　南京公共交通客运量发展情况

面公交仍是公共交通系统的主体。

在该时期内,特别是轨道交通新线开通的当年,地面公交客流可能会有一定的小幅下降。但如果能在此阶段合理确定两者的功能定位,调整地面公交发展策略与线路线位,在走廊上承担衔接和补充轨道交通运能的功能,在走廊终端承担接驳轨道交通服务的功能,从长远看,地面公交与轨道交通将形成互利共赢的局面。

2.3.3　轨道交通走廊客流转移特征

1. 客流转移比例分析

以无锡轨道交通 1 号线走廊为例,表 2-16 显示了轨道交通出行者在相同出行目的下原方式主要为地面公交和私家车,所占比例达到了 89.3%,出租车和电动自行车次之,步行与自行车比例相似且最小。这反映了出行距离是交通方式选择的最主要因素,地面公交、私家车和出租车相对于其他方式与轨道交通适应的出行距离最为相近,而出租车出行比例较小仅为 0.9%。通勤、通学出行方式转移结果类似,而地面公交的比例更高,达到 64%,体现该类出行对准时性的要求。

表 2-16　轨道交通出行者原出行方式构成比例

出行方式	步行	自行车	电动自行车	摩托车	地面公交	私家车	出租车
全部出行 ($N=645$)	1.86% (12)	1.09% (7)	3.26% (21)	0.16% (1)	56.43% (364)	32.87% (212)	4.34% (28)
通勤、通学出行 ($N=225$)	1.78% (4)	1.33% (3)	4.44% (10)	0.44% (1)	64.00% (144)	26.22% (59)	1.78% (4)

注:括号中为调查样本数。

城市不同片区间或区内的出行方式转移特征差异明显,如图 2-11 所示。中心城区内部出行(④,⑤,⑥)的原方式中地面公交与私家车的出行比例相对较少,有相对多的适应短距离出行的交通方式发生了转移。且中心城区内部出行的公交转移比例最高,近郊-中心城的跨区出行(③,⑦,⑧)与近郊内部的出行⑨次之,远郊-中心城的跨区出行(①,②)最小。而私家车转移比例的区域间差异特征与地面公交相反。

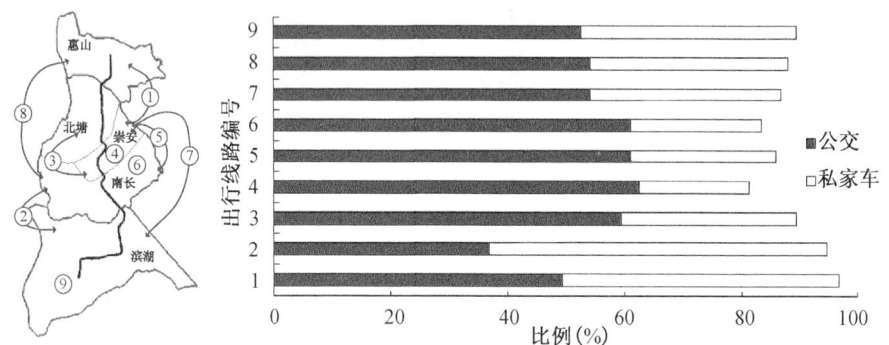

注:样本量过小的出行 OD 对已舍去。

图 2-11　轨道交通出行者原出行方式构成比例(分空间)

2. 客流转移影响因素分析

影响出行方式选择的因素有时间、费用可靠性、便捷性、安全性、舒适性等。从其他方式转移到轨道交通的出行者考虑的因素中可以发现,时间是重要的影响因素。而相关研究表明同样重要的费用因素,在此并不是出行者主要考虑的因素,如图 2-12 所示。下文将对时间与费用因素进行详细分析。

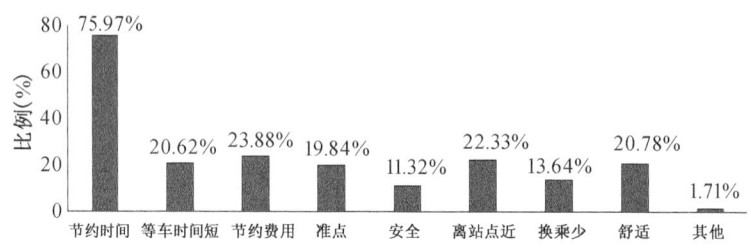

图 2-12　出行方式转移影响因素分析

3. 客流出行时间与费用变化分析

原出行方式中出行者选择地面公交与私家车出行的时间累积频率,如图 2-13 所示。在走廊上,转移到轨道交通的地面公交乘客,原出行时间约为 15~40 min,中位数 22.3 min,均值 27.7 min,以平均运营速度 18 km/h 计算,出行距离约为 4.5~12 km,中位数 18.9 min,均值 22.5 min,而转移到轨道交通的私家车出行者,原出行时间约为 15~25 min,以平均运营速度 30 km/h 计算,出行距离约为 7.5~12.5 km。

第 2 章 轨道交通运营初期公共交通系统特征分析

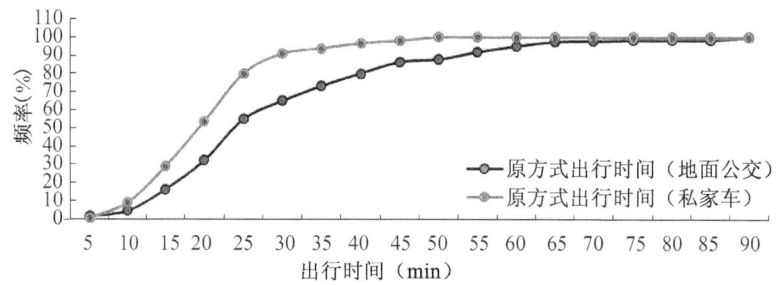

图 2-13 地铁开通后各方式出行时间累积频率

表 2-17 显示了出行方式转移前后出行时间的变化情况。节省时间在 −10%～10% 之间的，可以认为时间并没有节省或是浪费。方式转移后，约 42% 的出行者的时间得到了节省，时间增加的比例约为 38%。

表 2-17 出行方式转移后节省时间比例分布

节省时间比例	−70%以下	−70%～−40%	−40%～−10%	−10%～10%	10%～40%	40%～70%	70%以上
全方式出行 (N=645)	0.31% (2)	11.16% (72)	30.39% (196)	20.00% (129)	17.67% (114)	8.22% (53)	12.25% (79)

注：括号中为调查样本数；负数表示方式转移后节约时间，正数则反之。

分析出行者原方式的出行时间与方式转移后出行时间改变的百分比。方式转移后节省时间的出行者原出行时间较长，并且随着原出行时间的增加，增加时间占原出行时间的比例逐渐降低，即节省时间占原出行时间的比例逐渐增加，如图 2-14 所示。也就是说原出行方式花费时间较多的出行者转移到轨道交通出行后，能节约更多的时间。上述现象对于原方式为地面公交的出行者更为明显。

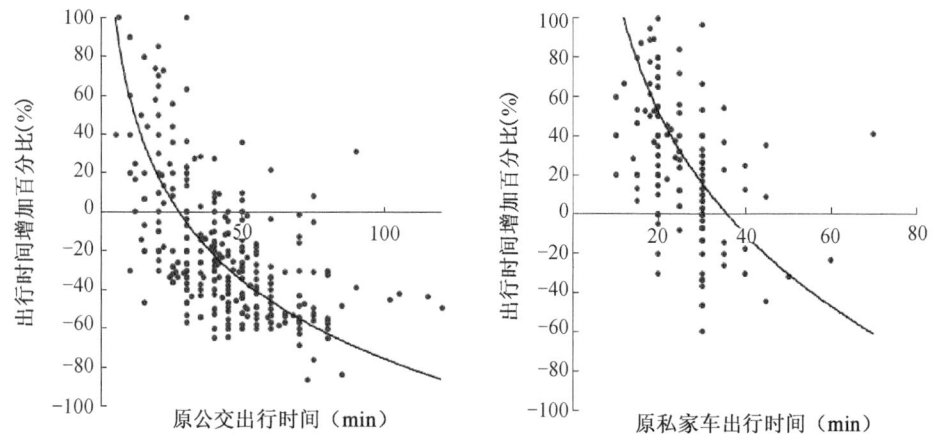

图 2-14 原方式的出行时间与方式转移后出行时间的改变比例相关性

结合出行时间变化与费用变化对出行方式转移的联合影响进行分析。方式转移后,出行时间与费用的变化情况均可分为三种:增加、不变和减少,依此可将出行者分为9类,如图2-15所示,可得出以下结论:

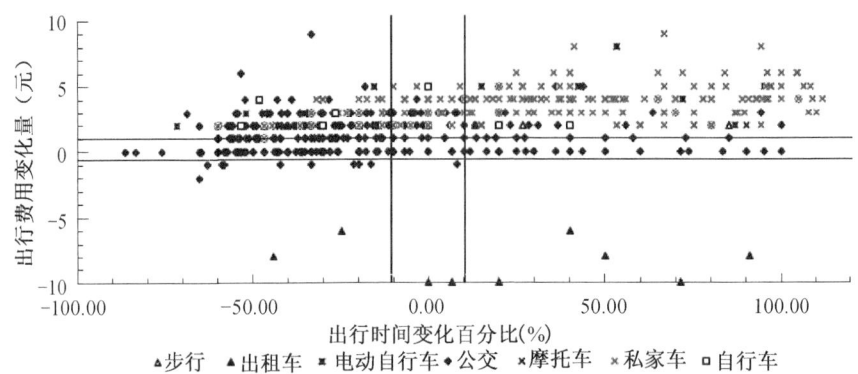

图2-15 方式转移后出行时间与费用变化情况

（1）原方式为地面公交的出行者中有更高的比例节省了时间,为63%,原方式为私家车的出行者中多数花费了更多的时间通过轨道交通来完成出行,比例为73%,费用大幅度减少的出行者原方式基本为出租车。

（2）这里将除了出租车和地面公交外方式的出行费用定为0,且轨道交通的票价稍高于地面公交,绝大部分出行者(76%)的出行费用有所增加,增加幅度在1～5元之间,也有19%的出行者出行费用不变。

（3）在出行时间变化一定的情况下,其他交通方式转换为轨道交通后出行费用增加的比例远高于费用减少与不变的比例,体现出乘客在使用快速、舒适、准点的运输服务时愿意付出更高的费用。

（4）出行费用增加量越大,出行时间增加的比例也越大,因为出行费用增加量较大的出行者原方式费用为0且出行时间较短的私家车方式。

（5）出行时间与费用都不节省的出行者也有一定的比例,为31%,其中77%的出行者原方式是私家车,远高于全体样本中的该比例(32.87%),52%的出行者认为轨道交通准点、守时是出行方式转移考虑的因素,远高于全体样本中的该比例(19.84%),可以认为虽然出行费用与时间都不节省,但准点、可靠性高是该类群体选择轨道交通的主要原因。

2.3.4 轨道交通网络客流特征

1. 网络/线路客运强度

随着线网规模的扩大,客运量呈持续上涨趋势,而在网络化进程中全网客运强度会随新线的加入发生波动,但总体上仍呈持续增长的态势,如图 2-16 所示。通常情况下,引导开发型线路的加入会促使全网客运强度在短时间内下降,而客流支撑型线路则会迅速提升全网客运强度。对于单条线路总体上也呈现持续增长的态势,即轨道交通运营初期线路客运强度处于一个相对低的值。

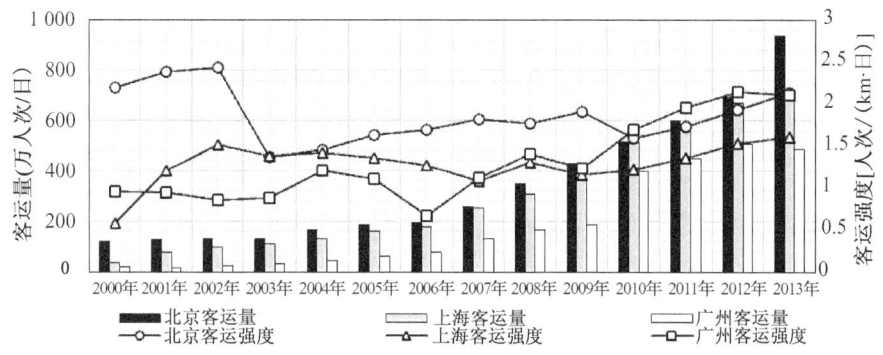

图 2-16　北京、上海、广州轨道交通客运量与客运强度发展情况

2. 网络换乘系数

研究网络换乘系数与线网长度的相关性,通过皮尔逊检验计算得到相关性系数为 0.850,即两者存在显著的正相关。从图 2-17 中也可看出,轨道交通运营初期,换乘系数在 1.2 左右,随后换乘需求快速增长,而在网络化进程中增长速度放缓。

3. 网络平均乘距与线路平均运距

研究网络平均乘距与线网长度、建

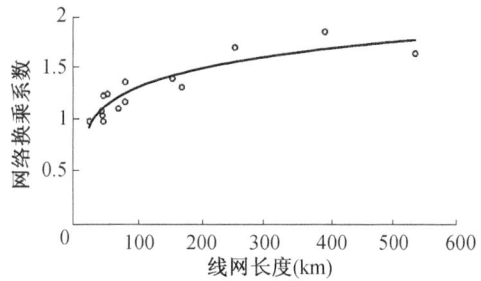

图 2-17　网络换乘系数与线网长度关系

成区面积和常住人口的相关性,通过皮尔逊检验计算得到相关性系数分别为 0.709、0.794 和 0.520,即网络平均乘距与线网长度、建成区面积呈显著的正相关,如图 2-18 所示。随着城市用地和轨道交通网络规模的扩大,居民出行距离增加,进而延长了网络平均乘距。

与网络平均乘距相反,由于换乘机会的增多,各线路的平均运距随着网络规模的扩大呈轻微的缩减趋势,如图 2-19 所示。进一步分析每一条轨道交通线路的平均运距与线路长度的关系,如图 2-20 所示。线路平均运距与长度的关系并不显著。除北京地铁 15 号线、房山线、上海地铁 16 号线、大连轻轨 1 号线、天津津滨快

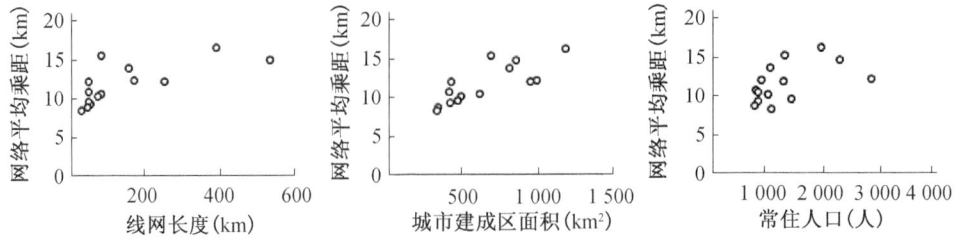

图 2-18　网络平均乘距与线网长度、建成区面积、常住人口关系

轨 5 条市域快线以及北京地铁机场线平均运距远高于普通线路,广州地铁 APM 平均运距远低于普通线路外,其他线路的平均运距基本不随线路长度的变化而变化,稳定在 8 km 左右,即轨道交通运营初期线路平均运距处于一个相对较高的水平,基本位于 7~9 km 的范围内,轨道交通网络化后,网络平均乘距提高,但其值可能有小幅下降,基本稳定。

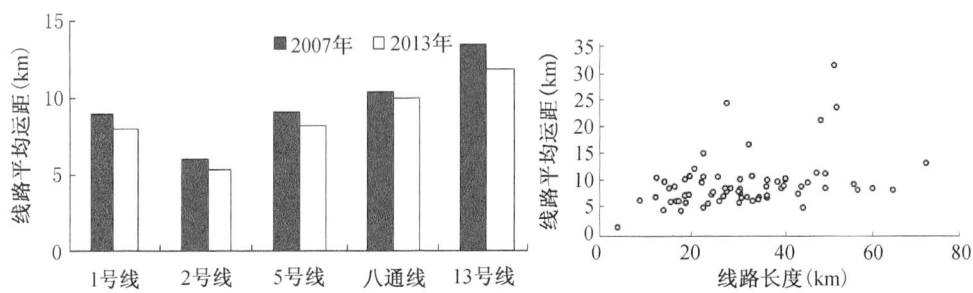

图 2-19　北京地铁部分线路平均运距变化情况　　图 2-20　线路平均运距与线路长度关系

2.3.5　地面公交线路客流变化特征

1. 线路客流量变化

轨道交通运营初期,地面公交客流将发生变化,以无锡为例分析其特征。无锡地铁 1 号线开通于 2014 年 7 月 1 日,选取 2013 年 9 月~11 月和 2014 年 9 月~11 月无锡公交线路日均客流量数据进行对比,涉及线路 205 条,占所有线路(232 条)的 88.36%。将线路分为途经轨道交通走廊的线路(159 条)和不经走廊的线路(46 条)进行分析,如表 2-18 所示。在小汽车和电动自行车快速发展、居民出行距离逐步增长和轨道交通开通运营的多重影响下,轨道交通走廊外地面公交线路客流下降了 10.92%,走廊内线路尽管下降量达到 44 465 人次,但其变化率为 4.88%,低于总体变化率 5.38%,说明轨道交通的引入增强了走廊上公共客运的服务品质,在私人机动化快速发展进程中仍有较强竞争力。

表 2-18　无锡地铁 1 号线开通后,走廊内外地面公交线路日均客流变化情况

区　域	开通前客流量(人次)	开通后客流量(人次)	变化量(人次)	变化率
途经走廊(159 条)	911 156	866 691	−44 465	−4.88%
不经走廊(46 条)	82 205	73 228	−8 977	−10.92%
合计(205 条)	993 361	939 919	−53 442	−5.38%

将地面公交线路依据区位和走向划分为中心城区内部(39 条)、惠山新城内部(8 条)、中心城区-惠山新城(10 条)、中心城区-太湖新城(26 条)、中心城区-锡西新城(38 条)、中心城区-新区(23 条)、中心城区-锡东新城(39 条)和其他(22 条)8 类,分析各类线路客流变化特征差异,如图 2-21 所示。除其他类线路外,各类线路客流量均有所下降。中心城区内客流下降了 11.13%,而轨道交通 1 号线北段终端所在的惠山新城内客流仅仅下降了 4.62%,在客流总量下降 5.38% 的背景下,说明中心城区会因轨道交通的吸引导致客流下降,而外围区域特别是轨道交通线路终端则是客流潜在的增长区。平行于轨道交通线路方向的跨片区线路客流分别下降了 12.72% 和 7.25%,而垂直于轨道交通线路方向的跨片区线路客流分别下降了 1.51%、0.48% 和 5.02%,说明前者会因为轨道交通开通而客流降低,而后者则是客流增长的潜在线路。

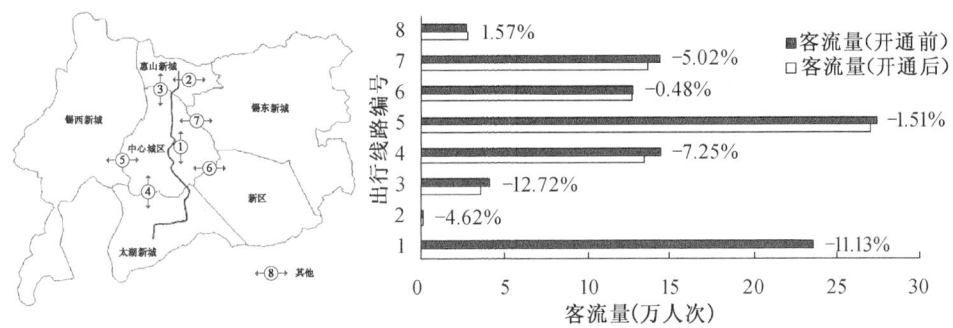

图 2-21　无锡地铁 1 号线开通分区域地面公交线路日均客流量变化情况

考虑到地面公交线路与轨道交通线路在低共线情况下将产生良好的合作效果,在高共线情况下则表现出竞争效果。假设地面公交线路客流变化量(率)与轨道交通线路共线情况存在非线性相关性,采用 Spearman 相关检验,结果如表 2-19 所示。在相关规划实践中,常以避免地面公交客流过度下降为主要目标对轨道交通开通后的地面公交线路进行调整。作为调整线路筛选标准的与轨道交通共站数、共线长度和共线长度比例指标与客流变化情况的相关性并不显著,说明该线路筛选标准的合理性值得思考。

表 2-19 地面公交线路客流变化与影响因素相关性分析

		与轨道共站数	与轨道共线长度	共线长度比例
增长量	相关系数	−0.168*	−0.129	−0.155
	Sig.（双侧）	0.034	0.105	0.051
增长率	相关系数	−0.168*	−0.143	−0.159*
	Sig.（双侧）	0.034	0.072	0.045

注：* 在置信度（双测）为 0.05 时，相关性是显著的。

2. 典型线路客流分布变化

对轨道交通开通前后地面公交线路客流特征进行对比，调查数据为无锡公交 2、25、28、63、81、503、601、705 路 8 条位于轨道交通走廊内的线路高峰小时单方向跟车调查数据。调查时间分别为 2013 年 4 月和 2015 年 1 月。选择与轨道交通线路几何关系较为典型的 4 条线路进行客流分布分析，如图 2-22 所示。

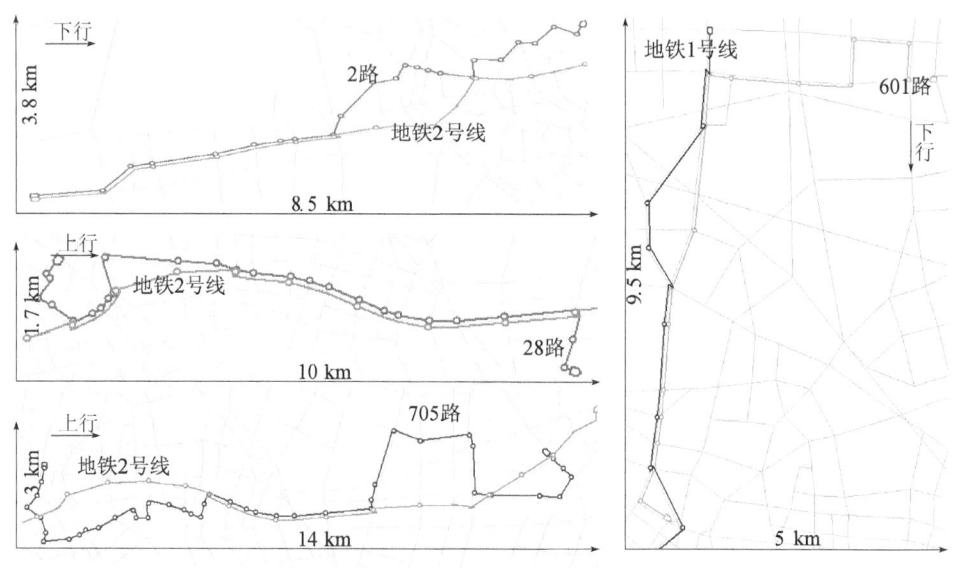

图 2-22 所调查客流断面变化的线路走向示意图

公交 2 路西段与轨道交通 2 号线共线 5.5 km，涉及 4 个轨道交通站点。轨道交通开通前后其下行方向早高峰客流分布情况如图 2-23 所示（M 和 B 均代表公交站点，M 表示该站点周围有轨道交通站点；B 代表地铁开通前，A 代表地铁开通后）。轨道交通开通前后客流断面均呈"凸"型，最高断面位置不变，但由于轨道交通吸引了部分走廊上长距离出行客流，断面量下降了近 40%，平均运距也从

5.64 km 下降到 4.41 km。各站点乘降量方面,变化量大的站点周围基本都有轨道交通站点,如 M2 站,线路中段各站乘降量变化不大。

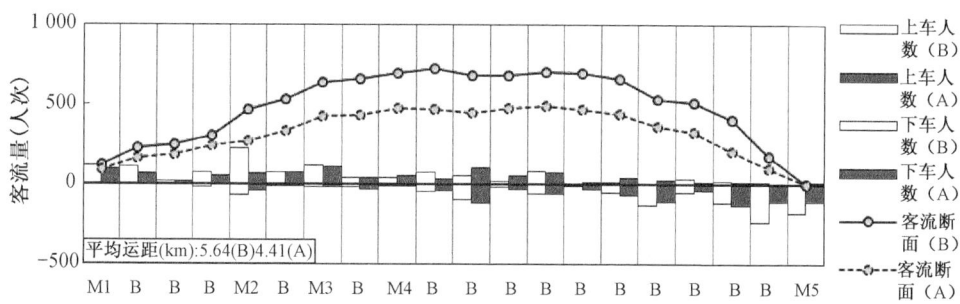

图 2-23　公交 2 路下行早高峰客流分布变化情况

公交 601 路南北向与轨道交通 1 号线共线 3.3 km,涉及 8 个轨道交通站点,从长安始发到达堰桥新城后折向南终于汽车站。轨道交通开通前后其下行方向早高峰客流分布情况如图 2-24 所示。M1 至 M8 站间客流部分转移至轨道交通,导致 M1 站上车客流下降明显,客流断面形态由"凸"型转变为"平"型,最高断面位置转移至惠山新城的 M1 站。线路首站上车客流基本不变,而在 M2 站下车客流增长明显,体现了其接驳轨道交通客流的功能,线路平均运距从 9.28 km 下降到了 8.91 km。

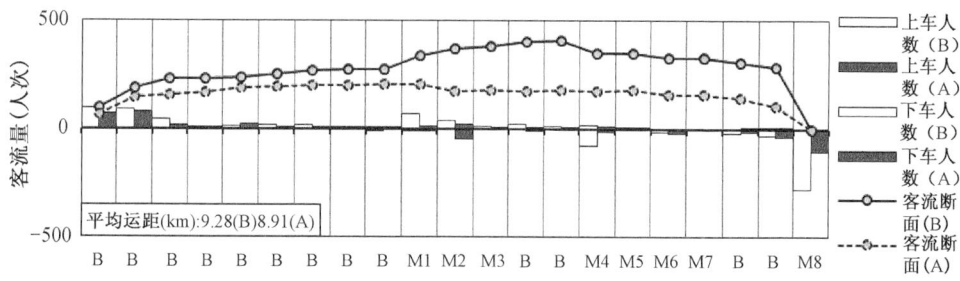

图 2-24　公交 601 路下行早高峰客流分布变化情况

公交 705 路和 28 路走向基本一致,由火车站始发沿轨道交通 2 号线走廊由中心城区驶向锡东新城,两路车与轨道交通分别共线 4.6 km 和 6.8 km,涉及 4 个和 6 个轨道交通站点。轨道交通开通前后上行方向晚高峰客流分布情况分别如图 2-25 和图 2-26 所示。客流断面形态仍为"斜"型,但倾斜幅度有所下降。两条线路前几个 M 站上车客流有一定下降或保持不变,而线路中部的 M 站下车客流也有明显下降,意味着轨道交通吸引了该区段一定量的客流。705路相比于28路在后段有更多的覆盖区域,体现接驳轨道交通客流功能,其M5～M8站上车客流有一定幅度增加;28路首站至末站间的客流是其主要客流,向轨道交通转移的比例不高,首站至线路中段客流部分被转移至轨道交通。上述差异导致705路平均运距从8.66 km下降到了7.74 km,而28路则由6.44 km上升到7.67 km。

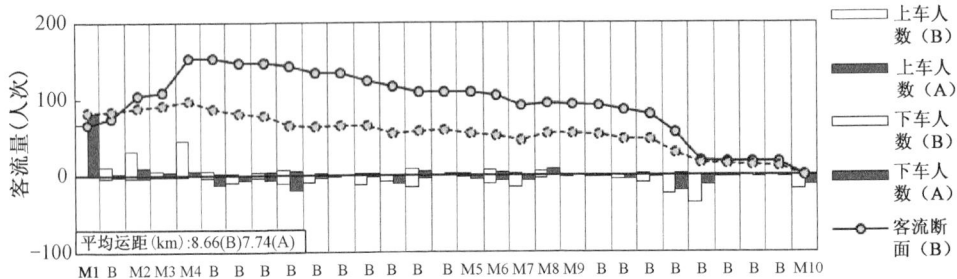

图2-25 公交705路上行晚高峰客流分布变化情况

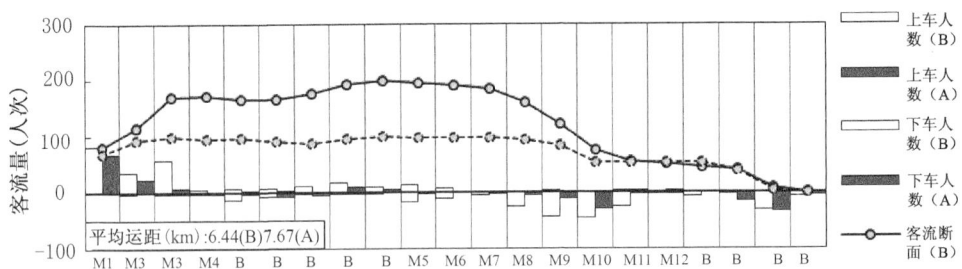

图2-26 公交28路上行晚高峰客流分布变化情况

在轨道交通开通前后,与其相关的线路在客流量、强度以及分布形态上将可能发生显著变化。对于与轨道交通平行的线路,在轨道交通站点附近的站点客流乘降量由于轨道交通的吸引而降低,对于与轨道交通呈接驳形态的线路,其也可能增加。轨道交通开通后地面公交线路平均运距并不一定下降,长运距线路的运距还可能变得更长。

2.3.6 公交枢纽客流集散与转换特征

公交枢纽是城市公共交通系统中的重要节点,具有联系各种公共交通方式或一种方式内不同线路以及其他方式的作用,其交通功能主要表现为客流的集散及转换。

第2章 轨道交通运营初期公共交通系统特征分析

1. 公交枢纽客流集散特征

影响公交枢纽客流集散的因素通常可以归为以下5种类型:枢纽周围社会经济与人口特征、土地利用特征、道路交通特征、其他交通方式供给与竞争情况以及枢纽自身的特征。这些因素的不同使得各枢纽客流集散量不同,同时对于同一枢纽客流在工作日与平日之间也存在差异。杭州地铁1号线各站点客流集散量如图2-27所示,集散量排名前五的站点分别是火车东站、龙翔桥站、城站站、武林广场站和文泽路站,日均进站和出站客流量均大于1.8万人次/日。周末由于周边城市的旅游流以及下沙高教园区学生进城流的出现,龙翔桥站、火车东站以及文泽路站的客流分别有21.5%、19.2%和42.6%的增加。各站的进出站客流量基本相当。

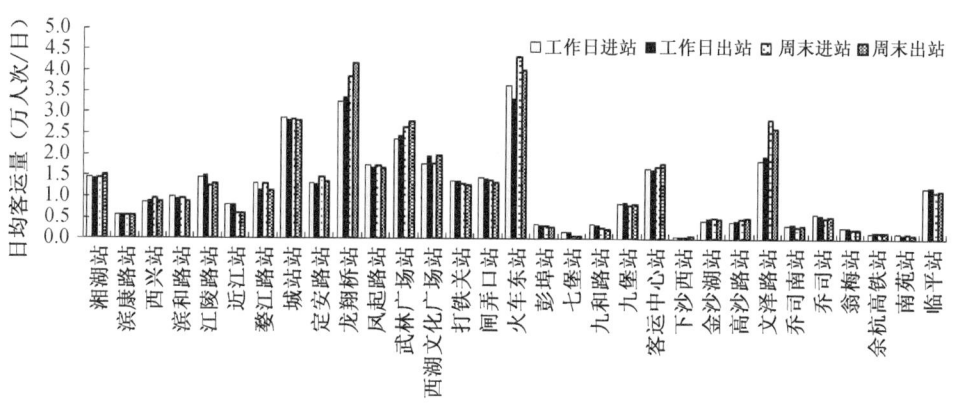

图2-27 杭州地铁1号线各站点客流集散量分布图

轨道交通枢纽所在区位的土地利用是影响客流时间分布的主要因素。以杭州地铁1号线31个站点为例,研究不同用地性质的轨道交通枢纽,工作日客流时间变化特征差异性明显,可以归纳出以下6类客流时间分布曲线。

(1) 单峰I型,枢纽周围用地商住比较低,用地性质较为单一,更多地为居住用地。客流具有明显的潮汐特征,客流高峰集中,早上有一个进站高峰,晚上则是一个出站高峰,其他时段客流一般较小。工作日早高峰的出行多为通勤出行,集中在7~9点间,远离市中心的站点高峰时间更早一些,进站高峰小时系数为9%~23%;而晚高峰17~19点间,远离市中心的站点高峰时间更晚一些,出站高峰小时系数为9%~17%,如图2-28(a)所示。

(2) 单峰II型,枢纽周围用地商住比较高,用地性质较为多样,更多地为商业、文体、办公用地。客流具有明显的潮汐特征,客流高峰集中,与单峰I型不同的是其早上为出站高峰,晚上则是进站高峰,其他时段客流一般较小。工作日早上为出站高峰期,时间集中在8~9点间,高峰小时系数为15%~22%;晚高峰则以下班回家的进站客流为主,时间集中在17~18点间,高峰小时系数为12%~16%,如图2-28(b)所示。

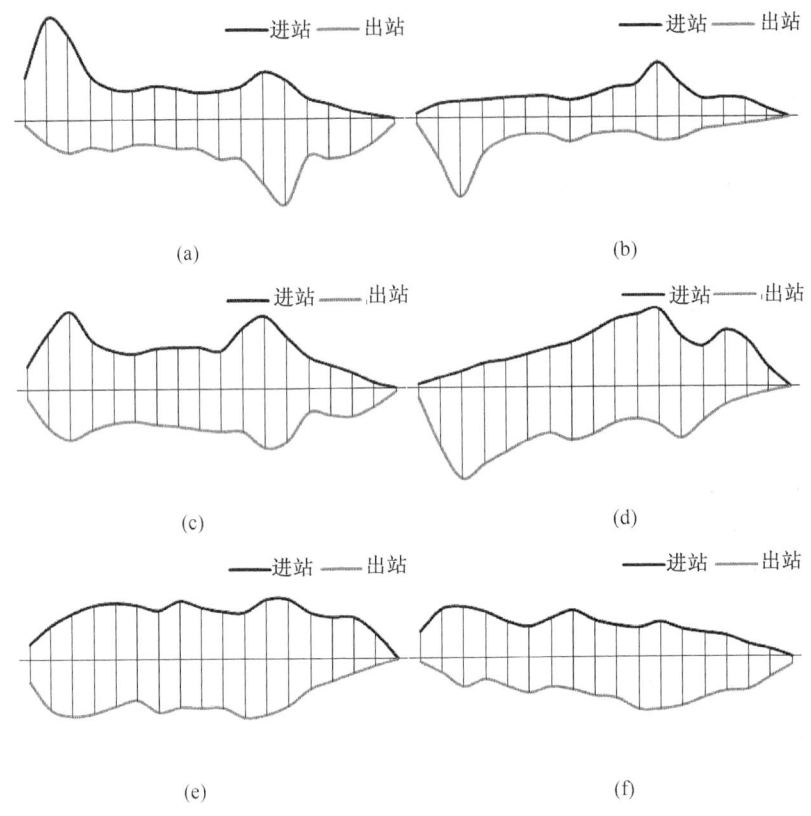

图2-28 轨道交通站点客流集散时变特征图

(3) 双峰型,枢纽周围用地商住比适中,站点周边多为混合用地(居住+商务、居住+商业等)。客流高峰集中,有两个配对的早晚进出站高峰,其他时段客流一般较小。工作日客流主要同时存在出发和到达的通勤流,分布有两个明显的客流高峰,分别为7~9点和17~19点。两个高峰的峰值存在差异:商住比较低的站点,进站高峰出现在早上,而出站高峰集中在傍晚;商住比较高的站点则相反。进出站高峰小时系数差异不大,为11%~15%,如图2-28(c)所示。

(4) 突峰型,枢纽位于城市商业、文体中心或是景区。以龙翔桥站为例,它是离西湖风景区最近的轨道站点,每天都有大量的客流前来购物、娱乐或是旅游。客流除具有上述三种之一的客流分布特征外,还有一个持续时间较短的突变的进站高峰,一般发生在夜间,且各日的客流分布特征相似:工作日出站高峰时段为8~9点,高峰小时系数为12.6%,周末出站高峰时段则为9~10点,高峰小时系数为10.8%;工作日乘客返程进站的两个高峰为17~18点和20~21点,高峰小时系数分别为11.3%和8.2%,周末进站的第一个高峰略微提前为16~17点,第二个高峰仍为20~21点,高峰小时系数分别为11.6%和9.7%,如图2-28(d)所示。

(5)均匀型,枢纽一般位于城市对外客运交通枢纽地区。客流全日时间分布较为均匀,客流随时间有小幅波动,且无明显低谷,工作日高峰小时系数为8%~15%左右,周末则更低。客流高峰时段起止点以及峰值大小均与列车或汽车到发时刻表为主,如火车站以普速、直通列车为主,列车发车高峰与轨道出站高峰吻合为17~18点,列车到达高峰与轨道进站高峰同样吻合为8~9点,如图2-28(e)所示。

(6)其他型,以上5类客流时间分布特征之外的客流分布特征类型,包括三峰型以及上述各类型之间的组合,枢纽周围用地组合较为多样,如图2-28(f)所示。

2. 公交枢纽客流转换特征

轨道交通并不能提供"门到门"的服务,而步行、自行车、摩托车、公交、出租车、私家车等方式构成的轨道交通接驳系统,完善了枢纽的客流转换和集散功能,实现了公共交通乘客的全过程出行。

公交枢纽客流转换特征主要表现在客流的接驳方式和时空范围上。分析国内各城市轨道交通客流接驳方式调查结果,得出的基本结论是:步行是最主要的接驳方式,而地面公交次之,两者比例之和在80%以上,如表2-20所示。

表2-20 国内各城市轨道交通接驳方式 单位:%

城市	步行	地面公交	自行车	出租车	小汽车	其他
广州(2004年)	66.30	16.30	0.60	6.60	8.30	1.90
北京(2005年)	68.90	23.10	3.80	1.80	0.90	1.50
重庆(2008年)	76.60	20.30	—	—	—	3.10
上海(2009年)	53.00	33.00	5.00	4.00	2.00	3.00
成都(2012年)	49.30	38.30	2.90	4.00	3.50	2.00
南京(2013年)	49.42	30.68	6.00	6.90	7.00	—
无锡(2014年)	54.69	28.53	7.60	3.10	4.88	1.20

由于用地结构及开发强度、路网、接驳设施供给等条件的不同,轨道交通接

驳方式结构存在空间差异性。通过对南京部分轨道交通站点的调查分析,不同类型的轨道交通站点接驳方式比例如图 2-29 所示。居住区型、公共中心型以及混合功能型站点步行接驳方式比例均超过 65%,地面公交比例在 25% 左右;交通接驳型站点步行接驳比例最低,但其地面公交接驳方式比例较高,达 50% 以上。

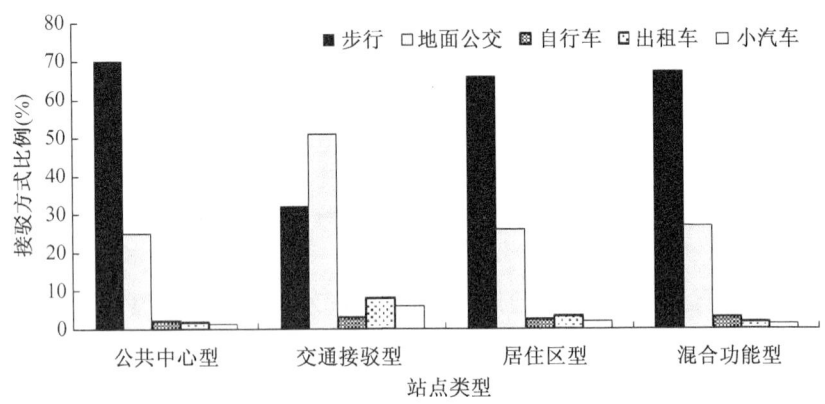

图 2-29　不同类型轨道交通站点接驳方式比例图

轨道交通接驳方式结构在城市的不同区域存在差异。以南京为例,相对于主城区,东山副城和仙林副城的接驳方式中速度更快的机动化比例有所上升,而非机动化比例有所下降,如图 2-30 所示。特别是在副城步行方式下降 5.74 和 7.91 个百分点的同时,地面公交方式上涨了 1.75 和 5.11 个百分点。这可以解释为主城内轨道交通站点周围开发强度更多的是呈现由高到低的"凸型"(图 2-31(a)),更多的乘客出站后到达目的地或从始发地进站的距离较短,更愿意选择速度不慢且费用较低的接驳方式;而副城的情况则相反,轨道交通站点周围开发强度更多的是呈现"凹型"(图 2-31(b))或"平型"(图 2-31(c)),接驳距离一般较长。

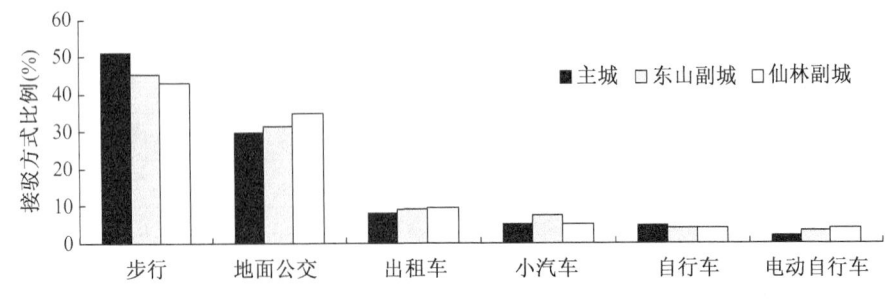

图 2-30　各城区轨道交通接驳方式

第 2 章 轨道交通运营初期公共交通系统特征分析

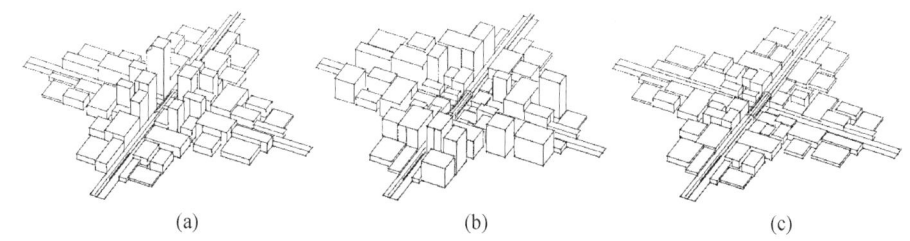

图 2-31 轨道交通站点周围开发强度变化示意图

轨道交通乘客选用接驳方式时主要考虑便利性、可达性、出行时间及出行成本等因素。统计调查数据,计算出各交通方式在一定接驳时间内的客流比例,如图 2-32 所示。约 80% 的轨道交通乘客接驳时间小于 25 min,接驳时间高于 30 min 的乘客比例小于 10%。各方式 80 分位接驳时间值分别为步行 12 min,自行车 15 min,电动自行车 18 min,地面公交 20 min,小汽车 22 min,出租车 28 min。通过统计不同方式接驳时耗,计算接驳距离,得到各接驳方式服务范围,如表 2-21 所示。

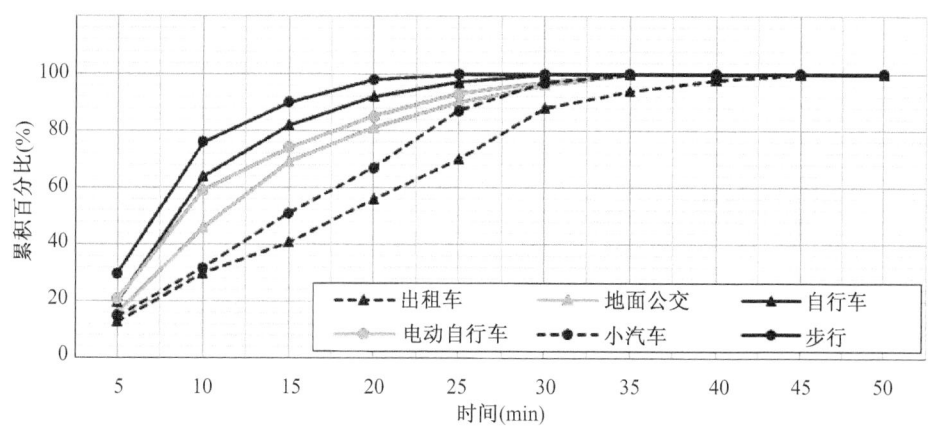

图 2-32 各交通方式接驳时间累积频率

表 2-21 各接驳方式主要参数特点

接驳方式	80 分位接驳时间(min)	速度(km/h)	最大接驳半径(km)
步行	12	4~5	0.68~0.85
地面公交	20	18~25	5.1~7.1
出租车	28	30~40	11.9~15.9
小汽车	22	30~40	9.4~12.5
自行车	15	10~15	2.1~3.2
电动自行车	18	16~25	4.1~6.4

2.4　本章小结

本章分析了轨道交通运营初期公交系统构成、经济技术特征以及轨道交通和地面公交网络布局与发展特征；提出了公共交通基础设施以及客流调查技术，针对各项调查内容提出了跟车调查、驻站调查和流动调查3种调查方式；研究了轨道交通运营初期公交乘客出行特征，包括公交与其他方式出行者在出行时耗、出行目的、社会属性上的差异以及轨道交通与地面公交乘客的差异；从客运量和客运结构两方面分析了轨道交通运营初期公共交通系统特征；分析了轨道交通走廊上客流转移特征以及影响因素；分析了轨道交通运营初期网络/线路客运强度、网络换乘系数、网络平均乘距与线路平均运距；分析了轨道交通开通前后地面公交线路客流量、客流分布变化特征；从客流量和客流时变特征两方面分析了轨道交通站点客流集散特征；分析了轨道交通站点客流转换特征，包括接驳方式以及接驳时空范围。

第3章 公共交通与土地利用协调发展策略

3.1 轨道交通对城市用地与空间布局的影响

3.1.1 轨道交通对城市发展轴的影响

城市发展轴主要由具有离心作用的交通干线、铁路、公路和城市轨道交通线路等组成,轴的数量、角度、方向、长度和延伸速度直接构成城市不同的外部形态,并决定城市形态某一时期阶段性发展特征。大城市长期采用混合式用地模式,城市人口密集、内聚力强;空间形态呈高密度圈层式蔓延发展,居民长距离出行以地面公交和小汽车为主,缺少快速、便捷、大容量的交通工具,限制了城市空间的有机疏解。城市轨道交通的运输特点符合城市空间扩展的要求,能克服地面公交无法引导城市空间持续发展的瓶颈,在城市空间结构调整中发挥引导和促进作用。

轨道交通主要通过站点影响城市空间形态,在各站点形成紧凑的环形用地布局模式。沿线土地开发围绕着轨道交通站点成圈层模式,形成轨道交通沿线"珠链式"的土地开发。中心城区布置的线路站距较小,各相邻站点周边用地扩展后将连在一起,形成沿轨道交通线路连续带状扩展;城市外围地区站距大,形成沿轨道交通线路的点状高密度扩展。轨道交通线路的站点连线构成城市空间扩展的发展轴,形成沿轴线的连续带状扩展或沿轴线的高密度点状扩展。

新加坡1971年制定的"环状城市规划",以轨道交通连接新市镇,商业和工业用地集中在轨道交通沿线,站点1 km范围内居住人口达到50%以上,30%的人步行到达车站,促使其成为居民主要的通勤交通方式。轨道交通客运量已占公交总客运量的40%,最高日运量达到160万人次。新加坡轨道交通线路布设是通过规划和开发机构紧密合作和共同努力完成的,利用轨道交通的流动性和方便性来促进城市副中心的建设,从而分散大城市的中心区功能,减少市中心的压力。其结果是形成了发展最为集中的客流走廊。随着轨道交通站点全部投入使用,沿着轨道交通网络的倒"T"形走廊得到开发,新城市中心得以建立。

3.1.2 轨道交通对城市中心区的影响

功能强大的市中心是大城市竞争力的重要影响因素,城市中心区一般只占城市面积的1%,但它对城市整体结构和功能的塑造有着重要影响。虽然目前许多大城市在向多中心轴线式发展,但是仍将保持市中心的强大作为空间发展战略之一。对于市中心的持续发展来说,最基本的保障是需要有效的公共交通联系。当沿城市主要发展轴的客运量超过地面公共交通系统运输能力时,会阻碍市中心的持续发展。城市中心面临两种发展选择,一是市中心的经济增长向其他地区转移,二是通过建设大容量的公共交通体系,如轨道交通等来解决客运能力不足的问题,从而继续保持城市中心的强大。

轨道交通能够保持市中心的强大,主要原因在于:①市中心高强度的开发,地面公交已无法满足其巨大的交通需求,而高容量的轨道交通能够承担市中心大部分的客运量,快速分散市中心的客流,有效地解决市中心的交通拥挤问题,增强市中心的活力,从而促进市中心的发展;②轨道交通快速、准点的特性,增强了轨道交通对周围地区的吸引力,许多城市都把发展轨道交通作为复兴中心区的一种手段。如纽约曼哈顿岛57 km^{2}的面积,集聚了160万居民,250万个工作岗位,是世界上密度最高的地方。市中心区面积在曼哈顿岛上仅占23 km^2,但就业岗位却占纽约大都市区域总就业岗位的1/4,近200万个。又如法国里昂、马赛、里尔,从1975年到1982年的总人口数基本不变,中心区人口下降的同时就业岗位保持稳定,主要归因于在中心城区与外围地区的轨道交通联系,在中等密度地区,利用地面公交接驳轨道交通,两者共同作用,联系外围地区和主要就业区,同时还提供与干线铁路换乘的设施。

3.1.3 轨道交通对用地性质的影响

轨道交通的建设将大大提高沿线服务范围内交通的可达性,成为人们提供快速出入市中心的交通方式,促使居住区、商业区和工业区在地域上分离,导致住宅和商业等设施向轨道交通沿线高度积聚,进而使得城市轨道交通沿线住宅和商业等设施的用地需求量增加。城市轨道交通沿线区域土地的使用类型也将按照市场规律发生改变,不仅可以强化市中心的金融、贸易、服务业等功能,而且也将为城市新城的形成提供强有力的交通支持。

自深圳地铁一期工程1999年开工建设至2005年开通运营以来,地铁走廊范围内居住、商业用地面积急剧增长,特别是商业用地面积,增长近两倍。同时,工业用地面积大量减少。这种用地分布上的变化趋势与沿线控制规划基本一致,如图3-1所示。

轨道交通线路的开通,对城市整体的用地布局调整起到了催化剂的作用。以北京地铁13号线为例,其促进了沿线房地产业的发展,带动了北京城北大片土地的开发,特别是围绕站点的住宅建设开发,相继开发建设了60多处大型住宅区,对

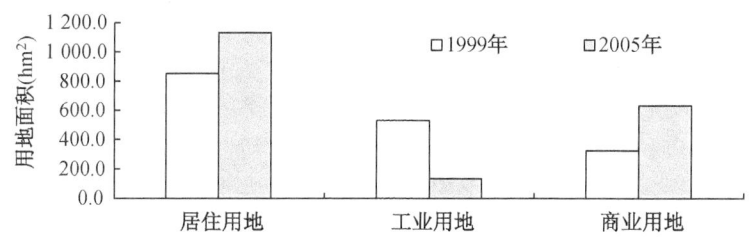

图 3-1 深圳地铁一期工程沿线 800 米范围内居住、工业和商业用地面积变化情况

缓解市区住房紧张起到了积极的推动作用。以回龙观站为例,站点以北 2 km 范围内居住用地比例从 1996 年的 4.1% 上升到 2010 年的 81.9%。

轨道交通的运营改变了沿线土地的可达性,使城市交通区位发生重构。商业、办公、居住等用地聚集在轨道交通沿线,形成城市中密集的带状中心,促进了城市形态和土地格局相应的调整。以杭州地铁 1 号线为例,以站点为圆心,形成 200 m、500 m 和 800 m 的用地圈层,如图 3-2 所示。在中心城区(延安路-西湖大道段和文晖路段),站点周围公建类用地比例呈现中心高、外围低的特征,而在外围地区则相反。

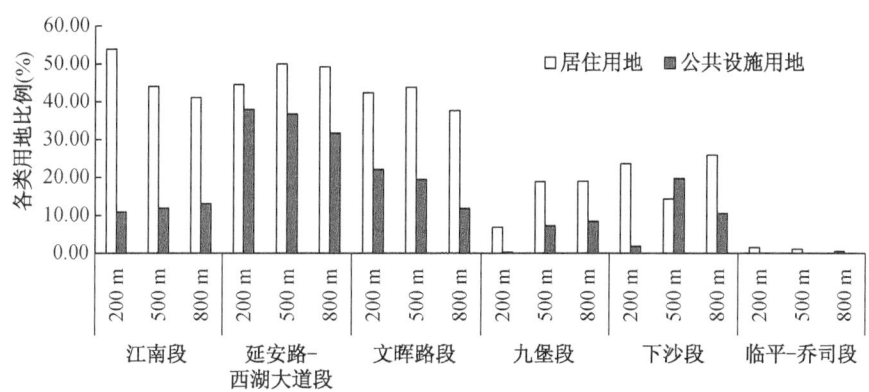

图 3-2 杭州地铁 1 号线站点周围不同圈层土地使用构成

3.1.4 轨道交通对用地开发强度的影响

轨道交通能够改善站点地区的交通可达性,站点周边地区借助轨道交通强大的内聚力孕育形成城市新的经济增长点,使商业、办公场所和住宅开发向该地区集中,形成了土地的高强度开发。香港通过政府对土地强有力的控制,加强轨道交通和土地利用规划协调发展,有意识地提高轨道站点周边用地的开发强度,使轨道沿线用地布局呈现围绕轨道交通站点的簇状形态,在地铁站附近建造高密度的公寓建筑群。在香港地铁网络中,站点周边 500 m 范围内覆盖了 36% 的人口和约 50% 的岗位,平均每个站点覆盖人口约 7 万人。

城市轨道交通沿线,尤其是站点周边土地容积率的提高,能在有限的占地面积上增加居住人口和就业人口,吸引更多生产性和生活性客流,特别是围绕轨道站点进行高强度开发,有助于将地面上的水平交通转化为垂直方向的联系,有利于高效组织客流。轨道交通沿线以站点及其毗邻的土地利用强度最高,从轨道站点向外围递减。如深圳地铁一期工程从 1999 年至 2005 年,沿线 200 m、500 m 和 800 m 范围内容积率分别增加了 97.02%、117.19% 和 78.26%,如图 3-3 所示。

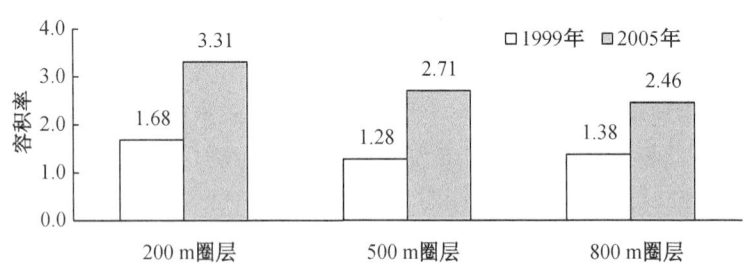

图 3-3 深圳地铁一期工程站点周围不同圈层开发强度变化情况

3.2 轨道交通沿线用地开发策略

3.2.1 TOD 发展模式

面对交通拥堵、环境污染问题,在城镇化的大趋势下,城市的扩张不可避免,要应对城市"摊大饼"式蔓延问题,关键是要重视公共交通的引导作用,提高土地的利用效率,在城市发展特别是新城发展过程中应当以紧凑型为主,也是交通引导开发(Transit Oriented Development,TOD)理念所针对和旨在解决的问题。TOD 最初由美国城市及建筑设计师 Peter Calthorpe 提出,其对 TOD 的定义为一个半径约 2 000 ft(约 600 m)步行范围的社区,其中心部位是公交站点和主要商业中心。TOD 集多样住宅、商店、办公楼、开放空间及其他公共设施为一体,其整体环境要有利于慢行交通,在社区居住和工作的人们可以很方便地通过步行、自行车、公共交通或汽车到达他们想要去的地方。其要求具有大容量的公共交通,提倡高密度、多样化的土地利用。而大容量公共交通系统的建设作为实施 TOD 模式的前提,抓住城市轨道交通运营初期这一契机,同步优化沿线用地对于可持续优先的公共交通系统的发展、城市土地利用和空间结构的重构、升级都十分重要。

TOD 发展模式可以细分为 3 种。站点 TOD,通过站点周边的高强度开发,为轨道交通提供客流,便捷的轨道交通也可以吸引大量人流,反向支持站点周边用地开发;走廊TOD,围绕轨道交通沿线实施高强度开发,人口与岗位高度集聚,亦可称TED;网络TOD,以多模式公交网络为支撑,引导城市空间结构重构和升级,有效实施城市公交优先发展,建设公交都市,如图3-4所示。

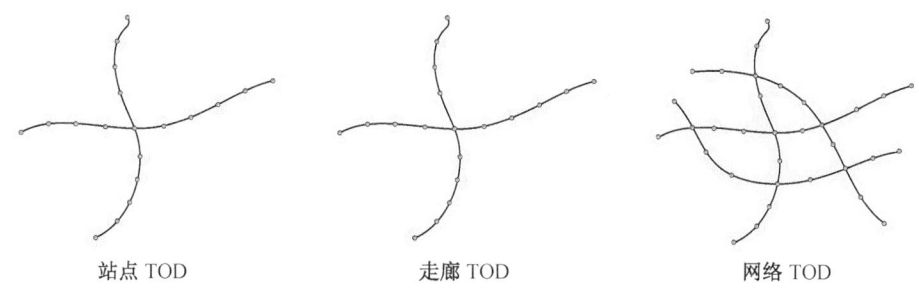

图3-4 TOD发展模式示意图

通过对国内外TOD模式在城市发展过程中应用的分析,可以得到以下经验。

1. 轨道交通沿线土地利用以站点为核心展开并形成过渡

城市的不同区域以不同层次的密度进行开发,并考虑各地区的社会、经济功能和基础设施承受力。城市轨道交通沿线土地开发在以站点为核心的一定范围内呈聚集形态,并采用级差密度,如图3-5所示。级差密度描绘的是一条朝着站点斜率上升的密度曲线,即随着与站点的距离减小,密度相应增加。最高密度的物业离站点最近,以使通勤出行得到最大化的便利。远离站点的开发强度降低,以创造适当的交通条件以及与周边社区的接口。

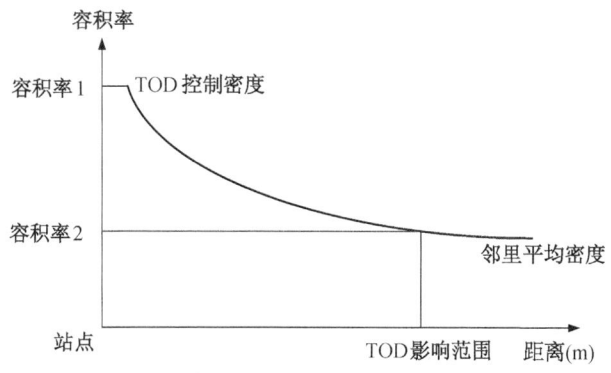

图3-5 TOD级差密度示意图

对于某一个具体站点,土地开发强度随着与站点距离的增加而降低,且商业、办公用地开发强度高于居住用地开发强度,形成 3 个发展圈层,如表 3-1 所示。

表 3-1 站点发展圈层的土地利用与建筑形态

圈层	区域范围(距站点距离)	土地利用	建筑形态
高密度发展圈	近距离(0~200 m)	商业、零售业、办公为主,居住为辅	立体混合,大楼、公寓
中密度发展圈	中距离(200~500 m)	居住为主,地区性服务业、零售业为辅	大楼、公寓、社区
低密度发展圈	远距离(500~1 000 m)	居住为主,地区性零售业、社区性服务业为辅	独栋建筑、公寓、大型社区

2. 多样性的土地利用

单一的土地利用模式无法支持居民一天生活所需的所有活动,也会造成站点周围在某些时段萧条,不利于站点发挥其集聚效应,而混合多样性的土地利用让居民可以在站点区域完成其一天所需的活动,并在一天的大部分时段都能为城市轨道交通系统提供客流。

人口和就业岗位密度的提升有助于居民使用城市轨道交通,站点周围用地规划主要以居住和商业、办公用地为主。在城市外围,居住用地的比例高于商业及办公用地,且距离站点较远的区域可布置少量工业、物流仓储用地。在中心城区,商业及办公用地的比例则高于居住用地。

居住用地的开发应为多层和高层住宅,不宜进行单体或连排别墅等低密度住宅开发。商业办公用地在中心城区以大型综合商业设施和商务办公为主,外围地区以小型商业和生活配套的商业设施为主,商务办公开发较少。

3. 开发主体多元化

站点周围用地开发的主体存在着不同的组合方式,包括政府主导方式、私营公司主导方式以及两者协同参与开发方式。

政府主导方式以香港地铁公司地铁上盖物业开发为代表。政府通过控股地铁公司进行开发,执行政府的规划意图,如港岛线杏花村站上盖开发的杏花新村,东涌线青衣站开发的青衣城等。

私营公司主导方式如日本的私铁公司,在没有获得任何政府补贴的情况下,依托自己建设的私铁沿线的良好交通条件,开发房地产、修建游乐场等物业获利。

政府与私营公司两者协同参与开发方式如美国达拉斯轻轨麦金柏站点的开发,项目由 Ken Hughes 负责开发,得州政府则依据得州交通强化计划对其进行补贴,形成政府与开发商共同开发的态势。

4. 注重环境保护、避免过度拥挤

围绕站点进行的用地开发,并不是一味追求开发利益,还要考虑环境保护、净化空气质量等因素,应在开发中留有专门的土地用作绿化、修建公园、景观等以达到美化环境,提高居民生活质量以及其他必要的目的,如防灾等。

3.2.2 轨道交通沿线用地开发基本原则

1. 以轨道交通站点影响范围作为确定用地开发范围的依据

城市轨道交通沿线用地开发的重点是站点周边区域的用地开发,各种用地类型均应以轨道交通站点为核心展开。以轨道交通对沿线房地产价格空间影响范围以及接驳客流步行范围为依据划定轨道交通站点影响范围。轨道交通沿线用地开发应以站点为中心、以上述影响范围为边界圈层式向外发展。当相邻站点理论计算影响范围重叠时,相邻站点影响范围在该方向的边界按站点直线距离的中点考虑。

2. 以轨道交通对周边房地产价格的影响程度作为分配用地性质与开发强度的依据

用地性质的分配根据不同性质用地对交通的敏感程度进行,从站点中心到用地开发边界按照商业、商务办公、居住、工业用地依次由内而外地分配;依据距轨道交通站点不同距离地块地价(或房价)升值幅度的差异,确定及分配站点影响范围内用地开发强度,按照以站点为中心到用地开发边界由高到低分配容积率。用地开发必须与城市总体规划,特别是与土地利用规划结合。在调整及分配用地开发强度的同时,也要符合城市规划中关于容积率的规定。

3. 以线路运输能力作为控制用地开发强度上限的依据

站点周边用地开发强度不能无限制的增加,线路运输能力是控制站点影响范围内用地开发总体强度的上限。在强调高效利用土地的同时,不能单纯为了提高土地利用效率,增加经济效益而忽略交通、环境等资源的承载力,给城市发展带来负面影响。

4. 以保证轨道交通项目财务平衡作为控制用地开发强度下限的依据

轨道交通投资巨大,建成后一旦客流不足,运营企业将面临巨额亏损。基于此各类用地产生的客流不应低于保证轨道交通项目财务平衡(在给定政策补贴额度的前提下)的最小客流量,把与此相对应的用地开发强度作为控制轨道交通沿线及站点周围用地开发强度的下限。

3.2.3 不同类型站点周边用地开发模式

城市轨道交通站点周边的用地开发,在遵循上述原则的基础上,依据站点各自区位条件、地理位置等因素,参考国外城市的开发经验,提出不同类型轨道交通站点周边用地开发模式,如表3-2所示。

表 3-2　不同类型轨道交通站点周边用地开发模式

站点类型	用地布局示意图	用地类型及开发强度		
		0～200 m	200～500 m	500 m 以外
市级中心型		混合中心 容积率>5	商办、商娱 容积率>3.5	办公、部分商住 容积率>2.5
片区中心型		以商办、商住、商娱等用地为主 容积率>3.5	以商住、办公、社会服务用地为主 容积率>2.5	以居住用地为主 容积率>1.5
社区中心型		以商业、商住和社会服务设施为主 容积率>2.5	以居住、商住用地为主容积率>2	以居住用地为主 容积率>1.5
枢纽片区型		推进结合站房的物业上盖开发，以商办、商住等混合用地为主 容积率>3.5	以商住为主 容积率>4.5 （大型枢纽） 以商住为主 容积率>2.5 （一般枢纽）	办公、商业及部分商住 容积率>3 （大型枢纽） 以商住为主 容积率>1.5 （一般枢纽）
产业园区型		以商办、商住等混合用地为主，配套社会服务设施 容积率为2～2.5	以配套住宅、商办用地为主 容积率为1.5～2	结合产业用地开发确定
开敞片区型		以商住、娱乐用地为主 容积率1.5～2	保护性开发区域	

3.2.4 轨道交通建设与沿线用地开发的时序关系

新区轨道交通建设与用地开发时序之间存在一定的关联性,产生这种关联性的内部因素是两者之间的相互依赖、制约关系。

用地开发需要交通基础设施的支持。在城市新区,交通基础设施数量和种类少,规划(或者正在建设中)的轨道交通线路是用地开发的重要支撑,如果轨道交通建设不能按照计划实施,将影响用地开发的速度和规模。

轨道交通运营需要用地开发产生的客流。客流是轨道交通运营收入的重要来源。如果用地开发计划不能按时实施,将造成轨道交通运输能力浪费,从而导致轨道交通运营亏损,降低轨道交通的投资效率。

轨道交通建设和用地开发时序的相互关系应该按照同时达到建设或者开发目标来考虑,包括时间目标和建设规模目标。考虑到轨道交通建设与沿线用地开发均可能分步实施,在轨道交通建设和用地开发同时达到建设或者开发目标的前提下,应分别确定阶段建设或者开发目标,使得轨道交通建设和用地开发的每个阶段目标均能一一对应,即既要保证开发能够顺利实施,又要保证轨道交通的客流稳定。

3.3 公共交通综合体开发策略

3.3.1 公交场站建设现状

公共交通场站建设滞后于线路发展以及城市空间的拓展,不能满足公共交通发展的需要,已成为制约公共交通可持续优先发展的重要因素。公共交通场站建设模式较为单一,主要方式为政府划拨用地,提供财政支持,由企业自行建设。场站建设资金有限,主要来自公共财政。场站功能单一,只能保证基本的交通功能。这种用地来源、资金来源以及功能均较为单一的场站建设模式难以适应新型城镇化背景下公共交通及城市的发展要求。

1. 土地供给

在现行建设模式下,公共交通场站首先要面临的是土地供给问题。公交场站占地规模较大,枢纽站、停保场至少需要 $2 \sim 3$ 万 m^2 的城市建设用地。而土地是重要的城市资源,土地出让也是许多城市财政收入的主要来源之一。土地通过"招拍挂"的市场出让方式用于房地产或商业开发所获得的短期经济效益远高于将其划拨给公交企业作为场站用地。在客流密集、用地紧张的中心城区尤是如此。城市管理者很难将位置优越、周边配套设施完善的土地划拨给公交场站。在发展公共交通和发展经济两种用地价值取向的博弈中,政府往往注重城市短期的经济利益而舍弃公共交通长远的社会效益。为配合各类经济项目的用地要求,公共交通枢纽站的划拨用地不得不调整甚至被取消,有限的土地被投入到能当即产生经济效益的房地产等领域中。而公交场站往往露天设置,没有与周围地块进行集约化、立体化开发,土地利用率低。从某种程度上来说,传统的公交场站布局是对中心城区宝贵土地资源的"浪费"。

2. 拆建费用

当场站布局于城市密集地区时,多数地块上已有建筑,使得公交场站的建设面临拆迁成本压力。土地平整和场站建设成本也不容小视。而公交场站缺乏足够的赢利能力,单靠公交企业和政府的投入来承担上述费用压力过大。也正是拆建成本导致了公交企业即便得到了划拨土地的使用权,但依旧难以完成场站的建设。

3. 运营管理

随着公交场站城市职能的体现与发展,餐饮、住宿及零售等服务业向其聚集,但缺乏统一规划和有效管理,导致这些自发的混合经营恶化了场站正常的交通运行服务和景观环境。由于公交企业并不能分享上述服务业的收益,仅依靠公共财政补贴,难以维持场站运营管理费用,影响了其服务功能的发挥。

3.3.2 开发模式

1. 综合体特征

地铁上盖物业开发模式在我国已有成功案例。在公交场站用地、资金、管理存在上述问题的背景下,可考虑将这种模式更为广泛地应用在公交场站之中,探索地面公交与轨道交通共建的公共交通综合体模式。

公交场站综合开发模式是指在公交场站用地中,公交场站设施结合商业、商务办公、酒店、居住等某一种或几种业态进行一体化开发。该模式下,公交公司、物业开发商、政府均能从中获取效益,如图3-6所示。公交综合体良好的可达性为物业

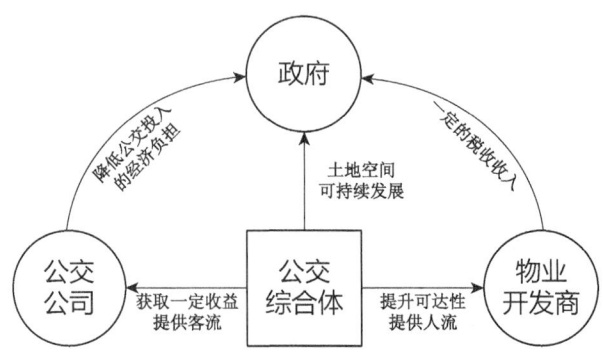

图3-6 公交场站综合开发模式效益分析图

开发商提供了人流,也为公交企业带来了客流及一定收益;而政府在获取一定税收收入,降低公交发展投入的同时可以借助公交综合体的建设对站点区域进行可持续、集约化的开发。

公交场站综合开发与单纯交通功能开发模式的对比如表 3-3 所示。综合开发模式能充分释放场站用地的价值,实现较高的价值回报;其建设资金可由政府承担,也可吸引社会资金参与。为避免企业只追求综合开发的经济利益最大化,忽视场站的交通功能,需对综合体的开发进行有效的规划控制,实现交通效益与开发效益的双赢。

表 3-3 公交枢纽站开发模式比较

开发模式	特点	优点	缺点
单纯交通功能模式	政府全额出资进行场站及周边区域建设	强势控制,保证场站功能的实现	政府资金投入大,建设速度慢,只建设保证交通功能部分,土地利用率低
综合开发模式	可采取企业筹资进行场站及周边区域建设	市场主导,资金来源广泛,提高土地经济价值	需有效进行规划控制,保证交通功能的实现,控制合理的开发规模

2. 综合体功能规划

公交综合体首先要实现公交场站的基本功能。应保留部分夜间停车功能,弱化维修保养、加油等与换乘无关的交通功能。测算公交场站设施需求规模,在综合体建设中予以保证,并将公交企业自身的办公需求放入综合开发部分统一考虑。

公交综合体是混合公交和商业、居住等多重功能的建筑体。合理规划其物业功能,才能保证公交和物业开发均能实现各自功能,使两者互通融合。根据公交场站所处区位和周边用地功能的差异,公交场站宜规划不同的物业功能。

(1) 现状公交场站改建

现状公交场站可改建为立体场站,部分空间承担场站原有交通功能,剩余空间依据所处的区位不同,可布设不同的物业功能。位于城市中心、人流密集的公交场站,可重点开发对地理位置较为敏感的大型购物中心、写字楼、展览、广告等业态;位于郊区人流相对较少的公交场站,可引入对地理位置要求不强的行业,如大型超市,连锁商店等业态。

小型换乘站多为满足临时上下客需要,规模小。可结合其分布特点引入满足乘客出行中需求的业态,如书报刊、食品、饮料等。

(2) 新建公交场站规划

对于新建公交场站,在规划阶段就应该考虑其综合开发的可能性,规划除了满足交通功能之外,还要因地制宜地为物业开发预留空间。根据公交场站复合功能的不同,物业功能开发模式可以分为 4 类,如表 3-4 所示。

表 3-4 公交综合体物业功能开发模式

开发模式		开发效果
商业集成开发模式	商业区／公交场站	可充分利用公交可达性优势集中客流,带动商业开发
商务集成开发模式	商务区／公交场站	引导通勤客流转变交通出行方式,缓解道路交通压力
居住集成开发模式	居住区／公交场站	保证居住区土地集约化利用,为居民提供便捷的公交服务
综合集成开发模式	居住区／商务区／商业区／公交场站	引导客流由地块间出行向综合体内部出行转变,缓解地区交通压力

3. 综合体布局模式

针对公交场站与物业开发部分的位置关系,提出垂直式和水平式两种布局模式。前者指公交场站位于开发建筑底层,通过电梯、楼梯等进行联系;后者指公交场站和开发建筑分离布置,通过中庭进行联系。两种布局模式的具体特征如表 3-5 所示。

表 3-5 垂直式布局模式与水平式布局模式的特征

类别	垂直式	水平式
示意图	综合物业／综合物业／综合物业／公交场站	综合物业 — 通道 — 公交场站
功能布局	物业置于交通场站上方,空间利用率高。上盖开发部分核心筒的设置对位于底层的公交场站的布置存在不利影响	公交场站和物业开发部分相对分离,空间利用率低。公交和综合开发互不影响,布局较为自由
人流组织	侧重竖向组织交通,对交通设施及公交车辆性能要求高。公交可达性高,物业开发部分客流引力强,物业经济效益好	可平面组织交通,设施要求低。物业开发区域的公交可达性稍差,客流吸引力稍低
车流组织	不利于公交车流和社会车流的分离	易于将公交和社会车出入口分离,利于公交和社会车流的分离
景观绿化	集中的开敞空间不利于景观塑造。绿化集中,建筑体量大	分离的开敞空间有利于景观塑造。绿化率高,中庭绿化有效分离场站和物业建筑,共享景观的同时减少相互干扰

综合考虑功能布局、人流组织、车流组织及景观绿化等因素，"垂直式"更利于集约化利用土地，能更好地改善公交客流的吸引力及物业开发部分的公交可达性，提高物业开发的经济效益。

3.3.3 用地来源

在公交综合体开发过程中，土地使用权的获取是最重要也是最困难的一个环节，常常因为土地权属太过分散而使得集中所有权流程困难重重。为解决上述难题，政府应提前进行土地储备，并创新土地供应途径。

（1）土地储备

建立公交综合体用地的土地储备制度，降低公交综合体建设征地成本。在规划控制阶段，严格控制公交综合体用地的开发总量、用地性质、开发强度、密度，对控制范围内的土地进行整合，确定所有地块功能。

（2）土地供应

用地的获取主要可以通过两种方式。①政府采取划拨土地的方式给予土地使用权，公交公司拥有土地使用权，而无产权。政府无偿提供土地，公交公司负责综合体的建设与使用，如成都德源公交场站综合体。②政府予以土地及财政政策支持，公交用地优先，土地挂牌即征即返。通过摘牌的方式把土地从非经营性用地转变成经营性用地，如杭州拱北公交换乘商贸综合体及杭州公交老三场通过土地挂牌出让，摘牌后返还出让金的形式进行公交综合体的建设。

3.3.4 建设形式

1. 建设机制

公交综合体建设是一项系统工程，需要的资金量大，涉及各部门的相互协作。在交通管理条块分割体制的条件下，各相关部门处于平级地位，在具体实践过程中难以发挥出协调和整合现有交通资源的功能，公交综合体的建设工作由任何一个部门来单独操作都存在很大的难度，建立各方都能接受的建设机制尤为迫切。建立公交综合体建设机制的首要任务是明确政府职能，发挥政府在其中的主导作用，建立统一的平台整合行政管理机构，为公交综合体的建设创造良好的外部环境。

（1）转变政府职能，强调经济调节、市场监管和公共服务职能，将政府职能转向"统一规划、推进改革、制定规划、创造环境、加强监管"。

（2）成立公交综合体建设领导小组（以下简称"领导小组"），落实相关规划，推进公交综合体的投融资、建设及运营管理工作，其构成如图3-7所示。领导小组下设办公室，作为公交综合体建设协调管理机构，负责各相关部门间的协调，并组织专家对相应规划设计提供技术支持。在上述框架内，明确公交综合体建设的责任部门，由其牵头，启动公交综合体建设。在领导小组的统一指导和监管下，各部门各司其职,相互协调配合,保障公交综合体建设工作的顺利实施。

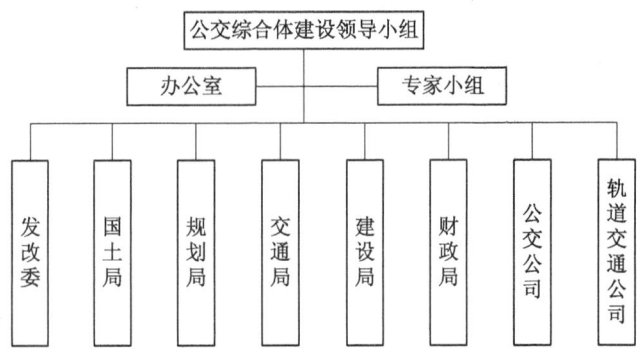

图 3-7 公交综合体建设领导小组的构成

2. 建设主体

公交综合体的建设工作涉及部门多,资金投入大,与公交系统发展及城市地区开发有着紧密的联系,需要有专业的责任单位,从整体上把握规划设计、投融资、建设、运营管理等各个环节。

成立单独的场站公司专门负责全市公交场站开发工作,推进全市范围内公交场站的有效整合,处理公交场站建设所涉及的资金、技术和土地等关键问题,有利于明确建设主体、投资主体和运营主体之间的产权关系,进而促进公交综合体的发展。

3. 建设模式

BOT(Build-Operation-Transfer)建设模式,即"建设-经营-移交"模式,是指政府通过项目特许权的授予,赋予社会机构在一定期限内建设、运营并获取项目收益的权利,期限届满时将设施交还政府。该模式被广泛应用于高速公路、桥隧等交通市政公用设施建设,其主要特点为:承包商在特许期内拥有项目所有权和经营权;承包商承担了项目全部风险,融资成本较高;该模式建设项目设计、建设和运营效率一般较高。

公交综合体开发中通常通过综合物业经营性开发来吸引社会资金,但由于公交场站具有公益服务、低收益等特点,不完全类同于高速公路、过江隧道(大桥)等设施。依托 BOT 模式的基础,公交场站综合开发可采用 BT、类 BOT 两种建设模式。

(1) BT(Build-Transfer)模式,即"建设-移交"模式,项目通过融资、建设、验收合格后移交给业主,业主向投资方支付项目总投资加上合理回报,如图 3-8 所示。其主要特点为:公交综合体中的物业开发部分需改变土地权属与用地性质,即由原来的市政公用设施用地转变为商业、办公或居住等用地,并进入土地市场进行运作;场站公司通过融资委托建设公司或直接通过项目总承包公司对项目进行建设,项目建成通过验收后,移交给场站公司;场站公司单独或综合其他资产投资公司进行回购,并支付建设公司一定的建设回报;场站公司可以通过出售(租)全部或部分综合物业来获得商业利润,以此平衡回购项目成本和维持场站运营的相关费用。

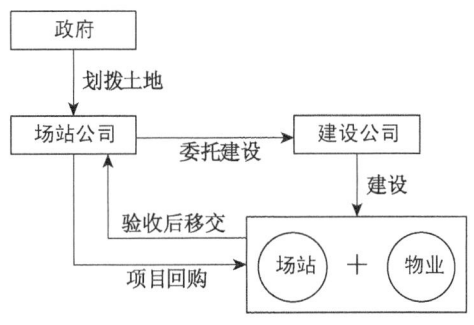

图 3-8　公交综合体 BT 建设模式流程示意图

(2) 类 BOT 模式是借鉴 BOT 模式的概念与内涵,多用于改造项目,如图 3-9 所示。其特点为:不改变公交站台项目土地权属与用地性质;场站公司特许给第三方公司一定的经营期限,在合同期限内第三方公司具有开发改造权和使用权,并每年向原所有者支付承包费,类似于特许费用;第三方公司投入资金对已有场站进行规划、改造、营销,获取收入(租金),作为利润来源;特许期满后,原有土地范围改造和新建的资产归还给场站公司。由此实现场站资产的增值,并获得稳定的承包费用,第三方公司也能通过租金收入获得商业利润。

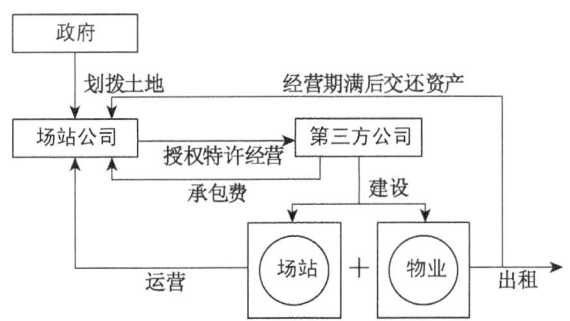

图 3-9　公交综合体 BOT 建设模式流程示意图

3.3.5　投融资模式

为缓解公交综合体开发资金压力,降低财务风险,在政府政策指引和有力监督下,进行多元化融资,引入社会机构,进行市场化操作,即采用PPP(Public-Private-Partner)融资模式,是一个有效途径。PPP融资模式是指公共部门与私人企业通过某种方式建立合作伙伴关系,共同完成公共基础设施的投资建设和经营管理,其被广泛应用于城市轨道交通建设融资中,也可应用到公交综合体开发项目中去。

PPP融资模式应用于公交综合体开发中,是将综合体项目的场站部分和综合物业开发部分分离,政府部门负责投资前者,而社会机构负责投资后者。在政府的监管下,在公平合理的利益分配、风险保障制度的约束下,确保公交综合体项目可持续开发。

PPP融资模式在公交综合体开发中的应用应反映其公益性与盈利性的有效统一,在实施中,需要有完善的法律法规保障体系、各级政府的支持以及完善的风险分担机制作为保障。

(1) 完善的法律法规保障体系。新兴的PPP融资模式需要在规范的法律法规体系约束下运行才能保证其安全性与公正性。PPP融资模式应用的首要条件是加快建立和完善相关的法律法规体系,针对具体应用中出现的不同问题有具体权威指导,形成一个公正、公开、公平的市场竞争环境,才能保证其在公交综合体融资过程中发挥作用。

(2) 各级政府的支持。中央及各级地方政府应完善相应的政策体系,继续鼓励社会资金进入公交综合体项目中,建立具体的投资回报补偿方案,为PPP模式在联合开发中运作提供一个良好的政府和市场环境,确保其健康发展。

(3) 完善的风险分担机制。公交综合体的联合开发需要承担一定的风险性,因此完善的风险分担机制也是保证成功实施PPP融资模式的关键因素。为保障政府部门与社会机构的合法权利,当项目出现风险情况时,应合理分配双方风险。

3.3.6 运营管理模式

1. 管理主体

公交综合体主要由场站和综合物业开发两部分组成。场站管理包括营运服务,配套设施维护和安全设施的建设、维护和保养,营运秩序管理,消防安全保卫和治安秩序维持,以及法律、法规或规章规定的其他管理服务职责。为实现场站资源的优化利用,加强对场站运营秩序的管理,可在场站建设管理公司下成立专门的场站运营管理部门或者通过招标的方式选择场站管理单位。

若综合物业开发是由公交公司与其他企业融资共同完成,则其管理由两者共同承担,其带来的利润也由两者共同分享。若综合物业由公交公司独自开发建设,则其管理者与受益者皆为公交公司。

2. 场站管理

站运分离是公交场站管理的发展方向，是指场站管理和线路运营分离。场站公司负责场站的建设和日常管理，公交公司有场站使用权。场站公司制定公交场站运营管理办法和考核标准，明确公交场站的适用对象及收费标准。政府负责监督和规范场站公司的管理行为，提出社会效益和经济效益协调的经营和管理体制。

管理主体为场站公司成立的专门管理部门，或者场站公司通过招标方式确定的管理单位。公交场站管理单位通过制定管理制度维护公交场站的有序管理。

公交场站采取有偿服务的形式，运营单位需要使用公交场站，应当向主管部门提出申请，经批准后与公交场站管理单位签订合同，并报主管部门备案。有偿服务可以规范管理，提高管理效果，有利于社会资金投融资渠道的拓宽。公交场站管理费用由经营所得收入和政府补贴实现。

3. 配套综合物业经营

公交公司首先向政府取得开发公交场站上盖物业的权利，之后寻找合作伙伴，利用开发商的资金，缴付土地费用，建造大型住宅、写字楼和商场。公交公司对商业物业的经营管理可采取"只租不售"模式，使开发商拥有绝对统一的管理权。出售物业所得利润，则由公交公司与开发商共享，且全部用于公交综合体建设，从而带动城市发展。

3.3.7 案例分析

1. 公交停保场结合商务商业设施开发

成都公交集团成立专门的全资子公司，推进公交综合体建设。德源公交场站综合体于2012年6月开始建设，将交通、餐饮、商业娱乐、停车等集于一体。公交场站与物业开发为水平式布局，通过2、3层的连廊相互联系。

公交场站内B1层为P&R停车场，可以停放400辆小汽车；1层主要为调停区，配备有洗车场、修车场、风机房等配套设施；2~4层，主要为停车区，除了停放公交车，还可以停放富士康厂区的通勤大巴。综合物业开发共10层，1~4层为商业区，配备有购物、餐饮、影院、电玩、网吧、KTV等；5~6层为公交公司办公空间；7~10层供公交驾驶员住宿使用。

2. 公交停保场结合商贸居住设施开发

杭州公交综合体是在公交基础上进一步开发利用，形成"公交场站＋上盖物业"的开发模式，兼容商业、居住、旅游集散等功能，并开发地下空间作为社会公共停车场，实现土地的集约开发和综合利用。

拱北公交换乘商贸综合体，地块原为煤制气厂地块，规划改建为集公交停车保养、换乘、居住、商贸等多功能于一体的综合体。其总体构思是一个科技公园,从沿河绿化地平面上升至 4 层楼的高度,形成高出城市的自然绿洲,通过构建大型的自然公园,改善停保基地环境。

　　3. 公交枢纽结合保障房开发

　　厦门前埔枢纽是 BRT 系统的一个重要枢纽站点,周边经停 20 条公交线路。其通过"垂直式"的布局形式,上盖开发了住宅(保障房)以及银行、大型购物广场等生活设施,方便了居民的日常需求,为周边发展注入活力,形成小型的城市中心。

　　该项目上盖建筑南面为住宅区、北面为商住区,用地面积 2.08 万 m^2,其中建筑面积 5.59 万 m^2。综合体地上共 25 层,1 层为地面公交停车场及超市、银行等配套服务用房;2 层为公交换乘枢纽及配套服务用房;3 层为 BRT 停车场;4 到 25 层为 352 套社会保障用房。

3.4　本章小结

　　本章分析了轨道交通对城市发展轴、中心区、用地性质和开发强度的影响;在分析 TOD 发展模式特征的基础上,研究提出了轨道交通沿线土地开发基本原则、不同类型站点周围土地开发模式以及轨道交通建设与沿线土地开发的时序协调关系;分析了公交场站建设现状,研究提出了公交综合体开发模式、用地来源、建设形式、投融资模式以及运营管理模式,并结合成都、杭州、厦门的公交综合体进行了案例分析。

第4章 轨道交通运营初期公共交通客流需求分析

4.1 客流需求影响因素分析

影响公共交通客流需求的因素很多,可以分为外部因素和内部因素。前者主要为影响公交系统发展的外部环境因素以及出行需求因素,后者主要为公交系统自身的供给水平因素。

4.1.1 外部因素

1. 交通政策

影响客流需求的交通政策主要是指中央及地方从城市发展、环境保护、能源节约与交通可持续协调发展的角度出发,制定的相关规划或交通政策,包括路网规划、交通体系规划,以及对发展公共交通的政策倾斜和财政支持程度等。交通运输部于 2011 年发布《交通运输部关于开展国家公交都市建设示范工程有关事项的通知》(交运发〔2011〕635 号),国务院于 2012 年颁布了《国务院关于城市优先发展公共交通的指导意见》(国发〔2012〕64 号),将公交优先作为重要的交通战略,地方上也相应出台了法规和政策去规范引导公共交通的规划、建设和运营。政府加强对私人小汽车发展的限制,以缓解道路交通压力、减少汽车尾气污染、节约不可再生能源,支持发展公共交通,将会有利于公共交通吸引更多客流。

2. 城市发展规模

影响公交客流的主要因素为城市人口规模、用地规模和基础设施规模。城市人口规模包括人口总量、市区人口、常住人口、流动人口、人口密度等,其决定了城市交通出行总量;城市用地规模包括城市面积、建设用地、交通用地、建成区用地面积、人均道路面积、道路密度、道路面积率等,其在一定程度上影响了居民出行时间和距离,即决定了城市交通需求分布;城市基础设施规模包括城市基础设施投资、公共交通投资占基础设施投资的比例等,其直接关系到公交建设的投资力度,是公交发展规模最重要的影响因素之一。

3. 城市经济发展水平

较发达的城市经济水平能够支付轨道交通昂贵的建设费用,也能补贴公交运营。经济发展使居民生活节奏加快,人均出行次数增多,出行目的结构发生改变,影响居民对出行方式的选择。经济发展水平会对人们的价值观念产生影响,进而对人们选择汽车、轨道交通、地面公交、非机动车等出行方式产生影响。

4. 城市形态及用地布局

城市形态直接影响到城市各片区布局、交通网络结构、与周围腹地联系的便捷程度、城镇群分布,同时关系到城市生产、居民生活质量和城市发展方向等一系列问题,也将影响居民出行的距离及空间分布等。公交与土地协调发展可促进城市形态和空间的形成,能够有效降低私人机动车辆出行的总量。公交可达性好、公共空间设计合理的区域更加适合慢行交通方式,而且对人们生活、工作、学习、娱乐和社交更具有吸引力。

5. 出行者特征及出行需求

出行者特征包括家庭车辆拥有情况、收入情况、年龄等,而出行需求是指出行目的、出行距离、出行时间等。出行者会根据其自身特征及出行需求选择合适的出行方式,因此,出行者特征及出行需求是影响公交客流的重要因素。

4.1.2 内部因素

1. 基础设施

公交基础设施状况会对公交出行产生影响。当出行起讫点远离公交站点时,居民选择公交出行的概率将会降低。公交系统内部(特别是轨道交通和地面公交)以及其与其他方式衔接设施的配置也会影响公交吸引力。

2. 票价水平

票价水平是影响居民选择出行方式的重要因素之一,公交客流对票价水平有较大敏感性。当公交出行费用超出了人们的心理接受范围时,客流会向其他方式转移。降低票价有助于提高公交客流吸引能力。票价水平在一定程度上也受城市经济发展水平的限制。

3. 发车间隔

发车间隔是影响公共交通服务水平的重要指标,也是反映公共交通客流吸引能力的指标。发车间隔缩短,频率提高,乘客等待时间缩短,服务质量得到改善,扩大了运输能力,有利于提高公共交通的吸引力。发车间隔也受车辆配置规模的影响。

4. 车辆配置

公交车辆配置情况将直接影响发车间隔,从而影响公交运营效果。车辆配置不足主要影响高峰时段线路运输能力,高满载、低舒适度降低了公交服务水平,致使客流流失。

5. 服务状况

公交服务状况包括车辆运行准时情况、车辆行驶速度、车上环境舒适程度、车辆运输能力、工作人员态度、安全性和换乘的便利程度等。公共交通系统的功能要通过提供的运输服务来体现，随着居民收入水平的不断提高，人们对出行方式的服务水平要求也越来越高。公交系统服务水平直接影响了客流量。

4.2 客流需求预测方法

4.2.1 "四阶段"需求预测法

"四阶段"需求预测法具有系统性、全面性的特点，适用于轨道交通运营初期、中期和远期的轨道交通客流需求预测工作，其通过建立数学模型分别进行出行生成、出行分布、方式划分以及交通分配四个阶段的预测，对公交客流需求进行分析。随着对四阶段预测模型的研究不断深入，上述各阶段可调换顺序或进行联合预测。该方法既能反映居民出行与城市土地利用数据之间的关系，又能反映不同交通方式相互作用对客流分布的影响。

轨道交通运营初期的公共交通客流预测可以作为城市交通客运需求预测的一部分，其预测原理与城市交通需求预测是一致的。运用该方法进行客流预测时，要对所研究的城市划分交通小区，进行人口、就业、土地利用等资料的调查和居民出行调查，在此基础上进行居民出行生成预测、出行分布预测、方式划分预测和交通分配，以获得所需的轨道交通和地面公交需求数据。

公共交通客流需求的"四阶段"预测流程如图4-1所示。

1. 出行生成

出行生成阶段要预测各交通小区内出行发生量和出行吸引量。发生量是指基于家的出行中全部家的端点以及非基于家出行的起点的出行量。由于大多数出行是基于家的，住户的特性与出行产生之间有着密切关系。住户的人口特性、收入水平以及交通工具的拥有情况都直接决定了产生量。吸引量则是指基于家的出行中的全部非家的端点以及非基于家出行的终点的出行量，其主要因素是建筑面积及用地性质。出行生成量通常作为总控制量，用来预测和校核各个交通小区的发生和吸引交通量。规划实践中应用较多的出行生成预测方法为原单位法和交叉分类法。

原单位法主要通过调查或查阅《出行生成率手册》等相关出行率资料获取"发生率"和"吸引率"两种变量的现状统计值，预测未来的出行生成量。若城市居民出行统计资料相对全面，城市发展相对稳定，在进行出行生成量分析时采用的是以人

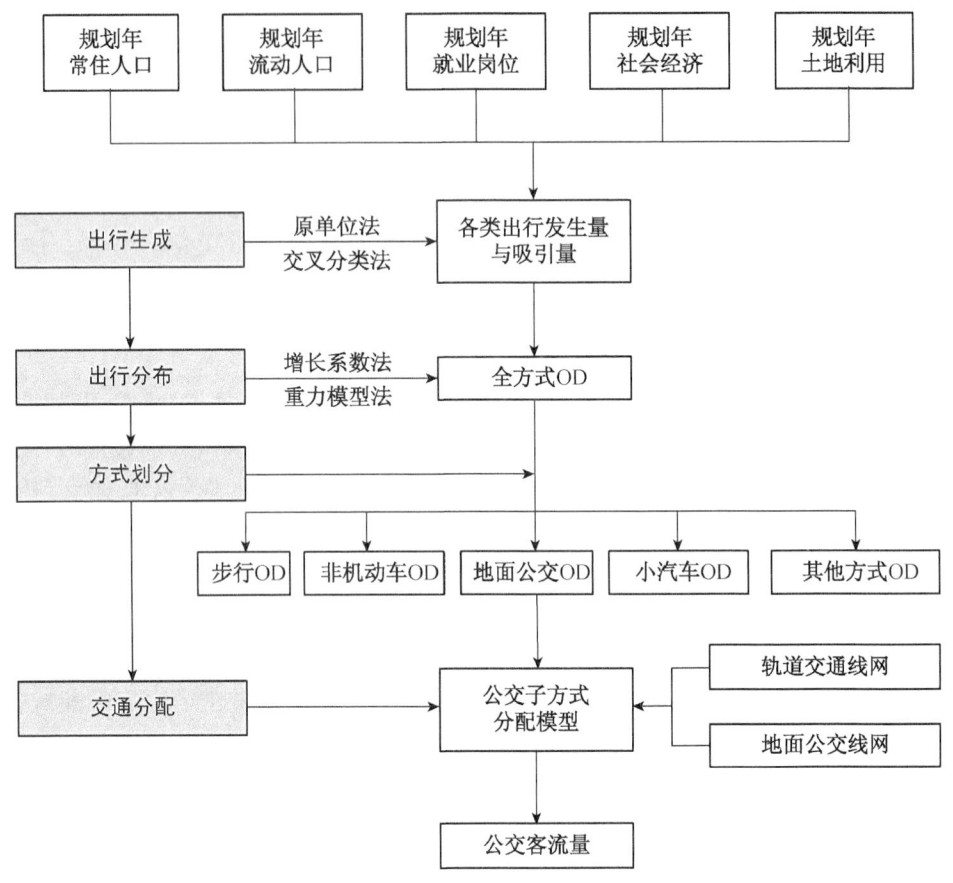

图 4-1 公共交通客流需求的四阶段预测流程图

口为统计单位的发生率和吸引率数据,借助居民出行调查得到不同出行目的的人口单位出行次数。若城市处于快速城镇化进程中,城市建设格局、产业结构和人口构成变化相对较大,上述数据应以用地面积作为统计单位,根据调查中得到的单位用地面积的发生量与吸引量进行预测。

交叉分类法以家庭作为基本单元,用未来的出行发生率求得未来的出行量。其与原单位法有很多相似之处,又存在很大不同。研究认为小汽车拥有量、家庭规模和家庭收入是决定交通发生的 3 个主要因素。根据这些变量将家庭横向分类,并通过家庭访问调查资料计算每一类的平均出行生成率,预测时用将来同类型家庭的预测值乘以相应的出行率。

在交叉分类中,关键在于类别的划分。划分太多,预测参数难以获得;划分太少,不能达到分类别研究的效果。在具体分类中,需要根据调查质量、可获得的数据及小区划分情况,确定具体类别。

2. 出行分布

出行分布是指出行量在交通小区间的分布,其由两区的出行产生量、吸引量和之间的阻抗决定。阻抗与两区之间的距离、时间、费用等因素有关。最为常用的方法有增长系数法和重力模型法两种。

增长系数法在给定现状分布量的基础上,假定未来分布量与现状分布量具有相同的分布形式,通过计算增长系数来预测未来分布量。该方法受城市发展变化的限制较大,在各大城市交通规划中应用较少。

重力模型法通过分析交通小区内部现状及小区间交通量与小区属性、小区间阻抗等变量间的关系,运用回归分析模型预测规划年的出行分布情况。双约束重力模型考虑因素相对全面,模型结构和求解算法也较为成熟,是出行分布需求预测中运用最广泛的模型。

轨道交通客流预测重力模型在应用中的关键问题是出行阻抗的确定。一般情况下,小区间的联系与出行时间、出行费用、出行方式密切相关。所以出行阻抗中需要使时间、费用、方式形成综合阻抗进行预测。

重力模型在运用时面对的一个重要问题是小区内部出行量的分析,这主要是由于小区内部出行的阻抗函数值相对偏小或区内出行的预测往往被忽略。在交通小区划分面积较大时,区内出行通常占有一定的比重,由此导致预测结果的偏差较大。为克服上述不足,小区内部的出行阻抗可以用各交通小区面积的函数式来表示,例如:$R_{ii} = \sqrt{S_i} \times \alpha$,其中 S_i 为交通小区 i 的面积,α 为修正系数。α 和重力模型中其他系数的确定可一并在模型校核阶段完成。

3. 出行方式划分

出行方式划分是对各小区之间或小区内部出行中各方式的分担率进行预测,城市客运交通中,出行方式划分主要是对公共交通方式与个体交通方式、地面公共交通和轨道交通方式等的选择问题。

出行方式划分在四阶段预测过程中所处的位置具有较大的灵活性,位置不同会产生不同的组合,组合方式可分为四种。第一种组合是将出行方式划分与出行生成模型组合在一起,即在出行生成阶段按不同的交通方式统计各自的出行量。第二种组合是将出行方式划分置于出行生成和出行分布之间,根据交通分区的土地利用及社会经济特征,可以确定在总出行生成量中将要使用的各种不同交通方式所占的百分比。这种模型划分的是出行端点,而非交通流,又称为出行端点模型。第三种组合是将出行方式划分模型与出行分布结合在一起,即把出行方式划分作为出行分布过程的一部分同时进行,并可以根据出行分布的结果对比不同出行方式的效果，这类模型属于联合模型的一种。第四种组合是将出行方式划分放在出行分布和出行分配之间进行。这类模型可以综合考虑影响整个系统服务水平的因素（如行程时间、费用、出行者经济状况等）进行出行方式划分。

出行方式划分方法分集计和非集计模型两类，规划实践中多使用非集计 Logit 模型。

传统的集计模型主要利用"转移曲线法"进行方式划分的预测。转移曲线法假定选择不同交通方式的比例是由出行者属性、交通方式属性等决定的。美国华盛顿市在 20 世纪 70 年代初，将收入等级、出行目的、两方式的费用比、服务水平比、出行时间比作为交通方式划分时参考的 5 个指标；加拿大多伦多市则选用了收入等级、两方式的费用比、服务水平比、出行时间比 4 个指标，在坐标系上共描出了近百条曲线，其中部分曲线如图 4-2 所示。

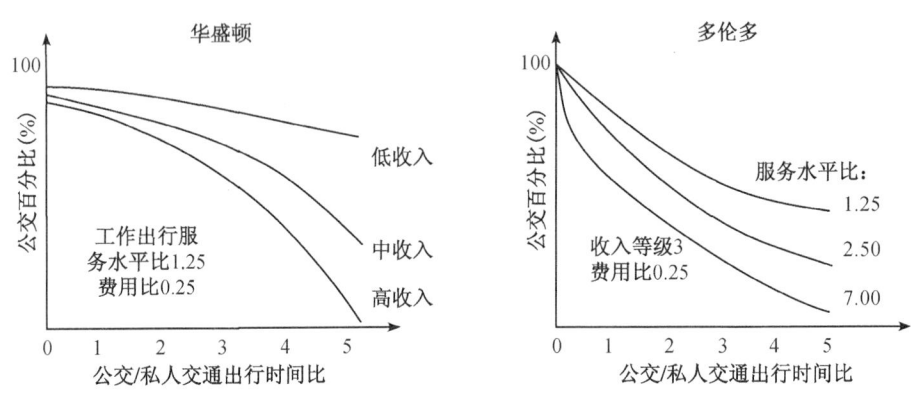

图 4-2 华盛顿与多伦多市公交转移曲线

非集计模型是以个体出行为统计单元，对出行个体的决策直接建模预测后集计。非集计模型比集计模型更能对数据充分利用，在确保某一个精度的前提下，其仅需数量相对较小的样本量即可。同时，非集计模型受特定城市、特定区域特征的影响小，且在影响出行者表达决策因素方面有一定潜力，模型可移植性强。

Logit 模型形式简单且易于分析，在应用时需要注意两个问题：

(1) 不同出行方式间的相对独立性。Logit 模型具有独立特性（IIA），即选择方式 i 和方式 j 的相对概率仅由两者的特性决定，这个相对概率和其他可选方式相互独立。其优势是当无法从庞大的目标选择集中删除选择支时，利用 IIA 原理可以从整个选择集中随机选择一个子集生成可预测的新选择集。由于当选择方式间不独立时,预测结果无法使用,应确保P&R、B&R、地面公交接驳轨道交通等联运方式在方式划分时与单一的出行方式间相互独立。

(2)决策结构。在应用Logit模型处理复杂决策时,应首先绘制决策结构,如"四阶段"模型中隐含了一个有序、连续的决策过程:先判断是否出行,继而决定出行目的地以及出行方式,最后才是路径选择。Bowman和Ben-Akiva认为,出行者的决策存在等级结构,其中较高等级的决策要优先于较低等级的决策,并依此在较高等级的基础上做出"条件决策"。由此,Williams等人提出了巢式Logit模型(Nested-Logit Model,NL)。在方式划分阶段,NL模型将步行、非机动车、摩托车、地面公交、轨道交通等各种基本方式按相关和相似的关系进行分层划分,其中一种结构如图4-3所示。NL模型中每一层次的结构均是Logit模型,由于其考虑到了方式选择支之间的相关性,要比多项Logit模型更接近实际。

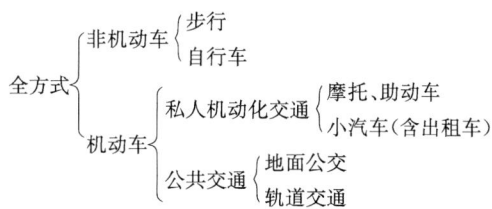

图4-3 出行方式分层划分

4. 公共交通客流分配

公共交通客流分配方法主要包括最短路径法、最佳策略法、路径搜索法和随机用户平衡法。最短路径法仅将每对起讫点间的公交客流分配到效用最大的一条路径上,通常适用于稀疏的公交网络;最佳策略法和路径搜索法均适用于密集的公交网络,两种方法较为类似,不同之处在于路径搜索法可通过参数的改变调整公交路径选择集;随机用户平衡法考虑的因素相对繁杂,包括公交线路发车频率和公交线路各区段间行驶时间的不稳定性、公交乘客的感知偏差以及公交线路的容量限制和拥挤效应。该方法需要对公交线路的运营组织、行驶时间和发车频率的波动概率等参数进行详细设置,多用于公交线网近期优化中。

上述方法均以路径效用函数为基础。相对于机动车分配而言,公交客流分配中路径效用函数的构成更加复杂,通常包括起讫点和公交站台间的步行时间、站台等候时间、上下车时间、车内时间、换乘时间以及公交票价等。当公交系统由轨道交通和地面公交等多类别的线网构成时,还应根据线路类型分别设定行驶车速、发车频率、公交票价等变量值。各因素的权重系数需要通过实测数据或问卷调查数据进行标定。

由于各城市在公共交通客流预测中都采用了国外的模型软件,例如Transcad、

EMME、VISUM、Cube等,所以交通分配依赖于这些软件提供的内嵌交通分配方法。这些方法经多年实践,尽管预测精度有所差异,但基本都能适应预测分析要求。在实际应用中,应当将模型的基本构架进行叙述,对模型的输入参数进行分析、研究,对模型的输出结果进行宏观分析、反复测试,寻求预测结果体现的规律,作为预测的合理推荐值。

最终得到的轨道交通客流需求总量预测结果的分析与评估中,需要注意以下两个要点:

(1) 单条线路客流与全网客流量的分析。每条线路的客流需求规模是与其在全网中的功能密切相关的,预测时应该结合城市用地规划以及线路功能定位,审核各线路运量之和与全网日运量控制总量是否吻合,保证其承担的客流在全网中的比例与其功能相适应。

(2) 线路与线网客流强度的校核。应全面分析每条线路以及全网的客流负荷强度,保证两者分别与所在城市及区域的基本特征相适应。

4.2.2 客流转移预测法

客流转移预测法主要思路是将相关地面公交线路、小汽车和非机动车流量等向轨道交通线路转移,得到基年轨道交通线路客流需求,后按照相关公交历史资料的增长规律确定客流增长率,推算规划年客流需求或者根据地面公交预测资料直接预测规划年客流。相对于"四阶段"法,客流转移法更适合轨道交通运营初期的短期预测,更加针对轨道交通客流预测,研究范围为轨道交通走廊,预测准确性更高,工作量也相对较小。

轨道交通线路运营之后,其客流包括转移客流量和诱增客流量两部分。前者是指由地面公交、小汽车和非机动车方式承担的比较集中的、中长距离的客流转移到轨道交通上来。转移客流量包括站点附近直接吸引的客流和通过其他交通方式换乘的客流。后者是指由于轨道交通建设所引起的沿线土地开发、人口集聚,区域之间可达性增加、服务水平提高、居民出行强度增加而新产生的客流。

该方法的研究范围为公交客流走廊,通过构建居民轨道交通出行方式转移模型进行客流需求预测,当考虑换乘量时,直接应用的精度较低。模型构建流程如图4-4所示。

① 将RP(Revealed Preference)调查数据拆分成两个部分RP1和RP2,分别用于各类模型参数的标定和模型精度的评价,SP(Stated Preference)调查数据用于考察轨道交通方式选择情况。

② 考虑出行方式选择与影响因素间的关系,提取常变量、个人属性变量和选

择项属性变量,根据 MNL(Multinominal Logit)、NL(Nested Logit)和 ML (Mixed Logit)模型类别,构造相应模型的效用函数,利用 RP 数据 1 进行不同模型参数的估计。

③ 根据标定好的模型,结合 RP 数据 2,进行方式选择命中率的计算,筛选得出最优模型。

④ 在确定最优模型的基础上,考虑轨道交通方式的引入,从添加轨道交通效用项与考虑其他方式向轨道交通转移两个方面入手,利用 RP/SP 调查数据标定参数,最终得到客流走廊出行方式选择模型。

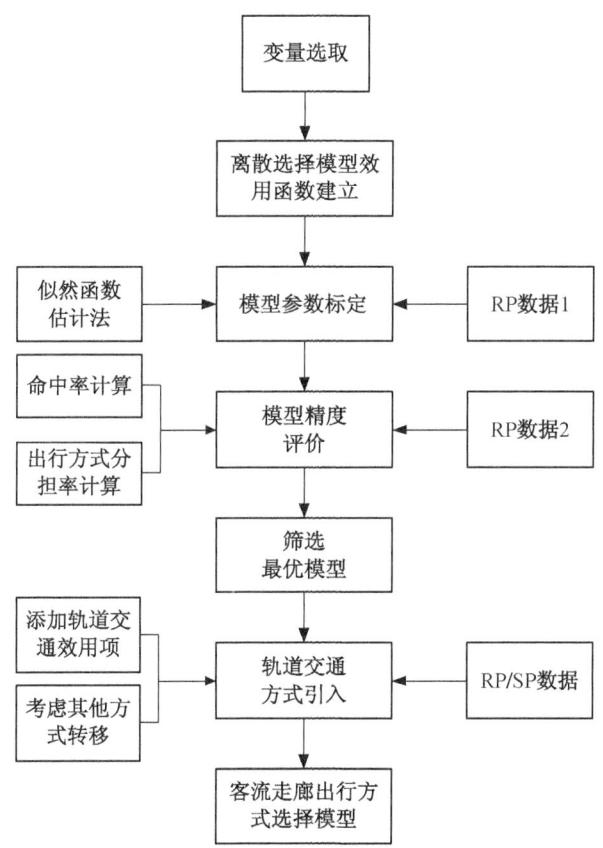

图 4-4　轨道交通出行方式选择模型构建流程

1. 变量选择

在建立离散选择模型时,可将变量分为选择项类型变量、常变量、个人属性变量与选择项特有变量 4 类,如图 4-5 所示。

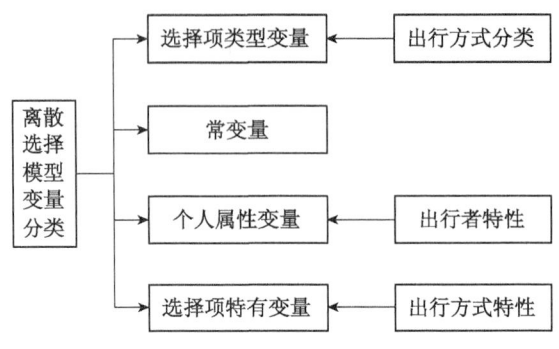

图 4-5　离散选择模型分析变量

选择项的效用由可测的确定项和不可测的随机项两部分组成,可测部分表示为常变量、个人属性变量和选择项特有变量的线性组合。

$$V_{in} = \theta + \beta_1 x_{1n} + \beta_2 x_{2n} + \cdots + \beta_k x_{kn} = \theta + \boldsymbol{\beta}' \boldsymbol{x}_n \tag{4-1}$$

式中：θ——常变量;

　　　$\boldsymbol{x}_n = (x_{1n}, x_{2n}, \cdots, x_{kn})'$——特征参数向量,包含个人属性变量与选择项特有变量;

　　　$\boldsymbol{\beta} = (\beta_1, \beta_2, \cdots, \beta_k)'$——待估参数向量。

选择概率只与效用差有关,可对变量进行分类,减少待估参数数量从而降低模型求解难度,提高模型计算效率。

对于离散选择模型的变量,大多凭借经验和常识来选取。个人属性主要包括性别、年龄、职业、家庭总收入、拥有小汽车情况等因素,而选择项属性则主要包括出行时间、出行费用、小汽车停车费用、出行目的、换乘次数和公交等待时间等。

调查中,性别、年龄、职业、出行目的、家庭拥有的交通工具数量等具有很高的可信度。而出行时间、出行费用等则不可避免地存在着误差,包含了出行者对出行时间、出行费用的理性思考与感性认识,但个体对出行方式的选择正是建立在个体对时间、费用认知的基础上,尽管存在偏差,但也是个体选择出行方式的重要原因。根据实际调查情况和上述变量分类情况,对模型变量进行筛选。

(1) 选择项类型变量

选择项类型变量,即用来描述出行方式的类别。为便于研究,将出行方式划分为 4 类:私人小汽车(Auto)、地面公交(Bus)、非机动车(Bike)、轨道交通(Metro)。

(2) 常变量

假设个体选择非机动车、小汽车和地面公交出行时,效用函数的定义分

别为:

$$U_{bk} = \beta_1 T_{bk} + \beta_2 M_{bk} + \beta_{bk0} + \varepsilon_{bk}$$
$$U_c = \beta_1 T_c + \beta_2 M_c + \beta_{c0} + \varepsilon_c \quad (4-2)$$
$$U_{bs} = \beta_1 T_{bs} + \beta_2 M_{bs} + \beta_{bs0} + \varepsilon_{bs}$$

按照各种出行方式选择概率只与效用差有关的原则,为减少待估参数的个数,可将其中一个常变量设为0,那么效用可以表述为:

$$U_{bk} = \beta_1 T_{bk} + \beta_2 M_{bk} + \varepsilon_{bk}$$
$$U_c = \beta_1 T_c + \beta_2 M_c + \beta_{c0} + \varepsilon_c \quad (4-3)$$
$$U_{bs} = \beta_1 T_{bs} + \beta_2 M_{bs} + \beta_{bs0} + \varepsilon_{bs}$$

对有 J 个选择项的效用,可将选择项效用中任一个常变量设为0,剩余 $J-1$ 个选择项效用中分别设置一个常变量。常变量共分4类,如表4-1所示。

表4-1 常变量及其说明

变量类型	选择项类型	简记
常变量	小汽车常变量	θ_1
	地面公交常变量	θ_2
	非机动车常变量	θ_3
	轨道交通常变量	θ_4

(3)个人属性变量

类似常变量的处理方式,对于有 J 个选择项的效用,可将每个个人属性变量中任一个选择项设置为0,剩余 $J-1$ 个选择项各设一个对应于该个人特性的变量,如有 M 个属性变量,个人属性变量总个数应为 $M(J-1)$ 个。个人属性变量及说明如表4-2所示。

表4-2 个人属性变量及说明

变量类型	选择项类型	变量名	待估参数	备注
个人属性变量	性别	GENDER	β_1	女性0,男性1
	年龄	AGE	β_2	划分为3个年龄段
	职业	JOB	β_3	划分为6大类
	家庭总收入	INCOME	β_4	
	小汽车拥有情况	AUTO	β_5	有1,无0

(4) 选择项特有变量

有些变量为某种出行方式所特有,称为选择项特有变量,如小汽车停车费用为小汽车出行特有变量,如表 4-3 所示。

表 4-3 选择项特有变量及说明

变量类型	选择项类型	待估参数	备注
选择项特有变量	小汽车停车费用	β_6	
	小汽车出行时间	β_7	
	地面公交出行费用	β_8	
	地面公交出行时间	β_9	
	非机动车出行时间	β_{10}	
	轨道交通出行费用	β_{11}	SP 调查
	轨道交通出行时间	β_{12}	SP 调查

2. 效用函数

模型变量对选择行为的影响有强有弱,在建立效用函数时应慎重考虑。McFadden 研究了离散选择模型中各模型变量对方式选择行为的反映能力,如表 4-4 所示。

表 4-4 模型变量对方式选择行为的反映能力

反映能力强	反映能力较强	反映能力较弱	反映能力弱
出行费用 出行时间(包括车上时间、步行时间、换乘时间) 小汽车拥有情况 收入水平	换乘次数 工作地点 公交发车间隔	年龄 交通方式可靠性 安全和舒适性	性别 职业 交通方式私密性

选择小汽车出行时,停车费用、出行时间、小汽车拥有情况是最主要的影响因素,而出行者性别、职业与收入水平从侧面反映了其选择的强烈程度。选择公交出行时,出行费用则是主导因素,乘车时间及发车间隔也会影响选择。选择非机动车出行时,出行者考虑最多的是出行时间,随着出行者年龄的增大、体力的下降,其选择非机动车出行的概率降低,因而年龄也成为较为重要的影响因素。

在建立各模型的效用函数时,一般选取对方式选择行为反映能力较强且调查可信度较高的变量。

(1) MNL 模型

根据不同效用项,构建 MNL 模型类型效用函数,如表 4-5 所示。

第4章 轨道交通运营初期公共交通客流需求分析

表4-5 MNL模型效用函数

模型	出行方式	效用函数表达式
MNL1	小汽车	$\theta_1 + \beta_6 \cdot \text{PARKCOST} + \beta_7 \cdot \text{AUTOTT}$
	地面公交	$\theta_2 + \beta_8 \cdot \text{BUSCOST} + \beta_9 \cdot \text{BUSTT}$
	非机动车	$\theta_3 + \beta_{10} \cdot \text{BIKETT}$
MNL2	小汽车	$\theta_1 + \beta_1 \cdot \text{GENDER} + \beta_3 \cdot \text{JOB} + \beta_4 \cdot \text{INCOME} + \beta_5 \cdot \text{AUTO} + \beta_6 \cdot \text{PARKCOST} + \beta_7 \cdot \text{AUTOTT}$
	地面公交	$\theta_2 + \beta_8 \cdot \text{BUSCOST} + \beta_9 \cdot \text{BUSTT}$
	非机动车	$\theta_3 + \beta_2 \cdot \text{AGE} + \beta_{10} \cdot \text{BIKETT}$

(2) NL模型

在城市客运交通方式中,按社会属性可分为公共交通与私人交通两大类,按机动化程度可分为体力类出行方式和机动车类出行方式两大类。由此可得到NL模型的巢层结构,如图4-6所示。

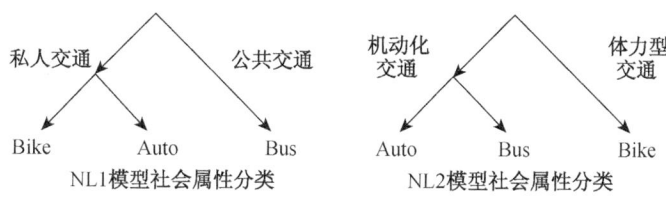

图4-6 NL模型结构

采用社会属性分类,考虑已按不同特点将出行方式分类,在建立两类NL模型时,各方式效用函数取相同形式,如表4-6所示。

表4-6 NL模型效用函数

模型	Nest1（类别）	Nest2（出行方式）	效用函数表达式
NL1	私人交通	小汽车	$\theta_1 + \beta_1 \cdot \text{GENDER} + \beta_3 \cdot \text{JOB} + \beta_4 \cdot \text{INCOME} + \beta_5 \cdot \text{AUTO} + \beta_6 \cdot \text{PARKCOST} + \beta_7 \cdot \text{AUTOTT}$
		非机动车	$\theta_3 + \beta_2 \cdot \text{AGE} + \beta_{10} \cdot \text{BIKETT}$
	公共交通	地面公交	$\theta_2 + \beta_8 \cdot \text{BUSCOST} + \beta_9 \cdot \text{BUSTT}$

(3) ML模型

ML模型各方式效用函数如表4-7所示。在对ML模型进行参数估计时,一般需要将常变量设置为固定值,其余变量均采用相应的分布函数。已有研究表明,小汽车停车费用、公交费用、小汽车拥有情况、收入水平和性别等因素所对应参数

的方差的 T 检验值均没有落入原假设(假定方差为 0)的拒绝域,即参数的方差应为 0,即参数应为固定值,而各方式出行时间未出现这种显著性。

表 4-7 ML 模型效用函数

模型	出行方式	效用函数表达式
ML	小汽车	$\theta_1 + \beta_1 \cdot \text{GENDER} + \beta_3 \cdot \text{JOB} + \beta_4 \cdot \text{INCOME} + \beta_5 \cdot \text{AUTO} + \beta_6 \cdot \text{PARKCOST} + \beta_7 \cdot \text{AUTOTT}$
	非机动车	$\theta_3 + \beta_2 \cdot \text{AGE} + \beta_{10} \cdot \text{BIKETT}$
	地面公交	$\theta_2 + \beta_8 \cdot \text{BUSCOST} + \beta_9 \cdot \text{BUSTT}$

在建立 ML 模型时,仅对小汽车、公交车和非机动车的出行时间参数采用正态分布函数,其他参数采用固定值。

3. 评价标准

效用函数中变量的确定是根据研究需要设定的,变量的设置是否合理、是否显著与模型效果是否优良有着密切联系。在实践中,利用统计方法来进行检验,常见的指标主要有极大似然比和 T 检验值。

(1) 极大似然比

极大似然比可称为优度比或 Mcfadden 决定系数,与一般线性回归模型中的判定系数 R^2 类似,可用来表明模型和基础数据之间的适合度。

$$\rho^2 = 1 - \frac{LL(\hat{\boldsymbol{\beta}})}{LL(0)} \tag{4-4}$$

式中:$LL(\hat{\boldsymbol{\beta}})$——包含所有变量的对数似然函数值;

$LL(0)$——模型中的参数值都为 0 时的对数似然函数值。

极大似然比的值在 0 和 1 之间,越接近 1 时表示模型与数据之间的匹配程度越高,即模型精度越高。实践中一般认为,当 ρ^2 介于 0.2~0.4 之间时,模型的适合度较高。为考虑模型的自由度,类似于回归分析中的自由度修正,引入了修正似然比指标 $\bar{\rho}^2$ 的概念。

$$\bar{\rho}^2 = \left(\frac{N-K}{N}\right)\rho^2 \tag{4-5}$$

式中:N——调查样本量;

K——自由度。

(2) T 检验

T 检验针对模型每一个参数进行单独检验,用来说明参数的显著程度。T 值为个别参数系数值除以标准差,其绝对值大于 1.96($\alpha = 0.05$)时认为是显著的,即该参数是影响选择概率的主要因素。通常情况下,绝对值大于 1 时就可认为其有较强的显著性。

$$T_k = \frac{\hat{\beta}_k}{\sqrt{v_k}} \tag{4-6}$$

式中：$\hat{\beta}_k$——极大似然估计对第 k 个变量的参数估计值；

v_k——向量 $\hat{\boldsymbol{\beta}}$ 的方差矩阵 $V(\hat{\boldsymbol{\beta}}) = [-\nabla^2 L(\hat{\boldsymbol{\beta}})]^{-1}$ 的第 k 个对角元素。

4. 参数标定

将调查样本记为 N，选择项数量为 J，定义

$$y_{in} = \begin{cases} 1 & \text{个体 } n \text{ 选择了 } i \\ 0 & \text{else} \end{cases}$$

(1) MNL 模型与 NL 模型的极大似然估计法

① 构造样本的极大似然函数。

样本的极大似然函数为：

$$L(\boldsymbol{\beta}) = \prod_{n=1}^{N} \prod_{i=1}^{J} P_{in}^{y_{in}} \tag{4-7}$$

取上式的对数形式

$$LL(\boldsymbol{\beta}) = \sum_{n=1}^{N} \sum_{i=1}^{J} y_{in} \ln P_{in} = \sum_{n=1}^{N} \sum_{i=1}^{J} y_{in} \ln\left(\boldsymbol{\beta}' x_{in} - \ln \sum_{j=1}^{J} \boldsymbol{\beta}' x_{jn}\right) \tag{4-8}$$

② 寻找一组向量 $\boldsymbol{\beta} = (\beta_1, \beta_2, \cdots, \beta_k)'$ 使得上式取得最大值，MNL 与 NL 模型的参数标定结果如表 4-8 和表 4-9 所示。

表 4-8 MNL 模型参数标定结果

参数	MNL1		MNL2	
	估计值	t 值	估计值	t 值
θ_1	—	—	—	—
θ_2	1.785	3.345	3.376	5.385
θ_3	3.070	5.334	4.631	6.956
β_1 GENDER	—	—	−0.158	−0.867
β_2 AGE	—	—	0.512	1.469
β_3 JOB	—	—	0.018	0.968
β_4 INCOME	—	—	3.101	8.435
β_5 AUTO	—	—	2.733	8.792
β_6 PARKCOST	−0.081	−2.489	−0.110	−2.275

(续 表)

参数	MNL1		MNL2	
	估计值	t 值	估计值	t 值
β_7 AUTOTT	-0.136	-3.050	-0.087	-1.989
β_8 BUSCOST	-3.846	-3.927	-2.356	-2.326
β_9 BUSTT	-0.026	-2.448	-0.031	-2.683
β_{10} BIKETT	-0.207	-6.263	-0.172	-5.335
$LL(0)$	-667.858		-667.858	
$LL(\beta)$	-588.18		-522.782	
ρ^2	0.233		0.333	
$\bar{\rho}^2$	0.223		0.314	

表 4-9 NL 模型参数标定结果

参数	NL1		NL2	
	估计值	t 值	估计值	t 值
θ_1	-1.405	-2.190	-2.833	-5.352
θ_2	—	—	1.054	1.921
θ_3	1.186	2.012	—	—
β_1 GENDER	-0.156	1.196	-0.179	-0.946
β_2 AGE	0.265	1.186	0.265	1.186
β_3 JOB	0.010	3.593	0.011	2.981
β_4 INCOME	2.237	3.910	3.155	8.602
β_5 AUTO	1.890	3.879	2.798	9.061
β_6 PARKCOST	-0.130	-2.833	-0.176	-3.465
β_7 AUTOTT	0.059	2.227	0.109	3.512
β_8 BUSCOST	-1.568	-1.660	-1.568	-1.660
β_9 BUSTT	0.008	0.493	0.009	0.493
β_{10} BIKETT	-0.035	-2.006	-0.031	-1.700
Model parameter	1.757	3.471	1.798	3.644
$LL(0)$	-667.865		-667.865	
$LL(\beta)$	-533.027		-539.753	
ρ^2	0.311		0.301	
ρ_M^2	0.290		0.278	

(2) ML 模型的极大仿真似然估计法

① 求仿真概率 $\bar{P}_{in}$。

在给定 θ 的前提下，从密度函数 $f(\boldsymbol{\beta}/\theta)$ 中随机抽取一个随机向量 $\boldsymbol{\beta}$，记做 $\boldsymbol{\beta}^r$。第一次抽取时记 $r=1$，计算 $L_{in}(\boldsymbol{\beta}^r)$ 的值，重复 R 次（500～1000 次），统计 $L_{in}(\boldsymbol{\beta}^r)$ 的均值作为概率仿真值，即 $\bar{P}_{in} = \dfrac{1}{R}\sum\limits_{r=1}^{R} L_{in}(\boldsymbol{\beta}^r)$。

② 构造样本的仿真似然函数。

样本的仿真似然函数为：

$$SL(\boldsymbol{\beta}) = \prod_{n=1}^{N}\prod_{i=1}^{J} \bar{P}_{in}^{y_{in}} \tag{4-9}$$

取上式的对数形式：

$$SLL(\boldsymbol{\beta}) = \sum_{n=1}^{N}\sum_{i=1}^{J} y_{in}\ln\bar{P}_{in} = \sum_{n=1}^{N}\sum_{i=1}^{J} y_{in}\ln\frac{1}{R}\sum_{r=1}^{R} L_{in}(\boldsymbol{\beta}^r) \tag{4-10}$$

③ 求解直到仿真极大似然函数取得最大值。

在采用极大仿真似然估计法对 ML 模型进行参数估计时，分别对 $L_{in}(\boldsymbol{\beta}^r)$ 值进行 500 次和 1 000 次计算，ML 模型参数标定结果如表 4-10 所示。

表 4-10 ML 模型参数标定结果

参数	ML3(R=500)		ML4(R=1 000)	
	估计值	t 值	估计值	t 值
θ_1	—	—	—	—
θ_2	1.509	2.560	1.621	2.764
θ_3	2.580	4.059	2.743	4.304
β_1 GENDER	−0.240	−1.388	−0.230	−1.337
β_2 AGE	0.727	2.111	0.717	2.080
β_3 JOB	0.027	2.580	0.026	2.519
β_4 INCOME	2.631	7.639	2.672	7.874
β_5 AUTO	2.284	8.037	2.325	8.272
β_6 PARKCOST	−0.095	−2.255	−0.096	−2.285
β_7 AUTOTT	−0.095	−2.438	−0.093	−2.408
β_8 BUSCOST	−0.558	−0.561	−0.612	−0.633
β_9 BUSTT	−0.030	−3.224	−0.030	−3.295
β_{10} BIKETT	−0.117	−4.091	−0.121	−4.233
$LL(0)$	−667.848		−667.848	
$LL(\boldsymbol{\beta})$	−530.246		−529.343	
ρ^2	0.332		0.333	
ρ_M^2	0.309		0.310	

以上两种参数估计的求解方法较多,主要方法有 Newton-Papson 法、梯度法、DPF 法等,利用某城市居民出行调查数据,采用相关离散选择模型软件进行求解。

各类参数估计值正负分明,$\hat{\beta}_6$、$\hat{\beta}_7$、$\hat{\beta}_8$、$\hat{\beta}_9$、$\hat{\beta}_{10}$ 均为负值,表明各方式的出行费用和出行时间对选择项负效用影响,即随着出行时间或者出行费用的增加,选择项效用反而降低;$\hat{\beta}_1$、$\hat{\beta}_2$、$\hat{\beta}_3$、$\hat{\beta}_4$、$\hat{\beta}_5$ 分别反映了出行者个人属性对出行方式的影响。性别、年龄和职业表明了出行者对出行方式的偏好,但 3 个指标的 T 检验显著程度不高,也印证了这 3 个变量对于行为选择的反映能力较弱;$\hat{\beta}_4$ 为正值,说明收入水平的高低对各种出行方式的选择有促进作用;$\hat{\beta}_5$ 表明是否拥有小汽车对选择小汽车出行方式有着重要的促进作用,其值越高说明选择小汽车方式出行的概率越大;常变量的估计值的 T 检验显著程度均较高,从极大似然比指标可以看出,均处于 0.2～0.4 之间,说明各类模型与调查数据的整体拟和度较好。

5. 效果分析

由 RP 数据 1 得到了各模型的参数估计值,即可用模型进行概率测算。将 RP 数据 2 输入到模型中,得到各方式选择的概率值,通过该值进行模型预测精度的验证。采用命中率指标和分担率指标,评价观测的实际选择行为的结果与用模型预测的结果是否一致,各模型命中率与分担率评价结果如表 4-11 和表 4-12 所示。其计算步骤如下:

将 $x_n = (x_{1n}, x_{2n}, \cdots, x_{kn})'$ 的实际值代入模型,求得 $\hat{P}_{in}$。

令 $\hat{\delta}_{in} = \begin{cases} 1 & \hat{P}_{in} 在 i 中为最大值 \\ 0 & 其他 \end{cases}$ $S_{in} = \begin{cases} 1 & \delta_{in} = \hat{\delta}_{in} \\ 0 & \delta_{in} \neq \hat{\delta}_{in} \end{cases}$

则
$$HitR_i = \frac{\sum_{n=1}^{N} S_{in}}{N_i} \tag{4-11}$$

式中:$HitR_i$——命中率;

N_i——选择 i 的调查样本数。

出行方式分担率表示某种出行方式在总出行量中所占比例。其前两个计算步骤与命中率相同,计算公式为:

$$R_i = \frac{1}{N} \sum_n (\hat{\delta}_{in}) \tag{4-12}$$

式中:N——总调查样本数。

第4章　轨道交通运营初期公共交通客流需求分析

表 4-11　各模型命中率评价

类型	MNL1	MNL2	NL1	NL2	ML1	ML2
小汽车	88.70%	89.24%	90.57%	91.74%	89.12%	89.24%
地面公交	91.30%	90.12%	89.13%	88.23%	89.17%	89.35%
非机动车	86.40%	88.22%	90.11%	92.35%	88.76%	88.61%

表 4-12　各模型分担率评价

类型	实际值	MNL1	MNL2	NL1	NL2	ML1	ML2
小汽车	52.31%	57.79% (10.48%)	56.92% (8.82%)	54.24% (3.70%)	52.82% (0.99%)	57.34% (9.62%)	57.41% (9.76%)
地面公交	27.31%	25.89% (−5.19%)	26.03% (−4.67%)	24.96% (−8.61%)	23.65% (−13.42%)	24.97% (−8.58%)	25.03% (−8.34%)
非机动车	20.38%	16.32% (−19.94%)	17.04% (−16.39%)	20.80% (2.04%)	23.53% (15.44%)	17.69% (−13.19%)	17.55% (−13.88%)

注：括号中为误差值。

离散选择模型对不同出行者的出行方式选择行为的概率测算是较为精准的，命中率均在 85% 以上，分担率的误差值也在 15% 左右。MNL 模型中，纳入模型的有用变量越多，预测结果越精确；由于 NL 模型将方式分类，有效避免了 IIA 特性，预测结果的精度较 MNL 和 ML 模型高。综合考虑，筛选出 MNL2、NL1 和 ML1 作为最优模型。

6. 建立模型

（1）添加轨道交通效用项

在 SP 调查中，着重对轨道交通票价和时间进行情景分析，考虑这两个因素对轨道交通选择的影响，得到了相应调查值。依据优选出的 3 个模型，添加轨道交通方式的效用项，$\theta_4 + \beta_{11} \cdot \text{METROCOST} + \beta_{12} \cdot \text{METROTT}$，并结合 RP/SP 联合数据，重新进行模型的参数标定，结果如表 4-13 所示。

表 4-13　MNL、NL 和 ML 模型参数标定结果

参数	MNL2		NL1		ML1	
	估计值	t 值	估计值	t 值	估计值	t 值
θ_1	—	—	−2.095	−4.542	—	—
θ_2	3.374	6.267	1.391	2.662	1.052	2.083
θ_3	2.984	5.777	—	—	1.112	2.233
θ_4	1.292	1.873	−0.812	−1.192	−0.126	−1.170

(续 表)

参数	MNL2		NL1		ML1	
	估计值	t 值	估计值	t 值	估计值	t 值
β_1 GENDER	−0.279	−2.091	−0.279	−2.137	−0.359	−2.732
β_2 AGE	0.420	1.432	0.501	2.066	0.496	1.663
β_3 JOB	0.013	5.637	0.017	5.591	0.010	4.676
β_4 INCOME	2.554	10.151	2.746	10.988	1.983	8.650
β_5 AUTO	2.223	9.380	2.368	10.022	1.703	8.069
β_6 PARKCOST	−0.084	−2.331	−0.126	−3.649	−0.072	−2.011
β_7 AUTOTT	−0.032	−1.040	0.071	2.452	−0.078	−2.471
β_8 BUSCOST	−1.691	−2.471	−1.024	−1.528	−0.340	−0.510
β_9 BUSTT	−0.030	−3.573	−0.006	−1.308	−0.033	−3.733
β_{10} BIKETT	−0.078	−4.984	−0.060	−4.083	−0.062	−3.893
β_{11} METROCOST	−0.055	−1.242	0.261	1.171	−0.143	−0.602
β_{12} METROTT	−0.050	−3.402	−0.019	−1.696	−0.075	−1.791
$LL(0)$	−1 527.835		−1 527.835		−1 527.835	
$LL(\boldsymbol{\beta})$	−1 259.777		−1 336.834		−1 271.617	
ρ^2	0.276		0.266		0.269	
$\bar{\rho}^2$	0.267		0.255		0.210	

由此得到第一种轨道交通出行方式选择模型。

(2) 考虑其他方式向轨道交通转移

在得到小汽车、地面公交和非机动车等出行方式选择模型后,考虑轨道交通的引入,将使部分选择上述 3 种出行方式的出行者转移到轨道交通上来,可建立基于出行目的的客流转移模型,得到轨道交通客流。出行目的往往直接决定了出行者可选择的出行方案,一般采用下式对细分出行目的的合理性进行检验。

$$-2 \times \left| L(\boldsymbol{\beta}) - \sum_{s=1}^{S} L(\beta_s) \right| \geqslant \chi_{n,(p)}^2 \quad (4-13)$$

式中:$L(\boldsymbol{\beta})$——样本总体模型的对数似然函数值;

$L(\beta_s)$——细分出行目的 s 模型的对数似然函数值;

$\chi_{n,(p)}^2$——自由度为 n,显著性水平为 p 的卡方统计量,显著性水平通常取 5%;

n——自由度,等于约束数量 $\sum_{s=1}^{S} K_s - K$;

K——样本总体模型系数的数量;

K_s——细分出行目的 s 模型系数的数量。

该公式成立时表明出行目的细分方案合理;公式不成立时则表明没有必要细分出行目的。根据 RP 调查数据,得到居民不同出行目的的出行方式选择结果,并且假设各细分出行目的群体的离散选择模型的结构一致,同时也为方便计算,将出行目的划分为上班、上学、弹性及回程 4 种,出行目的细分方案合理性经验结果如表 4-14 所示。

表 4-14 出行目的细分方案合理性检验

统计量	$L(\boldsymbol{\beta})$	$L(\beta_1)$	$L(\beta_2)$	$-2 \times \left[L(\boldsymbol{\beta}) - \sum_{s=1}^{S} L(\beta_s) \right]$	$\chi^2_{n,(0.05)}$
检验值	$-2\,100$	$-1\,023$	$-1\,105.6$	66.1	14.067

出行目的细分方案的卡方检验值大于 14.067,表明出行目的细分是合理的,可建立相应的 MNL 转移模型,其效用函数如表 4-15 所示。

表 4-15 转移率模型效用函数表示

转向轨道交通的客流转移率模型基本公式		$P_r = \exp V_r / (\exp V_r + \exp V_m)$ P_r:轨道交通转换概率;V_r:轨道交通的效用 V_m:交通方式 m 的效用
效用变量	非机动车向轨道交通的转换	轨道交通的效用变量:所需时间、费用 非机动车的效用说明变量:所需时间
	公交向轨道交通的转换	轨道交通的效用变量:所需时间、费用 公共汽车的效用变量:所需时间、费用
	机动车向轨道交通的转换	轨道交通的效用变量:所需时间、费用 机动车的效用变量:所需时间

由于以上学为目的的非公交机动车利用量较少,故设定为无非公交机动车的利用。根据 RP/SP 数据,将个人所选出行方式的时间和费用带入模型中,对模型参数进行标定,得到参数值及检验值,如表 4-16 所示。

表 4-16 客流走廊出行方式转移模型参数标定结果

参数	上班		上学		弹性		回程	
	估计值	t 值	估计值	t 值	估计值	t 值	估计值	t 值
θ_1	4.387	6.396	—	—	1.938	6.396	2.471	6.396
θ_2	1.438	5.897	1.761	5.897	2.059	5.897	1.302	5.897
θ_3	8.395	1.914	72.845	1.914	8.418	1.914	1.625	1.914
θ_4	—							
β_6 PARKCOST	-0.870	-2.374	—	—	-0.829	-2.374	-0.950	-2.374

(续 表)

参数	上班		上学		弹性		回程	
	估计值	t 值	估计值	t 值	估计值	t 值	估计值	t 值
β_7 AUTOTT	−0.079	−1.057	—	—	−0.072	−1.057	−0.081	−1.057
β_8 BUSCOST	−1.206	−2.516	−1.568	−2.516	−1.185	−2.516	−1.314	−2.516
β_9 BUSTT	−0.095	−3.640	−0.091	−3.640	−0.087	−3.640	−0.094	−3.640
β_{10} BIKETT	−0.012	−5.080	−0.266	−5.080	−0.017	−5.080	−0.037	−5.080
β_{11} METROCOST	−0.032	−1.875	−0.081	−2.997	−0.071	−2.282	−0.038	−1.773
β_{12} METROTT	−0.048	−3.670	−0.060	−2.455	−0.075	−1.967	−0.080	−2.252
$LL(0)$	−844.204		−538.383		−436.362		−742.409	
$LL(\beta)$	−264.907		−570.913		−468.935		−672.923	
ρ^2	0.245		0.224		0.243		0.288	
$\bar{\rho}^2$	0.254		0.241		0.263		0.291	

模型标定结果中,费用和时间的参数值均为负值,这与实际情况相符,所选变量对应的 T 检验值基本满足要求,显著性较好。

通过对轨道交通出行方式选择模型的运算,得到了居民轨道交通出行 OD 表,结合小汽车、非机动车、地面公交以及步行 OD,绘制出各方式随距离变化的分担率曲线图,如图 4-7 所示。各方式的分担率情况基本符合其方式本身的出行特性,表明模型建立较为合理。

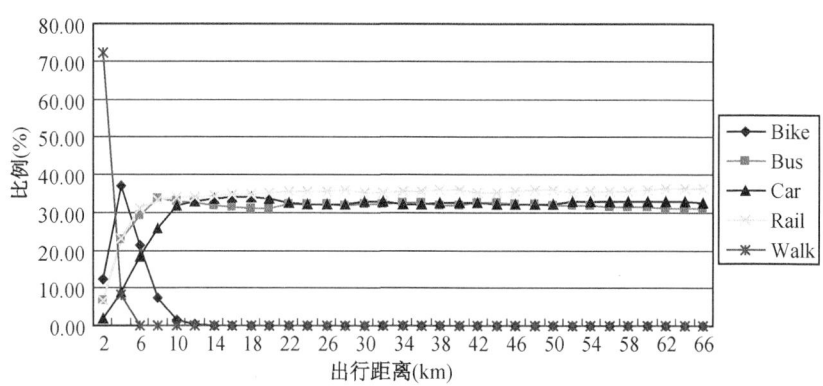

图 4-7 各出行方式随距离变化的分担率曲线图

4.3 客流需求指标分析

客流需求预测工作的成果体现为客流需求指标,其为轨道交通运营初期公共交通系统优化与评价提供依据。客流需求指标包括需求总体指标、流量流向指标、空间不均衡性指标、时间不均衡性指标和敏感性因素指标5类。

4.3.1 需求总体指标

公共交通客流需求预测的总体指标主要是指客流总量,即指在某一时间段内承担的需求的数量规模,一般通过日均客运量(万人次/日)或线路客运强度[万人次/(km·日)]来描述。公共交通客运量与人口规模、就业岗位及其分布、人均出行率、土地开发水平、人均GDP或收入水平、综合交通网络建设水平、公交的发展水平等相关。随着线网规模的扩大,客运量呈持续上涨趋势,即轨道交通运营初期线路客运强度处于一个相对低的值。

需求总体指标还包括全网换乘系数,即平均每次出行乘坐公共交通线路的条数,可以通过全网总乘人次数与全网出行量之比来计算:

$$全网换乘系数 = \frac{全网总乘人次数}{全网出行量} \tag{4-14}$$

在轨道交通运营初期,有两条线路网络的情况下,换乘系数在1.2左右。

4.3.2 流量流向指标

公共交通客流需求预测需要明确出行需求的具体流量和流向,主要指标包括以下3方面。

(1) 站间客流OD分布。主要指公共交通线路各站点之间的客流交换量,以此可以确定公交网络平均乘距、线路平均运距等指标。随着城市用地和轨道交通网络规模的扩大,居民出行距离增加,进而延长了网络平均乘距。轨道交通运营初期线路平均运距处于一个相对较高的水平,基本在7~9 km的范围内,轨道交通网络化后,网络平均乘距提高,但其值可能有小幅下降,基本稳定。

(2) 站点乘降量。主要指各站点乘降总人数。高峰小时站点客流乘降量是确定站点相关设施的配置规模的重要依据。受周边土地利用影响,不同车站的进出站客流呈现不同的时间分布特征。杭州轨道交通1号线站点各小时客流集散量如图4-8所示,A表示出站客流,B表示进站客流。

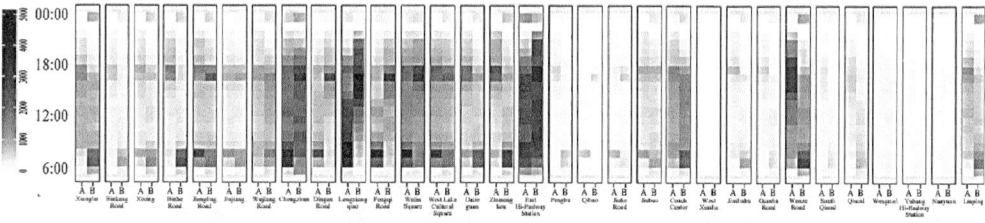

图4-8 杭州轨道交通1号线站点各小时客流集散量

(3) 换乘量及构成。主要指两条及以上轨道交通线路交叉处或轨道交通与地面公交换乘站的乘客流量与流向。除了站点换乘总量外,还包括线路之间和上、下行不同方向之间的客流交换量。轨道交通站点需构建一个紧凑、高效、便捷的转换服务体系,考虑与城市交通的多元衔接,满足一体化的换乘需求。图 4-9 为一个换乘站不同方向之间的客流量关系。

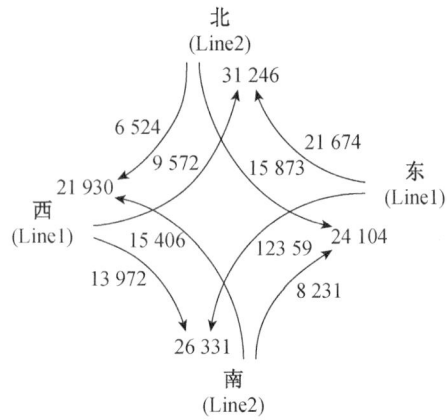

4.3.3 空间不均衡性指标

空间不均衡性指标是反映公共交通线路客流需求空间差异的指标。尤其是对于轨道交通和线路长、全线客流差异大

图 4-9 站点客流换乘量与流向示意图(单位:人次/天)

的地面公交来说,做好空间不均衡性的预测分析至关重要。该类指标主要包括以下 3 方面。

(1) 线路各区间断面客流需求分布

该指标指线路站点间的客流需求断面分布,断面客流需求量指在单位时间内,通过公共交通线路某一断面的客流需求量,分为上行断面客流需求量和下行断面客流需求量。该断面分布在不同的线路与时间有不同的形态。图 4-10 为 3 个典型的客流断面分布图,分布呈现"凸"型、"平"型和"斜"型。

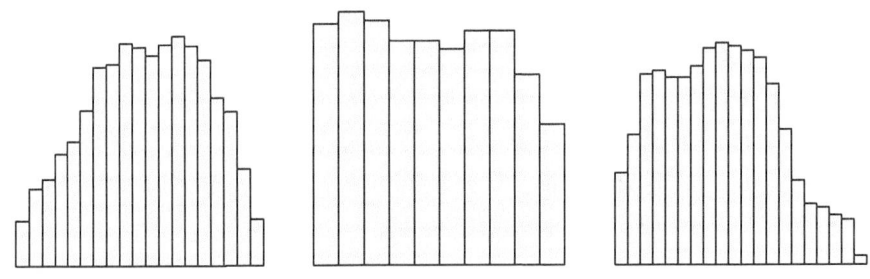

图 4-10 典型公交客流断面分布示意图

(2) 最大断面客流需求量

在单位时间内,通过公共交通线路各个断面的客流需求量一般是不相等的,其中的峰值称为最大断面客流需求量。最大断面客流需求量也随着时间的变化而改变。此外,最大断面客流需求指标还可以针对某些需要特殊考虑的设施,或某些特

殊的人群设定,如无障碍设施处的需求量等。

(3) 特殊站点客流需求量

特殊站点主要是指地处某些大型客流集散点的公共交通站点。这类集散点包括机场、铁路客运站、长途汽车站以及大型活动中心等。详细分析这些站点的客流需求,有利于确保公共交通的服务水平,快速集散客流。

空间不均衡性受公交线路站点附近土地利用类型影响较大。两端在城市外围地区且穿越中心城区的线路往往出现中间大、两头细的"凸"型客流需求分布特征;而一端在外围地区、另一端在中心城区的线路呈现"斜"型的客流断面特征,在早晚高峰可能表现出强烈的潮汐型出行特征。

4.3.4 时间不均衡性指标

时间不均衡性指客流需求随时间变化的规律性,指标主要是高峰小时系数,即一日内客流需求最集中的某一个小时的流量占该处全日流量的比重,一般按早、晚高峰小时分别计算。该指标主要反映居民出行的时间分布,与用地布局密切相关。高峰小时系数可以通过客运量高峰小时系数(B)和单向最大断面客流量高峰小时系数(D)来表示。

客运量高峰小时系数(B):

$$B = \frac{高峰小时客运量}{年平均日客运量} \tag{4-15}$$

单向最大断面客流量高峰小时系数(D):

$$D = \frac{高峰小时单向最大断面客流量}{全日单向最大断面客流量} \tag{4-16}$$

站点客运量高峰小时系数和区间断面高峰系数一般是两个不同的数值,在多数情况下,后者大于前者。早、晚高峰中,站点客流峰值系数和断面峰值系数在不同城市都有一定差异,但晚高峰系数一般低于早高峰系数。对某站点来说,其上、下行方向或者客流乘、降量的高峰系数与全线总客流量高峰系数以及最大断面客流高峰系数一般也是不同的。位于居住区的站点早高峰系数较大,呈现出通勤客流的特点,而位于公共中心的站点,其客流呈现逐步累积的特点。市区线的高峰小时系数要低于郊区线的高峰小时系数。地面公交高峰小时系数大致在12%~20%,其系数要明显低于轨道线路高峰小时系数(17%~24%)的水平。图4-11是杭州轨道交通1号线平日和周末客流量随时间变化情况。

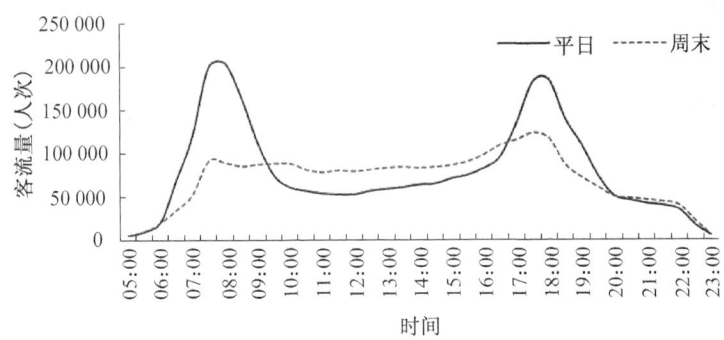

图 4-11 杭州轨道交通 1 号线平日与周末的客流量变化图

4.3.5 敏感性因素指标

敏感性分析是对公共交通客流需求预测基础数据的不确定性和波动性进行分析,使预测结果具有较高的可信度。

当一些特定的预测前提条件发生变化时,相应的各项客流量指标都会发生变化。公共交通客流需求涉及的敏感性因素较多,而在轨道交通运营初期,客流需求预测中的不确定性主要有 3 方面来源。

(1) 预测环境不确定。我国处于快速城镇化进程中,社会经济发展水平、交通政策、人口规模等许多因素的发展存在变数,因而具有不确定性。

(2) 预测的基础数据通常并不完备且部分存在偏差。例如,居民出行调查一般为抽样数据,沿线土地利用性质及开发强度数据也会有很多变化的可能,尤其是远景年的发展存在较大程度的假设,这些均会使预测结果具有不确定性。

(3) 预测模型中诸多参数值是在假设条件下给出的。例如,轨道交通票价水平尚未确定或可能发生改变,出行者对服务水平的感知存在差异,私人小汽车的使用政策会发生变化等,这些均会导致预测结果可能出现偏差。

敏感性分析的测试指标重点涉及全日客运需求量、高峰小时客运需求量、高峰小时单向最大断面需求量等,考虑的因素需要根据相关城市以及具体情况来确定。例如,票价水平、换乘时间、服务水平(发车间隔与满载率等)、出行者时间价值等均是经常选用的参考要素。

4.4 本章小结

本章分析了影响公共交通客流需求的交通政策、城市规模、经济发展水平、城市形态及用地布局、出行者特征及出行需求等外部因素以及基础设施、票价水平、发车间隔、车辆配置、服务状况等内部因素;提出了轨道交通运营初期公共交通客流需求预测方法,包括"四阶段"需求预测法和客流转移预测法,前者通过出行生成、出行分布、出行方式划分和公交客流分配四个阶段分别建立模型进行预测,后者基于两阶段轨道交通网络客流预测模型,第一阶段对比分析不同预测模型精度,优选无轨道交通方式下出行方式预测的离散选择模型,第二阶段添加轨道交通效用项,考虑其他方式向轨道交通方式转移,构建了轨道交通方式下居民出行方式预测离散选择模型;提出了公共交通客流需求分析指标,包括需求总体指标、流量流向指标、空间不均衡性指标、时间不均衡性指标和敏感性因素指标。

第 5 章　轨道交通与地面公交网络衔接规划方法

5.1　公共交通系统线网功能与布局调整技术

5.1.1　线网功能与布局调整的必要性

1. 适应大城市交通需求新特征的需要

大城市表现出经济活力、吸引力以及对周边辐射能力逐步加强，城市空间快速扩张的特征，使得城市交通需求表现出以下新特点。

1) 出行需求总量增大，方向性密度高

随着城镇化进程的推进，人口进一步向大城市聚集，经济水平提高，出行活动日益活跃，使得出行总量迅速增长。2013 年，南京市主城区人均出行率为 2.71 次/（人·日），2001 年仅为 2.57 次/（人·日），出行总量从 539 万人次/日增长到 1 015 万人次/日，如图 5-1 所示。城市空间的扩展使得主城区与外围副城之间出现了大量的放射性出行需求，且呈现出出行距离增长的特点。高强度、高集中、长距离的交通需求，使得传统地面公交系统面临严峻的考验，需要容量大、速度快公共交通作为骨干来支持。

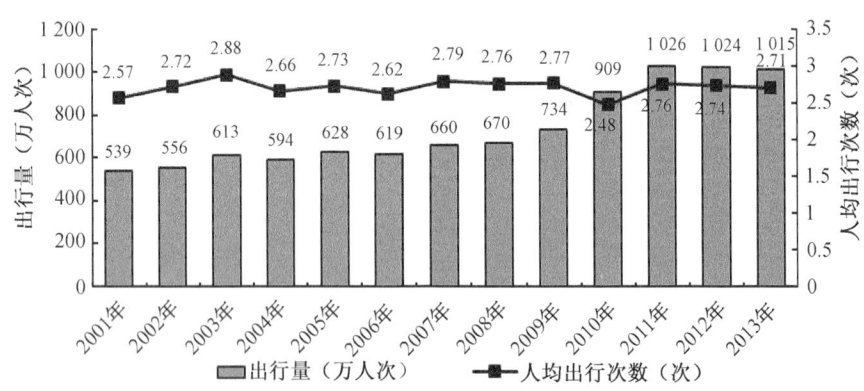

图 5-1　南京市主城区人均出行次数与出行总量变化图

注：2010 年以前历年数据是按户籍人口计算，自 2010 年起一日出行总量按常住人口计算。

2) 需求分区化

大城市空间发展正由单中心圈层式向外扩展为主向有选择的开发重点近郊新区、城市近郊新区全面开发和近郊区新区功能完善等阶段过渡。表5-1显示了我国部分大城市用地布局形态现状与规划。无论是分散集团式，还是多中心组团式结构的城市，其本质具有相似性：①多中心的城市空间结构；②在与城市主体建成区(团块)相隔一定距离的地点跳跃式发展，形成城市边缘区内成组、成团的布局形式，以分散主体建成区的功能，减轻其压力。这对公交线网提出了新的要求，公交线网结构必须与城市总体空间结构相适应，需要大容量快速公交连接各片区中心，以满足跨片区间的中长距离出行，各中心组团内部主要以普通地面公交满足区内出行。

表 5-1 我国部分大城市用地布局形态现状与规划

城市	现状布局形态	规划布局形态	城市	现状布局形态	规划布局形态
北京	单中心子母城	多中心分散集团式	重庆	多中心带状	带状多片组合式
天津	单中心密集连片	多中心分散集团式	南京	单中心块状密集	多心圈层体系组合
上海	单中心密集连片	多中心分散集团式	大连	轴向辐射	多中心组团式
沈阳	单中心密集连片	多中心开敞式	兰州	带状密集	带形组团式
武汉	多中心密集	多中心组合式	郑州	单中心密集	多中心组团式
哈尔滨	单中心密集	多中心组合式	广州	单中心密集	带形组团式

3) 出行方式及目的趋于多样化

大城市居民出行已经由单一出行方式转向由多种交通方式组合来完成。且由于经济生活水平的提高，出行目的也由以往刚性的通勤、通学出行占绝对比例转变得更加多样化。不同的出行目的也对公共交通提出了不同的需求，例如刚性出行对准时、快速的要求较高，而弹性出行对舒适性更加敏感。2013年南京市居民出行目的的构成如表5-2所示。

表 5-2 2013 年南京市居民出行目的构成表

目的	上班	上学	公务	生活购物	休闲娱乐	探亲访友	看病	回程	其他活动
主城	25%	6%	1%	8%	7%	1%	1%	46%	5%
副城	28%	6%	2%	9%	2%	1%	0%	47%	5%

出行方式链的形成和出行目的多样化，要求交通服务的多元化，需要公共交通构建不同功能层次的网络加以满足，通过构建公共交通枢纽，实现公共交通各层次网络间以及其他交通方式间的"零距离"换乘。

2. 与轨道交通网络融合的需要

轨道交通适应于长距离跨片区出行，相对具有较高的安全性、可靠性以及舒适度，特别是对于通勤、通学乘客具有较大的吸引力；地面公交在线网密度和可达性方面优势突出，仍具较强吸引力。而在轨道交通出现前，国内大城市的公共交通系统一般都已经有了几十年的发展历史，形成了稳定的地面公交系统，同时培育了相对稳定的客流群体。轨道交通无法在原有的单一方式地面公交系统上直接叠加达到线网融合的效果，长期形成的单一结构地面公交线网不得不发生改变。在轨道交通运营初期，须逐步实现地面公交功能的转变、结构的调整、线网的优化、服务目标的重新定位，以适应新的城市空间形态及居民出行特征。

5.1.2　线网功能规划

为适应城市居民出行新特征，解决公交网络已存在的问题，轨道交通运营初期，大城市公交线网需要包含不同的线路层次，各自完成不同的运输任务，合理有序地组织公交客流运输。引入分区分层的公交网络布局形式，考虑城市总体规划、已有枢纽场站布局，进行公交服务分区；在不同分区之间以及片区内部，构造不同等级的线路——城市轨道交通线路、公交主干线、公交次干线、公交支线，形成城市公共交通网络；不同等级线路之间的交叉点可形成各级换乘枢纽或站点。

1. 线路功能层次划分

1) 线路功能层次

(1) 城市轨道交通线路

城市轨道交通具有快速、准点、大容量、舒适等特点，是城市公交系统的骨干，布设在城市最主要的客流走廊上，满足居民跨片区的中长距离出行需求。

(2) 地面公交主干线

地面公交主干线具有容量较大、快速的特点。由于轨道交通运营初期线路较少，其只覆盖了城市最主要的部分客流走廊，地面公交主干线应覆盖其他次级客流走廊，在未被轨道交通服务的大型客流集散点间、重要功能的片区间提供快速公共客运服务，满足居民跨片区的中长距离出行需求，与轨道交通共同构建起公共交通骨架网络。将联系中心城区与周围各乡镇之间的城乡公交线路纳入到地面公交主干线网络。

(3) 地面公交次干线

地面公交次干线具有灵活、便捷、覆盖面广的特点。功能界于公交主干线和公交支线之间，满足片区内或片区间中短距离的出行需求，且具有接驳公共交通骨架网络客流的作用。

(4) 地面公交支线

地面公交支线主要服务于片区内部公共交通出行,连接客流集散点与公共交通骨架网络,为地面公交干线和轨道交通共同提供接驳服务。该类线路的布设以增加线网覆盖率、减少公共交通出行者的步行距离和提供与主要枢纽的良好衔接为目标。

(5) 地面公交特殊线路

地面公交特殊线路是公共交通系统的补充,主要服务于一些特殊时段和出行目的的公交出行需求,部分线路在运营模式上采用一些较为特殊的方式,如高峰线、假日线、校区线、厂区线、旅游线等。

各类地面公交线路的特征汇总如表 5-3 所示。其中公交特殊线路的设施配置、线路走向和运营组织要求需要适应其相应的个性化需求,不作统一的要求。

表 5-3 各类地面公交线路特征

项目	公交主干线	公交次干线	公交支线
行驶道路	快速路、主干路	主干路、次干路	次干路、支路
线路形态	转弯少、迂回少	允许适量的转弯和迂回	允许转弯和迂回
线路长度	>15 km	12~20 km	8~15 km 外围区域可适当加长
站点间距	>800 m	500~800 m	300~500 m
非直线系数	<1.6	<2.0	无要求
车辆配置	10~12 m	多种车型混合 以 8~10 m 为主	6~10 m
平均运营速度	>25 km/h	20~25 km/h	15~20 km/h
高峰小时发车间隔	<5 min 外围区域可适当加长	<5 min	视客流和车型确定
首末站设置	一、二级公交枢纽站	无要求	无要求
公交优先措施	专用道、信号优先	视具体条件可设专用道	无要求

2) 不同层次线路间关系

(1) 公交主干线、轨道交通与公交次干线

公交主干线、轨道交通与公交次干线之间为骨干与基础的关系。在发展公交骨架网络的同时,应实现其与次干线的整合,避免两者过多的重合,减少不必要的竞争。对于走廊内满载率过高的区间,公交次干线可以分担骨架网络无法完全承担的部分客流,对公共交通骨架网络起补充作用。

(2) 公交主干线、轨道交通与公交支线

公交主干线、轨道交通与公交支线之间为骨干与集散的关系。公交支线不仅可以服务居民的短距离出行,也可以与公交骨架网络一同设置枢纽,为其接驳和输

送客流,最大化地发挥公交网络运营效率。

(3) 公交次干线与公交支线

公交次干线与公交支线之间为基础与延伸的关系。由于道路条件限制以及运行速度的要求,次干线无法进入城市中小街道,而公交支线可以发挥其机动灵活的特点,深入各居民居住区及各功能区、运行在支路上,作为次干线的一种延伸形式,提高公交线网密度,填补中小街道和公交服务盲区。

2. 公交枢纽分级

现有的公交枢纽分级分类的研究一般从其在城市综合交通系统中的地位、主要承担的客流性质、空间布置形式等方面进行。

(1) 依据在城市综合客运交通系统中的地位划分

分为城市公共交通换乘枢纽和城市对外交通枢纽。前者主要服务于市内以公共交通为主体的各种客运交通方式之间的换乘;后者大多位于城市内外交通结合处,主要处理城市内外交通的转换问题,作为重要的交通吸引源也承担着市内交通的转换功能。

(2) 依据承担的主要客流性质划分

分为换乘型枢纽、集散型枢纽和混合型枢纽。换乘型枢纽是以承担公共交通之间或公共交通与其他方式之间的换乘客流为主;集散型枢纽以承担公共交通枢纽所在区域的集散客流为主,换乘客流为辅;混合型枢纽是既有大量换乘客流又有大量区域集散客流的公共交通枢纽。

(3) 依据空间布置形式划分

分为立体换乘枢纽和平面换乘枢纽。立体换乘枢纽多结合站点周围建筑设置;平面换乘枢纽在同一地面实现客流的集散及转换、交通工具的进出。

现有的公交枢纽类型划分均建立在"线路导向型"的公交网络布局基础之上,即先确定轨道交通、地面公交等的线路布局,再确定枢纽的类型等级及位置。实际上,线路和枢纽的关系应当相反,枢纽是公交网络中的控制性节点,公交网络布局应围绕枢纽来开展,即枢纽类型划分应体现出"枢纽导向型"。

为了便于枢纽导向型的公交线网布局的实现,综合现有研究和实践,将大城市公共交通枢纽分为三级公交枢纽。

(1) 一级公交枢纽,衔接航空、铁路、公路等城市对外客运方式,具有城市对外交通枢纽的功能,同时兼有二级公交枢纽的功能,为全市范围内的乘客提供和其他各级公交枢纽之间的直达和中转换乘服务。

(2) 二级公交枢纽,衔接城市轨道交通、地面公交各级线路,客流可通过该枢纽集散来实现和其他枢纽之间的直达和中转换乘功能。

(3) 三级公交枢纽,为多条地面公交线路首末站或中间站集中布局衔接形成,主要实现为一、二级公交枢纽提供客流集散的功能。

5.1.3 线网布局规划

地面公交线网基本布局形式可归纳为点对点直达式和中枢轴辐式两种,其特征以及对于大城市的优缺点如表5-4所示。

表5-4 地面公交线网基本布局形式

布局形式	特征描述	优点	缺点
点对点直达式	在主要客流集散点设置首末站,路线沿主要道路运行,连接首站与末站	乘客换乘次数少 场站基础设施建设量小	运行速度慢、效率低、车辆分散停放于首末站,管理难度大
中枢轴辐式	将片区的公交客源通过区域内公交线路汇聚到枢纽,换乘大中运量的公交到另一片区枢纽,再视出行情况换乘该片区内的公交线路到达目的地	运行速度快、效率高 充分发挥各层次线路优势	乘客换乘次数多 场站基础设施建设量大

国内大部分大城市的公交线网基本属于点对点直达式,这种形式的问题主要是重复系数高、覆盖率低,导致了较低的运行可靠性及运营效率,随着城区面积的扩大、人口剧增,亟须构建网络化的公交服务体系。中枢轴辐式是世界上许多轨道交通已经网络化的特大城市、大城市公交线网布局的理想形式。在这种布局形式下,各个公交方式的优势得以发挥,可满足这类城市规模及各种社会经济活动对公交服务的需求。

轨道交通运营初期线路多为1~2条,还未形成网络,城市公交网络应该由点对点直达式向中枢轴辐式过渡,逐步形成两者混合的线网布局形式,实现线网布局由分散向分区转变、线路及枢纽功能由单一向多层次转变、换乘形式由线路之间的换乘向枢纽为主的换乘转变。当客流向心特征明显、道路资源紧缺时,公交线网布局应采用中枢轴辐式为主,点对点直达式为辅的混合布局形式;而当客流向心特征不明显,道路资源较为充足时,公交线网布局应采用点对点直达式为主,中枢轴辐式为辅的混合布局形式。

结合城市总体规划、客流空间分布特征以及既有场站分布,进行公交服务分区,每个片区内规划设置一个一级公交枢纽或二级公交枢纽和若干个三级公交枢纽。各级公交枢纽之间利用多层次的公交线网(城市轨道交通、地面公交主干线、地面公交次干线、地面公交支线)建立功能匹配的连接关系,组成一个有机的整体,充分发挥公交线网和枢纽集散、转换客流的效率。一级公交枢纽与其他片区之间通过城市轨道交通或地面公交主干线连接,与相邻二级公交枢纽之间通过城市轨道交通或地面公交主干线进行连接,与所在分区内的三级公交枢纽之间由地面公交次干线和支线进行连接。相邻的二级公交枢纽之间通过城市轨道交通或地面公交主干线连接,与所在分区内的三级公交枢纽之间应由地面公交次干线和支线连接。轨道交通运营初期公交线网布局形式如图 5-2 所示。

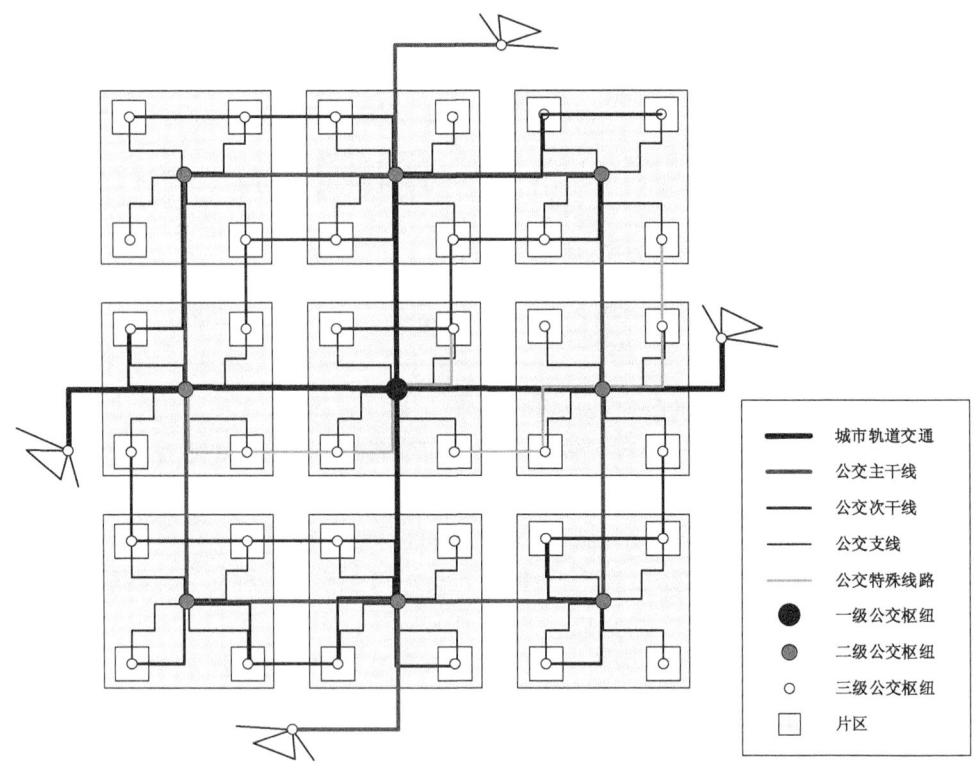

图 5-2　轨道交通运营初期公交线网布局形式示意图

5.2　轨道交通与地面公交网络衔接技术

5.2.1　轨道交通与地面公交线路竞合关系

公交系统内不同线路间存在着竞争与合作关系,而轨道交通与地面公交线路在运营过程中伴随着竞争与合作。轨道交通运营初期,其与大量地面公交线路共同服务于城市最主要的客流走廊,两者之间的竞争不可避免。在公交乘客的一次出行过程中,会存在地面公交与轨道交通之间的换乘行为,使得两者的合作也具有

第5章 轨道交通与地面公交网络衔接规划方法

必然性。竞争与合作是两者得以协同发展的根本动力。

1. 竞争性分析

当轨道交通与地面公交线路位于同一走廊上或部分位于同一走廊上时,在两者共同服务的站点区间内,出行者既可以选择地面公交,也可以选择轨道交通作为出行方式,此时两者存在对于客流的竞争行为。如图5-3中轨道交通与地面公交线路存在两对换乘站:站点B与站点8、站点C与站点12,两者在站点区间(8~12)中竞争客流。两种线路的过度竞争不仅不利于"两网融合"发展,且有碍于发挥公交系统现有的运输能力,阻碍了挖掘公交系统的潜在运能。竞争将促使地面公交线路围绕轨道交通线路进行调整,是促使轨道交通与地面公交"两网融合"、协调统一以合理分配运力资源的原动力。

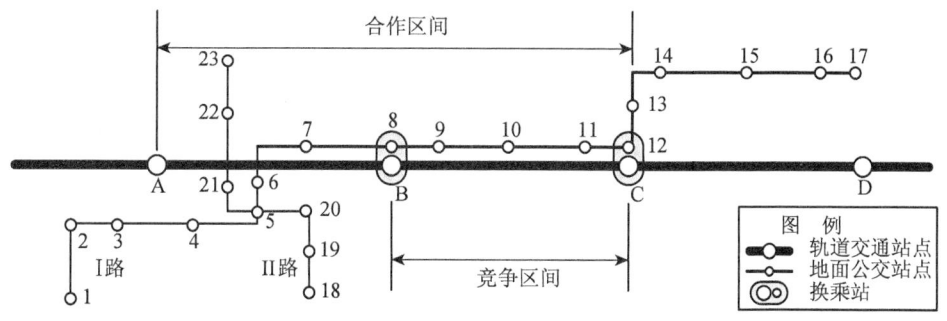

图5-3　轨道交通与地面公交线路合作与竞争实例

在等车时间、乘车时间、票价参数等条件既定的情况下,竞争区间的距离将影响两者客流分担率,如图5-4所示。地面公交客流分担率与竞争区间的距离呈负相关,轨道交通客流分担率与竞争区间的距离呈正相关。对于一个给定的竞争区间,随着区间距离的增加,出行者往往倾向于选择运行速度快的方式以求缩短出行时间,此时轨道交通在竞争中逐渐发挥优势,承担较大比例的客运量。

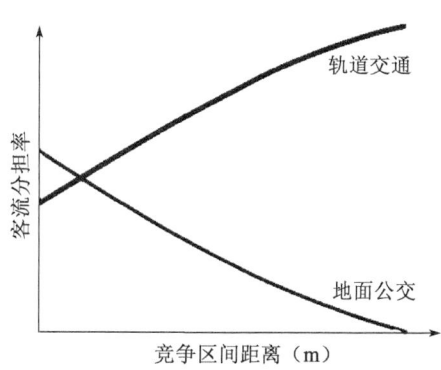

图5-4　轨道交通与地面公交客流转移曲线

2. 合作性分析

轨道交通与地面公交线路的合作关系体现为:通过两者的衔接共同为公共交通乘客提供出行服务,可以分为直接合作与间接合作。当轨道交通与地面公交线路存在换乘站点时,两者为直接合作关系,通过换乘站点可以实现乘客在两种线路上的直接交换。例如图 5-3 中站点 4~站点 C 之间乘客的出行需要两者合作完成:乘坐地面公交从站点 4 出行到站点 8;换乘到轨道交通的站点 B;乘坐轨道交通从站点 B 出行到站点 C。

当轨道交通与地面公交线路之间并无换乘站点,且可共同为指定站点区间之间的乘客出行提供服务时,两者为间接合作关系。例如,地面公交 1 路、2 路与轨道交通线路组成二次换乘路径,乘客可通过 1 路换乘到 2 路,再从 2 路换乘到轨道交通线路完成出行,此时地面公交 1 路与轨道交通线路具有间接合作关系。

在轨道交通发生突发事件并无法及时提供运输服务时,其与地面公交也将产生合作关系,其功能可以由与之共线的地面公交线路代替。当轨道交通线路某个区段发生运营中断时,为及时提供有效的客运服务,可以在中断的区段开行专用的地面公交接驳线路,以缓解轨道交通客流压力,即区段代替;当轨道交通全线发生运营中断后,可以考虑在全线开行地面公交线路,以快速疏散轨道交通客流,地面公交可以根据实际客流情况动态地调整发车间隔和开行交路。

地面公交为轨道交通提供集散客流服务,同时在非常态下可代替或部分代替轨道交通功能。两者的合作关系不仅使轨道交通与地面公交线路构成有序衔接的整体,而且也是其协同发展的根本因素。

5.2.2 轨道交通与地面公交线路的空间关系

当轨道交通与地面公交线路的拓扑结构在空间上产生交汇时,两者在运输关系上可能存在合作或竞争的关系。两者的空间拓扑关系决定了竞争与合作的站点区间。

根据轨道交通与地面公交线路的走向关系,两者的空间拓扑关系可以分为 4 类:平行关系、交叉关系、接驳关系、无关系,如表 5-5 所示。

表 5-5 轨道交通与地面公交线路空间拓扑关系分类表

拓扑类型	线路描述	线路形态	客流特点分析
平行关系	线路首末站均在城市轨道交通直接服务范围之内,或线路 80% 的长度在城市轨道交通直接服务范围之内		大部分乘客出行 OD 点均在城市轨道交通直接服务范围内;出行 OD 点均在城市轨道交通直接服务范围内的乘客向城市轨道交通转移的可能性大

第 5 章　轨道交通与地面公交网络衔接规划方法

（续　表）

拓扑类型	线路描述		线路形态	客流特点分析
交叉关系	线路首末站均不在城市轨道交通直接服务范围内	2		线路与城市轨道交通成交叉关系，能够较好地发挥接运城市轨道交通客流的作用；城市轨道交通运营后线路运量增加的可能性大
		3		小部分乘客出行 OD 点均在城市轨道交通直接服务范围内；出行 OD 均在城市轨道交通直接服务范围内的乘客存在一定的向城市轨道交通转移的可能性
接驳关系	线路首末站之一在城市轨道交通直接服务范围之内，另一个不在服务范围内	4		出行 OD 点有一个在城市轨道交通直接服务范围内的乘客，可能变更为"轨道+公交"的出行模式
其他关系	线路首末站都不在城市轨道交通直接范围内，且与城市轨道交通站点无交点	5		线路在城市轨道交通开通后基本不受直接影响

注：■■■■ 为轨道交通线路，──── 为地面公交线路。

（1）平行关系

当地面公交线路首末站均在轨道交通直接服务范围之内，或线路 80％的长度在轨道交通直接服务范围之内，且在空间走向上与轨道交通存在唯一的重叠交汇区间、无交汇点时，两者为平行关系。轨道交通的主要功能是为客流走廊内的出行者提供快速运输服务。大部分乘客出行 OD 点均在轨道交通直接服务范围内，向城市轨道交通转移的可能性大。因此，该类线路是调整的重点对象。

（2）交叉关系

当地面公交线路首末站均不在轨道交通直接服务范围内，且在空间上与轨道交通存在交汇点或交汇区间时，两者为交叉关系。此交汇点可能是轨道交通站点或地面公交站点，也可能是轨道交通线路上的任意一点。当交汇点同时存在轨道交通车站与地面公交车站时，两者具有直接合作关系。该类线路中交汇区间短的在轨道交通运营后客运量增加的可能性大；而交汇区间长的线路中小部分乘客出行 OD 点均在轨道交通直接服务范围内，存在一定的向轨道交通转移的可能性。

（3）接驳关系

当地面公交线路首末站之一在轨道交通直接服务范围之内，另一个不在服务范围内,且在空间上与轨道交通存在交汇点或交汇区间时,两者为交叉关系。该类线路交汇区间短时,大部分乘客的出行 OD 点仅有一个在轨道交通直接服务范围内的,轨道交通运营后,两者将加强直接合作,变更为"轨道+公交"的出行模式。在轨道交通运营后客运量增加的可能性大;而交汇区间长的线路中小部分乘客出行 OD 点均在轨道交通直接服务范围内,存在一定的向轨道交通转移的可能性。

(4) 无关系

地面公交线路首末站都不在轨道交通直接范围内,且与轨道交通在空间上无重叠交汇区段,且也无交汇点时,两者为无关系状态。该类线路在轨道交通开通后基本不受直接影响。

5.2.3 轨道交通与地面公交网络的衔接形式

地面公交网络与轨道交通网络的衔接形式主要有 3 种:地面公交与轨道交通同步发展形式、地面公交支持轨道交通发展形式和地面公交与轨道交通分区服务发展形式。

(1) 地面公交与轨道交通同步发展。客流走廊内存在多条地面公交线路,线路重复系数高,两者功能互补性无法充分发挥,存在着明显的客流竞争,影响两者的运营效益。乘客出行选择较多,换乘次数较低,如图 5-5 所示。

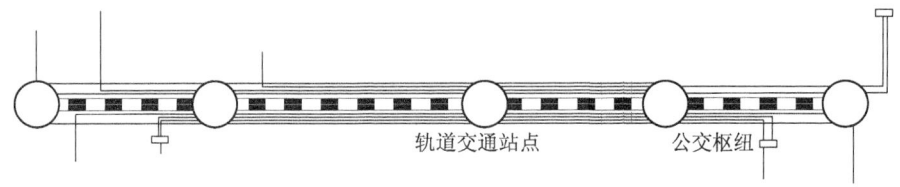

图 5-5 地面公交与轨道交通同步发展形式示意图

(2) 地面公交支持轨道交通发展。客流走廊内地面公交线路较少,线路重复系数较低。地面公交辅助轨道交通发展,为轨道交通集散客流,两者功能互补性强,系统整体效率高,乘客出行换乘比例高,如图 5-6 所示。

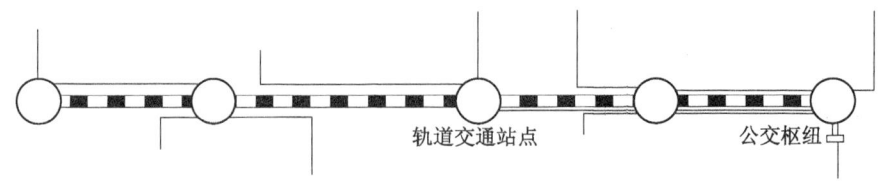

图 5-6 地面公交支持轨道交通发展形式示意图

(3) 地面公交与轨道交通分区服务发展。公共交通网络规模较大,布局形态多呈放射状,城市中心区覆盖了高密度轨道交通网络,外围区域布设地面公交网络。地面公交与轨道交通存在较好的互补性,中心城区出行主要由轨道交通来承担,外围区域公共交通出行则由地面公交承担。两者通过枢纽衔接,换乘方便,系统运行效率高,如图 5-7 所示。

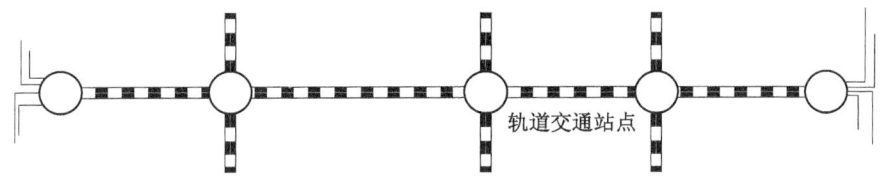

图 5-7　地面公交与轨道交通分区服务发展形式示意图

城市轨道交通运营初期,没有形成网络化,只承担了个别客运走廊上的客运需求,并没有影响整个公交系统,地面公交仍是城市公交系统的主体。由于公交服务与居民生活息息相关,居民对线路具有一定的依附性,公交线路一旦形成相对稳定的客流,通常情况下不宜作出较大的调整。轨道交通运营初期地面公交线网调整的重点是通过局部线路的调整,使得地面公交与轨道交通的线网衔接形式由地面公交与轨道交通同步发展向地面公交支持轨道交通发展转变。即,在走廊上确定地面公交与轨道交通的功能分担,进行"通道衔接";在站点处确定公交服务的辐射范围,进行"点衔接",使得城市重要组团都能与城市轨道交通形成便捷联系。

依托城市轨道交通骨架形成"鱼骨形"公交网络,如图 5-8 所示。沿走廊方向布设公交次干线,通过地面公交站距小的优势,服务出行起讫点在轨道交通站点间的客流,在高峰时段对走廊运能进行补充,在轨道交通中断运营等突发状态下,提供应急服务,缓解客流压力;依托轨道交通站点切向布设穿越型公交主干线,与轨道交通线路共同构建公交骨架网络;依托轨道交通站点布设公交支线,集散轨道交通客流。

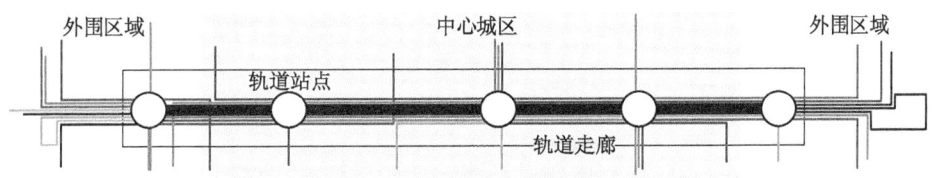

图 5-8　运营初期轨道交通与地面公交网络衔接示意图

中心城区,公交线网密度高、客流走廊上公交复线系数大,为避免走廊上运能过剩,应沿走廊整合或调疏长距离共线线路,围绕轨道站点适当增加与轨道交通线路相交的地面公交线路,增强地面公交接驳轨道交通客流的能力。

外围区域,公交线网密度低,存在公交服务不足或空白的区域,应围绕轨道交通线路,优化相交的公交线路,开辟区域内连接大型居住区或商业办公区的"微循环"公交支线,提高公共交通网络的整体覆盖率。

5.3 走廊上地面公交线路调整技术

5.3.1 地面公交线路调整策略

轨道交通运营初期地面公交线网的调整目标是通过线路的调整减少轨道交通与地面公交的不合理竞争,加强两者的有序协作,改善衔接条件,以人为本、合理、有序、高效地组织轨道交通站点客流集散和转换,网络布局逐步向轨道交通运营初期公共交通线网布局形式和轨道交通与地面公交网络衔接布局形式靠近,建立起多模式协同公共交通系统。

(1) 总量控制。轨道交通运营初期地面公交仍为公交系统的主体,且居民公交出行习惯已经养成,贸然地进行地面公交线网调整不利于维持公交系统稳定发展和居民公交出行习惯,需要对调整线路的数量进行总量控制。横向对比国内部分城市在轨道交通运营初期对地面公交线路的调整情况,调整线路数量占线路总数的比例在5%左右(该数据仅包含进行几何调整的线路,不包含进行运力调整的线路),如表5-6所示。

表5-6 各城市在轨道交通运营初期地面公交线路调整数量

城 市	调整线路(条)	新增线路(条)	停驶线路(条)	总数(条)	涉及线路比例
成都(2010年)	7	—		192	3.65%
武汉(2012年)	20	3		307	7.49%
苏州(2012年)	13	5		255	7.06%
杭州(2012年)	26	13	2	620	6.61%
郑州(2013年)	4	5		238	3.78%
西安(2013年)	6	1		206	3.40%
宁波(2014年)	17	5		363	6.06%

数据来源:各城市交通运输管理处网站。

(2) 以人为本。与轨道交通线路长距离共线的地面公交线路基本位于客流走廊之上,通常客流量高且历史悠久。线路的调整应以方便居民出行为目标,提升公共交通服务质量,考虑不同群体的出行需求,尽量减少对老年乘客出行的影响,避免"一刀切"式的调整。对于运营历史长、客流量大的线路应该被优先保留。

(3) 线网协调。地面公交线路调整应与网络调整统筹考虑,遵循公交线网功能与布局和轨道交通与地面公交衔接布局形式,避免出现调整方案对于单条线路合理,而对于网络不合理的情况。

第5章 轨道交通与地面公交网络衔接规划方法

（4）远近结合。地面公交线路的调整对居民的出行将产生影响，调整应循序渐进，对方案进行"一次规划，分批实施"。近期方案要符合近期道路、场站等条件以及客流需求，具有较强的可操作性。

5.3.2 线路调整方案制定流程

结合线路调整策略，提出线路调整方案制定流程，如图5-9所示，总体上分为

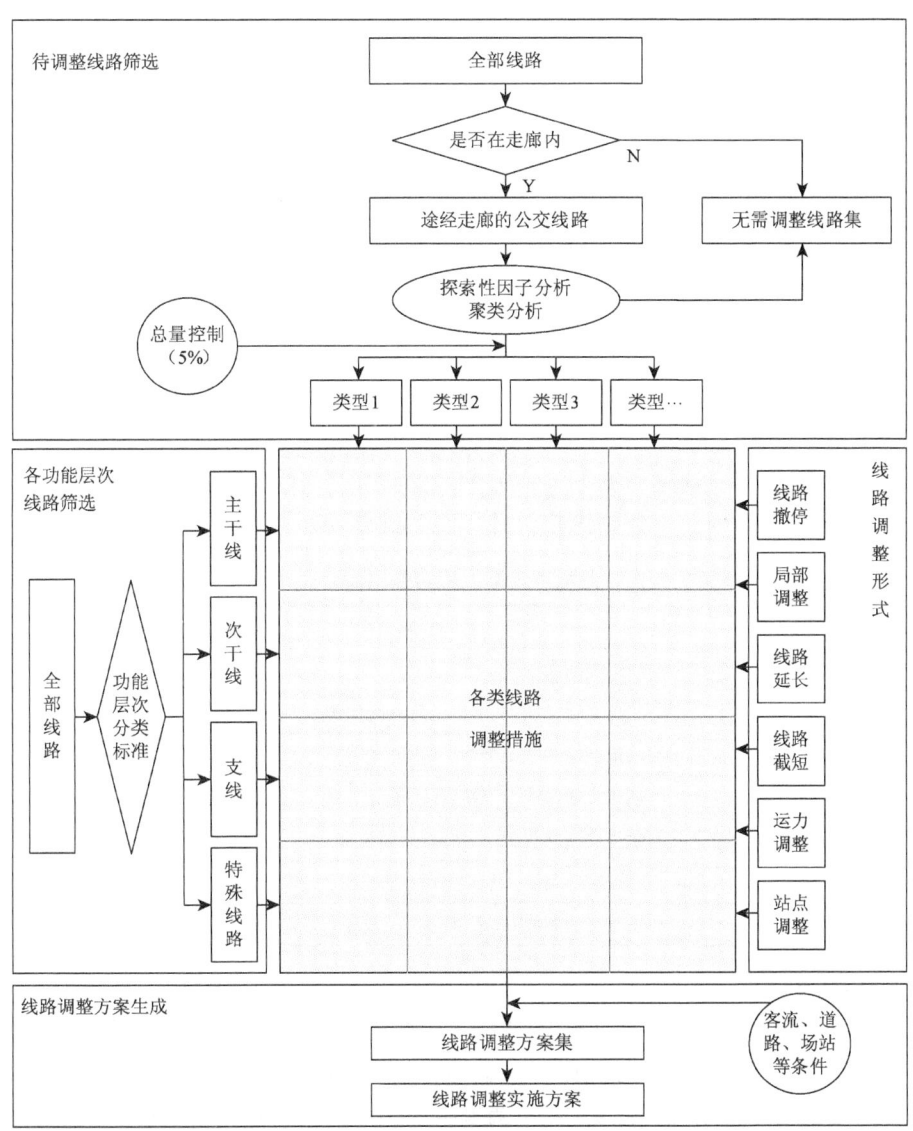

图5-9 线路调整方案制定流程图

待调整线路筛选、各功能层次线路筛选、线路调整形式和线路调整方案生成 4 部分。(1)待调整线路筛选。判断地面公交线路是否在轨道交通走廊内,将不在走廊内的线路纳入无需调整线路集;将需要进行几何调整的线路比例控制在总量的 5% 左右;利用探索性因子分析和聚类分析,将途经走廊的公交线路分类。(2)各功能层次线路筛选。将全部线路依据功能层次分类标准分为主干线、次干线、支线和特殊线路。(3)线路调整形式。将线路调整形式分为撤停、局部调整、延长、截短、站点调整和运力调整 6 种。(4)线路调整方案生成。依据上述两种线路分类方式对线路进行交叉分类,在轨道交通运营初期公共交通线网布局形式、轨道交通与地面公交网络衔接布局形式和线路调整策略的指导下,结合线路调整形式提出每一类线路的调整措施;分析线路客流特征、道路、场站条件及其他公交线路分布,提出线路调整方案和实施方案。

5.3.3 待调整线路集筛选

国内各城市在具体实践中筛选走廊上待调整的地面公交线路时,主要采用的判别依据为轨道交通线路与地面公交线路的共线站点数或距离,指标值通过经验法获得,且各城市存在较大差异,如表 5-7 所示。在第 2 章轨道交通开通前后地面公交线路客流变化情况分析中表明,上述指标与客流变化率和客流变化量的关系并不显著,且轨道交通运营初期地面公交线路调整并不能只以避免地面公交客流过度流失为目标,因此上述筛选指标并不能达到合理筛选待调整线路的要求。

表 5-7 国内部分城市走廊上待调整地面公交线路判别指标

城市	判别标准
北京	与轨道交通共线 6 km 以上
上海	与轨道交通共线 5 km 以上且共线比例在 50% 以上
广州	与轨道交通共线 3 个站点(轨道交通)
深圳	与轨道交通共线 5 个站点(轨道交通)
南京	与轨道交通共线 10 个站点(地面公交)
苏州	与轨道交通共线 4 个站点(轨道交通)
西安	与轨道交通共线 8 km 以上

1. 轨道交通走廊宽度分析

国内各城市在进行走廊上地面公交线路调整的具体实践中常把轨道交通线路所在道路当做是轨道交通线路所在走廊,而两者存在差异,如图 5-10 所示。轨道交通走廊是以轨道交通线路为中心、两侧一定距离的辐射范围所形成的带状区域,即途经轨道交通走廊的地面公交线路应包括轨道交通线路所在道路以及其两侧平行道路上的线路。轨道交通线路两侧道路上的地面公交线路也将受到轨道交通运营的影响。

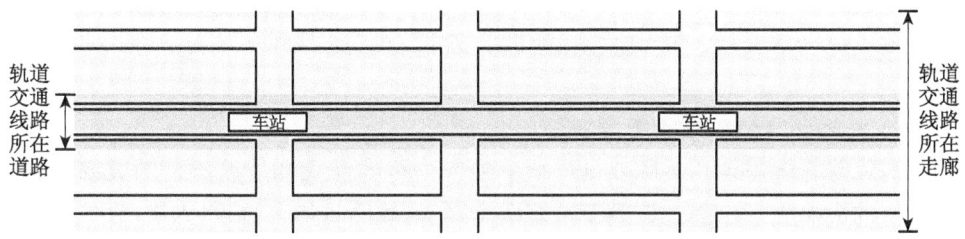

图 5-10　轨道交通线路所在道路与所在走廊示意图

轨道交通走廊内客流高度聚集,影响土地利用和土地价格,可以从轨道交通对土地价格的影响范围和站点步行接驳范围(即站点一次吸引范围)两个角度判断客流高度聚集的范围,进而对轨道交通走廊宽度进行分析。

轨道交通走廊内的土地具有增值效应,住宅和写字楼价格呈现明显的空间分布规律和辐射效应。如深圳轨道交通开通后站点 700 m 半径范围内的土地价格平均上涨 19.5%,100 m 半径范围内的土地价格平均增幅达 37.8%;北京轨道交通对住宅价格的影响距离为 0.3~1.0 km。

如第 2 章中所述,在轨道交通的各种接驳方式中,步行是最主要的方式。结合南京轨道交通客流特征调查数据计算得到站点 80 分位值的步行接驳距离为 0.8~1.0 km,推算站点一次吸引范围为 0.68~0.85 km。

轨道交通对周边地价影响范围与站点步行接驳范围(即站点一次吸引范围)分析结果基本一致,确定轨道交通走廊的宽度为 800 m。

2. 线路调整影响因素选取

影响线路调整的因素可以分为 4 类,即与线路几何特性相关的变量、与线路运能供给相关的变量、与线路和轨道交通线路空间关系相关的变量和与线路客流需求相关的变量。

1) 与线路几何特性相关的变量

与线路几何特性相关的变量将影响到各层次线路功能的实现,进而影响线路调整。该类变量有 4 个,包括线路长度(km)、站点数(个)、平均站间距(km)和非直线系数。

2) 与线路运能供给相关的变量

与线路运能供给相关的变量也将影响到各层次线路功能的实现,进而影响线路调整。该类变量有 3 个,包括线路配车数(标台)、日发班次数(次)和高峰时段发车间隔(min)。

3) 与线路和轨道交通线路空间关系相关的变量

与线路和轨道交通线路空间关系相关的变量是在轨道交通运营初期影响线路调整的最主要因素。该类变量有 3 个,包括线路与轨道交通线路共站数(个)、线路与轨道交通线路共线长度(km)和线路与轨道交通线路共线长度占线路全长的比例。

4) 与线路客流需求相关的变量

与线路客流需求相关的变量反映了乘客出行的需求和线路经营的效率,是线路调整的影响因素之一。该类变量有两个,包括线路日均客流量(人次/日)和线路客流强度[人次/(km·日)]。

以无锡轨道交通 1 号线走廊内地面公交线路为例,各因素描述性统计分析包括最大值、最小值、均值和标准差,如表 5-8 所示。

表 5-8 各因素描述性统计分析

变量	最大值	最小值	均值	标准差
线路长度	42.70	2.70	18.46	7.21
站点数	57	5	28.34	9.13
平均站间距	5.25	0.29	0.71	0.38
非直线系数	4.50	1.04	1.82	0.58
线路配车数	38	1	10.45	6.55
日发班次数	268	3	58.01	43.90
高峰时段发车间隔	90	2	15.03	10.48
共线站数	10	0	1.45	1.59
共线长度	7.60	0	0.80	1.31
共线比例	0.56	0	0.05	0.08
日均客流量	18 801.71	33.18	4 845.66	4 381.87
客流强度	1 703.09	1.09	296.54	321.99

利用 Pearson 检验计算 12 个变量相互间的相关性,结果如表 5-9 所示。相关性高的因素(绝对值大于 0.7)是日发班次数与线路配车数(0.734)、线路配车数与日均客流量(0.825)、线路配车数与高峰时段发车间隔(−0.712)、日发班次数与日均客流量(0.891)、日发班次数与客流强度(0.944)、共线站数与共线长度(0.917)、共线站数与共线比例(0.848)、共线长度与共线比例(0.925)和日均客流量与客流强度(0.859)。相关性大的变量组合约占所有变量组合的 13.64%,适合进行探索性因子分析。

第 5 章 轨道交通与地面公交网络衔接规划方法

表 5-9 线路调整因素相关性分析

变量	线路长度	非直线系数	站点数	平均站点间距	线路配车数	日发班次数	高峰时段发车间隔	共线站数	共线长度	共线比例	日均客流量	客流强度
线路长度	1	−0.278**	0.670**	0.285**	0.262**	−0.236**	−0.037	−0.006	−0.044	−0.211**	−0.017	−0.365**
非直线系数	−0.278**	1	−0.194*	−0.082	−0.142	0.059	0.186*	0.037	0.035	0.035	−0.126	0.025
站点数	0.670**	−0.194*	1	−0.297**	0.494**	0.093	−0.219**	−0.076	−0.099	−0.210**	0.264**	−0.036
平均站点间距	0.285**	−0.082	−0.297**	1	−0.175*	−0.243**	0.194*	0.02	−0.005	−0.06	−0.215**	−0.263**
线路配车数	0.262**	−0.142	0.494**	−0.175*	1	0.734**	−0.712**	0.015	−0.032	−0.037	0.825**	0.596**
日发班次数	−0.236**	0.059	0.093	−0.243**	0.734**	1	−0.641**	0.062	0.034	0.116	0.891**	0.944**
高峰时段发车间隔	−0.037	0.186*	−0.219**	0.194*	−0.712**	−0.641**	1	−0.129	−0.094	−0.131	−0.696**	−0.585**
共线站数	−0.006	0.037	−0.076	0.02	0.015	0.062	−0.129	1	0.917**	0.848**	0.133	0.105
共线长度	−0.044	0.035	−0.099	−0.005	−0.032	0.034	−0.094	0.917**	1	0.925**	0.104	0.094
共线比例	−0.211**	0.035	−0.210**	−0.06	−0.037	0.116	−0.131	0.848**	0.925**	1	0.133	0.216**
日均客流量	−0.017	−0.126	0.264**	−0.215**	0.825**	0.891**	−0.696**	0.133	0.104	0.133	1	0.859**
客流强度	−0.365**	0.025	−0.036	−0.263**	0.596**	0.944**	−0.585**	0.105	0.094	0.216**	0.859**	1

注:** 在 0.01 水平(双侧)上显著相关。
* 在 0.05 水平(双侧)上显著相关。

3. 探索性因子分析

轨道交通运营初期的地面公交线路调整受到多种因素的影响,且 Pearson 检验表明各因素变量之间存在多重共线性,并不便于直接对线路调整进行指导,首先需要使用探索性因子分析将具有多重共线性的变量进行线性组合,成为更小维度的因子。探索性因子分析模型的形式如式(5-1)所示。

$$X_i = a_1F_1 + a_2F_2 + \cdots + a_pF_p + U_i \tag{5-1}$$

其中,X_i 是第 i 个可观测变量($i = 1, 2, \cdots, k$),F_p 是公共因子,并且 $p < k$,U_i 是 X_i 变量中无法被公共因子解释的部分,a_p 是每个因子对复合而成的可观测变量的贡献值。

进行探索性因子分析首先需要判断最少需要的因子数。通常选择因子数的两个标准是 Kaiser-Harris 准则和碎石检验。图 5-11 为使用上述标准对 12 个因素进行分析的碎石图。Kaiser-Harris 准则认为只需要选择因子特征值大于 1 的因子,从图中看出有 3 个因子符合要求,即最少需要的因子数为 3。碎石检验认为折线变化最大处以前的因子都需要保留,从图中看出 4 个因子后的折线变化明显放缓,即最少需要的因子数为 4。通常因子数越多越能更好地描述因素,因此选择使用 4 个因子。

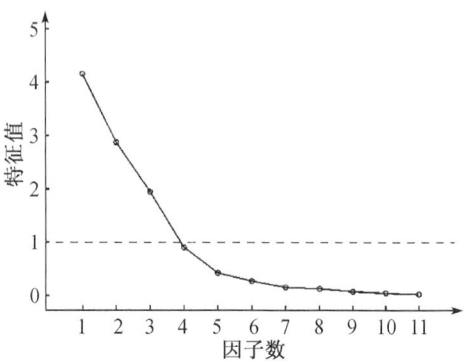

图 5-11 探索性因子分析碎石图

采用 SPSS 软件对影响因素中的 12 个变量进行探索性因子分析,采用最大似然法提取公因子,对应的因子荷载如表 5-10 所示。4 个因子能解释 12 个因素 84.80% 的方差。

表 5-10 因子荷载矩阵

编号	因素名称	因子1	因子2	因子3	因子4
1	线路长度(x_1)	−0.082	−0.354	0.862	0.061
2	非直线系数(x_2)	−0.088	0.190	−0.447	−0.373
3	站点数(x_3)	0.264	−0.460	0.663	−0.448
4	线路配车数(x_4)	0.839	−0.334	0.237	0.034
5	日发班次数(x_5)	0.919	−0.087	−0.273	0.085

(续　表)

编号	因素名称	因子1	因子2	因子3	因子4
6	高峰时段发车间隔(x_6)	−0.798	0.108	−0.107	−0.120
7	共线站数(x_7)	0.246	0.853	0.360	−0.033
8	共线长度(x_8)	0.221	0.895	0.337	−0.060
9	共线比例(x_9)	0.274	0.909	0.170	−0.038
10	日均客流量(x_{10})	0.947	−0.119	−0.004	0.107
11	客流强度(x_{11})	0.882	0.032	−0.363	0.106
12	平均站点间距(x_{12})	−0.330	0.051	0.188	0.838

因子1包含5个变量，解释全部变量35.32%的方差。该因子包含的变量主要与线路运能供给和客流需求有关，因此可定义为运能因子，运能或者客流需求越大，因子得分越高。因子2包含3个变量，解释全部变量23.96%的方差。该因子包含的变量表现线路与轨道交通线路的空间关系，因此可定义为位置关系因子，与轨道交通线路共线程度越明显，因子得分越高。因子3包含两个变量，解释全部变量16.37%的方差。该因子包含的变量表现线路长度，因此可定义为线路长度因子，线路越长，因子得分越高。因子4包含1个变量，解释全部变量9.15%的方差。该因子包含平均站点间距变量，即可定义为站间距因子，线路平均站点间距越大，因子得分越高。

通过计算特征向量矩阵得到因子表达式，如表5-11所示。各因子间的相关性绝对值均小于0.3，独立性较好。

表5-11　因子分析结果

因子名称	涉及因素	因子表达式
运能因子	线路配车数、日发班次数、高峰时段发车间隔、日均客流量、客流强度	$F_1 = 0.407\,3x_4 + 0.446\,5x_5 - 0.387\,6x_6 + 0.460\,2x_{10} + 0.428\,6x_{11}$
位置关系因子	线路与轨道交通线路共线站数、共线长度、共线比例	$F_2 = 0.502\,9x_7 + 0.527\,7x_8 + 0.536\,0x_9$
线路长度因子	线路长度、站点数	$F_3 = 0.615\,2x_1 + 0.472\,8x_3$
站间距因子	线路平均站间距	$F_4 = 0.799\,8x_{12}$

4. 聚类分析

聚类分析通常泛指一系列在数据中找到潜在分类的方法。最常用的两种聚类方法是K均值聚类(K-means Clustering)和分层聚类(Hierarchical Clustering)。

K均值聚类将数据按照一个预先设定好的分类数进行聚类,分层聚类并不需要事先给定分类数,其最终得到的结果是一个分类树状图,可以根据实际需要灵活选择分类数或分类高度。结合线路调整需要,使用分层聚类方法对线路进行聚类。

12个变量在数量级上存在较大差异,如日均客流量和客流强度远大于其他因素值。首先对这12个变量进行标准化,使其服从均值为0,标准差为1的正态分布,以保证每个指标对聚类的影响相同。利用表5-11中的因子表达式计算各条线路的因子得分,以因子得分为聚类变量进行分层聚类。距离矩阵计算采用Euclidean距离。

分层聚类得到的系统树图如图5-12所示。图中每一个枝叶代表一条线路,随着高度的增加,一些枝叶聚合成分枝。结合线路调整需要,选择在高度为19处切割系统树图,得到5个类型的线路。需要说明的是,切割高度取决于实际需要,如果需要更多的类型,则可以在更低的高度进行切割,但类型过多并不利于分类提出调整措施。

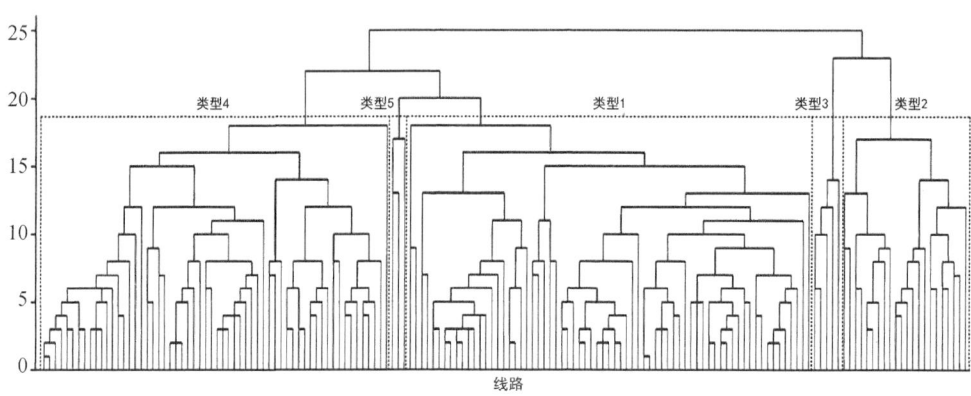

图5-12 线路分层聚类系统树图

采用方差分析(ANOVA)分别判断这12个变量在5类线路之间的差异总体上是否显著。除站间距因素外,其他变量在5类线路间存在显著差异。在对各类线路制定调整措施时,仍需额外考虑上述因素。5类线路各因素特征对比如表5-12所示。

表5-12 5类线路各因素特征对比

	长度因子	线路类型	运能因子	位置关系因子
类型1	以交叉线路为主	日发班次数:60~90个 配车数:12~20辆 高峰发车间隔:8~15 min 日均客流量:4 000~10 000人次/日 客流强度:200~800人次/(km·日)	共线站数:<2站 共线长度:<1.2 km 共线比例:<11%	长度:15~40 km

第 5 章 轨道交通与地面公交网络衔接规划方法

(续　表)

	长度因子	线路类型	运能因子	位置关系因子
类型2	以接驳线路为主	日发班次数:>90个 配车数:12~28辆 高峰发车间隔:4~8 min 日均客流量:>8 000人次/日 客流强度:>800人次/(km·日)	共线站数:1~4站 共线长度:0.4~3.7 km 共线比例:2%~22%	长度:<18 km
类型3	以平行线路为主	日发班次数:>90个 配车数:12~20辆 高峰发车间隔:6~8 min 日均客流量:>7 000人次/日 客流强度:>700人次/(km·日)	共线站数:>5站 共线长度:>4.5 km 共线比例:>27%	长度:<15 km
类型4	以接驳线路为主	日发班次数:<60个 配车数:<12辆 高峰发车间隔:15~30 min 日均客流量:<4 000人次/日 客流强度:<200人次/(km·日)	共线站数:1~4站 共线长度:0.4~3.4 km 共线比例:2%~20%	长度:15~30 km
类型5	以平行线路为主	日发班次数:<60个 配车数:<9辆 高峰发车间隔:12~20 min 日均客流量:<4 000人次/日 客流强度:<200人次/(km·日)	共线站数:>5站 共线长度:>5.4 km 共线比例:>31%	长度:17~20 km

第1类线路以交叉线路为主,与轨道交通线路共线情况最不明显,线路长度较长,在15~40 km之间;第3类线路以平行线路为主,与轨道交通线路共线情况明显,运力配置和客流需求量大,线路长度最短,均在15 km以下;第5类线路同样以平行线路为主,与轨道交通线路共线情况最为明显,运力配置和客流需求量小。第2、4类线路以接驳线路为主,与轨道交通具有良好的合作关系。结合总量控制策略,待调整线路占总线路数量比例控制在5%左右,确定轨道交通运营初期待调整的地面公交线路从第1、3、5类线路中选取。

5.3.4　各功能层次线路筛选

不同功能层次的线路在线路布设、设施配置和运营组织等方面有不同的要求,在线路调整时也应该遵循上述要求。日均客流量是筛选各功能层次线路的主要标准,不同城市在客流总量上存在差异,不宜直接给出筛选标准,但公交主干线、次干线、支线和特殊线路的比例应控制在1∶3∶1∶X左右。以下以无锡公交系统为例,对各功能层次线路进行筛选。

公交主干线的功能是在未被轨道交通服务的客流走廊上、大型客流集散点间、重要功能的片区间提供快速公共客运服务,满足居民跨片区的中长距离出行需求。其筛选标准是:对于中心城区,线路客流量大于10 000人次/日且联系2~3个重要功能片区或重要枢纽;对于外围地区,除满足上述要求的线路外,线路长、虽客流量小但通道条件好、联系重要枢纽的线路也应入选,保证各外围片区至少拥有1条主干线。

公交支线的功能是服务片区内部公共交通出行,连接客流集散点与公共交通骨架网络,为地面公交干线和轨道交通共同提供接驳服务。其筛选标准是:线路客流量小于3 000人次/日且线路长度小于15 km;对于服务于镇-村、村-村之间的线路,虽长度大于15 km,也应入选。

通过对无锡公交线路的筛选,得到公交主干线42条、公交次干线110条,公交支线40条,公交特殊线路13条,各功能层次线路基本特征描述性统计分析如表5-13所示。公交主干线占总里程的23.24%,承担了45.19%的公共交通客流,具有明显的骨架作用;公交次干线占总里程的55.35%,承担了49.31%的公共交通客流,是地面公交系统的主体;公交支线占总里程的15.09%,仅承担了3.29%的公共交通客流,但其提高公交服务范围功能明显;公交特殊线路占总里程的6.32%,承担了2.21%的公共交通客流。

表5-13 各功能层次线路基本特征描述性统计分析

功能层次		公交主干线	公交次干线	公交支线	公交特殊线路
布局图					
线路	数量(条)	42	110	40	13
	比例(%)	20.49	53.66	19.51	6.34
长度	最大值(km)	42.70	37.90	37	31.50
	最小值(km)	7.60	5.45	5	2.70
	均值(km)	20.98	19.04	14	18.34
	标准差	8.51	5.76	7.84	6.27
	比例(%)	23.24	55.35	15.09	6.32
非直系数	最大值	3.78	3.53	4.50	2.48
	最小值	1.04	1.21	1.23	1.34
	均值	1.70	1.75	2.16	1.75
	标准差	0.53	0.45	0.83	0.31
日均客流	最大值(人次)	18 802	10 282.82	3 119	7 874.63
	最小值(人次)	140	33.18	36	75.34
	均值(人次)	10 689	4 453.10	818	1 682.62
	标准差	4 579	2 596.06	915.45	1 978.46
	比例(%)	45.19	49.31	3.29	2.21

5.3.5 线路调整措施

地面公交线路调整形式包括撤停、延长、截短、局部调整、运力调整和站点调整等。各类线路在调整时,应当依据线路调整策略,适应轨道交通运营初期公交线网布局形式和轨道交通与地面公交网络衔接形式,结合公交主干线、次干线和支线各自的功能,分别讨论具体调整措施。公交特殊线路的调整需要结合其特殊性考虑,如高峰线应考虑高峰时段的客流特征,校区专线应考虑学生和老师的出行特征,在此不做讨论。

1. 第 1 类线路

该类线路以交叉线路为主,运能、客流适中,与轨道交通共线特征不明显且线路里程高。其中公交主干线与轨道交通线路呈现交叉关系且共线特征不明显,是理想的轨道交通运营初期两网网络衔接形式,无需做调整。

公交次干线与轨道交通线路无共站情况时,可将线路适当延长至轨道交通站点处,方便乘客换乘,扩大轨道交通服务覆盖范围,如图 5-13 所示;也可调整线路走廊内部的走向,使其与轨道交通站点形成衔接,如图 5-14 所示。在选择衔接的轨道交通站点时,需结合场站、道路以及站点客流集散能力等条件综合考虑,同时避免调整后的线路过于曲折,保证线路非直线系数小于 2.0。

该类线路中的公交支线与轨道交通线路无共站情况时,也可采取图 5-14 所示的调整措施,但不宜延长线路,以避免支线线路过长。

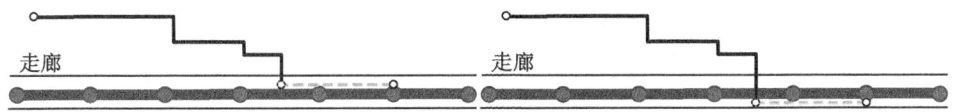

图 5-13 延长线路衔接轨道交通站点示意图

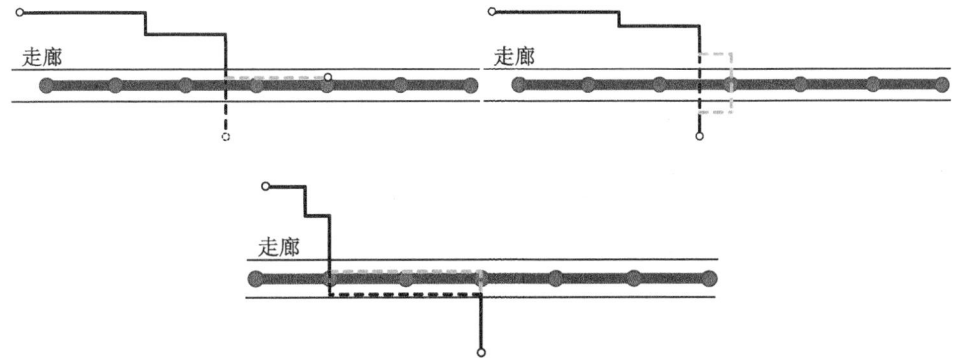

图 5-14 调整部分线路走向衔接轨道交通站点示意图

当公交次干线长度大于 20 km,公交支线长度大于 15 km 时,可在轨道交通站点处进行截短,原线路乘客通过换乘或利用其他线路完成出行,如图 5-15 所示。线路截短后,能够更好地体现公交次干线和支线集散公共交通骨架网络客流的作用,提高车辆周转效率,进一步提升运营效率。该类调整措施实施前需要对原线路上客流分布进行详细分析,截断点尽可能控制在客流断面变化量大(客流断面量小)的站点处,如图 5-16(a)和(b)所示,也可以选择乘降量大(客流交换量大)的站点,如图 5-16(c)所示,且尽量避免换乘总量过大,对交通接驳设施供给产生压力。

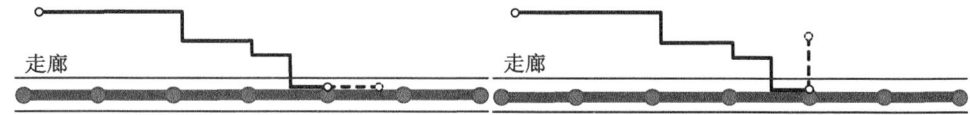

图 5-15 线路截短至轨道交通站点处示意图

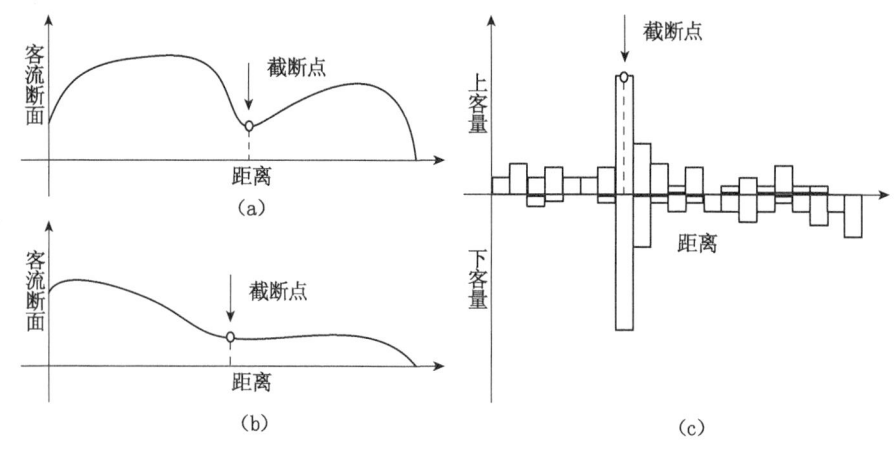

图 5-16 合适的线路截断点示意图

2. 第 3 类线路

该类线路以平行线路为主,运能、客流大,与轨道交通线路共线特征明显。可对公交主干线的平行线路和接驳线路分别制定调整措施。对于平行线路可以将与轨道交通线路共线区段或部分区段调整出走廊,使其能够服务于其他次级走廊,如图 5-17 所示。对于该类运能、客流大的线路调整需要慎重,特别是对于大部分乘客出行 OD 点均在轨道走廊上的线路,或为满足特定区域或特定人群(如老年人)出行需求的线路,可以将其功能变更为公交次干线,采取运力调整措施,适当减少配车,延长发车间隔,缩减运力,在走廊上发挥小站距的优势,作为轨道交通方式的补充。

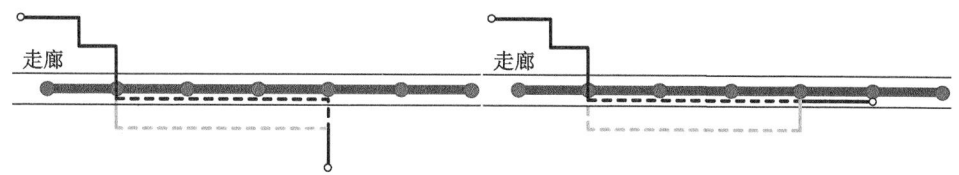

图 5-17　部分线路调整出走廊示意图

公交次干线也应进行运力调整,以适应被轨道交通吸引降低后的地面公交客流,当其平均站间距大于 800 m 时,可以对站点位置进行调整,减小平均站间距。常用的调整方式有以下 3 种:①将远离轨道交通站点的地面站点调整至轨道交通站点附近;②考虑站间距,在轨道交通站点附近新增站点;③在轨道交通站点间新增站点,如图 5-18 所示。轨道交通站点附近的地面公交站点与轨道交通站点出入口的距离在平行轨道交通线路方向不大于 100 m,垂直方向不大于 200 m。考虑乘客出行已对公交站点有依附性,应尽量减少调整的站点数量,以②和③调整方式为主。

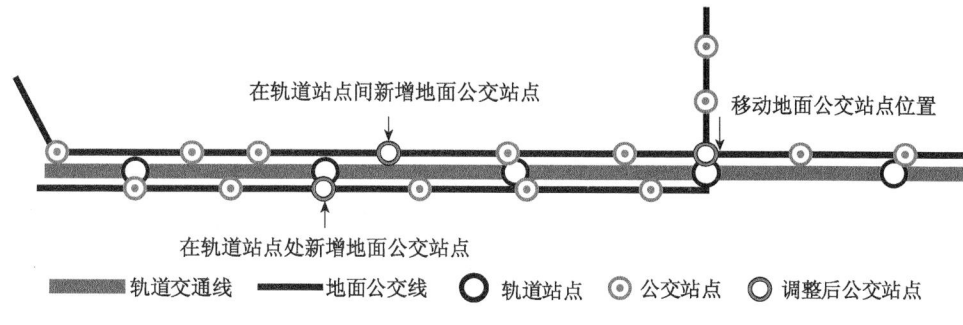

图 5-18　轨道交通走廊沿线地面公交站点调整示意图

3. 第 5 类线路

该类线路以平行线路为主,运能、客流小,与轨道交通线路共线特征明显。其中的公交主干线可撤停,其大部分功能改由轨道交通承担,撤停线路后产生的服务盲区应由其他地面线路覆盖或其调整后覆盖。实际中很少有地面公交线路与轨道交通线路走向完全一致,应仔细分析原地面公交线路上客流 OD 点的一端或两端在轨道交通走廊上的比例,再做出是否撤停的决策。有的地面公交线路虽与轨道交通共线率很高,但其客流主要 OD 点恰好均不在走廊上,这类线路撤停应特别慎重。

对于其中的公交次干线和支线可采取如图 5-17 所示的局部调整措施,但应避免调整后的公交次干线过于曲折,保证其非直线系数小于2.0。对于公交支线,也可以通过线路局部调整,弥补其他线路调整留下的公交服务盲区,如图5-19所示。同时,可适当增加配车,缩短发车间隔,或开设区间线,以适应轨道交通运营后造成的接驳客流量增加的情况,如图5-20所示。

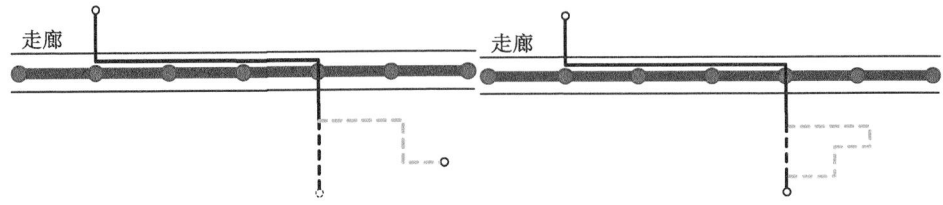

图 5-19　调整部分线路覆盖更多区域示意图

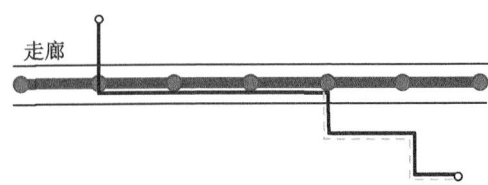

图 5-20　开设区间线示意图

在走廊上,当公交次干线平均站间距大于800 m、公交支线平均站间距大于500 m时,也应进行站点调整。

各类线路调整措施总结如表5-14所示。线路调整可以采用多种措施,也可以是多种措施的组合调整,可视具体情况而定。在实际应用中,需要全面分析客流特征、道路、场站条件、其他公交线路分布以及其他线路调整方案等因素,综合确定线路调整方案。

表 5-14　各类型线路可选择的调整措施

线路类型		公交主干线	公交次干线	公交支线
类型1	运能、客流适中 交叉线路为主 共线特征不明显 线路里程高	不做调整	延长、局部调整 (共站数为0时) 截短 (长度>20 km时)	局部调整 (共站数为0时) 截短 (长度>15 km时)
类型3	运能、客流大 平行线路为主 共线特征明显 线路里程低	局部调整、运力调整 (平行线路) 运力调整 (接驳线路)	运力调整 站点调整 (站间距>800 m时)	—

(续　表)

线路类型		公交主干线	公交次干线	公交支线
类型5	运能、客流小 平行线路为主 共线特征明显 线路里程适中	撤停	局部调整 站点调整 （站间距>800 m时）	局部调整 站点调整 （站间距>500 m时）

5.3.6　线路调整时序

城市轨道交通运营初期地面公交调整是一项系统工程，需要周全考虑实施步骤，逐步引导乘客建立新的出行习惯。线路调整实施方案应按照"先增后调，循序渐进，持续跟踪"的原则进行制定。在轨道交通线路开通的同时，利用互联网、报纸、社区等多途径，做好民意征求和宣传解释工作。

（1）先增后调。为了充分发挥公共交通的整体效能，接驳性公交线路的调整方案应在轨道交通线路开通之际尽快实施。可以预先降低竞争性线路的运力，利用精简下来的运力开通外围接驳线路。

（2）循序渐进。结合乘客适应新线路后客流的变化情况，竞争性线路按照"慢半拍"的原则进行相应调整，做到线网布局的平稳过渡。

（3）持续跟踪。持续跟踪相关线路运营情况，及时进行运力调整。

5.4　轨道交通接运公交线路生成方法

5.4.1　线路布局方案生成流程

轨道交通作为城市内片区间长距离出行方式，无法满足门到门出行需求。轨道交通接运公交是为城市外围地区轨道交通客流提供集散服务的地面公交系统，为出行者提供"轨道交通＋地面公交"的全过程出行服务，在功能层次上属于公交支线。

公交线网的规划设计通常有两种基本思路，即解优法和证优法，前者通过求特定目标函数的最优解获得线网方案，后者对若干个线网备选方案进行评价，选择较优方案。这里将两者结合，提出接运公交线路布局方案生成流程如图5-21所示，总体上分为候选线路集合生成和线路布局方案生成两部分。(1)候选线路集合生成。确定接运公交线路服务的范围，筛选线路所依附的道路，生成线路的中途站、首末站和控制点；结合上述站点的空间关系确定线路基本走向，在一定规则下生成候选线路路径，将路径连接组合后形成候选线路集合。(2)线路布局方案生成。在候选线路集合内构建线路生成最优化模型，优选出线路布局方案。

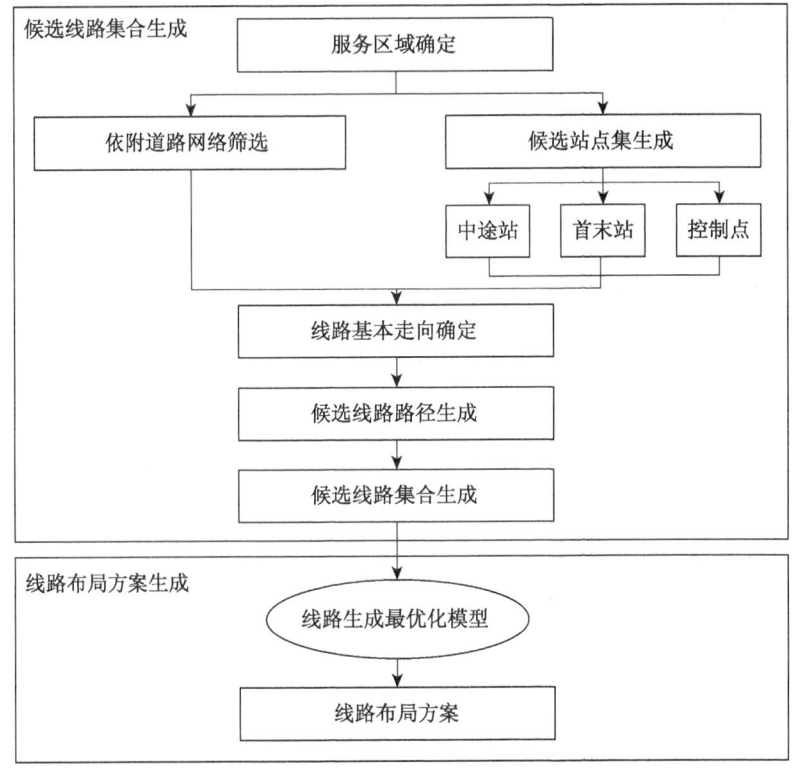

图 5-21 接运公交线路布局方案生成流程图

5.4.2 接运公交候选线路集合生成

在生成候选线路集合前,需要确定轨道交通接运公交布设的区域位置,可以布设公交线路的道路网络以及需要串联的站点,而后确定线路在空间上的基本走向。

1. 接运公交服务区域分析

接运公交服务区域的范围受到轨道交通线路走向、客流特征、行政边界、地形特征和地面公交场站位置等因素影响。既定轨道交通站点与中心城区之间的乘客会选择距离中心城区更近的站点出行,因而服务区域应在以该轨道交通站点为圆心,远离中心城区的方向上。过长的接驳时间将降低"轨道交通+地面公交"出行模式的吸引力,第 2 章中介绍的公交枢纽客流转换特征显示以地面公交作为轨道交通接运方式的乘客中有 80% 的接驳时间在 20 min 以内,经换算,服务范围应以轨道交通站点为圆心,半径在 5.1~7.1 km 的范围内;当上述标准确定的范围内无地面公交场站时,范围应向外适当扩张,以保证区域内拥有用于接运公交车辆停放、始发的场地。而城市外围地区位于行政边界处时,公交无法跨界运营,服务区域也将受到此影响。山川、河流等地形特征也将对此产生影响。

接运公交服务区域一般位于城市外围区域,正处于城镇化建设中,城镇与乡村特征同时呈现,直接影响接运公交线路布设的用地开发,在既有交通设施供给特征等方面与中心城区存在差异。

1) 用地开发特征

轨道交通运营初期,城市外围地区寄希望于通过轨道交通引导开发建设,尽管大部分地区已规划为城镇建设用地,但由于土地出让和开发的渐进性,用地并未完全开发,相对于中心城区已完成成片化开发,该区域用地正处于持续的点状化开发中,如图 5-22 所示。用地性质上,相对于中心城区,该区域存在更多的乡镇建设用地(E6)、工业用地(M)、仓储用地(W)和绿地(G)。

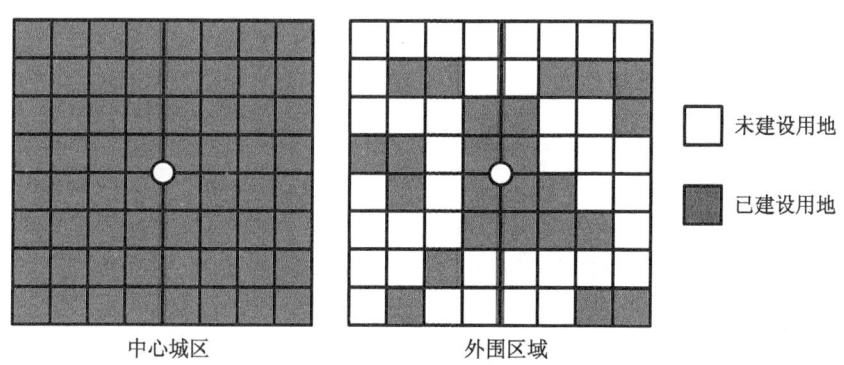

图 5-22　中心城区与外围区域用地开发情况示意图

2) 既有交通设施供给特征

道路网密度通常低于中心城区;网络构成复杂,主要包括城市道路网络和区域公路网络,前者正在逐步建设中,而后者正处于局部拆除和城镇化改造中,功能并不完善。地面公交线网密度和站点覆盖率均低于中心城区,用地的快速开发以及供给设施布设的滞后使得公交服务盲区出现;场站相对缺乏,轨道交通站点旁的地面公交场站用地(U21)并不一定能够得到保证。

2. 依附道路网络筛选

从等级、网络、路况 3 方面提出接运公交线路所依附的道路网络筛选标准。

1) 等级条件

服务区域内,道路网络系统主要包括城市道路网络和区域公路网络两部分。接运公交线路可布设于除快速路以外的城市道路网上和除高速公路与等外公路以外的区域公路网上。

2) 网络条件

服务区域正处于逐步城镇化过程中,用地和道路网络并不完善,常出现"断头路"。为避免接运公交线路开行的不便,应在道路网络筛选中予以剔除。当上述"断头路"旁设置有地面公交场站时,该路段可予以保留,如图 5-23 所示。

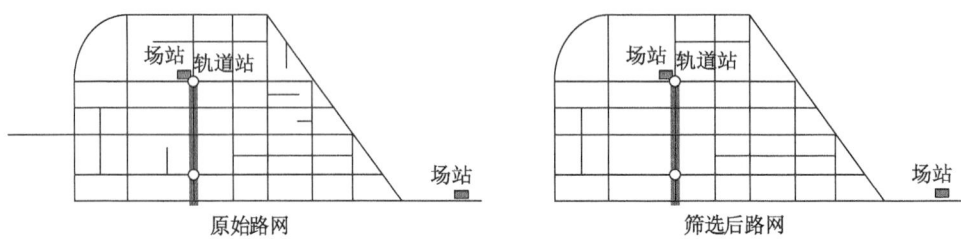

图 5-23　依据网络条件筛选道路网示意图

3) 路况条件

接运公交线路属于公交支线,通常采用 6～8 m 的小型公交车辆进行运营。由于该类型车辆运行的需要,接运公交线路的布设受到机动车道宽度、坡度、弯度等路况因素的影响。

(1) 机动车道宽度

接运公交车辆自身宽度通常为 2.5 m 左右。在行驶中,由于安全的需要,车辆应当偏离车道边线各 0.5 m,即当道路为双向两车道时,机动车道宽度应大于 7.0 m,如图 5-24 所示。

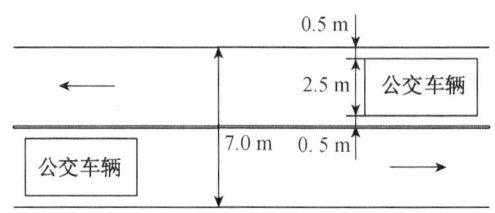

图 5-24　适宜地面公交车辆运行的机动车道宽度示意图

(2) 道路坡度

接运公交线路布设所依附的道路坡度须低于公交车辆所具备的爬坡能力。考虑到接运公交线路一旦开通后在各种气象条件下均需照常运营,道路坡度要满足车辆在最困难路况条件(雨、雪天气)下的顺利运行,坡度应不超过 3.5%。

(3) 交叉口与弯度

接运公交线路布设所依附的道路弯度原则上不应小于 90°。若道路弯度过

第5章 轨道交通与地面公交网络衔接规划方法

小,转弯处的路面需做加宽处理,以大于公交车辆转弯半径。

(4) 其他

接运公交线路途经桥梁的承载能力应大于车辆自重加满载后的重量,保证车辆安全通过;道路下穿桥梁或涵洞时,其净高应大于车辆自身高度,保证车辆安全通过;道路照明条件和路面损坏程度等也应满足公交车辆运行的需要。

3. 候选站点集生成

1) 中途站

轨道交通运营前,接运公交服务区域内通常已有地面公交线路存在,一般为城乡公交线路。依据地面公交站点存在与否以及其与轨道交通站的衔接关系,可将其分为4类,如图5-25所示。第Ⅰ类站点是既有的地面公交站点,且与轨道交通站点由线路直接连通;第Ⅱ类站点也是既有的地面公交站点,但与轨道交通站点无线路直接连通;第Ⅲ类站点为新增加的地面公交站点,且无既有线路经过。第Ⅳ类站点也为新增加的地面公交站点,但位于既有线路上。第Ⅱ、Ⅲ类站点为接运公交线路必须服务的站点,即线路布设时必须串联所有上述站点。第Ⅰ、Ⅳ类站点在接运公交线路生成中可依据线路走向选择性串联。

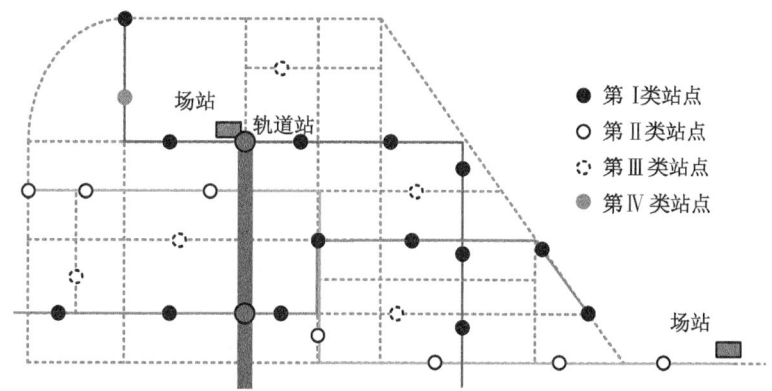

图 5-25 接运公交服务区域内地面公交站点分类示意图

第Ⅲ、Ⅳ类站点设置应以增加轨道交通的服务范围为目标进行,靠近主要客流集散点。《城市道路公共交通站、场、厂工程设计规范》(CJJ/T 15—2011)提出,地面公交的中途站站距宜为 500~800 m,城市边缘地区和郊区的站距宜选择上限值。而接运公交服务区域一般正处于城镇化建设中,城镇和乡村特征同时呈现,用地正处于持续的点状化开发中,站点生成策略应该结合所在区域以及用地开发布局情况分别讨论。城镇区域内站点的设置应尽可能提高居住人口、就业岗位覆盖率和居民出行的可达性,在用地成片开发地区结合居住小区大门、商场、剧院、体育场等主要客流集散点设置,控制站间距;在用地点状化开发地区,结合已开发用地设置,同时为未来用地开发预留站间距空间。乡村区域内站点的设置应尽可能提高镇-村通达率,将站点设置于连接轨道交通站点与乡镇的主要道路上,在用地成片开发地区,应控制站间距,沿线相连的几个乡镇、中心村统一设置1个站点;在用地点状化开发地区,沿线乡镇、中心村各设置1个,如图5-15所示。

表 5-15 接运公交服务区域新增站点布局策略

	城镇	乡村
成片化	结合主要客流集散点设置,控制站间距	设置在连接轨道交通站点与乡镇的主要道路上、控制站间距,相连的几个乡镇、中心村统一设置1个
点状化	结合已开发用地设置,为用地开发预留站间距空间	设置在连接轨道交通站点与乡镇的主要道路上、乡镇、中心村各设置1个

2) 首末站与最远端中途站

首末站与最远端中途站的确定是候选线路路径生成的基础,其与轨道交通站点和地面公交场站位置关系以及线路布设形态有关。依据上述因素将接运公交线路分为8类,如图5-26所示。类型(a),(b),(c),(d)的轨道交通站点与地面公交场站一体化设置;类型(e),(f),(g),(h)的轨道交通站点与地面公交场站分离设置;类型(c),(d)的地面公交场站在轨道交通站点处和外围均有设置。类型(b),(d),(f),(h)的线路由于单向路径过短,构成环形线路。除类型(a)和(b)外,其他类型线路均可直接确定首末站。

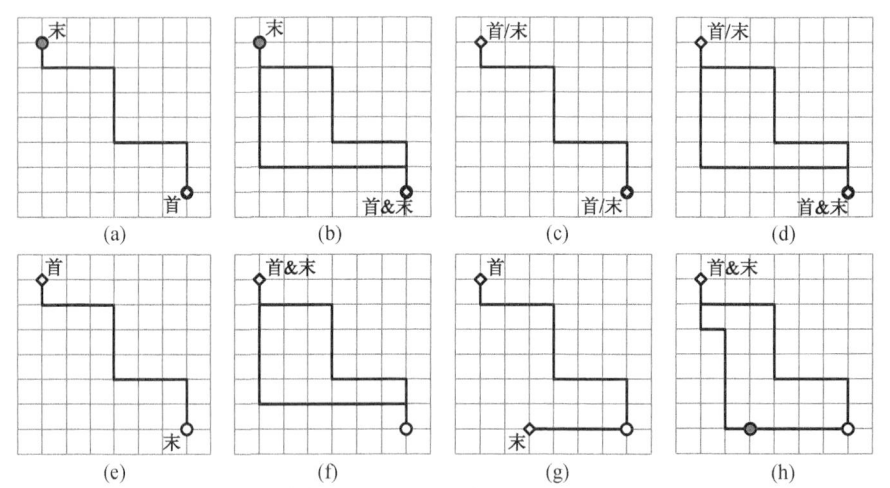

图 5-26 依据场站位置关系和线路形态的线路分类

类型(a)线路的首站已确定,即为轨道交通站点,末站的位置与合理的线路长度直接相关,过短的线路不利于提高公交服务覆盖率且不利于行车组织,而过长的线路延长了公交车辆周转时间,当公交发车频率偏低时,将延长乘客的在站等待时间。合理的线路长度应介于一定范围内。接运公交的服务应能满足大部分乘客换乘轨道交通出行的需求,线路最小长度应为 80 分位的轨道交通换乘地面公交乘客出行距离,为 8.3 km(如 2.3.6 节中所述);而接运公交属于公交支线,线路长度不宜过长,线路最大长度应为公交支线对线路长度的要求,15 km(如第 5.1.2 节中所述)。

以轨道交通站点为接运公交线路的首站,利用最短路算法(如 Dijkstra 算法或 Floyd 算法)计算各地面公交站点距离首站的最短距离。离首站最短距离介于最大线路长度和最小线路长度之间的地面公交站点可以作为末站候选站点。依据需要选择若干个接运公交末站,优先选择距离首站远的站点。

结合图 5-27 说明接运公交线路末站选取具体步骤。I 为轨道交通站点(接运公交线路首站),1~17 为接运公交服务范围内的地面公交站点。地面公交站点 1,2,3,…,17 离首站 I 的最短距离分别表示为 L1,L2,L3,…,L17。离首站最短距离介于最大线路长度和最小线路长度之间的地面公交站点 14,15,16,17 即为末站候选站点;将候选站点距离首站的最短距离按降序排列,即 L17,L16,L15,L14;当需要选取的末站个数为 2 时,地面公交站点 17 和 16 即被选为接运公交末站。

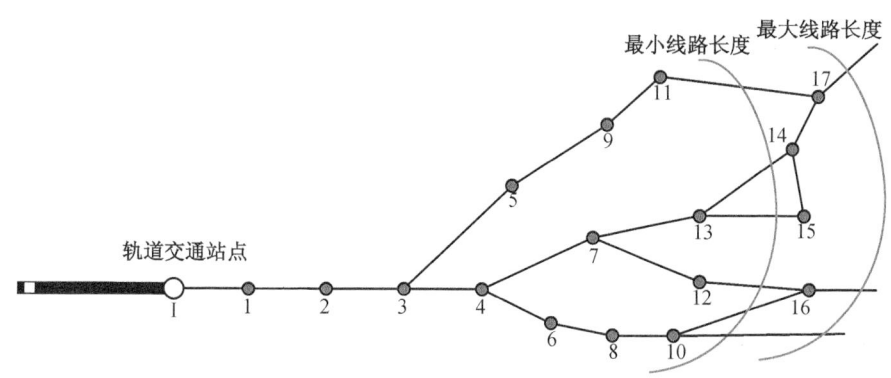

图 5-27 类型(a)的线路接运公交末站选取示意图

类型(b)线路的首末站均已确定,都为轨道交通站点,通过上述方法确定的离首站最远的地面公交站点的最小距离仍小于最小线路长度时,可将其作为远端控制点,构成环形线路。

4. 候选线路生成

1) 候选线路生成过程

将地面公交场站、轨道交通站点附近的地面公交中途站以及距离轨道交通站点最远的地面公交中途站作为候选线路的控制点,候选线路可由一段路径(图 5-26(a),(c),(e),(g))、两段路径(图 5-26(b),(d),(f))、三段路径(如图 5-26(h))组成。在候选线路生成时,可将线路控制点分别作为路径的搜索起始点与终止点,生成候选路径,后将路径组合成候选线路。以图 5-26(d)所示的线路为例说明候选线路生成过程:①以地面公交场站为起始点,以轨道交通站附近的地面公交中途站为终止点搜索路径;②以轨道交通站附近的地面公交中途站为起始点,以距离轨道交通站点最远的地面公交中途站为终止点搜索路径;③以距离轨道交通车站最远的地面公交中途站为起始点,以地面公交场站为终止点搜索路径;④将三段路径连接组合形成候选线路。

2) 候选线路路径生成方法比较

当各候选站点(控制点和中途站点)确定后,在选定的路径搜索起终点之间可利用基于图论的方法或基于启发式规则的方法生成候选线路路径,串联各候选站点。基于图论的方法又可分为随机路法、最短路法和 K 最短路法 3 类,各方法特点如表 5-16 所示。

表 5-16 候选线路路径生成方法比较

类型		简介	求解算法
基于图论的方法	随机路法	在既定的站点对间随机生成一条或若干条路径	—
	最短路法	在既定的站点对间生成一条最短的路径	Dijkstra 算法、Floyd 算法等
	K 最短路法	在既定的站点对间生成若干条前 K 短的路径	
基于启发式规则的方法		依据一定的启发式规则,在既定的站点对间生成一条或若干条路径	遗传算法、蚁群算法等

随机路法可在既定站点对间生成一条或若干条路径,具有一定的随机性。随机线路法生成的路径可能发生较大的"迂回"现象,长度和非直线系数具有不确定性,直接作为候选线路路径并不合理,如图 5-28(a)所示。

最短路法可在既定站点对间生成一条最短的路径,其可以降低站点之间的乘客出行时间,但无法实现公交支线提高公交服务覆盖率的功能,如图 5-28(b)。而利用 K 最短路法可在既定站点对间根据需要生成若干条前 K 短的路径,走向相对更为合理,如图 5-28(c)所示。最短路法和 K 最短路法的核心是道路网络,最简单的网络构建方式是采用原始几何网络,但由于客流需求在空间分布上的不均衡性,一般需要对原始几何网络进行加权处理,形成加权网络。加权方式有路段长度、路段运行时间、路段费用、站点客流乘降量等多种,均以客流需求为前提。

基于启发式规则的方法与最优化理论中的算法对应,通过设定启发式规则,给

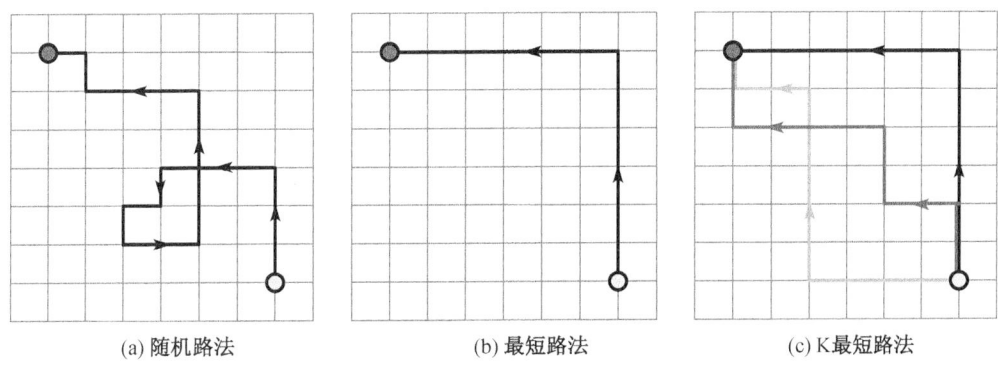

(a) 随机路法　　　　　　　(b) 最短路法　　　　　　　(c) K最短路法

图 5-28　各类方法生成路径示意图

出求解的一系列步骤。接运公交线路生成是一个典型的 NP-hard 问题,其可以在有限的时间、空间内给出问题的较优解或可行解。

在选定的搜索起终点条件下,可以生成大量的路径,而只有一小部分是满足线路设置的基本要求且符合公交支线的功能定位的,即合理的候选接运公交线路路径。随机路法生成的路径具有不确定性,会造成许多不合理的候选线路。最短路法与 K 最短路法生成的路径虽可以覆盖所有的解空间,但将导致求解搜索空间过大,且部分候选线路并不符合公交支线提高服务覆盖率的功能定位。基于启发式规则的方法可以根据公交支线特性、首末站设置条件等影响因素,定制搜索路径的启发式规则。尽管其求解算法较其他方法复杂,但其生成的路径更具有合理性且符合公交支线的功能定位,可以减少候选线路集合的规模,因此,这里选择其作为轨道交通接运公交候选线路路径生成的方法。

3) 候选线路路径生成的启发式规则

线路路径必须经过第Ⅱ、Ⅲ类站点,且站点不能相距过远,走向不能出现"反复曲折"的现象。路径从起始点出发后要朝着终止点的方向进行搜索,避免路径过于曲折,即:新选择的站点要离起始点越来越远,离终止点越来越近,离之前选择的站点越来越远,且不应过度偏离终止点方向。在既定的搜索起终点对 (s_1, s_n) 和候选线路路径 $L = <s_1, s_2, \cdots, s_n>$ 下,建立启发式规则,具体如下:

(1) 规则 1:站点间距离应小于一定的值

$$dist(s_{i+1}, s_i) < \delta_1 \ (i = 1, 2, \cdots, n-1) \qquad (5\text{-}2)$$

式中:$dist(s_{i+1}, s_i)$ ——站点 s_{i+1} 与站点 s_i 间的距离;

δ_1 ——可变参数,在此取值 1.5 km,即相邻站点间距离应小于 1.5 km。

(2) 规则 2:向终止点方向进行搜索

$$x_{new}(i+1) > x_{new}(i) \quad (i = 1, 2, \cdots, n-1) \quad (5-3)$$

$$x_{new}(i) = x(i)\cos\theta - y(i)\sin\theta \quad (5-4)$$

$$\theta = \tan^{-1}\frac{y(n)}{x(n)} \quad (5-5)$$

式中：$(x(i), y(i))$——站点 s_i 相对于起始点 s_1 的坐标值；

$x_{new}(i)$——站点 s_i 位置在以起始点 s_1 为原点，以起始点 s_1 和终止点 s_n 方向为 X 轴上的投影，如图 5-29 所示。

(3) 规则 3：搜索方向不过度偏离终止点方向

$$y_{new}(i) < \delta_2 \quad (i = 1, 2, \cdots, n) \quad (5-6)$$

$$y_{new}(i) = x(i)\sin\theta + y(i)\cos\theta \quad (5-7)$$

式中：$y_{new}(i)$——站点 s_i 位置在以起始点 s_1 为原点，以起始点 s_1 和终止点 s_n 方向的垂直方向为 Y 轴上的投影，如图 5-29 所示；

δ_2——可变参数，在此取值 1.0 km，即搜索到的站点不得偏离终止点方向 1.0 km 以上。

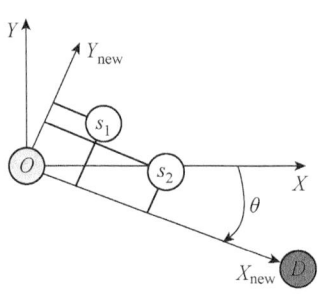

(4) 规则 4：离搜索起始点越来越远

$$dist(s_{i+1}, s_1) > dist(s_i, s_1) \quad (i = 1, 2, \cdots, n-1) \quad (5-8)$$

图 5-29 规则 2、3 示意图

(5) 规则 5：离搜索终止点越来越近

$$dist(s_{i+1}, s_n) < dist(s_i, s_n) \quad (i = 1, 2, \cdots, n-1) \quad (5-9)$$

(6) 规则 6：无"反复曲折"的现象

$$\underset{s_j}{\mathrm{argmin}}(dist(s_{i+1}, s_j)) = s_i \quad (j = 1, 2, \cdots, i) \quad (5-10)$$

该规则保证生成的候选线路不会出现如图 5-30 所示的"反复曲折"现象。图 5-30 中，$\mathrm{argmin}(dist(s_3, s_j)) = s_1 \neq s_2 \ (j = 1, 2)$，且 $\mathrm{argmin}(dist(s_4, s_j)) = s_2 \neq s_3 \ (j = 1, 2, 3)$。

上述规则中，规则 1～5 在每一步的站点搜索中均

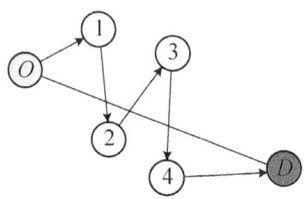

图 5-30 规则 6 示意图

需要遵循;而在整条路径生成后,不满足规则 6 的路径将被剔除。在搜索过程中,可能会产生 3 类无效路径:(1)搜索到某一站点后,无法满足规则 1~5 而导致站点搜索无法继续进行,如图 5-31(a)所示,即站点只有进入的路径而无输出的路径;(2)搜索路径进入某一站点后,又原路返回开始搜索下一站点,如图 5-31(b)所示;(3)由于经过选择性途经站点(第Ⅰ、Ⅳ类站点)而无法经过必须途经站点(第Ⅱ、Ⅲ站点),如图 5-31(c)所示。将无效路径删除后保留有效路径,并进行连接组合,得到候选线路集合。

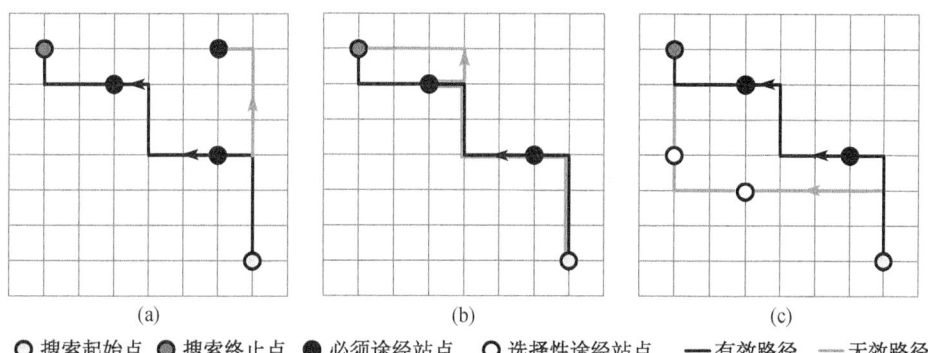

○ 搜索起始点　● 搜索终止点　● 必须途经站点　○ 选择性途经站点　── 有效路径　── 无效路径

图 5-31　无效路径示意图

4)候选线路路径的生成步骤

依据上述启发式规则,提出候选线路集合 R^* 的生成步骤。所需要的数据输入为各站点的拓扑网络 N、位置坐标 $L(i)=(x(i),y(i))$、邻接距离矩阵 E_{ij}(当站点 i,j 之间的最短路径不经过其他站点时,站点 i,j 即为邻接站点,距离矩阵 E_{ij} 的元素 e_{ij} 为站点 i,j 之间最短路径的距离;否则 $e_{ij}\to+\infty$)。各站点的拓扑网络、位置坐标可以通过 GIS 软件获取,邻接距离矩阵 E_{ij} 可以在此基础上由 Floyd 算法计算获得。生成步骤如下:

步骤 1:确定搜索起始点 s_1 和搜索终止点 s_n,并将起始点 s_1 加入到初步候选路径集合 L;

步骤 2:依据规则 1~5 搜索下一站点 s_i^*;

步骤 3:将站点 s_i^* 加入到当前初步候选路径 l;

步骤 4:重复步骤 2 和步骤 3,直到 $s_i^*=s_n$;

步骤 5:将当前初步候选路径 l 加入到初步候选路径集合 L,直到集合 L 不变;

步骤 6:依据规则 6 和图 5-31 所示的路径筛选形式,对初步候选路径集合 L 进行筛选,剔除无效路径,得到候选线路路径集合 L^*,路径连接组合后得到候选线路集合 R^*。

5.4.3　接运公交线路生成

1. 线路生成模型

1) 模型假设

(1) 接运公交服务区域、既有场站条件、候选线路集合 R^* 已知。

(2) 各站点 300 m 范围内居住人口数量 $p(s_i)$ 和工作岗位数量 (s_i) 已知。该数据可以通过实地调查、交通可达性模型、缓冲区统计等方式获得。

(3) 各站点间最小行驶时间 $t(s_i, s_j)$ 已知。该数据可以根据站点间最短路距离除以平均行驶速度(25 km/h)估算获得,不考虑公交车辆运行的不确定性。

2) 模型构建

(1) 目标函数

接运公交线路生成涉及管理者(政府部门)、运营者(公交企业)、使用者(乘客)3方,存在公益性和市场性的辩证统一。乘客希望在上车后能够快速地到达或者离开轨道交通站点;公交企业则希望获得更多的客流量;而政府希望线路能够覆盖尽可能多的区域,为居民出行提供优质公交服务的同时,不能给公交企业造成过重的经济负担。

行程时间最小化。乘客希望在轨道交通站点快速集散,公交车辆行程时间最小化可以表征这一目标。而企业也希望在提供一定公交服务的同时降低运营成本,其包括车辆运行成本、车辆维修成本、场站维护成本、管理成本 4 部分。其中车辆运行成本在公交线路生成中反映得最直接,其计算可基于车辆的运行距离和时间。因此选择公交车辆行程时间最小化作为目标函数之一,可表示为:

$$Z_1 = \sum_{j=1}^{k} \sum_{i=1}^{n-1} t(s_{i+1}, s_i) + (n_j - 1) \times t_0 \quad (5\text{-}11)$$

式中:Z_1——总行程时间;

　　k——线路数量;

　　n——线路上的站点数量;

　　$t(s_{i+1}, s_i)$——线路上站点 s_{i+1} 与站点 s_i 间最小行驶时间;

　　t_0——在站平均停留时间,在此取值 0.5 min。

站点覆盖居住人口和就业岗位数量最大化。由于接运公交线路布局要求与实现公交支线功能的限制,公交线路未必能够覆盖所有站点。在既定接运公交供给条件下,政府希望线路能够覆盖尽可能多的区域,公交公司则希望能够为尽可能多的居民提供公交服务。因此,选择站点覆盖居住人口和工作岗位数量最大化作为目标函数之一,可表示为:

第5章 轨道交通与地面公交网络衔接规划方法

$$Z_2 = \sum_{j=1}^{k} \sum_{i=1}^{n-1} p(s_i) + e(s_i) \tag{5-12}$$

式中：Z_2 ——居住总人口和就业岗位数量；

k ——线路数量；

n ——线路上的站点数量；

$p(s_i)$ ——线路上以站点 s_i 为圆心，300 m 范围内的居住人口数量；

$e(s_i)$ ——线路上以站点 s_i 为圆心，300 m 范围内的就业岗位数量。

(2) 约束条件

① 线路长度约束

过短或过长的线路均不利于接运公交功能的发挥。结合公交支线的布设要求，线路长度最大值设定为 15 km，最小长度为 8 km。

$$L_{\min} < L = \sum_{i=1}^{n-1} dist(s_{i+1}, s_i) < L_{\max} \tag{5-13}$$

式中：L ——线路的总长度；

$L_{\max}$ ——最大线路长度；

$L_{\min}$ ——最小线路长度。

② 线路平均站间距约束

线路平均站间距应在一定范围内满足公交支线的布设要求，即应在 0.5~0.8 km 之间。

$$\gamma_{\min} < \frac{L}{n-1} < \gamma_{\max} \tag{5-14}$$

式中：$\gamma_{\min}$ ——最小线路平均站间距；

$\gamma_{\max}$ ——最大线路平均站间距。

③ 线路控制点约束

依据 5.4.2 节中的地面公交站点分类，第Ⅱ类站点是既有的站点，第Ⅲ类站点为新增加的站点，均与轨道交通站点无线路直接连通，是接运公交线路必须提供服务的站点，均应被纳入接运公交线路经过的站点集合中。

$$s_{\text{Ⅱ}}, s_{\text{Ⅲ}} \in S_A \tag{5-15}$$

式中：$s_{\text{Ⅱ}}$ ——第Ⅱ类站点；

$s_{\text{Ⅲ}}$ ——第Ⅲ类站点；

S_A ——接运公交线路经过的站点集合。

在候选线路路径走向生成中选择的搜索起始点、终止点为地面公交场站、轨道交通站点旁的地面公交站点以及距离轨道交通站点最远的地面公交站点，也必须进入到接运公交线路经过的站点集合中。

$$s_o, s_d \in S_A \quad (5-16)$$

式中：s_o——候选线路路径搜索中的起始点；

s_d——候选线路路径搜索中的终止点。

接运公交线路生成模型为一个多目标最优化模型，具体表示为：

$$\min T, \max N$$

$$\text{s.t.} \begin{cases} L_{\min} < L < L_{\max} \\ \gamma_{\min} < \dfrac{L}{n-1} < \gamma_{\max} \\ s_{\text{II}}, s_{\text{III}} \in S_A \\ s_o, s_d \in S_A \end{cases} \quad (5-17)$$

2. 求解算法

5.4.2 节中构建的接运公交线路生成模型为多目标规划问题，当候选线路集合规模较小时可以采用枚举法进行求解，而当问题规模较大时，枚举法无法在限定时间内完成求解，需要利用高级算法进行求解。本书采用遗传算法（Genetic Algorithm，GA）对该问题进行求解，其是一类借鉴生物界的进化规律（适者生存，优胜劣汰机制）演化而来的随机化搜索算法。GA 起始于代表问题可能潜在阶级的一个种群（由一定数目经过基因编码的染色体组成）。初代种群产生之后，按照"适者生存、优胜劣汰"的机制，逐代演化产生出越来越好的近似解，每一代借助于自然遗传学的遗传算子进行交叉、变异和再生，产生出代表新解集的种群，该种群在下一次迭代中成为当前种群。

1) 线路布局方案的编码设计

一条接运公交线路由一系列的站点串联而成，可以表示为有顺序的站点集合，进行线路布局方案的编码设计，如图 5-32 所示。n 为站点符号，其上标表示线路编号，下标表示该线路的站点顺序编号。一条线路可能参与多个个体的构建，即多个方案中均包含这条线路。由于各条线路串联的站点数不一定相同，每个（每一代）个体的基因串长度存在差异，需要依据候选线路集合中的设定在个体中定义每条线路的首末站，作为算法中交叉运算的标记点，变异运算需要在具有同名首末站点的两条线路之间进行，即在经过同一对首末站的两条线路之间进行。当线路为环线时，可将首末站设定为同一个站点，如图 5-32 线路 1 中的 n_1^1 和 n_k^1 表示同一站点。

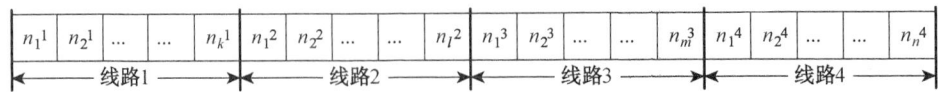

图 5-32 线路布局方案（个体）编码设计示意图

2) 交叉运算

交叉运算的目的是对两个布局方案内的线路和线路走向进行交换,以获得更好的方案,可分为两类。

第Ⅰ类交叉运算为从不同的父代方案中抽取线路进行交换形成子方案,如图5-33所示。父代1方案拥有线路1、2、3、4,父代2方案拥有线路A、B、C、D,进行交叉运算后产生子代1方案(1、2、C、D)和子代2方案(A、B、3、4)。其中父代的选择是随机的,取决于交叉率π;交叉位置的选择可以是随机的,也可以指定在两条线路间进行。

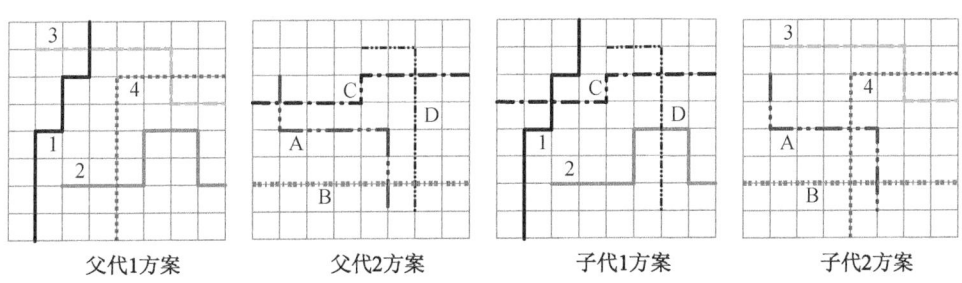

图5-33 第Ⅰ类交叉运算示意图

第Ⅱ类交叉运算为对同一个父代方案中两条线路的部分走向进行交换形成子代方案,如图5-34所示。当两条线路被随机选中后且存在共同经过的站点时进行交叉运算,如线路2和4被随机选中,交叉运算交换部分线路区段产生线路Ⅰ和线路Ⅱ;如无共同经过的站点时,将继续随机搜寻下两条线路。如果两条线路共同经过的站点数大于1个,则各站点作为交叉点的概率是相等的。

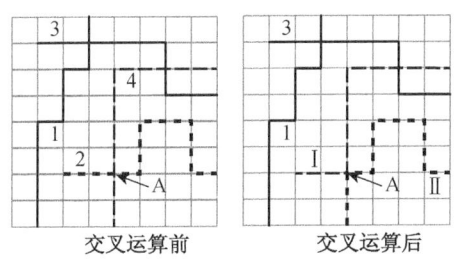

图5-34 第Ⅱ类交叉运算示意图

3) 变异运算

变异运算的目的是对线路走向进行小修改,以获得可能丢失的较好的布局方案。变异点(站点)的选择是随机的,取决于变异率ω。变异后的站点应为该站点的邻接站点,且需与下一站点有路径连通。

4) 选择运算

选择运算是依据父代方案产生子代方案的过程,将较好的方案遗传的同时淘汰较差的方案,即择优遗传,是确保子代方案优于父代方案的手段。适应度是传统的用来判断方案优劣程度的指标,其依据所求问题的目标函数进行评估。然而适应度的方法容易导致一些较差的方案依然被选中(虽然其概率较低,但不代表是0),从而丢失好的方案。因此,本书直接选择两个目标函数值最优的前 h_1 和 h_2 个方案的交集,进入下一代。例如,初代开始时,有 30 个方案,通过交叉和变异,产生了 20 个方案,选择这 50 个方案中目标函数 1 值最小的前 40 个以及目标函数 2 值最大的前 40 个的交集进入下一代。

5) 求解步骤

图 5-35 为接运公交线路生成遗传算法流程,具体求解步骤如下:

步骤 1:编码。对候选线路方案以站点序列进行编码。

步骤 2:初代种群。设每个染色体代表 k 条线路,种群规模为 n,交叉率为 π,突变率为 ω,在候选集合中采用 K 最短路法生成初代种群,令种群代数 $i=1$。当线路为环线时,染色体的第一个基因和最后一个基因相同。

步骤 3:第 Ⅰ 类交叉。对每一个染色体,设一个附加的 $\alpha^{(i)}$ 值,$\alpha^{(i)}$ 为服从 $[0,1]$ 均匀分布的随机数。将 $\alpha^{(i)} < \pi$ 的染色体集中起来进行配对,对选中的每一对染色体,在 1 和 k 取一个整数 $\bar{k}$ 时,交换第 $\bar{k}$ 条线路的基因,即形成两个新的染色体,并复制 m 份。

步骤 4:第 Ⅱ 类交叉。对经过第 Ⅰ 类交叉并复制后的每一个染色体,设一个附加的 $\beta^{(i)}$ 值,$\beta^{(i)}$ 为服从 $[0,1]$ 均匀分布的随机数。将 $\beta^{(i)} < \pi$ 的染色体集中起来进行配对。然后,对选中的每一对染色体中相应线路,寻找相同的基因(记其顺序为 j),交换前 j 个基因,即形成两个新的染色体。

步骤 5:变异。对所有染色体上的每一个基因(除染色体的第 1 个和最后 1 个以及各线路的第 1 个和最后 1 个基因外),设一个附加的值 $\gamma^{(i)}$,$\gamma^{(i)}$ 为服从 $[0,1]$ 均匀分布的随机数。若 $\gamma^{(i)} < \omega$,则改变该基因的值(其编号变为邻接站点编号),从而生成新的染色体。

步骤 6:计算目标函数值。判断各染色体是否满足约束条件,若满足,则计算目标函数值,否则,在增加惩罚参数 ρ 后计算目标函数值。

步骤 7:选择。将所有染色体的目标函数值 $\overline{Z_1}$ 和 $\overline{Z_2}$ 分别进行排序,选择前 h_1 和 h_2 个染色体的交集 H 作为优选出的染色体。

步骤 8:收敛判断。设定最大迭代次数(种群代数) T,若 $i=T$,算法停止并输出优选出的染色体目标函数值 $\overline{Z_1}$ 和 $\overline{Z_2}$ 以及对应的染色体;否则,令 $i=i+1$,转至步骤3。

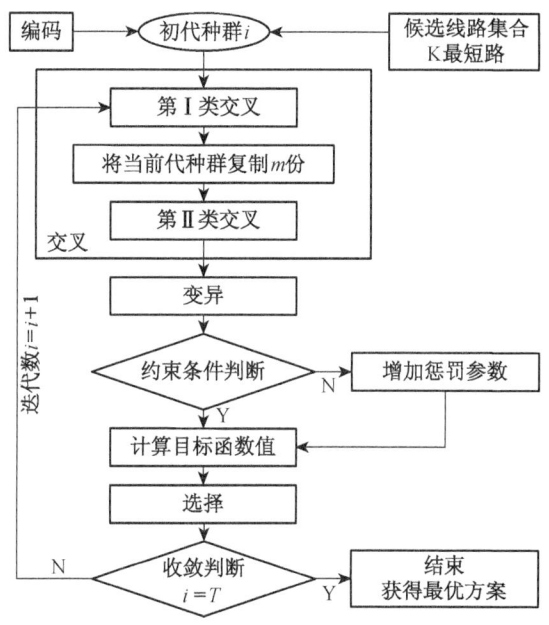

图5-35 接运公交线路生成遗传算法流程图

5.5 本章小结

本章从适应大城市交通需求新特征和与轨道交通网络融合的要求出发,分析了轨道交通运营初期公共交通线网功能与布局调整的必要性;研究了线路和枢纽功能层次划分方式与相互关系,包括公交主干线、公交次干线、公交支线、公交特殊线路和一、二、三级枢纽;提出了"分区分级"的线网布局形式;分析了轨道交通与地面公交线路竞合关系与空间关系,研究了各类轨道交通与地面公交网络衔接形式的特征,认为轨道交通运营初期应由地面公交与轨道交通同步发展形式向地面公交支持轨道交通发展形式转变;研究了走廊上地面公交线路调整策略,分析了轨道交通走廊宽度,选取了影响地面公交线路调整的因素,并以无锡公交为例进行了探索性因子分析,根据因子得分对线路进行了聚类,对待调整地面公交线路进行了筛选;研究了各功能层次线路筛选标准,对无锡公交线路进行了功能层次划分;依据两种线路分类方式对线路进行了交叉分类,结合线路调整形式提出了每一类线路的调整措施和具体调整方案需考虑的客流特征、道路、场站条件、其他公交线路分布等因素;提出了线路调整时序确定原则;提出了轨道交通接运公交线路生成流程；对轨道交通线路走向、客流出行特征、行政边界、地形特征和地面公交场站位置等影响接运公交服务区域的因素进行分析；分析了区域内的用地开发和既有交通设施供给特征；提出了线路依附道路网络筛选标准，包括等级、网络、路况3方面；结合地面公交站点与轨道交通的衔接关系对其进行了分类，并提出了候选站点集合生成方式，包括中途站、首末站和最远端控制点；结合各控制点的位置关系，通过各类路径搜索算法的比较，提出了线路搜索的启发式规则和求解步骤；构建了以行程时间最小和站点覆盖居住人口和工作岗位数量最大为目标函数的多目标优化模型，设计了改进的遗传算法对其进行求解。

第6章 轨道交通站点交通接驳设施规划方法

6.1 站点交通接驳系统配置

6.1.1 交通接驳系统构成与功能层次

1. 系统构成

交通接驳系统是指轨道交通站点为客流提供集散和换乘服务的交通系统,不同类型的轨道交通站点具有不同的交通接驳系统,其构成与站点功能、规模以及所处地区特点等因素有关。从功能角度,交通接驳是在出行过程中一种交通方式无法服务门到门出行需求的情况下,用以满足不同交通方式间的转换和对接要求。

轨道交通作为城市内片区间长距离出行方式,具有快速性突出而可达性不足的特点。交通接驳系统的便捷、高效主要体现在轨道交通站点与其他交通方式的对接。站点同时作为轨道交通出行的起点和终点,包含"集"和"散"两个衔接系统,如图6-1所示。

图6-1 轨道交通客流全过程出行构成图

轨道交通接驳系统包括步行、非机动车、地面公交、小汽车、出租车等方式。交通方式间相互组合又形成了新的换乘模式,如小汽车或出租车接送形成的临时停车换乘模式(Kiss & Ride, K & R)、小汽车停车换乘模式(Park & Ride, P & R)等。要保证集散系统高效、流畅地处理与轨道交通之间的换乘,应配置保障这些接驳方式达到一定的服务水平的交通设施,并形成合理布局。

2. 功能层次

结合站点空间辐射范围和衔接主要节点类型分析,地面公交、出租车、小汽车、自行车(公共自行车)和步行 5 种交通方式在其适用距离下具有不同的功能层次。

轨道交通乘客在选择接驳方式时主要考虑便利性、可达性、出行时间以及出行成本等因素。将轨道交通站点划分为站点核心区、站点地区、站点所在片区以及城市其他片区,各种交通接驳方式在不同的范围内承担相应的功能,如表 6-1 所示。

表 6-1 轨道交通站点不同衔接交通方式的功能层次

交通方式	功能层次
步行	核心区内部出行
自行车(公共自行车)	站点地区内部出行
地面公交	片区内部出行
出租车	片区内部或跨片区出行
小汽车	片区内部或跨片区出行

6.1.2 交通接驳系统需求特征

1. 客流构成

轨道交通站点对周边用地开发具有引导性,在城市发展过程中,其功能定位将不仅仅作为公共交通枢纽,同时还承担一定的城市职能,如商业、商务等活动场所。随着站点在城市发展中功能的增强以及区位重要度的提升,交通接驳设施在满足其集散客流需求的基础上,还将更多地承担周边地块生成客流和不同接驳方式间转换客流的任务,如图 6-2 所示。

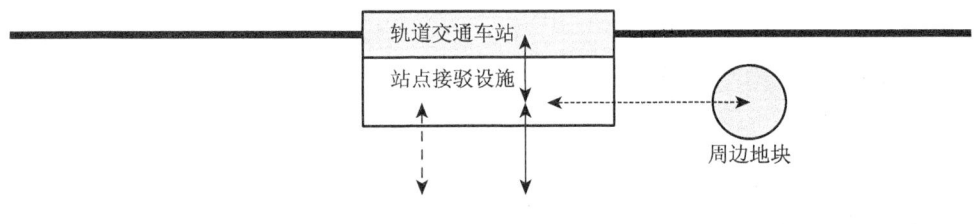

图 6-2 轨道交通站点交通接驳设施客流构成示意图

(1) 轨道交通站点集散客流

在轨道交通站点(特别是城市外围地区的站点)发展的初始阶段,交通接驳设施以服务集散客流为主,具有客流强度大、密度高、时效性强、需求多元化、在站点滞留时间短、随到随走的特点。"通过式"的运输组织模式需要站点构建一个紧凑、高效、便捷的转换服务体系,其接驳设施配置必须坚持集约化原则,并考虑与城市交通的多元衔接,满足一体化的换乘需求。轨道交通站点发展的成熟和完善阶段,交通衔接设施承担的客流类型更加多元化,交通接驳设施配置应注重协调站点集散客流与城市交通网络转换客流需求的关系。

(2) 周边地块生成客流

随着轨道交通站点城市职能的增强,周边用地开发强度不断提升,站点综合开发及周边地块产生的客流对接驳设施提出了新的要求。周边地块生成客流与用地性质和开发强度等有关。此部分客流要求站点接驳设施具有一定的开敞性,满足与周边地块与站点空间的接入要求。

(3) 不同接驳方式间客流

在站点实现轨道交通客流集散功能增强的同时,其衔接交通网络的能力以及在网络中的可达性不断提升。由于与站点衔接的交通线路(特别是地面公交线路)不断汇聚,进一步加强和提升站点的中心地位,重要换乘枢纽的功能更为突出。站点交通接驳设施还需满足不同交通接驳方式之间的客流转换需求。

2. 需求特征

3 类客流均具有城市早晚高峰的交通特征,而位于城市对外交通枢纽处的站点集散客流特征与对外交通时刻表高度相关。站点集散客流为脉冲式间断流、离散客流集中,客流量大;不同接驳方式间转换客流为脉冲式间断流与连续流并存,流量适中;而周边地块生成客流一般为连续流,流量视用地开发强度而异,如表6-2所示。

表 6-2 不同类型客流特征

客流类型	客流特征		主要换乘类别
站点集散客流	早晚高峰明显	脉冲式间断流,离散客流集中,客流量大	轨道交通与地面公交、出租车、私家车、自行车等
	与对外交通时刻表高度相关(对外交通枢纽)		
周边地块生成客流	早晚高峰明显	连续流,流量视用地开发强度而异	与地面公交、自行车等
不同接驳方式间转换客流	早晚高峰明显	脉冲式间断流与连续流并存,流量适中	地面公交之间,地面公交与自行车等

不同客流类型对交通接驳资源的使用存在关联和冲突,有限的交通资源应在功能分配上注重协调。交通接驳系统的构建首先以满足轨道交通站点的集散客流需求为目标,同时适应各类客流到达和离散的特征。

6.1.3 交通接驳系统供给及运行特征

1. 交通接驳系统供给特征

交通接驳系统由各种城市交通方式构成,但有别于城市交通方式结构。一方面以适应轨道交通站点集散客流的方式选择,另一方面也应考虑站点处交通接驳设施供给特性和约束条件。

各种交通接驳方式具有相应的技术经济特性,如表6-3所示。交通接驳系统配置中应注重发挥各种交通方式的优势,构建相互协作、互为补充的接驳系统,以满足不同客流的出行需求,发挥系统整体效能。同时不同交通方式设施供给的投入和运输能力也具有差异,如图6-3所示。

表 6-3 不同衔接交通方式供给特性比较

交通方式	供给特性 单向运输能力 (人/h)	运营速度 (km/h)	供给特性
步行	8 000	3~5	投入成本低,易实施,占用资源少,集散能力强
非机动车	2 000	10~15	投入成本低,易实施,不受约束,短距离出行快
出租车	1 500	20~50	投入成本低,出行成本高,运量小,受道路和车辆供给影响,占用道路资源多
小汽车	3 000	20~50	投入成本低,出行成本高,运量小,受道路和停车设施约束性强,占用道路资源多
地面公交	6 000~9 000	15~25	投入成本较高,出行成本低,运量大,受道路和停车设施约束性强,占用道路和场站资源多

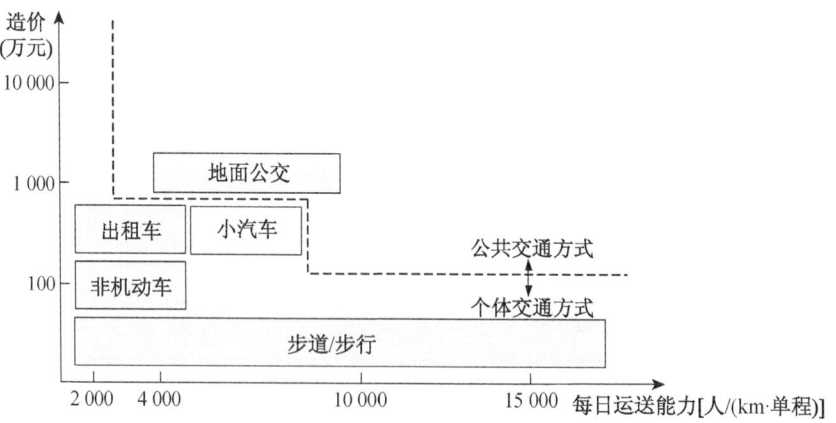

图 6-3 不同交通接驳方式的供给特性图

2. 运行特征

由于轨道交通站点运输能力以及周边地块开发强度的提高,各类交通需求叠加将加剧站点交通接驳系统的整体负荷。在交通需求不断增长的发展趋势下将面临一段持续增长至临界约束条件调整的需求管理过程。在站点交通接驳设施资源容量有限性的约束下使得其交通运行具有自身的特征。应充分挖掘使用各种交通方式的集散特性和运输能力,调控和引导交通出行需求,提升交通集散效率和服务水平。

(1) 步行

轨道交通与其他交通方式的衔接换乘最终都体现在步行上,其具有高可达性和灵活性的特点。应当优先考虑步行网络和设施的设置需求,提供安全、便利的步行环境和清晰、连续的步行流线。

(2) 非机动车

非机动车具有体积小、高效、环境友好等特性,其对土地空间利用、道路负荷以及环保等均具有正面效应,是除了步行之外优先发展的接驳方式。但非机动车平均时速仅有 10~15 km/h,速度慢且依靠人力,服务范围有限。

(3) 地面公交

地面公交是站点基础性配置的交通接驳设施。其具有线路设置灵活、线网覆盖率高、出行成本低、便捷性强的特点,单条线路每小时可运送旅客 400~800 人次。公交线路开行受到道路交通资源和其他交通需求强度的约束,在道路空间资源紧张、交通流量大的情况下,路网运行负荷较高,易出现交通拥堵,运行可靠性降低。地面公交接驳服务水平与站点地区配置的公交线路数量和发车频率有关。密集的公交线路数量和较高的发车频率可提高公交运输能力,以满足高峰时段高强度的客流需求。

(4) 社会车辆

社会车辆运行具有离散性和自组织性的特点。临时停车接送(K&R)客流换乘通常在站点路边侧设置临时下客泊位以满足乘客上下客需求。停车换乘(P&R)普遍利用地面或地下空间设置停车泊位,供给容量有限。

(5) 出租车

出租车与社会车辆具有相同的运输特性,可提供较高的客流集散服务水平。有别于大中运量的公共交通方式,出租车在高峰时段对客流的集散能力有限,车均载客量仅在 1.5 人次左右,其集散能力还取决于出租车的到达率、上下客区规模。实际运行中受到出租车运力调度的影响,在出租车交接班时段和城市早晚高峰时段,出租车到达率较低,导致乘客平均等候时间过长。同时在节假日客流高峰期间,出租车供需不平衡性更为突出,短时间难以快速疏解集中到达的客流。

6.1.4 交通接驳系统配置的影响因素

轨道交通站点交通接驳系统构成是交通政策、交通需求、交通设施供给情况综合作用的结果,其配置受到多方面因素的影响。由于传统纯交通功能站点向服务城市功能的综合站点转变,交通接驳设施在满足集散客流需求的同时,更多注重城市空间及城市交通发展的要求,其配置受到城市交通发展政策、站点功能、站点区位等因素的影响。

1. 城市交通发展政策

交通政策是城市交通发展的顶层设计,是指导城市交通发展战略的总纲。在城镇化发展过程中,交通政策对城市交通供给模式和居民出行方式将产生重要影响。作为一次出行的一个环节——轨道交通站点的接驳,其设施配置模式也将受到影响。如城市快速发展时期,为拓展城市空间和拉动外围新城建设,机动化交通是支撑城市发展的重要方式。在人口密度较高的城市中心区,小汽车带来的道路交通拥堵和环境危害等对城市发展造成负面影响,因此在交通政策上更多地注重大容量公共交通和绿色交通的发展。

2. 站点功能

站点功能是交通接驳设施配置的重要影响因素,其决定了站点的服务半径和服务时间要求,影响乘客换乘方式的选择。按照轨道交通站点功能类型,可分为综合换乘站点、大型换乘站点和一般换乘站点。

(1) 综合换乘站点

综合换乘站点是位于大型地面公交或对外交通枢纽的衔接处、城市主次中心的轨道交通站点。其交通功能和城市职能突出,是城市内部客流转换的关键节点,具有客流集中、换乘量大、辐射面广等特点。交通接驳系统需具备大运量、长距离的运输功能。

(2) 大型换乘站点

大型换乘站点是轨道交通首末站或位于片区中心及换乘客流较大的换乘站点,辐射面较广。交通接驳系统需具备一定规模的公共交通以及少量的个体机动化交通方式。

(3) 一般换乘站点

一般换乘站点主要是轨道交通的一般中间站点,换乘量和辐射范围均较为有限。交通接驳系统以地面公交和非机动化交通方式为主。

3. 站点区位

站点区位影响着站点地区交通环境和客流特征,进而影响客流对于交通接驳方式的选择。根据站点区位的不同,轨道交通站点可分为公共中心型、交通接驳型、居住区型、混合功能型、工业区型。

(1) 公共中心型

公共中心型站点主体功能以城市服务功能为主,集中了全市性的商业、商务、行政办公、文化娱乐等公共性活动,是全市性重要交通吸引源,具有高建筑密度、高容积率、高就业岗位等特征,客流规模大,区域路网密度高,地面交通饱和度高。可充分利用地上和地下空间以及与城市融为一体的空间设施,如利用地下广场、周边建筑连廊、街巷等,促进"慢行友好"的集散系统形成。交通接驳方式以步行、通过式的地面公交、出租车为主。站点集散交通与城市交通融为一体。

(2) 交通接驳型

交通接驳型站点的主体功能是服务市内与对外客流以及市内不同交通方式间客流的集散与转换,客流规模大,服务范围广,区域路网条件好。对外交通枢纽处,客流一般没有明显的早、晚高峰,时变特征主要由对外交通工具的到发时间决定。可充分利用枢纽已有的场站设施服务轨道交通客流的集散,交通接驳方式以地面公交、出租车为主。城市外围轨道交通终点或拐角处的交通接驳型站点周边用地以居住为主,客流主要是通勤流,主要衔接交通方式为少量小汽车(P&R)、地面公交、自行车和步行。

(3) 居住区型

居住区型站点一般位于城市中以居住功能为主的片区内,区域路网密度高。客流为居住区内的通勤客流,潮汐特征明显。可重点配置慢行交通设施,利用已有路网提升慢行交通出行环境,服务于轨道交通接驳客流。交通接驳方式以步行、非机动车和地面公交为主。

(4) 混合功能型

混合功能型站点周围用地混合度高,包括居住、商业、商务、文教等用地,周边用地类型转变为商业、办公、会议时,可能发展为城市副中心。客流具有多样性,强度适中。主要集散交通方式为步行、非机动车、地面公交和出租车等。

(5) 工业区型

工业区型站点位于城市外围工业园区内,路网密度低、尺度大。客流主要为在园区内上班的通勤客流。主要集散交通方式为地面公交和单位班车等。

6.1.5 交通接驳设施配置指引

轨道交通站点交通接驳设施包括服务乘客乘降用途的接驳设施和交通工具停放功能的场站设施,具体分为地面公交设施、临时停车换乘设施、停车换乘设施、自行车停放设施和公共自行车租赁设施5类。

1. 地面公交设施

地面公交设施承担与轨道交通站点衔接的公共交通线路乘客上下客换乘和车辆停放功能,分为首末站和中途站两种类型。公交首末站可保证较高的公交运行准点率和乘客集散能力,对场站设施用地需求较高,包含公交站台、乘客等候区、车行道、蓄车位等。公交中途站结合轨道交通站点周围的城市道路设置为港湾式停靠站,对空间占用需求较低。公交车辆以通过式为主,乘客换乘需借助过街步行设施,站点的集散能力相对较低。

2. 停车换乘设施

停车换乘设施即社会车辆停车场,可满足较长时间的车辆停放需求,多为城市外围地区的通勤客流。由于站点处有限的交通空间资源,宜少量配置,停车需求规模较大的站点可采取立体化机械式停放设施。

3. 临时停车换乘设施

出租车以及接送轨道交通乘客的社会车辆在站点滞留时间短,对站点空间资源占用少。除了综合枢纽站点外,进站和出站客流一般混合,车辆上下客区域合并设置。

4. 自行车停放设施

自行车停放设施服务于轨道交通站点周围的短距离接驳出行,占用面积较小,且布局设置较为简单、灵活,可充分利用站点各处的空余空间。

5. 公共自行车租赁设施

公共自行车租赁设施由公共自行车和停车桩构成,占地面积较小,与自行车停放设施类似,服务于轨道交通站点周围的短距离接驳出行。

轨道交通站点交通接驳设施配置指引可以概况为以下 6 点,具体如表 6-4 所示。

(1) 除工业区型站点可以选择配置外,公共自行车租赁点作为必备的换乘设施在各个站点都必须配置;

(2) 自行车停车场除城市最主要的公共中心型站点外都应当配置,特别是在交通接驳型站点以及通勤出行量大的居住区型站点;

(3) 地面公交中途站在各类站点都应当设置,且尽量采用港湾式停靠,有条件的可以施划公交专用道,在综合枢纽站点以及轨道交通服务盲区配置公交首末站;

(4) 在城市外围的接驳型站点可少量配置 P&R 停车场,其他站点不宜设置;

(5) 除在公共中心型综合枢纽站点不宜设置临时停车换乘空间外,其他均可设置临时候、落客区;

(6) 对外交通枢纽处站点,应为出租车临时候、落客区划设专门的场站用地。

第6章 轨道交通站点交通接驳设施规划方法

表6-4 轨道交通站点接驳设施配置类别指引

设施类型	站点类型	综合枢纽站点		大型换乘站点				一般换乘站点		
		公共中心型	交通接驳型	公共中心型	交通接驳型	居住区型	混合功能型	居住区型	混合功能型	工业区型
乘降位	地面公交	●	○	●	○	○	○	○	○	○
	K&R(社会车辆)	×	●	○	●	○	○	○	○	○
	K&R(出租车)	×	●	○	●	○	○	○	○	○
场站	地面公交	×	●	○	●	○	○	×	×	×
	P&R(社会车辆)	×	○	×	○	×	×	×	×	×
	K&R(出租车)	×	●	○	●	○	○	×	×	×
	自行车	×	●	○	●	●	○	●	○	○
	公共自行车	●	●	●	●	●	●	●	●	○

注:●表示必须配置,○表示可以配置,×表示不需要配置。

6.2 站点交通接驳设施规模测算

6.2.1 交通接驳设施规模测算思路

需要进行规模测算的轨道交通站点交通接驳设施包括客流步行设施、自行车设施、公共自行车设施、地面公交设施、停车换乘设施以及临时停车换乘设施等。使用设施的客流为轨道交通站点集散客流、周边地块生成客流和不同接驳方式间转换客流。从客流性质和强度上分析,第一类应当最优先被考虑。在测算各类设施规模时,主要从服务轨道交通站点集散客流的角度进行,同时考虑其他两类客流的需求,适当扩大规模,测算流程如图6-4所示。

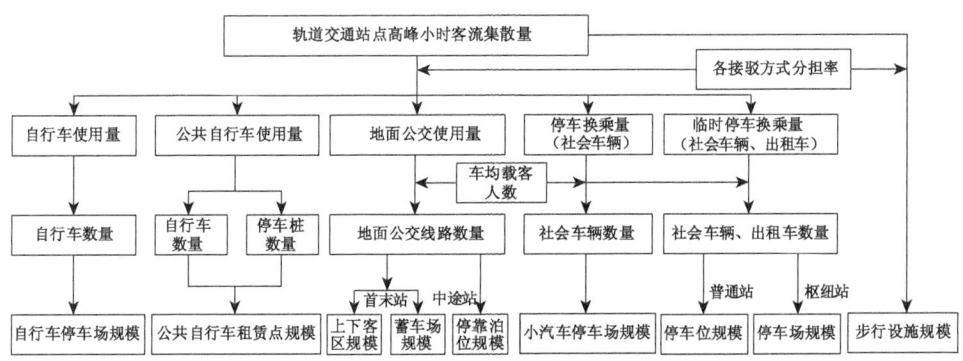

图6-4 轨道交通站点接驳设施规模测算流程

在具体测算时,需要预测轨道交通站点高峰小时客流集散量,依据接驳设施配置指引确定各站点须配置的设施,预测各类站点接驳方式结构,得到各类设施高峰小时的使用量,进而测算车辆数量,得到设施规模。另外,所有形式的换乘与集散都需要步行进行衔接,可以通过轨道交通站点高峰小时客流集散量分别测算集散、换乘客流所需的步行设施规模。

轨道交通站点高峰小时客流集散量的预测有以下4种常用方法。(1)建立"四阶段"需求模型进行预测;(2)结合居民出行意愿调查,建立客流转移模型进行预测;(3)通过轨道交通站点周边用地性质、开发强度、人口岗位数量以及交通设施配置等情况建立回归模型进行预测;(4)结合现状轨道交通站点高峰小时客流集散量的调查数据,考虑地区发展规划及换乘设施改善意向,对未来进行预测。

6.2.2 地面公交设施规模测算

与轨道交通站点衔接的地面公交设施分首末站和中途站两类。公交首末站是公交线路始发和终到的站点,包含上下客区及蓄车场两类设施;公交中途点为过境公交线路的站点,设施包含港湾式停靠泊位和站台。

1. 公交首末站规模测算

1) 既有相关规范

地面公交首末站的规模按照停车能力进行划分。《城市道路公共交通站、场、厂工程设计规范》(CJJT 15—2011)中公交首末站的车均指标面积为100~120 m^2,不包括回车道和候车廊用地。

《深圳市独立占地公交总站建设标准指引》根据公交车辆配车总数确定用地规模,其中停车能力为25~45辆的首末站单位指标为95~98 m^2/标车,如表6-5所示。

表6-5 深圳市公共汽车首末站、枢纽站用地规模

规模	配营运车辆总数(辆)	单位指标(m^2/标车)	总用地面积(m^2)
小型站	10~24	—	—
中型站	25~45	95~98	2 000~4 000
大型站	46以上	—	—

《上海公共汽车和电车首末站、枢纽站建设标准》中根据公交线路条数确定设施用地规模,在用地条件紧张的区域采取下限值,如表6-6所示。

表6-6 上海市公共汽车首末站、枢纽站用地规模

站点线路规模	用地面积(m^2)
1条线路	800~1 000
2条线路	1 500~2 000
3条线路及以上	(700~900)×线路数量

第 6 章 轨道交通站点交通接驳设施规划方法

《重庆市公交首末站建设标准》以 21～40 辆停车能力的首末站为标准,停车单位面积为 90～100 m²/标车。同时规定公交首末站车辆应大、中、小相结合,分散布置。每处首末站用地面积不得小于 1 000 m²;最大用地面积不宜大于 5 000 m²,停放线路不超过 5 条。相关规范和标准中公交首末站车均占地指标如表 6-7 所示。

表 6-7 相关规范和标准中公交首末站车均占地指标

标准与规范	车均指标(m²/标车)
城市道路公共交通站、场、厂工程设计规范	100～120
上海公共汽车和电车首末站、枢纽站建设标准	80～100
深圳市独立占地公交总站建设标准指引	95～98
重庆市公交首末站建设标准	90～100

2) 规模测算模型

既有关于公交首末站规模测算的研究中一般通过其配置的公交线路数量以及配车规模进行测算。其规模可通过式(6-1)计算:

$$S_{首末站} = \alpha \sum_{i=1}^{n} m_i \cdot S_{标车} \tag{6-1}$$

式中:$S_{首末站}$——公交首末站规模(m²);

n——设置的公交线路数量(条);

m_i——第 i 条线路高峰小时在首末站停靠的公交车辆数,按规范可取线路配备公交车辆数的 60%;

α——考虑客流增长,设置高峰小时扩展系数,通常取 1.2～1.4;

$S_{标车}$——每标车在首末站的占地面积(m²/车),取 120 m²/标车。

上述公交首末站规模测算主要从车辆角度出发,以满足停车用地需求为目标进行规模测算。而轨道交通站点处公交首末站主要考虑乘客快速集散需求以及在满足车辆调度情况下尽可能集约停车用地,可将上下客区和蓄车场分离设置。因此,拟从公交客流需求量、公交线路条数配置、站台公交线路容纳能力方面进行分析,测算公交场站的设施规模。

公交线路配置数量最低应能满足站点高峰时期乘客的疏散需求。在已知高峰小时单条线路平均发送量的基础上,根据站点高峰小时客流量及公交接驳方式分担率,可测算所需配备的公交线路数量。

$$N = \frac{P_k \cdot \gamma}{q} \tag{6-2}$$

式中：N——设置的公交线路条数(条)；
　　　P_k——站点高峰小时出站客流量(人次)；
　　　γ——站点公交接驳方式分担率(%)；
　　　q——高峰小时单条线路平均发送人数。

确定公交线路数量后，上下客区规模需分析其站台设施的线路容纳能力和规模指标。应用排队论建立一定场站设施规模下的公交站台容纳线路能力模型，并分析各种场站设施和运营组织模式的适应性，为公交场站设施配置提供参考。

3）公交上下客区规模

(1) 基本假设

为提高模型的准确性和实用性，可作以下基本假设：

公交首末站采取站台上下客区和蓄车场分离设置形式，场站设计形式为平行式；站台形式为单排双车道，场站设计形式如图 6-5 所示，即乘客上下客区和候车站台之间相互平行设置；各线路公交车辆到达相互独立，高峰时期公交车到达服从均值为 λ 的泊松分布；公交车辆在站台停靠的上下客服务率服从均值为 μ 的负指数分布。

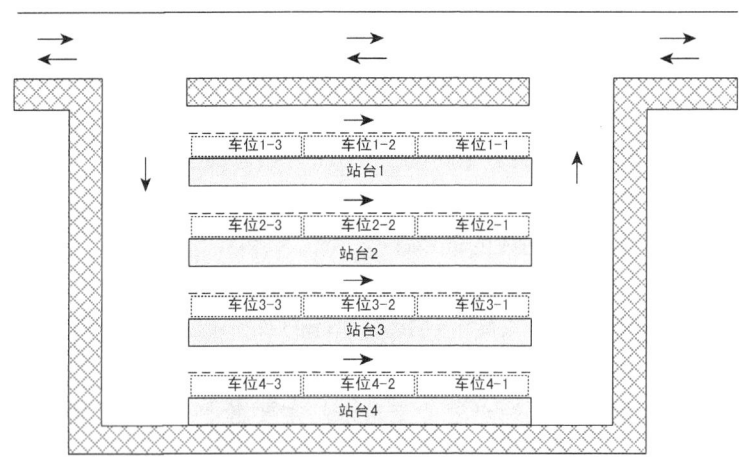

图 6-5　平行式公交场站设计形式图

(2) 模型构建

按照站台服务模式的差异，分为固定式上下车位和非固定式车位，如图 6-6 所示。若采取非固定式车位停车服务模式，站台服务系统为排队论中的单路多通道 M/M/N 系统。若采取固定式停车服务模式，站台服务系统为排队论中的多路多通道 M/M/1 系统(N 个平行的 M/M/1 系统)。

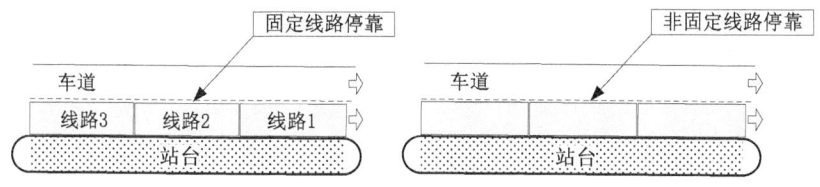

图 6-6　固定式车位停车和非固定式车位停车示意图

对于 M/M/1 系统,有 k 辆公交车的概率为:

$$P(k) = \rho^k(1-\rho) \tag{6-3}$$

系统中的平均公交车辆数为:

$$\bar{n} = \frac{\rho}{1-\rho} \tag{6-4}$$

系统中公交车辆的平均等待时间为:

$$\bar{n} = \frac{\lambda}{\mu(\mu-\lambda)} \tag{6-5}$$

式中：λ——公交车辆到达率；
　　μ——公交车辆服务率；
　　ρ——服务强度比率 $\rho = \lambda/\mu$。

对于 M/M/N 系统,有 k 辆公交车的概率为:

$$P(k) = \begin{cases} \dfrac{\rho^k}{k!} \cdot P(0), & k < N \\ \dfrac{\rho^k}{N!N^{k-N}} \cdot P(0), & k \geqslant N \end{cases} \tag{6-6}$$

式中：N——站台服务车位数(个)；
　　k——公交车辆数(辆)；
　　ρ——服务强度比率 $\rho = \lambda/\mu$。

系统中的平均公交车辆数为:

$$\bar{n} = \rho + \frac{\rho^{N+1}}{N!N} \cdot \frac{\rho(0)}{(1-\rho/N)^2} \tag{6-7}$$

系统中公交车辆的平均等待时间为:

$$\bar{w} = \frac{\bar{q}}{\lambda} \tag{6-8}$$

式中：$\overline{w}$——公交车辆平均等待时间(min)；

$\overline{q}$——公交车辆平均排队长度(辆)；

λ——公交车辆平均到达率(辆/min)。

(3) 指标分析

应用排队论模型,设定车辆到达和离开率,并对公交站台 M/M/N 系统下的线路容纳数量、占用面积等指标进行测算。公交站台容纳线路数量为系统中的平均公交车辆数除以公交站台的车位数。其中,公交车辆到达率 λ(1/发车间隔)和车辆站台服务率 μ(1/服务时间)对容纳线路数量具有直接影响,如表 6-8 所示。

表 6-8　不同公交到达和站台服务时间水平下的 ρ 取值

μ \ λ	20 辆/h	15 辆/h	12 辆/h
12 辆/h	3/5	4/5	1
6 辆/h	3/10	2/5	1/2
4 辆/h	1/5	4/15	1/3

系统中的平均公交车辆数与服务强度 ρ 成正相关,当 ρ 越大时,系统中的平均公交车辆数越多,反之,系统中平均公交车辆数越少。在发车间隔一定的情况下,系统服务强度取决于站台服务率,站台服务率越大(即服务时间越短),系统服务强度越小,在满足发车间隔要求下系统中的公交车辆数越少。当系统中平均车辆数少于站台数时,系统处于可接受状态。

对于 M/M/1 系统,测算不同服务率下站台可容纳的公交线路条数,结果如表 6-9 至表 6-11 所示。其中,站台服务率越大,可容纳的公交线路条数越多。

表 6-9　站台服务率为 1/3 的系统容纳公交线路条数

站台车位数(个) \ 平均发车间隔(min)	1	2	3	4	5
5	—	1	2	2	3
10	2	4	7	9	11
15	4	8	12	17	20

表 6-10　站台服务率为 1/4 的系统容纳公交线路条数

站台车位数(个) \ 平均发车间隔(min)	1	2	3	4	5
5	—	—	—	1	1
10	1	3	4	6	7
15	2	5	8	11	13

表 6-11 站台服务率为 1/5 的系统下容纳公交线路条数

平均发车间隔(min) \ 站台车位数(个)	1	2	3	4	5
5	—	—	—	—	—
10	1	2	3	4	5
15	2	4	6	8	10

对于 M/M/N 系统,测算不同服务率下站台可容纳的公交线路条数,结果如表 6-12 至表 6-14 所示。

表 6-12 站台服务率为 1/3 的系统容纳公交线路条数

平均发车间隔(min) \ 站台车位数(个)	1	2	3	4	5
5	—	2	3	4	6
10	2	4	6	9	12
15	4	6	10	14	18

表 6-13 站台服务率为 1/4 的系统容纳公交线路条数

平均发车间隔(min) \ 站台车位数(个)	1	2	3	4	5
5	—	1	2	3	4
10	1	3	5	7	9
15	2	4	7	10	13

表 6-14 站台服务率为 1/5 的系统容纳公交线路条数

平均发车间隔(min) \ 站台车位数(个)	1	2	3	4	5
5	—	1	2	2	3
10	1	2	4	5	7
15	2	3	6	8	10

测算结果表明,在公交车辆到达率和服务率相同的条件下,发车间隔小于 10 min 时,M/M/N 系统较 M/M/1 系统容纳的线路数量多,即采取单路多通道的模式更为适合;而当发车间隔大于 10 min 时,多路多通道模式容纳线路数量更多。

站台面积规模根据线路数量需求,测算所需站台数量。单个站台尺寸和车辆尺寸参照《建筑工程交通设计及停车库(场)设置标准》(DGJ08—7—2006)规范要求。单排双车道站台宽度取为 5 m,行车道为 7 m;站台长度取每车位 15 m,站台渐变段长度取 35 m。另外,考虑站台两端预留尺寸和安全距离,得到如表 6-15 所示的站台面积。

表 6-15　上、下客区公交站台面积规模　　　　　　　　　　单位：m²

站台设置模式＼站台车位数(个)	1	2	3	4	5
单排双车道	750	975	1 200	1 425	1 650

在不考虑公交车辆蓄车场地情况下，站台单个车位所需的场站设施用地面积约为 300～400 m²。随着车位数的增多，单个车位所需用地规模降低。但在站台车位数大于等于 4 个的情况下，站台长度将达到 95～110 m，乘客步行换乘距离较长，宜视具体情况采用。

(4) 蓄车场规模

车场蓄车方式一般分为垂直式和平行式两种。单位车辆所占用的面积(包括回转车道)为 100～140 m²，其中平行式停放取最小值，垂直式停放取最大值。

蓄车场规模计算公式：

$$S = \left(\sum S_a \cdot N_i + S_1 + S_2\right)K \tag{6-9}$$

式中：S_a——一辆标准公交车的停车面积，一般取 100～140 m²/辆；

　　　N_i——第 i 条公交线路所需停放的车辆数，$i = 1, 2, \cdots$；

　　　S_1——蓄车场调度管理用房面积(m²)；

　　　S_2——绿化及小型保养设施占地面积(m²)，比例不小于蓄车场总用地面积的 15%；

　　　K——面积修正系数，停车数少于 10 辆或地貌特征利用率偏低的情况下，宜乘以系数 1.5。

各条线路所需的蓄车数与线路运营情况有关，与线路长度、高峰和平峰期发车间隔以及行程速度有关，取决于高峰和平峰公交车辆需求的差额。

$$N_i = 60L_i\left(\frac{1}{v_{gi} \cdot T_{gi}} - \frac{1}{v_{pi} \cdot T_{pi}}\right) \tag{6-10}$$

式中：N_i——第 i 条线路所需蓄车的辆数(辆)；

　　　L_i——第 i 条线路的运营长度(km)；

　　　v_{gi}——第 i 条线路高峰时段平均行程速度(km/h)；

　　　T_{gi}——第 i 条线路高峰时段的发车间隔(min)；

　　　v_{pi}——第 i 条线路平峰时段的平均行程速度(km/h)；

　　　T_{pi}——第 i 条线路平峰时段的发车间隔(min)；

　　　i——公交线路条数，取值为 1, 2, ⋯。

第6章 轨道交通站点交通接驳设施规划方法

另外,还应根据实际情况,考虑一些为乘客提供卫生、信息、休闲等方面服务的附属功能所需要占用的空间面积。

2. 公交中途站点规模测算

与轨道交通站点接驳的公交中途站一般设置在围合站点四周的主次干路上。设施规模测算方法与城市其他公交中途站点相同,可采取通行能力以及广义时空消耗的测算方法。

(1) 基于通行能力分析的规模测算

根据停靠公交线路数量、公交车辆到达和离开率,测算公交车辆的停靠泊位数。在设置港湾式通道的情况下,公交中途站可近似为排队论中的 M/M/N 系统,其车辆离开率较公交首末站线路高,因此相同站台可容纳的公交线路数量更多。结合上文对站台容纳线路能力的测算模型,以公交进、离站时间及停靠时间分别为 1 min、1.5 min、2 min 为例,分析结果如表 6-16 至表 6-18 所示。

表 6-16　站台服务率为 1/1 的系统容纳公交线路条数　　　单位:条

平均发车间隔(min) \ 车位数(个)	1	2	3
5	4	6	10
8	6	9	16

表 6-17　站台服务率为 1/(3/2) 的系统容纳公交线路条数　　单位:条

平均发车间隔(min) \ 车位数(个)	1	2	3
5	2	4	6
8	4	6	8

表 6-18　站台服务率为 1/(2) 的系统容纳公交线路条数　　　单位:条

平均发车间隔(min) \ 车位数(个)	1	2	3
5	1	3	5
8	3	4	8

以上分析结果是基于站台服务通行能力的测算,在实际应用中还需考虑城市道路及交叉口对通行能力的约束。

(2) 基于广义时空消耗的规模测算

基于广义时空消耗的公交中途站规模测算方法是分析公交车辆一定时间内占有的空间或一定空间上的使用时间。地面公交车辆在中途站停靠空间和时间的乘积(时空消耗)等于中途站点的广义时空容量(中途站的有效使用面积与有效使用时间的乘积)。

$$S_{中途站} \cdot T \cdot \eta \cdot \tau = \sum_{i=1}^{m} f_i \cdot S_{bus} \cdot T_{bus} \tag{6-11}$$

地面公交中途站的面积规模为：

$$S_{中途站} = \frac{\sum_{i=1}^{m} f_i \cdot S_{bus} \cdot T_{bus}}{T \cdot \eta \cdot \tau} \tag{6-12}$$

式中：$S_{中途站}$——地面公交中途站规模(m^2)；
   m——中途站停靠公交线路数量(条)；
   f_i——公交线路 i 高峰小时发车频次(一般取 12 次)；
   S_{bus}——单位公交车辆停靠占地面积(m^2/辆)；
   T_{bus}——公交车辆在中途站停靠时间(包括上、下车时间和车辆制动时间等，通常取 1~2 min)；
   T——高峰小时，60 min；
   η——高峰小时公交中途站有效面积率，通常取 0.7~0.8；
   τ——高峰小时公交中途站设施利用率，通常取 0.5~0.6。

6.2.3 停车换乘设施规模测算

根据站点高峰客流及车辆停车需求情况，可采用停车设施需求测算方法。主要计算参数为高峰小时停车换乘客流量、平均载客数、车位周转率、每辆车停靠所需面积。具体计算公式为：

$$S_{park} = \frac{N_{park} \cdot s_{park}}{P_{park} \cdot \lambda_{car}} \tag{6-13}$$

式中：S_{park}——停车场的规模(m^2)；
   N_{park}——高峰小时停车换乘客流量(人次/h)；
   P_{park}——车辆平均载客数(人/辆)；
   s_{park}——车辆平均停车面积(m^2)，通常取 25~30 m^2/车；
   λ_{car}——车位周转率(辆/h)。

根据《城市公共停车场工程项目建设标准》(建标 128—2010)的规定，车辆平均停车面积可分为地面、地下和机械式 3 种，如表 6-19 所示。对于大、中型车辆，停车泊位规模可通过当量系数转换为标准小型车指标进行计算，如表 6-20 所示。

表 6-19 单位车位用地面积规模

类型	地面	地下	机械式
用地面积(m²)	25~30	30~40	15~25

表 6-20 机动车位换算当量系数

类型	微型车	小型车	中型成	大型车
换算系数	0.7	1.0	2.0	2.5

6.2.4 临时停车换乘设施规模测算

临时停车换乘设施主要为出租车停车候客以及接送轨道交通乘客的社会车辆临时停靠服务。在对外交通枢纽处,该设施分为停靠位和停车场两部分。

1. 停车场规模

停车场规模的测算方法与停车换乘设施规模的测算方法相同,主要区别在于对参数的选取,特别是平均载客数和停车场的周转率指标。停车场规模的计算公式为:

$$S_{car1} = \frac{\beta \cdot N_{car} \cdot s_{car}}{P_{car} \cdot \lambda_{car}} \tag{6-14}$$

式中：S_{car1}——枢纽内出租车停车场的规模(m²);

β——到达站点的车辆进入停车场候客的比例,一般取 0.5~0.8;

N_{car}——高峰小时临时停车换乘客流量(人次/h);

s_{car}——车辆的平均停车面积(m²/车),通常取 25~30 m²/车;

P_{car}——车辆平均载客数(人/辆);

λ_{car}——车辆停车场周转率。

2. 停靠位规模

出租车停靠位包括下客位和上客位,若车辆下客停车等待时间按 $t_{cardown}$ 秒计算,需 $\frac{N_{car} \cdot t_{cardown}}{3\,600 P_{car}}$ 个下客位;若每个发车位按平均每车上客需 t_{carup} 秒计算,需发车位 $\frac{N_{car} \cdot t_{carup}}{3\,600 P_{car}}$ 个,则所需车辆停靠位的规模的具体计算公式如下:

$$S_{car2} = \frac{N_{car}(t_{cardown} + t_{carup})s_{car}}{3\,600 P_{car}} \tag{6-15}$$

式中：S_{car2}——枢纽内出租车停靠位的规模;

$t_{cardown}$——车辆下客停车等待时间(s),通常为 30 s 左右;

t_{carup} ——车辆上客停车等待时间(s),通常为 20 s 左右;

s_{car} ——车辆的平均停车面积(m^2/车),通常取 25～30 m^2/车。

社会车辆停靠位一般不分上下客位,测算时可将上下车时间合并计算。

6.2.5 自行车停车场规模测算

自行车停车场规模测算方法与机动车停车场规模测算方法类似,主要取决于高峰小时自行车使用数量、自行车泊位周转率和每辆自行车占地面积。需要指出的是,国内部分城市电动自行车使用广泛,其车均占地面积要大于普通自行车,在计算时应予以区别。停车场规模测算可由式 6-16 表示:

$$S_{bike} = \frac{N_{bike} \cdot s_{bike}}{\lambda_{bike}} \quad (6-16)$$

式中:S_{bike} ——自行车停车场用地规模(m^2);

N_{bike} ——高峰小时自行车换乘客流量(人次/h);

s_{bike} ——单位停车用地面积(m^2),通常取 1.5～2 m^2/车,单位电动自行车停车用地面积则更大;

λ_{bike} ——车辆周转率(次数/h)。

6.2.6 公共自行车租赁点规模测算

公共自行车租赁点设施主要为公共自行车辆和停车桩。公共自行车的周转率与租赁者的租车时间差和自行车的数量有关,体现了公共自行车的利用效率。依据公共自行车的借还需求以及周转率测算公共自行车和停车桩的数量。

1. 公共自行车辆规模

公共自行车周转率是指单位时间内单个自行车平均被借出的次数。单位时间内公共自行车的借出次数与公共自行车归还次数以及调度有关系。如果自行车归还及时、使用周期短,则可以通过调度实现用较少自行车满足出行者的借车需求,从而提高公共自行车的周转率。公共自行车周转率的计算公式如式 6-17 所示:

$$\lambda_{pbs} = \frac{\sum l_{借}}{n_{车}} \quad (6-17)$$

式中:λ_{pbs} ——公共自行车的周转率(次/h);

$l_{借}$ ——租赁点每辆车单位时间内借出去的次数(次);

$n_{车}$ ——初始时刻公共自行车数量(辆)。

根据公共自行车的周转率,可以测算租赁点应配置公共自行车的数量为:

$$N_{pbs} = \frac{Q_{pbs}}{\lambda_{pbs}} \quad (6-18)$$

式中：Q_{pbs}——高峰小时换乘公共自行车客流量（人次/h）；
　　λ_{pbs}——高峰小时公共自行车周转率（次数/h）；
　　N_{pbs}——租赁点公共自行车数量（辆）。

2. 停车桩规模

公共自行车和停车桩的配置数量一般不相等，前者小于后者，供高峰期调车所用。得到公共自行车规模后，可参考国内外城市配置公共自行车的经验，对停车桩规模进行测算，如表 6-21 所示。

表 6-21　国内外城市配置公共自行车与停车桩数量情况

城市	投放车辆数（辆）	停车桩数（个）	比例
巴黎	23 900	40 421	1∶1.69
里昂	4 000	6 400	1∶1.60
纽约	10 000	14 500	1∶1.45
杭州	78 000	100 000	1∶1.28
嘉兴	7 800	11 802	1∶1.51
兰州	4 000	4 900	1∶1.23
芜湖	12 000	15 600	1∶1.30
株洲	10 000	13 000	1∶1.30

6.2.7　步行设施规模测算

轨道交通乘客在站点的换乘与集散都需要步行进行衔接，可以通过轨道交通站点高峰小时客流集散量分别测算集散、换乘客流所需的步行设施规模。

1. 集散客流步行所需空间规模

集散客流指的是通过步行方式到达或离开站点的客流。集散客流进入或离开站点需要为其提供步行所需的设施。对于该部分所需空间规模可采用行人时空消耗理论以及设施的广义容量来确定。两者的关系为：

$$C_m \cdot Q_{集散} = S_{集散} \cdot T \tag{6-19}$$

集散客流在枢纽内步行所需规模的计算公式为：

$$S_{集散} = \frac{C_m \cdot Q_{集散}}{T} = \frac{s_m \cdot L_1 \cdot Q_{集散}}{3\,600 v_m} \tag{6-20}$$

式中：C_m——行人的平均时空消耗；
　　s_m——行人所需要的动态个人空间（m²/人）；

L_1 ——每一集散客流在枢纽内的步行距离(m);
v_m ——步行的平均速度(m/s);
$Q_{集散}$ ——高峰小时集散客流量(人/h);
$S_{集散}$ ——集散客流步行所需要的规模(m²);
T ——步行设施的使用时间,高峰小时,即3 600 s。

按照《交通工程手册》中人行道行人交通服务水平标准,在 C 级服务水平时,行人占用面积为 1.2~2 m²/人,步行速度为 1.0 m/s,步行距离 L_1 取 100~300 m。

2. 换乘客流步行所需空间规模

换乘客流是指利用除步行之外的其他交通方式到达或离开站点的客流。换乘客流需要通过步行从一种交通方式的站点达到另一种交通方式的站点,或者是同一种交通方式的不同线路间的转换,这就需要枢纽为换乘客流提供步行所需的设施,其所需规模测算方法同集散客流在枢纽内步行所需规模的测算方法相同,也是运用行人时空消耗理论以及设施的广义容量来确定,具体为:

$$S_{换乘} = \frac{C_m \cdot Q_{换乘}}{T} = \frac{s_m \cdot L_2 \cdot Q_{换乘}}{3\,600 v_m} \qquad (6-21)$$

式中:C_m ——行人的平均时空消耗;
s_m ——行人所需要的动态个人空间(m²/人);
L_2 ——每一换乘客流在枢纽内的步行距离(m);
v_m ——步行的平均速度(m/s);
$Q_{换乘}$ ——高峰小时换乘客流量(人/h);
$S_{换乘}$ ——换乘客流步行所需要的规模(m²);
T ——步行设施的使用时间,高峰小时,即3 600 s。

同上,换乘客流步行的动态个人空间 s_m 取 1.2~2 m²/人,步行的平均速度 v_m 取 1.0 m/s。换乘客流在枢纽内的步行距离 L_2 一般取 200~400 m。

6.3 站点交通接驳设施布局

6.3.1 交通接驳设施布局的需求特征

轨道交通站点交通接驳设施的布局应着重体现乘客对快速便捷换乘的需求,应满足换乘效率的要求,注重换乘舒适度。

1. 换乘需求的层次性

从乘客的需求角度出发,交通接驳设施布局应能满足乘客的基本需求:舒适、

第6章 轨道交通站点交通接驳设施规划方法

方便、快速、安全可靠。在以上4方面均能较好满足的条件下,交通接驳设施的精心合理设计还可给乘客带来视觉感官和心理感受上的愉悦经历。结合马斯洛对人性需求层次的分析,乘客对交通接驳设施的需求也呈现层次性。需求层次依次为安全可靠、快速、方便、舒适,最后可构成一次愉悦的出行经历。其中,安全可靠、快速、方便是乘客换乘的基本需求。

（1）安全可靠

交通出行中最基本的要素是安全可靠,包括生命和财产的安全,这也是设施使用的前提条件。若交通接驳设施对乘客造成不安全、不可靠的负面影响,则其他快速、方便、舒适的效用将会因此而被忽略。交通接驳设施配置布局中应首先考虑设施使用过程中乘客对安全性和可靠性的需要,避免因设施布局而存留的潜在安全隐患,如人车流线混杂交织对行人安全的影响等。

（2）快速

快速性是交通接驳设施布局使用中考虑的主要因素。乘客的快速通过意味着节约了乘客的出行时间,提高了公共服务水平。延误和滞后不仅会带来乘客的抱怨,同时高峰期还易引起安全隐患,应尽可能排除影响乘客快速通过的各种障碍,保障接驳设施运行的高效畅通。

（3）方便

方便性是指乘客获取交通接驳设施服务的难易程度和使用的便捷程度。便捷程度高可提升设施的使用率和使用效果,乘客总是倾向于选择相对较易获取的服务设施,而不方便的设施容易被放弃。设施的方便程度还包含对不同使用群体的难易程度,如步行距离较远的设施,混乱和难以获取的换乘路径,以及坡度较大的楼梯、坡道等会对老年人或残疾人的使用造成不便。设施布局应强调使用者的可获取性和使用的便捷性。

（4）舒适

舒适度是指乘客出行时对自身体力消耗、周边环境感受的满意程度。舒适度体现了乘客对出行服务水平的要求,由于在轨道交通出行过程中涉及多次换乘,步行、站立、颠簸等都对体力具有一定消耗,特别在负重情况下步行距离过长会消耗更多的体力,乘客期望能尽可能减少出行过程中对体力的消耗。舒适性同时体现了乘客对换乘环境的要求,不能避风挡雨的换乘空间、不清洁的换乘通道、用地面积不够的公共交通上下客区等都会降低乘客的舒适性感受。交通接驳设施布局应注重乘客对环境的要求。

（5）愉悦的出行体验

在满足安全可靠、快速、方便、舒适的基础上,出行模式为商务出行的轨道交通乘客对愉悦出行体验还有更高的要求,包括在换乘过程中具有精细的交通接驳设施设计、美观典雅的设施和景观形态、温馨宽敞的换乘环境、智能化的交通信息、个性化的辅助服务等。在换乘过程中乘客可以满足自身的非功能性需求,获得视觉感观和心理感受上的愉悦体验。

2. 换乘需求的基本特征

针对轨道交通客流的集散特征,其换乘需求表现为以下几个方面。

(1) 大流量、快速通过

轨道交通具有大流量、快速通过的客流特征以及集约紧凑式的用地条件,客观上要求乘客在短时间内得以快速换乘。客流换乘应以满足大量乘客快速、便捷地集散至交通接驳设施和周边建筑为主要目标。

(2) 换乘流线的立体化、简明化

由于轨道交通站点用地开发引导效应较强,综合换乘枢纽站点往往建设成立体式综合体,空间集约化程度较高。接驳交通设施布局和旅客换乘也由平面式转变为立体式,换乘流线更加复杂化。在站点主体建筑和进出口布置接驳设施可充分利用地上和地下空间,有效组织换乘流线。

(3) 换乘设施的人性化

在满足轨道交通客流对快速通过式出行效率要求的同时,还应着重考虑乘客换乘的"人性化"要求,如全气候条件下舒适宜人的换乘环境、多条可选择的集散路径、宽敞的步行通道、休憩停留空间、自动步道机等都将提高客流集散的舒适性。在站点综合体的城市公共空间功能或商业功能不断增强的情况下,客流集散设施还应考虑与枢纽综合体、地下空间的连通,满足乘客购物、文娱、休闲等各种活动的需求。

(4) 车种分离及上下客分区

换乘和集散量都较大的轨道交通枢纽站点是各种交通方式交汇的节点,到发交通流量较大,且不同车型、车辆流线相互交织运行,对车辆通行能力和交通组织提出较高要求。另外,公共交通方式客流换乘组织包含一定的运输组织环节,如上下客区、候车区、线路和班次信息提示等。有限的空间资源和多元化的交通换乘特征决定了客流组织的分区化及车种分离。

(5) 人车分离、以流为主

轨道交通站点处有限的空间汇聚大量的客流和车流,各类乘客流线和车辆流线若不进行有效组织将形成众多冲突点,且会造成人流和车流的不连续性,给交通运行效率和旅客安全带来较大影响。站点立体化的发展趋势为实现人车分离提供了有利的基础条件。利用地下空间或地上二层空中连廊对人流组织进行疏散,与地面交通实现立体交叉,形成人行系统和车行系统相互分离的集散交通体系。

6.3.2 交通接驳设施布局的总体策略

交通接驳设施布局应结合轨道交通车站建筑布局统筹考虑,充分利用高架、地面、地下空间资源采用立体化换乘,以实现设施紧凑化布局,尽可能缩短乘客换乘流线。

(1) 主次分明、近大远小

大型轨道交通枢纽客流规模较大,换乘设施种类较多,不同交通方式间的换乘强度不同。为实现枢纽整体换乘效率最优,满足旅客换乘便捷性要求,在交通接驳设施布局方面需注重不同交通方式距轨道交通站点出入口的远近,遵循的原则是优先考虑换乘量大的交通设施,即换乘量越小,距离轨道交通站点出入口越远。推荐的各类换乘设施与轨道交通站点出入口的最远距离如表 6-22 所示。

表 6-22 推荐的各类换乘设施与轨道交通站点出入口的最远距离

换乘设施	非机动车	地面公交	社会车、出租车临时停车-换乘	社会车停车-换乘
距离	50 m	100 m	180 m	400 m

(2) 立体布局、垂直换乘

为确保轨道交通站点换乘方便、集约高效,总体布局应尽量紧凑。大型轨道交通枢纽主体交通设施所需空间往往较大,在平面布局模式下会因站点自身因素导致换乘距离过长,大大降低乘客换乘效率。采用立体布局将各类设施上下叠合,使平面上的远距离换乘转变为立体式上下换乘,使换乘流线变短,同时有效控制占地规模。

(3) 多通道、多出入口

通道单向通行组织可避免人流相互冲撞,通行效率更高。但仅设置单条通道会增加换乘距离,且换乘可靠性较低。若发生拥堵、事故等突发情况,则会造成换乘系统瘫痪等负面影响。因此,重要的换乘集散地应设置多方向换乘通道,提供备用选择不仅可在故障模式下保障基本的使用,还有利于应对高峰客流情况下的多方向分流,同时多通道还有利于乘客换乘不同交通方式时选择最短换乘路径,以缩短乘客换乘距离。

(4) 逐级分流、设置缓冲区及商业设施

轨道交通客流量大以及商业综合开发的特点要求枢纽客流集散要通过逐级分流实现。短时流量高峰效应容易造成客流的拥堵和积压,设置逐级分流可形成客流疏散缓冲区域,降低乘客流动率和密度。接驳设施不应局限于传统的交通功能,还应满足乘客购物、休闲、餐饮等需求。

(5) 适度利用地下空间

将站点立体布局,将人、车分层布设。立体化开发有利于提高交通集散地的空间利用率和用地集约化程度。通过在不同立体层面设置转换区、停留区,可减少不同交通流之间的相互交叉和干扰。

(6) 空间方向感强、线路简洁、易识别

轨道交通站点换乘量大,换乘流线较多,站点接驳系统应注重换乘空间的通透、宽敞,具有较强的方向感,便于乘客识别和定位,增加设施的可视性。换乘流线应简洁、清晰、易识别,避免迂回,缩短两种交通方式间的换乘距离。

6.3.3　交通接驳设施布局指引

1. 地面公交设施

1) 布局原则

(1) 接驳场站或上下客站台应尽量靠近轨道交通车站出入口,缩短换乘距离,提高接驳换乘效率;

(2) 上下客站台应尽量设置为港湾式,视实际情况可采用直线式或锯齿式,尽可能预留超车空间,当有多条线路汇集需要设置多个港湾时,可配置独立的场站进行换乘,并设置足够宽度的候车排队区;

(3) 站点周边土地综合开发价值较高,场站可结合其他建筑设施统一设置;

(4) 场站车辆出入口尽量设置在次干路或支路上,减少车辆进出对道路交通的影响;

(5) 当公交车辆经由主要干路进出场站时,应尽可能提供专用道、专用标志或专用信号,以减少延误时间;

(6) 步行尽量不穿越机动车道,采用专用通道与轨道交通站点连接,当上下客站台与出入口存在阻隔时应设置立体连接设施,做到"人车分流",当行人不可避免穿越公交车道时需要有清晰的换乘线路信息和明确的流向标志;

(7) 公交车流与社会车流分离,场站布局应使得进出交通流线顺畅,内部尽可能采用单向循环流线。

2) 地面公交与轨道交通的换乘衔接形式

地面公交与轨道交通的换乘衔接形式主要包括路边停靠公交形式、公交和轨道同面形式、公交和轨道异面形式以及集中布局形式。

(1) 路边停靠公交形式:即公交车直接在路边停靠,利用地下通道与轨道车站的站厅或站台直接相连,如图6-7所示。

(2) 公交和轨道同面形式:公交车与轨道交通处于同一平面,公交停靠站和轨道车站合用站台,并用地下通道连接两个侧式站台,该形式确保有一个方向换乘条件很好,而且步行距离短,如图6-8所示。

第6章 轨道交通站点交通接驳设施规划方法

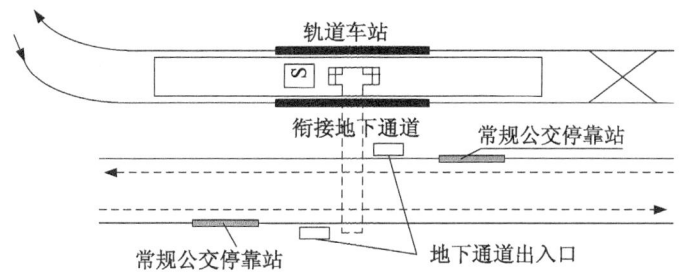

图6-7 地面公交与轨道交通换乘的路边停靠公交形式

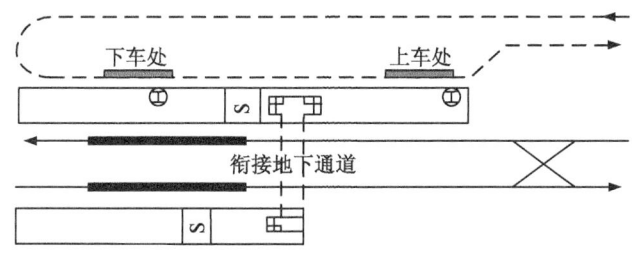

图6-8 地面公交与轨道交通换乘的同面布局形式

(3)公交和轨道异面形式:轨道交通与公交车站处于不同平面,通过长方形路径,使公交车的到达站与轨道交通出发站同处一侧站台,而地面公交的出发站与轨道交通到达站同处另一侧站台。该形式使轨道交通与公交车共用站台,两个方向都有很好的换乘条件,就近解决了换乘并保证两股乘客流不互相干扰,如图6-9所示。

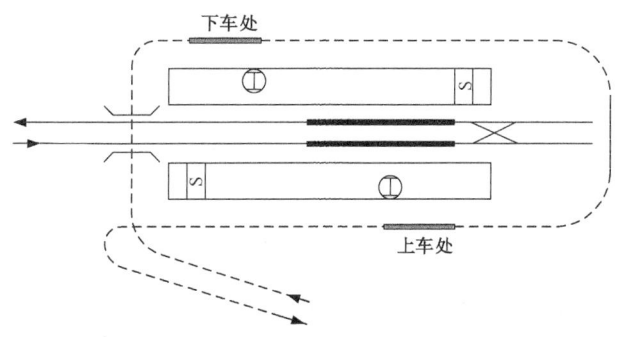

图6-9 地面公交与轨道交通换乘的异面布局形式

(4)集中布局形式:在路外集中设置多个站台形成换乘枢纽,在衔接的公交线路较多的情况下,可以避免分散的沿线停靠形式因停靠站空间不足而造成的拥挤,防止给周边道路交通带来阻塞。为避免客流进出站对车流造成干扰,每个站台均以地下通道或人行天桥与轨道车站站厅相连,如图 6-10 所示。

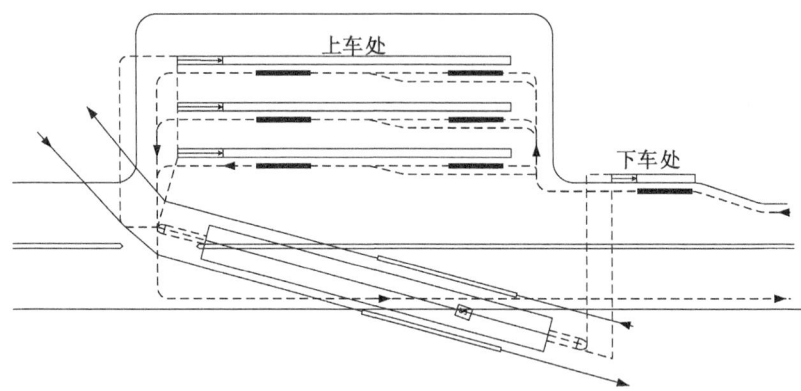

图 6-10　地面公交与轨道交通换乘的集中布局形式

3) 地面公交场站的布局形式

地面公交场站的布局形式可以分为:站台式停靠、岛外式停靠、岛内式停靠和尽端式停靠。

(1) 站台式停靠。该形式是一种常用的公交路外停靠方式,可以利用平行站台将各线路公交车辆加以分隔,同时站台还可以用作乘客候车和排队区域。站台式停靠方式又有斜列式和横向式两种,分别如图 6-11 和图 6-12 所示。

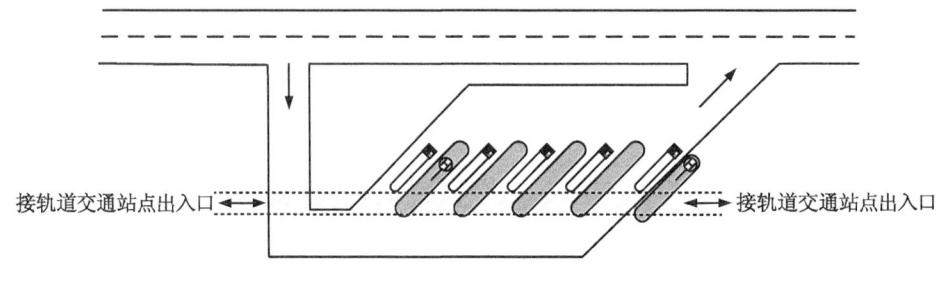

图 6-11　斜列式停靠形式

站台式停靠在设计中需要注意车辆进出停靠区域的转弯半径和人行横道或立体化人行设施的位置。当公交乘客在多站台间穿越换乘时,须合理地布置人行横道的位置,以图 6-12 所示的(b)形式为宜,即在到达车辆与待发车辆之间设置人行横道,对公交车辆运行的影响最小,而对于(a)和(c)两种方式,当行人流量较大时,易造成交通秩序混乱。当流量特别大时,可以采取人车分流的形式,建设人行地道或者天桥。

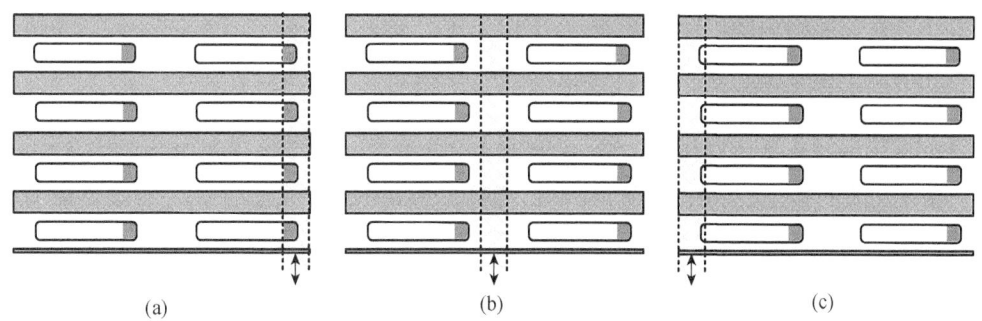

图 6-12　横向式停靠形式及人行横道位置

（2）岛外式停靠。该形式指在场站中央设置公交临时停靠岛，其上客和落客均在场站外围边缘进行。公交车辆在场站内的运行次序为：到达落客区下客、进入待发停泊区、到达上客区上客、驶离场站。所有车辆都依照相同的方向（右行）行驶，如图 6-13 所示。该形式适用于客流量大、始发和终到客流比例大、换乘线路较少的情况；乘客不需要跨越车行道，不必设置天桥，但可能会有较长的换乘距离。备用车辆和待发车辆专用停车道可围绕中心岛布置。

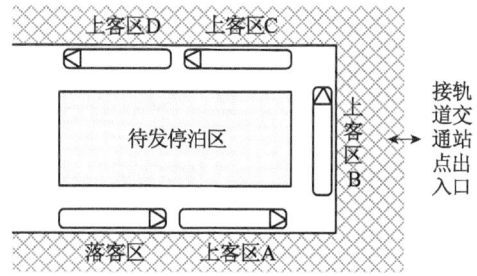

图 6-13　岛外式停靠形式

（3）岛内式停靠。该形式在场站中设置中央停靠岛供公交车辆落客、上客及乘客候车，如图 6-14 所示。该形式适用于场站内公交线路之间换乘客流比重较大的情形，可以有效地缩短乘客换乘距离。岛的形状取决于可用地面积、站点及公交线路的数量。

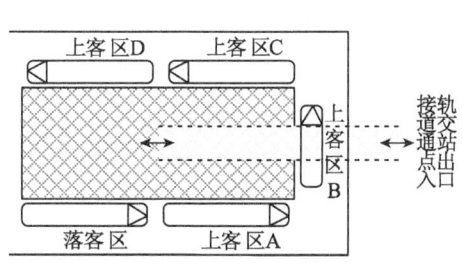

图 6-14　岛内式停靠形式

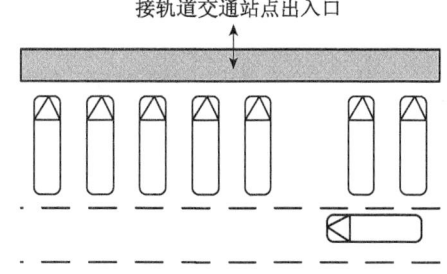

图 6-15　尽端式停靠形式

（4）尽端式停靠。所有公交车辆的一段靠近站台停靠，呈纵向列队。车辆采取像船舶停靠码头的方式一次靠站,完成落客以及上客任务,如图 6-15 所示。该形式适用于综合枢纽站点。

4) 公交中途站调整

由于地铁施工以及历史原因,部分公交站点远离轨道交通出入口,可进行以下 3 种方式的调整,如图 6-16 所示。(1)将远离地铁出入口的地面公交中途站调整至轨道交通出入口附近,强化换乘衔接,与轨道平行方向的线路,其站点离轨道交通出入口距离不大于 50 m,与轨道垂直方向的线路,其站点离轨道交通出入口距离不大于 100 m。(2)若站间距合适,可在轨道交通出入口附近新增站点。(3)在轨道交通出入口间新增站点,以填补轨道交通服务的空白。考虑乘客出行已对公交站点有依附性,应尽量减少调整的站点数量,以(2)和(3)调整方式为主。

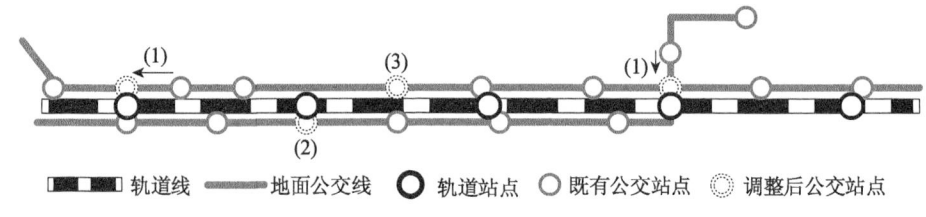

图 6-16 公交中间站调整示意图

中心城区用地开发已成熟,公交场站用地难以得到保证,且伴随着公交系统的发展,线路数量及发车频率增加,客流之间的转换通过公交站点就可以快速完成,从而出现了以道路交叉口的公交站点群为依托的无专用场站的公交枢纽形式。宜以轨道交通规划建设为契机,同步建设与地铁有效衔接的地下通道,完成地面公交之间以及地面公交与地铁之间的快速、便捷换乘,如图 6-17 所示。

2. 停车换乘设施

1) 布局原则

(1) 停车换乘场站距轨道交通出入口不宜超过 400 m,有条件时,可设置专用通道与之连接;

(2) 停车换乘场站的设置应尽量结合其他场站设施进行立体化布置;

(3) 车辆出入口尽量设置在次干路或支路上,也可开辟专用通道与主干路相连,尽量减少车辆进出对道路交通的影响;

(4) 宜对周边道路瓶颈路段和交叉口采取增容措施,减少延误时间;

(5) 停车换乘场站内的停车通道要面向轨道交通站点出入口,停车位呈 90°排列,确保车场内行人安全,场内通道应设置双向通行,并设置明确的指示标志;

(6) 停车换乘场站的出入口要提供足够的车辆排队空间,可设置可变车道,满

第 6 章　轨道交通站点交通接驳设施规划方法

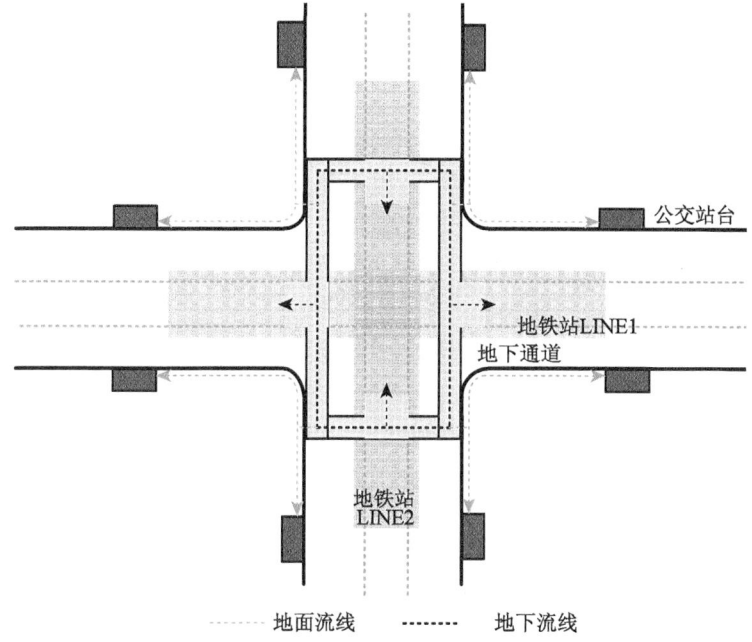

图 6-17　公交站点群枢纽换乘示意图

足早晚高峰不同方向的需求。

2) 社会车辆停车换乘设施布局形式

社会车辆停车换乘设施可以分为两种布局形式。

(1) 独立设置社会车辆换乘停车场(库)、停车楼。平面布局的社会车辆停车换乘设施需要占用大量的城市土地资源,且会影响轨道交通站点周边的景观与环境,不宜广泛设置;应尽可能设置多层的停车楼或停车库,充分利用空间资源。为了方便周边地块居民出行及行人集散,应尽量避免在轨道交通站点周边布设过大的停车场,如图 6-18(a)所示,可以在轨道交通站点周围分散布置若干个小型停车场,如图 6-18(c)所示,同时避免站点被停车场包围,如图 6-18(b)所示。当站点位于轨道交通线路高架段时,可利用高架桥下方空间设置停车泊位,达到与周边土地利用协调的效果。

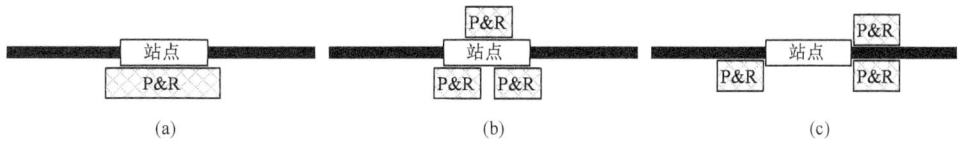

图 6-18　社会车辆停车换乘设施布局形式示意图

（2）与周边用地开发相结合设置停车泊位。当站点停车换乘需求大,但周围用地空间较为有限时,可以考虑与周边建筑物共同设置停车泊位。

3. 临时停车换乘设施

临时停车换乘设施主要用于轨道交通乘客接送车辆的临时停靠,主要包括出租车、社会车辆,在设施布局时需要注意以下几个方面。

（1）临时停车换乘设施应尽量靠近轨道交通站点出入口,最远步行距离宜控制在180 m之内,以方便乘客换乘,其中出租车停靠位宜更近,距离控制在100 m以内；

（2）临时停车换乘设施的布局要考虑与轨道交通出入口的良好视线连接,方便乘客和接送车辆间的联系,避免接送车辆占用其他站前空间；

（3）若采用路边停靠,宜采用港湾式,并在道路两侧分开设置,若附近有公交停靠站时,宜设置在公交停靠站上游,并保持适当的距离,尽可能不影响公交车辆通行；

（4）当采用路外集中布置时,宜结合周边建筑布置(如设置地下停车场)。

4. 非机动车停车设施

1）布局原则

（1）对于换乘量大的站点应集中设置路外停车场,尽量缩短与轨道交通出入口的距离,有条件时可结合周边建筑设置停车场；

（2）对于换乘量小的站点,根据轨道交通出入口的位置,采用就近分散停放的方式；

（3）停车场出入口宜设置在次干路或支路上,不宜设置在主干路上；

（4）合理安排行驶路线,停车场出入口应尽可能与现有或规划的非机动车道相连接,提供指示信息,且避免经过楼梯、电梯或干扰步行人流；

（5）自行车停车场须设置适量的支架和遮挡设施,并安排专人进行集中管理。

2）非机动车停车设施布局形式

非机动车停车设施布局形式分为两类。

（1）在轨道交通出入口附近沿路设置。城市中心区大部分轨道交通站点周边的土地开发已较为紧张,难以形成集中的专用停车场。在人行道宽度充裕时,可沿路布置带状停车设施；在人行道宽度紧张时,可结合轨道交通风亭、出入口等附属设施,将停车设施分散布置在人行道外侧的绿化带内；停车设施不宜过分靠近轨道交通出入口,以免影响乘客进出站。

（2）在高架桥或交通枢纽下部设置。在综合枢纽型轨道交通站点,可以利用高架、枢纽下部空间或结合周边用地开发设置大型的非机动车集中停车场,以节约用地、方便管理。

5. 步行交通设施

轨道交通乘客需要通过步行方式进行集散或换乘到其他方式,因此应提供完善的步行系统,合理组织各方式的转换空间,在设施布局时要注意以下几个方面。

(1)步行通道应尽量避免与车辆出入道路以及公交车道相交;

(2)在行人与机动车流线的交叉不可避免时可采用立体分离设施(人行天桥或过街地道);

(3)轨道交通出入口应设置在道路两侧视野开阔的地方,某些出口可与建筑物相连,如交通组织需要,人流高度集聚的商业中心、体育场馆和交通枢纽站应设置一定规模的人流集散广场并与轨道交通出入口相连,以满足行人对安全性、方便性和舒适性的要求;

(4)所有连接轨道交通站点区域的道路都必须为行人提供径直、安全的空间,步行流线尽量避免有迂回感;

(5)在站点周边地区形成循环连接的步行网络,避免断头路,步行通道需要与周边道路的人行道直接相连且不穿越停车区,当步行通道距离交叉口超过 150 m 以上时需要设置人行过街设施;

(6)步行通道在连接轨道交通出入口时应适当集中设置,以提高行人安全,且与衔接的步行人流相适应,并满足紧急疏散要求;

(7)在站点周围建立通达性强,指示明确的步行指示系统。

6.4 本章小结

本章分析了轨道交通站点接驳系统的构成、功能层次、用户类型、需求特征以及交通接驳系统的设施供给与运行特征,重点研究了影响交通接驳系统设施配置的主要因素:城市交通发展政策、站点功能与区位,提出了站点交通接驳设施配置指引;给出了地面公交设施、停车换乘设施、临时停车换乘设施、自行车停车场、公共自行车租赁点和步行设施等交通接驳设施的规模测算方法;分析了接驳设施布局的需求特征,提出了设施总体布局的原则、特点和各类设施的布局要点。

第 7 章 轨道交通与地面公交运行协调技术

7.1 轨道交通与地面公交运行协调策略

在既有公共交通线网条件下,通过轨道交通与地面公交的运行组织协调,可以最大限度地提高城市公共交通系统的运行效率与服务水平。

轨道交通承担长距离、大容量的运输服务,地面公交为轨道交通客流提供集散服务,两者的运行组织协调主要体现在乘客通过这两种公交方式完成一次出行时,轨道交通客流到达公交站点后可在短时间内通过地面公交疏散或者地面公交客流到达轨道交通站点后可在短时间内通过轨道交通完成换乘。

7.1.1 协调对象

轨道交通与地面公交运行协调并不能在所有的线路上都取得好效果。轨道交通线路运行组织相对稳定,应对地面公交线路进行筛选,确定协调对象。筛选中主要考虑地面公交与轨道交通线路的几何特征和发车间隔特征两方面因素。

1. 线路几何特征

可依据轨道交通线路和与其存在衔接关系的地面公交线路的几何关系,确定需要协调的地面公交线路。将两者的几何关系分为放射型、途经型和重叠型,其中放射型线路运行时间应保持高度协调,是协调对象,具体如表 7-1 所示。

表 7-1 地面公交线路与轨道交通线路的几何关系

类型	图例	说明
放射型		轨道交通线路的首末站是地面公交线路的首末站,地面公交线网以轨道交通线路首末站向外辐射
放射型		轨道交通线路的中途站点为地面公交线路的首末站,地面公交线网以轨道交通线路中途站点为中心呈树枝状向外辐射
途经型		地面公交线路途经轨道交通线路中途站点,两者交汇于轨道交通线路的一个站点

(续 表)

类型	图例	说 明
重叠型		地面公交线路途经轨道交通线路站点,且两者重合的站点数不少于两个

注:实线表示轨道交通线路,虚线表示地面公交线路。

2. 发车间隔特征

当一条轨道交通线路和一条地面公交线路相交,地面公交以固定、统一的发车间隔运行时,乘客在站点的换乘时间取决于轨道交通线路与地面公交线路的发车间隔及相互关系。发车间隔可分为短间隔(≤10 min)和长间隔(>10 min)两种。依据到达、出发线路的发车间隔长短可将轨道交通与地面公交间的换乘分成4类,如表7-2所示。

表7-2 轨道交通和地面公交线路的换乘时间分类

出发线路＼到达线路	短发车间隔	长发车间隔
短发车间隔	类型 A 换乘时间短,便捷	类型 B 换乘时间短,便捷
长发车间隔	类型 C 换乘时间变化大,需要向乘客提供换乘线路时刻表信息	类型 D 发车间隔的关系分: D_1:发车间隔相等且同步——所有换乘都便捷(TTS) D_2:发车间隔相等但不同步——只有一个方向的换乘便捷 D_3:发车间隔不等——不能进行时间的协调,换乘时间长

类型 A、B:分别为短—短发车间隔和长—短发车间隔。从任何一条线路换乘到一条发车间隔较短的线路时,换乘时间较短。无需专门对线路运行时刻表进行协调。

类型 C:短—长发车间隔。该类型与类型 B 相反,即从短间隔线路换乘到长间隔线路。换乘时间变化大,可能很短,也可能接近于长发车间隔。当所有线路的时刻表都公布时,乘客便可以合理安排出行,在最短的等待时间内赶上当班换乘线路。

类型 D:长—长发车间隔。根据发车间隔的关系,两条长发车间隔的线路间换乘可以分成3个子类型。

类型 D_1:长—长发车间隔,发车间隔相等且同步,有重叠的站点停站时间。轨道交通和地面公交的车辆同时到达,保持连续间隔(称为脉冲发车间隔)并在站点停留几分钟,以便各线路间乘客换乘。这种类型的换乘系统称作同步换乘系统(Timed Transfer System,TTS),能为各线路间乘客提供简单、便捷的换乘。

类型 D_2：长—长发车间隔，发车间隔相等，没有重叠的站点停留时间，各线路按照相同的时间顺序到达站点。该类型可能使一条线到另一条线方便换乘，但反向却不能。

类型 D_3：长—长发车间隔，发车间隔不等，无法进行时间的协调。换乘时间是随机的，可能等待一个发车间隔的时长。

从任何线路换乘到短间隔的线路都很便捷（类型 A、B）；而换乘到长间隔的线路可能发生的情况有很多种，如果是类型 D_1 则换乘便捷，而如果是类型 D_2 或 D_3，换乘可能不便。类型 A 或 B 的线路不必进行运行协调；但对于类型 C、D_2 和 D_3 的线路，运行协调则相对重要。

7.1.2 协调策略

轨道交通运行可靠性高，基本能严格按照时刻表运行，准点到站，而地面公交容易受到外界环境干扰，运行可靠性较差但运行灵活。轨道交通与地面公交运行协调就是要以轨道交通运行为基准，对地面公交运行进行调整，来实现两者的协调运行。

公共交通运行组织管理可以分为时刻表编制和实时运行调度两个阶段，对应于运行协调则可包括时刻表协同和实时调度优化两方面的内容。时刻表协同是在客流特征、路况等因素假定不变的基础上，以一次性全局换乘时间最优为目的制定的协同计划；而地面公交实际运行环境是一个开放的动态系统，存在着诸多随机和不确定因素，可能导致实际运行环境的动态变化，突发事件、交通事故等时有发生，需要在借助数据通信、计算机及定位导航等技术监控地面公交车辆运行的基础上采集实时信息，灵活应用不同的实时调度策略进行有效的实时调度优化。具体的运行协调流程如图 7-1 所示。

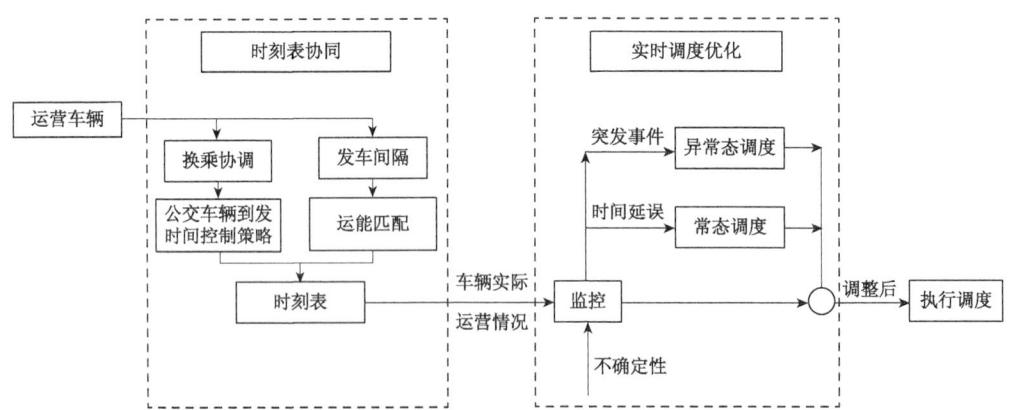

图 7-1 轨道交通线路与地面公交运行协调流程

第 7 章 轨道交通与地面公交运行协调技术

1. 时刻表协同设计

轨道交通与地面公交的计划时刻表是两者协调的基础,其在时空上的关系直接影响轨道交通与地面公交的换乘便利性。制定轨道交通与地面公交一体化时刻表,关键在于确定各线路车辆在换乘站点的到发时间和首末班时间,考虑运能匹配,确定换乘线路的发车间隔。

2. 实时调度优化

实时调度优化是根据地面公交实时运行状态,通过采取一系列的调度控制来保证运行按计划时刻表进行,可以分为常态调度和异常态调度,两者的区别是计划时刻表是否需要被改变。

常态调度是指当客流需求、行车情况在计划时刻表方案可控范围内,不改变行车秩序,仅施以调整手段,提升地面公交线路的运行准确性和可靠性。通过对轨道交通线路站点客流和地面公交车辆行程时间的检测和预测,动态调整车辆运行,一定程度上满足换乘客流需求。

异常态调度是指当客流需求波动剧烈、行车秩序紊乱、发生交通事故或车辆故障,形势和趋势超出计划时刻表方案可控范围时,根据异常事件调度预案改变行车计划并对故障车辆进行救援或增加运力应对客流突增。

7.2 轨道交通与地面公交时刻表协同设计

7.2.1 到发时间控制

轨道交通与地面公交的时刻表协同主要体现在乘客通过这两种公共交通方式完成一次出行时,能否实现换乘的连续性、顺畅性。然而,乘客在轨道交通与地面公交的实际换乘过程中,会受到一些随机因素的影响,主要包括两方面:①乘客自身的随机因素,乘客在不同公共交通方式之间进行换乘时,一般都需要步行一段距离才能完成换乘,由于乘客自身的差异,不同的步行速度可能会造成速度慢的乘客赶不上换乘车辆。②地面公交车辆的随机因素,在地面公交车辆的实际运行过程中,由于交通条件、停站时间的影响,地面公交车辆往往不能准点到达换乘站点。

为了尽可能保证换乘的顺畅性、连续性,应在规划设计中尽量缩短不同公交方式之间的换乘距离,在实际运营中对地面公交车辆实施到发时间控制策略。特别的,首班次的时间应至少提前轨道交通线路半小时,末班次至少晚于轨道交通线路半小时。

轨道交通准点率高,而地面公交车辆在运行过程中随机性大,可能发生延误到站的情况,应将地面公交车辆的计划到站时刻适当提前,即增加一段松弛时间,以保证地面公交车辆能在实现换乘成功的最晚时刻前到达地面公交站点，使得乘客能在当班轨道车辆离站前完成换乘。两者之间的具体换乘过程可以由时空图来表示，如图7-2所示。

图7-2中地面公交车辆的期望到站时刻为A_b，最晚到站时刻为K_b，即增加了一段松弛时间K，若地面公交车辆在K_b时刻之前到达换乘站点，乘客下车将消耗时间t_b，然后通过步行至轨

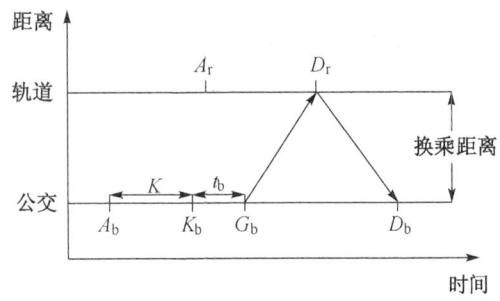

图7-2 轨道交通与地面公交换乘时空图

道交通站点，恰好能在轨道车辆离站时刻D_r前换乘到当班的轨道车辆上，如此地面公交乘客即可顺利换乘到当班轨道车辆。同时，为保证轨道交通换乘地面公交的乘客有足够的时间下车以及步行至地面公交站点，并能够在地面公交车辆的期望离站时刻D_b前顺利登上地面公交车辆以实现换乘，可控制地面公交车辆的离站时间，将地面公交车辆的期望离站时刻D_b设置在所有轨道交通乘客均可顺利换乘的临界点。

为增大轨道交通与地面公交换乘协调的可能性，可将地面公交车辆计划到站时刻提前，这样可以避免车辆到站延误所造成的乘客换乘失败，并且使轨道交通乘客有足够的时间换乘至当班地面公交车辆。但一味地增加松弛时间会造成地面公交车辆停站时间过长，使非换乘乘客的在车时间延长，出行成本随之增大，同时造成地面公交车辆周转时间增大，运营成本增加。因此，需要综合考虑换乘协调和运营成本，设置适当的松弛时间。

7.2.2 时刻表协同设计模型

考虑到乘客和地面公交车辆的随机性，以及车辆配置、人员配班情况等约束条件，须建立轨道交通与地面公交时刻表协同模型，以优化公交行车计划表，包括线路发车间隔、松弛时间等运行参数。

1. 模型的目标与假设

对于公共交通系统，运营商是系统的运行管理者，乘客是系统的服务对象。轨道交通与地面公交的系统成本包括运营商的运营成本与乘客的出行成本。可将轨道交通线路与地面公交线路运行协调的目标定量化，通过费用来衡量两者运行的协调程度。由于保障运营商的效益就是要降低运营成本，而实现乘客出行的连续性、顺畅性就是实现乘客出行成本的最小化，因此，建立轨道交通与地面公交时刻表协同模型的目标就是要实现运营商的运营成本和乘客的出行成本之和的最小化。

基于模型目标,为构造时刻表协同模型,建立以下假设条件:

(1) 公共交通系统由一条轨道交通线路与多条地面公交线路组成;
(2) 时段分高峰和平峰,且各时段内公交客流需求不变;
(3) 轨道交通与地面公交线路在研究时段内采用均匀的发车间隔;
(4) 轨道交通车辆按计划时刻表到、离站;
(5) 地面公交车辆到站时间分布服从正态分布;
(6) 乘客随机到站,且到站时间分布服从均匀分布;
(7) 为进行换乘站点的协调操作,轨道交通与地面公交到达换乘站点的时间间隔相同。

2. 目标函数

轨道交通与地面公交的系统成本包括两部分,即运营商的运营成本和乘客的出行成本,系统的总成本函数为:

$$C_T = \alpha \cdot C_o + \beta \cdot C_v, \alpha + \beta = 1 \tag{7-1}$$

式中:C_T——轨道交通与地面公交系统的总成本(元);

C_o——轨道交通与地面公交系统的运营成本(元);

C_v——轨道交通与地面公交系统乘客的出行成本(元);

α——权重系数;

β——权重系数。

轨道交通与地面公交系统的运营成本可以表示为:

$$C_o = C_{or} + C_{ob} \tag{7-2}$$

式中:C_{or}——轨道交通系统的运行成本(元);

C_{ob}——地面公交系统的运行成本(元)。

乘客的出行成本由出行流程中各阶段的成本组成,乘客的出行过程如图7-3所示。乘客的出行时间可以细分为4个组成部分:步行时间(从起点步行至车站或从车站步行至终点)、在车站的候车时间、在车时间以及换乘时间。

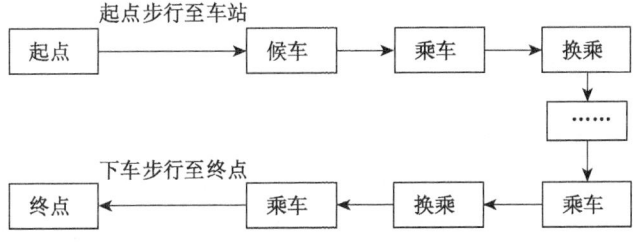

图7-3 公共交通乘客出行流程图

乘客的出行成本 C_v 可以表示为：

$$C_v = C_a + C_w + C_i + C_t \tag{7-3}$$

式中：C_a——乘客步行至车站的步行时间成本(元)；
　　　C_w——乘客在车站的候车时间成本(元)；
　　　C_i——乘客乘车时的在车时间成本(元)；
　　　C_t——乘客换乘时的换乘时间成本(元)。

轨道交通与地面公交系统总成本的构成如图 7-4 所示。

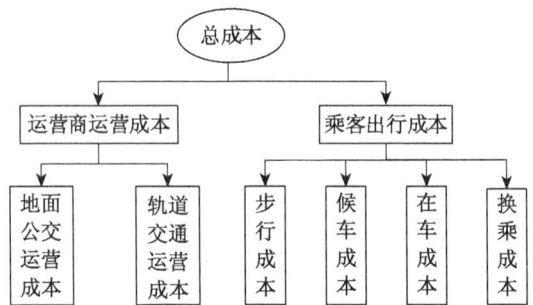

图 7-4　轨道交通与地面公交系统总成本组成图

1) 运营成本函数

轨道交通与地面公交系统的运营成本即轨道交通与地面公交各条线路所有运营成本的总和。实际中运营成本应包括公交车辆购置、保养、维修、运行过程中的损耗以及工作人员的薪资支出等。由于其他成本支出在一定时期内保持稳定，不直接影响地面公交的运行优化，本书建立的运营成本函数只考虑车辆在运行过程中的损耗成本。

(1) 轨道交通车辆运营成本

依据车辆在运行过程中的时间价值来计算损耗成本，可得到轨道交通车辆的运营成本为：

$$C_{or} = T_r \cdot S_r \cdot \mu_{or} \cdot n_r \tag{7-4}$$

式中：T_r——轨道交通全程运行损耗时间(min)；
　　　S_r——轨道交通平均运行速度(km/h)；
　　　μ_{or}——轨道交通车辆单位距离运行成本系数[元/(km·辆)]；
　　　n_r——轨道交通车辆规模(辆)。

其中，轨道交通全程运行损耗时间包括轨道交通车辆的双向行驶时间、停站时间、首末站折返时间等。由于轨道交通行驶准点率高，可认为全程运行损耗时间是

定值,其表达式为:

$$T_r = t_{r1} + t_{r2} + dw_r \tag{7-5}$$

式中:dw_r——轨道交通车辆停站时间总和(min);
t_{r1}——轨道交通车辆双向行驶时间(min);
t_{r2}——轨道交通车辆首末站折返时间(min)。

而轨道交通车辆规模可以表示为:

$$n_r = \frac{T_r}{H_r} \tag{7-6}$$

式中:H_r——轨道交通车辆发车间隔(min/辆)。

此外,轨道交通车辆规模既要满足运能匹配的需求,又不能超过现实中运营商的车辆配置数。轨道交通车辆的运营成本函数还需要加上以下约束条件,可以表示为:

$$N_r \leqslant n_r \leqslant N_r' \tag{7-7}$$

式中:N_r——轨道交通线路的客流需求配车数(辆);
N_r'——轨道交通实际配置数(辆)。

根据高峰小时的客流需求、车辆定员、满载率等因素,可将满足运能的轨道交通配车数表示为:

$$N_r = \frac{T_r \cdot \max(Q_r)}{60 P_r \cdot m_r} \tag{7-8}$$

式中:N_r——轨道交通线路的客流需求配车数(辆);
P_r——轨道交通车辆定员(人/辆);
Q_r——轨道交通单向最大断面客流量(人/h);
T_r——轨道交通全程运行损耗时间(min);
m_r——轨道交通计划满载率。

根据公式(7-6)与公式(7-7),即可得到轨道交通车辆发车间隔的约束条件:

$$\frac{T_r}{N_r'} \leqslant H_r \leqslant \frac{T_r}{N_r} \tag{7-9}$$

(2)地面公交车辆运营成本

地面公交车辆运营成本是指地面公交各条线路的车辆运营成本的总和。其计算公式为:

$$C_{ob} = \sum_{j=1}^{m} T_{bj} \cdot S_{bj} \cdot \mu_{ob} \cdot n_{bj} \tag{7-10}$$

式中：T_{bj} ——地面公交线路 j 的全程运行损耗时间(min)；
S_{bj} ——地面公交线路 j 的全程运行损耗时间(min)；
μ_{ob} ——地面公交车辆的单位距离运行成本系数(元/km)；
n_{bj} ——地面公交线路 j 的车辆配置规模(辆)。

其中，地面公交各条线路的全程运行损耗时间包括地面公交车辆的双向行驶时间、站点松弛时间、站点停留时间以及首末站停留时间等。地面公交线路 j 的全程运行损耗时间可表示为：

$$T_{bj} = t_{bj1} + t_{bj2} + \sum_{i=1}^{n}(d_{bji} + K_{ij}) \tag{7-11}$$

式中：d_{bji} ——地面公交线路 j 在站点 i 的停留时间(min)；
K_{ij} ——地面公交线路 j 在站点 i 的松弛时间(min)；
t_{bj1} ——地面公交线路 j 的双向行驶时间(min)；
t_{bj2} ——地面公交线路 j 的首末站停留时间(min)。

地面公交各条线路的车辆配置规模可以表示为：

$$n_{bj} = \frac{T_{bj}}{H_{bj}} \tag{7-12}$$

式中：H_{bj} ——地面公交线路 j 的发车间隔(min/辆)。

为有效集散轨道交通客流，地面公交线路的车辆配置规模应确保其运能既要满足高峰小时客流需求，又要与轨道交通线路换乘客流量匹配，同时也不能超过现实中实际车辆配置数。地面公交车辆运营成本函数还需要加上以下约束条件：

$$N_{bj} \leqslant n_{bj} \leqslant N'_{bj} \tag{7-13}$$

式中：N_{bj} ——地面公交线路 j 的客流需求配车数(辆)；
N'_{bj} ——地面公交线路 j 的实际车辆配置规模(辆)。

若要满足高峰小时的客流需求，地面公交线路的配车数需要满足以下条件：

$$N_{bbj} = \frac{T_{bj} \cdot \max(Q_{bj})}{60 P_{bj} \cdot m_{bj}} \tag{7-14}$$

式中：N_{bbj} ——地面公交线路 j 的客流需求配车数(辆)；
P_{bj} ——地面公交线路 j 的车辆定员(人/辆)；
Q_{bj} ——地面公交线路 j 的单向最大断面客流量(人/h)；
T_{bj} ——地面公交线路 j 的全程运行损耗时间(min)；
m_{bj} ——地面公交线路 j 的计划满载率。

此外，还需要确保地面公交的运能与轨道交通线路换乘客流量相匹配。由此，地面公交线路的车辆配置规模还需要满足以下条件：

$$N_{\text{t}bi} = \frac{T_{\text{b}i} \cdot \max(Q_{\text{tr}})}{60 P_{\text{b}i} \cdot m_{\text{b}i}} \quad (7\text{-}15)$$

式中：$N_{\text{t}bi}$ ——地面公交线路 i 的轨道交通线路换乘客流需求配车数（辆）；

$P_{\text{b}i}$ ——地面公交线路 i 的车辆定员（人/辆）；

Q_{tr} ——轨道交通线路的单向最大断面换乘客流量（人/h）；

$T_{\text{b}i}$ ——地面公交线路 i 的全程运行损耗时间（min）；

$m_{\text{b}i}$ ——地面公交线路 i 的计划满载率。

因此，地面公交线路的客流需求配车数为：

$$N_{\text{b}j} = \max(N_{\text{bb}j}, N_{\text{t}bi}) \quad (7\text{-}16)$$

则地面公交线路 j 的发车间隔的约束条件如下：

$$\frac{T_{\text{b}j}}{N'_{\text{b}j}} \leqslant H_{\text{b}j} \leqslant \frac{T_{\text{b}j}}{N_{\text{b}j}} \quad (7\text{-}17)$$

2）乘客出行成本函数

乘客出行成本包括步行成本、候车成本、在车成本和换乘成本 4 部分。

(1) 乘客步行成本

乘客从起点步行至车站是乘客出行过程中的第一步，而在到达目标车站后步行至终点是出行过程中的最后一步。这两部分步行时间成本都属于乘客步行成本。乘客的步行时间成本与实际客流需求、平均步行时间、乘客步行时间价值相关。步行成本可由以下公式计算：

$$C_{\text{a}} = (Q_{\text{ao}} \cdot T_{\text{ao}} + Q_{\text{od}} \cdot T_{\text{ad}}) \mu_{\text{u}} \quad (7\text{-}18)$$

式中：Q_{ao} ——由起点步行至各公共交通车站的乘客数（人）；

Q_{od} ——由各公共交通车站步行至终点的乘客数（人）；

T_{ao} ——由起点步行至各公共交通车站的平均消耗时间（min/人）；

T_{ad} ——由目标车站步行至终点的平均消耗时间（min/人）；

μ_{u} ——公共交通乘客的出行时间价值（元/min）。

在既有的公共交通网络中，乘客步行成本与运行协调无直接关系，在模型中可认为是常量。

(2) 乘客候车成本

乘客候车成本包括两部分，分别是乘客在轨道交通车站和地面公交车站的候车成本。乘客候车成本与候车的客流量、平均候车时间以及候车时间价值相关。其中候车的客流量是指从起点步行至车站等候公交车辆的所有客流，即第一次乘车的客流。乘客候车成本可以表示为：

$$C_w = C_{wr} + C_{wb} \tag{7-19}$$

式中：C_{wr}——轨道交通车站乘客的候车成本(元)；
C_{wb}——地面公交车站乘客的候车成本(元)。

根据 Welding 提出的关于平均候车时间的计算方法可以分别得到乘客从起点步行至轨道交通站点与地面公交站点时的平均候车时间：

$$\begin{cases} w_r = \dfrac{1}{2} E(H_r) \\ w_{bj} = \dfrac{1}{2} \left[E(H_{bj}) + \dfrac{V(H_{bj})}{E(H_{bj})} \right] \end{cases} \tag{7-20}$$

式中：w_r——选择轨道交通的乘客的站点平均候车时间(min)；
w_{bj}——选择地面公交线路 j 的乘客的站点平均候车时间(min)；
$E(H_r)$——轨道交通计划发车间隔(min)；
$E(H_{bj})$——地面公交线路 j 的计划发车间隔(min)；
$V(H_{bj})$——地面公交线路 j 发车间隔的方差。

在轨道交通车站乘客的候车成本可以表示为：

$$C_{wr} = \sum_{i=1}^{n} \sum_{d=1}^{2} Q_{rid}^{w} \cdot w_r \cdot \mu_u \tag{7-21}$$

式中：Q_{rid}^{w}——轨道交通线路在方向 d 站点 i 的候车乘客数(人)；
μ_u——乘客的出行时间价值系数[元/(min·人)]。

在地面公交车站，乘客的候车成本可以表示为：

$$C_{wb} = \sum_{i=1}^{n} \sum_{j=1}^{m} Q_{bij}^{w} \cdot w_{bj} \cdot \mu_u \tag{7-22}$$

式中：Q_{bij}^{w}——地面公交线路 j 在站点 i 的候车乘客数(人)。

(3) 乘客在车成本

乘客在车成本同样包括两部分，即乘客乘坐轨道交通车辆的在车时间成本与乘坐地面公交车辆的在车时间成本。乘客在车成本与在车客流量、平均在车时间以及在车时间价值相关。乘客在车成本可以表示为：

$$C_i = C_{ir} + C_{ib} \tag{7-23}$$

式中：C_{ir}——轨道交通乘客在车成本(元)；
C_{ib}——地面公交乘客在车成本(元)。

第 7 章　轨道交通与地面公交运行协调技术

根据轨道交通与地面公交的在车客流量、平均在车时间和乘客在车时间价值可得轨道交通与地面公交乘客的在车时间成本分别为：

$$C_{ir} = \sum_{i=1}^{n} \sum_{d=1}^{2} Q_{rid}^{in} \cdot T_{rid} \cdot \mu_u \tag{7-24}$$

式中：Q_{rid}^{in}——轨道交通在方向 d 站点 i 的乘车人数（人）；
　　　T_{rid}——轨道交通在相邻站点间的平均在车时间（min）。

$$C_{ib} = \sum_{i=1}^{n} \sum_{j=1}^{m} Q_{bij}^{in} \cdot T_{bij} \cdot \mu_u \tag{7-25}$$

式中：Q_{bij}^{in}——地面公交线路 j 在站点 i 的乘车人数（人）；
　　　T_{bij}——地面公交线路 j 在相邻站点间的平均在车时间（min）。

地面公交乘客平均在车时间包括车辆行驶时间以及车辆到站停留时间。轨道交通与地面公交乘客平均在车时间可以分别表示为：

$$T_{rid} = \frac{d_r(i, i+1)}{v_r} + d_{ri} \tag{7-26}$$

式中：$d_r(i, i+1)$——轨道交通在站点 i 与 $i+1$ 间的距离（km）；
　　　d_{ri}——轨道交通在站点 i 的停留时间（min）；
　　　v_r——轨道交通车辆在相邻站点间的平均运送速度（km/h）。

$$T_{bij} = \frac{d_{bj}(t', t'+1)}{v_b} + d_{bij} \tag{7-27}$$

式中：$d_{bj}(t', t'+1)$——地面公交线路 j 在站点 i 与 $i+1$ 的距离（km）；
　　　d_{bij}——地面公交线路 j 在站点 i 的停留时间（min）；
　　　v_b——地面公交车辆在相邻站点间的平均运送速度（km/h）。

（4）乘客换乘成本

乘客换乘成本是乘客出行成本的重要组成部分，也是轨道交通与地面公交运行协调优化的主要内容。乘客在轨道交通与地面公交之间进行换乘分为 3 种情况：轨道交通换乘地面公交（R to B）、地面公交换乘轨道交通（B to R）以及地面公交换乘地面公交（B to B）。乘客换乘成本可以表示为：

$$C_t = C_{trb} + C_{tbr} + C_{tbb} \tag{7-28}$$

式中：C_{trb}——乘客由轨道交通换乘地面公交的换乘成本（元）；
　　　C_{tbr}——乘客由地面公交换乘轨道交通的换乘成本（元）；

C_{tbb}——乘客由地面公交换乘地面公交的换乘成本(元)。

乘客换乘成本与换乘客流量、平均换乘时间以及乘客出行时间价值相关。其中，经过协调控制与非协调控制情况下的平均换乘时间不相同。因此，各种换乘情况下的换乘成本可以表示为：

$$\begin{cases} C_{\text{trb}} = \sum_{i=1}^{n}\sum_{j=1}^{m}\sum_{d=1}^{2}\left[xT_{ijd}^{\text{C}} + (1-x)T_{ijd}^{\text{N}}\right] \cdot Q_{ijd}^{\text{t}} \cdot \mu_{\text{u}} \\ C_{\text{tbr}} = \sum_{i=1}^{n}\sum_{d=1}^{2}\sum_{j=1}^{m}\left[xT_{idj}^{\text{C}} + (1-x)T_{idj}^{\text{N}}\right] \cdot Q_{idj}^{\text{t}} \cdot \mu_{\text{u}} \\ C_{\text{tbb}} = \sum_{i=1}^{n}\sum_{j=1}^{m}\sum_{k=1}^{m}\left[xT_{ijk}^{\text{C}} + (1-x)T_{ijk}^{\text{N}}\right] \cdot Q_{ijk}^{\text{t}} \cdot \mu_{\text{u}} \end{cases} \quad (7\text{-}29)$$

式中：Q_{ijd}^{t}——轨道交通与地面公交线路 j 在站点 i 的换乘人数(人)；

Q_{idj}^{t}——地面公交线路 j 与轨道交通在站点 i 的换乘人数(人)；

Q_{ijk}^{t}——地面公交线路 k 与线路 j 在站点 i 的换乘人数(人)；

T_{ijd}^{C}——协调控制下轨道交通与地面公交线路 j 在轨道交通线路方向 d 站点 i 的平均换乘时间(min)；

T_{ijd}^{N}——非协调控制下轨道交通与地面公交线路 j 在轨道交通线路方向 d 站点 i 的平均换乘时间(min)；

T_{idj}^{C}——协调控制下地面公交线路 j 与轨道交通在轨道交通线路方向 d 站点 i 的平均换乘时间(min)；

T_{idj}^{N}——非协调控制下地面公交线路 j 与轨道交通在轨道交通线路方向 d 站点 i 的平均换乘时间(min)；

T_{ijk}^{C}——协调控制下地面公交线路 k 与线路 j 在站点 i 的平均换乘时间(min)；

T_{ijk}^{N}——非协调控制下地面公交线路 k 与线路 j 在站点 i 的平均换乘时间(min)；

x——代表协调控制或非协调控制，取值分别为 1 或 0。

确定乘客的换乘成本的关键是计算乘客在协调控制与非协调控制情况下各种换乘情况的平均换乘时间。以下将从协调控制与非协调控制两种情况，对乘客平均换乘时间进行分析计算。

① 非协调控制情况

对于 R to B，非协调控制情况下，轨道交通与地面公交线路 j 在轨道交通线路方向 d 站点 i 处无协调性，平均换乘时间可以表示为：

$$T_{ijd}^{\text{N}} = \frac{1}{2}\left[E(H_{bj}) + \frac{V(H_{bj})}{E(H_{bj})}\right] \quad (7\text{-}30)$$

式中：$E(H_{bj})$——地面公交线路 j 的期望发车间隔（min）；

$V(H_{bj})$——地面公交线路 j 发车间隔的方差。

对于 B to R，非协调控制情况下，地面公交线路 j 与轨道交通线路在轨道交通线路方向 d 站点 i 处无协调性，平均换乘时间可以表示为：

$$T_{idj}^N = \frac{1}{2}H_r \tag{7-31}$$

② 协调控制情况

为实现 R to B 与 B to R 这两种换乘情况的同时协调，即轨道交通的乘客在站点 i 可以成功换乘到地面公交线路 j 的当班车辆上，且地面公交线路 j 的当班换乘乘客可以成功换乘至轨道交通的下班车辆。由于轨道交通到站准点，那么这两种换乘情况下换乘成功的可能性由地面公交线路 j 的到站时间决定，换乘成功的概率如图 7-5 中的斜线区域 Z 所示。由此，即可计算得到轨道交通与地面公交之间的换乘乘客的平均换乘时间。

对于 R to B，在协调控制情况下，乘客平均换乘时间可以表示为：

$$T_{ijd}^C = \int_{K_{ij}}^{H}(t_{ij}-K_{ij})f(t_{ij})\mathrm{d}t_{ij} \tag{7-32}$$

对于 B to R，在协调控制情况下，乘客平均换乘时间可以表示为：

$$T_{idj}^C = K_{ij} + \int_{K_{ij}}^{H}f(t_{ij})\mathrm{d}t_{ij} \tag{7-33}$$

式中：H——轨道交通与地面公交车辆共同的到站时间间隔（min）；

K_{ij}——地面公交线路 j 在站点 i 的松弛时间（min）；

t_{ij}——地面公交线路 j 在站点 i 的到站时间（min）；

$f(t_{ij})$——地面公交线路 j 在站点 i 的到站时间分布。

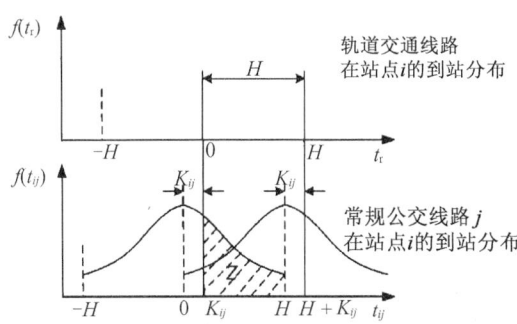

图 7-5 协调控制下的轨道交通与地面公交到站时间分布示意图

3. 模型的建立

通过对轨道交通与地面公交运行协调模型的各个函数组成部分的分析，结合运能匹配、地面公交企业实际配车等约束条件，给出非运行协调控制与协调控制情况下的模型最终表达式及优化对象。

1) 非运行协调模型

通过前文对轨道交通与地面公交系统总成本的分析，非协调控制情况下的运行协调模型可以表示为：

$$\min C_T: C_T(H_r, H_{bj}) = \alpha \cdot C_o(H_r, H_{bj}) + \beta \cdot C_v(H_r, H_{bj})$$
$$1 \leqslant j \leqslant m, \alpha + \beta = 1 \tag{7-34}$$

$$\text{s. t.} \begin{cases} \dfrac{T_r}{N'_r} \leqslant H_r \leqslant \dfrac{T_r}{N_r} \\ \dfrac{T_{bj}}{N'_{bj}} \leqslant H_{bj} \leqslant \dfrac{T_{bj}}{N_{bj}} \end{cases} \tag{7-35}$$

2) 运行协调模型

协调控制情况下，轨道交通与地面公交系统的运行协调模型可以表示为：

$$\min C_T: C_T(H_r, H_{bj}, K_{ij}) = \alpha \cdot C_o(H_r, H_{bj}, K_{ij}) + \beta \cdot C_v(H_r, H_{bj}, K_{ij})$$
$$1 \leqslant i \leqslant n, 1 \leqslant j \leqslant m, \alpha + \beta = 1 \tag{7-36}$$

$$\text{s. t.} \begin{cases} \dfrac{T_r}{N'_r} \leqslant H_r \leqslant \dfrac{T_r}{N_r} \\ \dfrac{T_{bj}}{N'_{bj}} \leqslant H_{bj} \leqslant \dfrac{T_{bj}}{N_{bj}} \\ 0 \leqslant K_{ij} \leqslant \dfrac{H_{bj}}{2} \end{cases} \tag{7-37}$$

建立非协调控制与协调控制情况下轨道交通与地面公交系统的目标函数模型后，对模型进行求解，即可得到优化后的运行参数。

7.3 地面公交实时调度优化

7.3.1 实时调度优化框架

实时调度优化策略是城市公共交通系统中网络运行的信息反馈，不应再由轨道交通或地面公交运营商单方面制定实施。因此，需要进行网络层面的协同优化。本书提出集成各条地面公交线路基本调度、面向轨道交通站点的实时调度优化策

第 7 章 轨道交通与地面公交运行协调技术

略,其逻辑框架如图 7-6 所示。

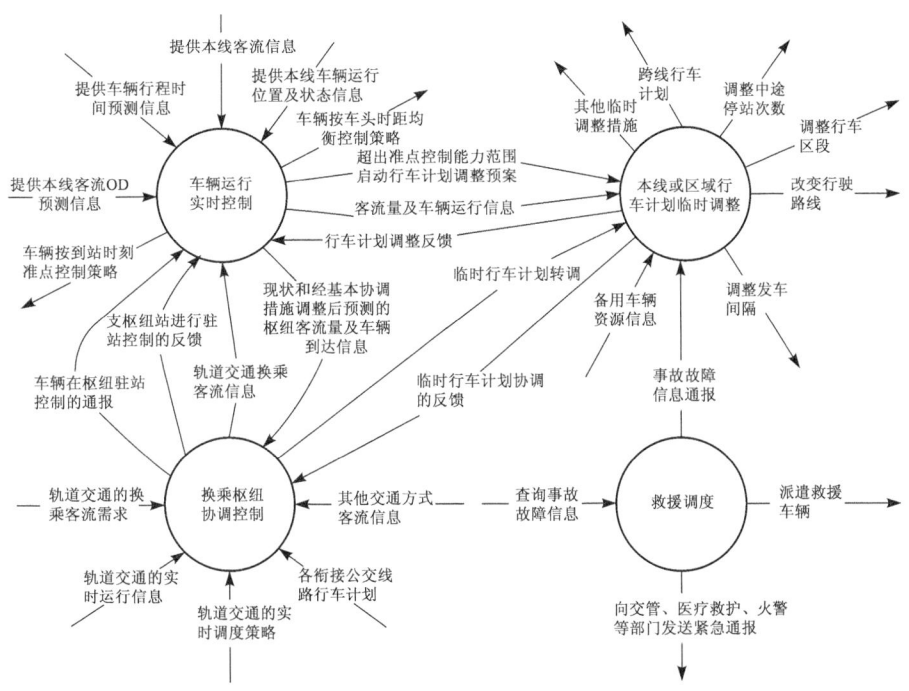

图 7-6 实施调度优化策略的逻辑框架

常态调度下,轨道交通站点作为网络运行枢纽,重点考虑地面公交车辆驻站控制调度。当枢纽协调控制模块提交某线路车辆驻站协调控制通报时,车辆运行实时控制模块将根据该线既定行车计划的可控能力和线路运行实况做出反馈。如超出可控范围,不采纳驻站协调控制方案,换乘枢纽协调控制模块则考虑次优的其他驻站协调方案;如在可控范围内,车辆运行实时控制模块就接受并执行协调控制方案。

当换乘枢纽客流处于异常状态时,既定的行车计划不能继续执行,这时换乘枢纽协调控制模块将向本线或区域行车计划临时调整模块提交临时行车计划协调通报。本线或区域行车计划临时调整模块对此做出反馈,根据本线运行实况生成具体的临时行车计划并予以执行,如调派机动车或跨线车增援枢纽运力、控制上游站点上车乘客数等。

当地面公交车辆发生故障或事故时,救援调度模块根据事故、故障信息派遣救援工程车辆,向相关部门进行案情通报。并将发生事故或故障的车辆位置、载客信息通报给本线或区域行车计划临时调整模块,调整、恢复车队运行秩序。

7.3.2 实时调度策略形式

在轨道交通和地面公交进行时刻表协同的条件下,当轨道交通线路按照时刻表准点到站,而地面公交由于运行中的随机因素影响而不能按照既定时间到站时,需要采取一系列的调度控制来调整地面公交的运行状态以实现两者的协调。调度控制分为常态调度和异常态调度两类。

1. 常态调度

面向换乘站点的实时调度是指地面公交在主要以全程车、正班车为基本调度形式的基础上,通过对比中途行车时刻表与车辆实际到站的时间,采取线路中途站临时调度措施,最大限度地消除突发问题对线路运行所造成的影响,保证换乘站点乘客的准点换乘。可以采取的临时调度措施主要包含两方面:一是调整车辆发车间隔,二是调整车辆运输组织形式。

1) 调整车辆发车间隔

调整车辆发车间隔即在不增加车辆的情况下,按实际客流量需要,调整发车间隔,增加或减少分组时间内的发车频率。具体方法有两种:一是增大发车间隔。在计划时刻表的基础上,适当增大部分车辆的发车间隔,为后面即将到来的客运高峰积蓄运能,要求最后一辆车增加的停站时间不能影响对方终点站的发车时间;二是缩短发车间隔。在计划时刻表的基础上,适当缩短部分车辆的发车间隔,弥补前面客运高峰不足的班次,要求最后一辆车减少的停站时间不能影响它在本地的停站签票时间。

在调整车辆发车间隔中,动态站点调度根据预先设定的计划时刻表、调度配车计划,结合对车辆到达时间的预测来确定车辆在站点的停留时间,保持与初始调度的一致,可以有效地减少总的乘客等待时间和地面公交车辆的串车现象,动态站点调度方法有两种:

(1) 滞站调度

滞站调度(Holding)是指当一辆地面公交车辆超前预先制定的计划时刻表或与前车的间隔缩短时,则延缓其发车时间的调度方法。它主要是为了保证车头时距的稳定性和车辆到站的准点率,缩短乘客在站点的等待时间以及在车内的时间,使已经准备好离站的车辆在站点多停站一会儿。适用于与前一辆地面公交车的车头时距越来越小,而与后一辆地面公交车的车头时距越来越大的情况。

滞站调度策略主要有两种。第一种的目标是保持连续车辆间的车头时距;第二种是使运行中的车辆尽可能地靠近计划时刻表。前者称为基于车头时距的调度策略,简称间隔调度,而把后者称作基于时刻表的调度策略,简称准点调度,通常适用于有中间站点时刻表或者有控制站点时刻表的情况。图 7-7 给出了滞站调度的一个简单示意图,当地面公交车 m 超前了它在站点 k 的预定发车时间 Δt 时,则它将延长在站点 k 的停车时间,直到满足预定的发车时间 T_k。

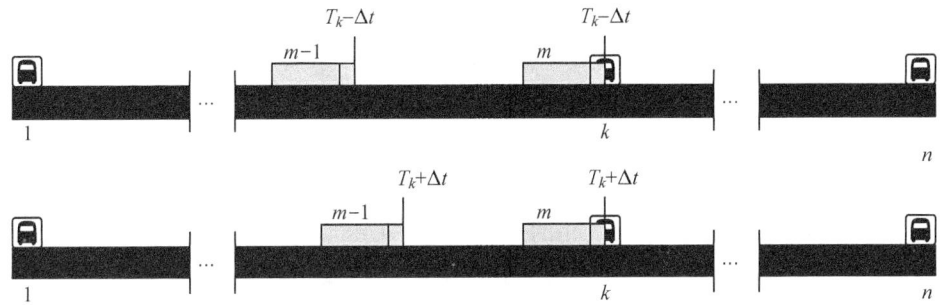

图 7-7　滞站调度示意图

这种策略可以减少地面公交车辆车头时距的波动和乘客的平均等车时间,提高运行可靠性,但是它也同时增加了滞站车辆中乘客的乘车时间和车辆的运行时间,导致地面公交站点处挤压到站,即由于多辆车同时到站而在站点处形成拥堵,因此,有部分城市的地面公交企业不愿采用或者禁止采用这种策略,如新加坡。

（2）越站调度

越站调度(Stop-skipping)与滞站调度相反,它是指当一辆地面公交车辆落后于计划时刻表或与前车的车头时距过大时,为了减小其与计划时刻表的偏差,或者为了保持车头时距的平稳性,让指定的地面公交车辆途经某些地面公交站点时不停或者只让乘客下车的调度方法。适用于与前一辆地面公交车的车头时距越来越大,而与后一辆地面公交车的车头时距越来越小的情况。

如图 7-8 显示了越站调度的一个简单示意图,当地面公交车 m 落后于它在站点 k 的预定的发车时间 Δt 时,则它行驶过站点 k 而不停车。

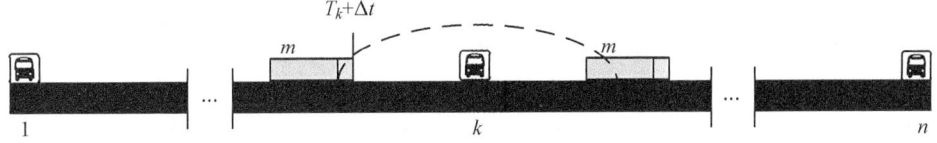

图 7-8　越站调度示意图

这种策略可以缩短下游站点乘客的等车时间和车内乘客的出行时间,但是这也会增加被越过的站点上乘客的等待时间,使本应在被越站点下车的乘客由于越站而提前下车并因等待下一辆地面公交车而支付额外费用,从而招致乘客抱怨。实施时必须提前告知乘客,使需在因车辆越站而不停车的那些站点下车的乘客不上该车或提前下车。

2) 调整车辆运输组织形式

在全程车的基础上,根据线路客流的分布特点主要采用区间车与大站快车的形式来缓解客流压力,保证换乘站点乘客的准点性。

(1) 区间车调度

区间车调度(Short-turn)是指地面公交车辆在还未运行到终点站时就让其结束当前班次,然后转到服务于线路的反向班次(即下行方向的班次),故有时也称为短时掉头。这种策略通常是在对向线路的运行间隔或乘客等待时间过长时采用,如图7-9所示。

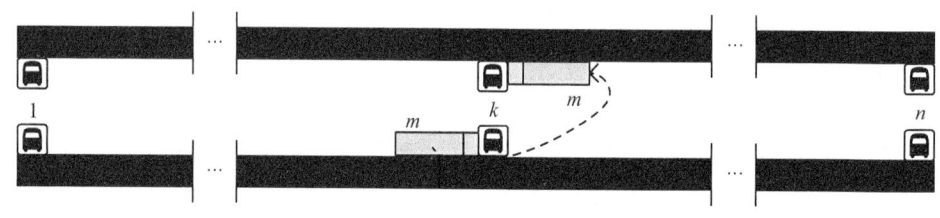

图 7-9　区间车调度示意图

区间车调度方法可以降低对向乘客的等待时间,但是,它增加了掉头站点下游站点的等待时间,以及提前下车乘客的额外费用。

(2) 大站快车调度

大站快车调度是通过少停站的方法来解决沿途待运乘客或做到均衡载客,使行车秩序恢复正常。具体方法有3种:一是空车出发,中途载客。在若干车辆同时到达首末站时,车辆到站时间已超出计划发车时间,此时必须使其中部分车辆在本站不载客出发,用放车调度措施迅速疏散车辆,尽快恢复线路中途的计划发车间隔,均衡中途各站待运乘客的等车时间,避免行车间隔过大、车辆堆积现象的循环出现;二是本站载客,越站停车。车辆晚点且多车到站时,可采取将其中部分车辆在本站载客,临近数站不停车的方法,以疏散本站待运乘客并减少停站次数,缩短晚点时间;三是采取实时大站快车。行车晚点时,待运乘客量大,将班车改为在中途上、下乘客较多的大站停车,可以疏散客流,缩短车辆行驶时间。

2. 异常态调度

当地面公交车辆运行条件或其他条件发生变化时,要求动态调度迅速对变化做出适当的反应,只有当动态变化幅度大到线路动态调度不起作用,必须对调度进行彻底的修改时,才采用此调度策略。可重新编排调度,在掌握已执行和正在执行运输任务车辆的运行情况的基础上实现动态调度。异常态下协调调度的基本策略如表7-3所示。

表7-3 异常态下协调调度的基本策略

异常事件	交通问题	协调调度对策
重大社会活动	客流超过地面公交运力,造成换乘站点滞留乘客激增	安排专门用于疏导换乘站点客流的车辆或组织跨线调度;变更行车计划,调整车辆中途停站次数
轨道交通事故、故障	到达换乘站点的乘客无法疏散,造成换乘站点滞留乘客激增	增加轨道交通线路平行方向地面公交运力,或增开临时线路
换乘站点周边交通严重堵塞	造成车辆严重晚点或行车间隔大,且超出实时控制解决能力	临时改变堵塞线路上的公交车辆行驶路线;控制换乘站点上游车站的上客人数
灾害性天气	致使地面公交车辆运行困难,到达换乘站点的客流无法疏散	控制换乘站点上游车站的上客人数,降低到达换乘站点的客流量
爆炸、火灾等恐怖事件	换乘站点内交通秩序混乱,客流急需疏散,车辆急需尽快驶离换乘站点区域	控制进入换乘站点的载客车辆,可调用空车经临时专用道组织疏散

7.3.3 中途越站控制模型

越站控制也称为"快车调度",即车辆在运行过程中越过一些站点(不停靠),从而避免相关的停站时间,使得地面公交车辆从运行不可靠状态中恢复过来。缺点是被越过的站点处的等车乘客必须至少等待下一个班次,才能获得地面公交服务。

越站控制可用于时刻表的规划阶段,以平衡车辆的载客量和最小化车辆配置规模;也可用于地面公交运行可靠性改善策略的运行控制阶段,以提高准点率或者平稳化站点处车头时距,降低乘客出行总成本。但越站也会导致部分乘客的地面公交服务受到损失,给一些乘客带来不便。因此,通常更多地从时刻表的规划过程中更加正式地考虑越站,而不是在运行控制层面上。

越站调度应考虑站点间行驶时间的随机性。此外,越站调度在缩短了一些站点处的车头时距的同时,增大了另外一些站点处的车头时距,同时也因部分站点处车辆不停靠,缩短了一些乘客的出行时间,减少了地面公交企业的运行成本。使用时应在以下几个方面之间进行均衡考虑。

1. 假设条件及变量定义

表7-4中为本章所用到的符号。

表 7-4 符号及其意义

符号	意 义
i	指代地面公交车辆，$i=0,1,2$
j	指代地面公交线路上的站点，$j=1,2,\cdots,N$
r_j	站点 $j-1$ 和 j 之间的行驶时间，$j=2,\cdots,N$
$D_{i,j}$	第 i 辆地面公交车离开站点 j 的时间，$\forall i,j$
$A_{i,j}$	第 i 辆地面公交车到达站点 j 的时间，$\forall i,j$
$\tau_{i,j}$	第 i 辆地面公交车在站点 j 处的上、下客时间，$\forall i,j$
$H_{i,j}$	站点 j 处，第 $i-1$ 辆车与第 i 辆车之间的车头时距，$\forall j$
$W_{i,jk}$	等待车辆 i，准备在站点 j 处上车、在站点 k 处下车的乘客数，$1 \leqslant j < k \leqslant N$
$L_{i,jk}$	被车辆 i 越过的，准备在站点 j 处上车、在站点 k 处下车的乘客数，$1 \leqslant j < k \leqslant N$
$L_{i,j}$	被车辆 i 越过的，准备在站点 j 处上车的乘客数，$L_{i,j} = \sum_{k=j+1}^{N} L_{i,jk}$，$j=2,\cdots,N-1$
$U_{i,j}$	第 i 辆地面公交车在站点 j 处的上车人数，$j=1,2,\cdots,N-1$
$V_{i,j}$	第 i 辆地面公交车在站点 j 处的下车人数，$j=2,\cdots,N$
b	每个乘客的上车平均所需时间，常数
a	每个乘客的下车平均所需时间，常数
δ	站点处地面公交车辆的平均加、减速时间，常数
$\lambda_{j,k}$	下车站点为 k 的乘客在站点 j 处的平均到达率
λ_j	站点 j 处乘客的平均到达率，$\lambda_j = \sum_{k=j+1}^{N} \lambda_{j,k}$，$j=1,2,\cdots,N-1$
c_1	与乘客等待时间有关的价值系数
c_2	与乘客车内时间有关的价值系数
c_3	与地面公交线路总运行时间有关的价值系数
$y_{i,j}$	反映地面公交车辆 i 在站点 j 处是否停靠的 0-1 变量，若车辆 i 越过站点 j，则 $y_{i,j}=0$；若在该站点处停靠，则 $y_{i,j}=1$

假设一条经过 N 个站点的地面公交线路，按顺序标为站点 1、站点 2、…、站点 N，如图 7-10 所示。在任意一个时刻点，地面公交车辆可能处于这 3 种状态中的任意一种状态：在站点之间运行、在站点处停靠让乘客上/下车、在首站处等待发车。本节所研究的问题主要集中在最后一种状态，即在站点处等待发车，同时从调度中心获取关于越站策略的指令，哪些站要越过，哪些站要停靠。该问题通常被认为是一个动态的越站调度问题。

基于运行过程的动态性，为了简化问题的描述，做如下假设：

（1）当在考虑对地面公交车辆 i 实施越站调度时，地面公交车辆 $i-1$ 和地面公交车辆 $i+1$ 均不允许有任何控制措施的实施，即每隔一辆车实施一次越站调度，分析问题时需要同时考虑 3 辆地面公交车的运行。这样就保证了任何一个地面公交站点处的计划车头时距不超过原计划车头时距的两倍，乘客的等待时间不会过长。

第7章 轨道交通与地面公交运行协调技术

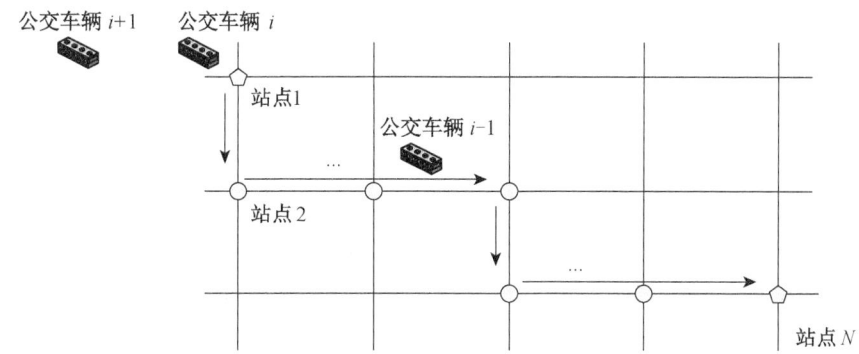

图 7-10 地面公交线路及站点示意图

(2) 为方便问题的求解,不考虑地面公交车辆的容纳能力约束。

(3) 在采用越站调度时,地面公交车辆的顺序不发生变化,即不存在超车现象。

(4) 每个站点处,乘客的到达率是给定的或者说是已知的,实践中可以通过调查或者历史数据统计得到。

(5) 对于某站点处的上车乘客而言,在每一个后续站点处下车的概率也是可以通过历史数据获得的,并假设其独立于上车的乘客数。

(6) 站点间的行驶时间假设是已知的,可以通过 AVL 收集的数据统计得到。

(7) 假设在每个地面公交站点处都设有电子显示设备,可以及时显示和发布具体的越站控制,或者驾驶员可以在地面公交车辆到达某一站点时及时通知乘客哪些站将被越过,下车站点为这些站点的乘客不要上车。

假设条件(4)和(5)实际上是指在分析问题之前,站点 O-D 矩阵为已知的。假设条件(7)则为具体实施越站调度时,地面公交企业应附加采取的措施,以便于乘客获取相关信息,当乘客准备上车的站点或者准备下车的站点将被越过时,乘客将会等待下一辆没有越站控制的车辆。

由于每次的越站调度问题实际上只同时考虑 3 辆地面公交车的运行,即车辆 $i-1$、i 和 $i+1$,这里将 3 辆车分别标记为车辆 0、车辆 1、车辆 2,车辆 1 即为在首站处等待越站决策的当前地面公交车辆。

2. 目标函数

运行控制策略可以采用多种不同的方法建模,具体方法取决于控制目标和约束条件的选取。关于越站调度,常用的目标函数是最小化总的乘客等待时间和对车上乘客的延误时间。然而,越站调度还有两个重要的期望效果是减少乘客的出行时间和地面公交车辆的运行时间。因此,这里构建的目标函数主要包含 3 部分:

1) 乘客等待时间成本

对于确定型发车间隔，Ceder 和 Marguier 在 1985 年推导出乘客的平均等待时间为

$$\bar{w} = \frac{H}{2} \tag{7-38}$$

式中，$\bar{w}$ 为平均等待时间；H 为发车间隔或者说是车头时距。

在站点 j 处等待地面公交车辆 i 的乘客 $U_{i,j}$ 中，一部分是在第 $i-1$ 辆和第 i 辆车之间到达的乘客，即 $(U_{i,j} - L_{i-1,j})$，这部分乘客乘坐第 i 辆车时的平均等待时间为 $\frac{H_{i,j}}{2}$；还有一部分乘客 $L_{i-1,j}$，这部分乘客是由于车辆 $i-1$ 越过站点 j 没有停靠而遗留下来的，他们除了平均等待时间 $\frac{H_{i-1,j}}{2}$ 外，还需要额外等待一个车头时距 $H_{i,j}$，即总的等待时间为 $\frac{H_{i-1,j}}{2} + H_{i,j}$。因此，对于车辆 i 和车辆 $i+1$，总的乘客等待时间为

$$Z_1 = \sum_{i=1}^{2} \sum_{j=1}^{N} \left[(U_{i,j} - L_{i-1,j}) \cdot \frac{H_{i,j}}{2} + L_{i-1,j} \cdot \left(\frac{H_{i-1,j}}{2} + H_{i,j} \right) \right] \tag{7-39}$$

2) 乘客车内时间成本

乘坐第 i 辆车，在站点 j 处上车、在站点 k 处下车的乘客，其车内时间为所经过的各站点间的行驶时间及站点处停靠时间之和，即 $\sum_{f=j+1}^{k} [r_f + (\tau_{i,f} + \delta) \cdot y_{i,f}]$，若第 i 辆车越过站点 f，则 $y_{i,f} = 0$，节省了在该站点处的停靠时间(包括上/下客和车辆加减速时间)；若第 i 辆车在站点 f 处停靠，则 $y_{i,f} = 1$。因此，所有站点 O-D 间的乘客的总的车内时间为

$$Z_2 = \sum_{i=1}^{2} \sum_{j=1}^{N-1} \sum_{k=j+1}^{N} \left\{ W_{i,jk} \cdot \sum_{f=j+1}^{k} [r_f + (\tau_{i,f} + \delta) \cdot y_{i,f}] \right\} \tag{7-40}$$

3) 线路总运行时间

线路总运行时间为地面公交车辆从首站至末站所经过的各站点间的行驶时间及站点处停靠时间之和，线路总运行时间主要与地面公交企业的运行成本的节省有关：

$$Z_3 = \sum_{i=1}^{2} \sum_{j=2}^{N} [r_j + (\tau_{i,j} + \delta) \cdot y_{i,j}] \tag{7-41}$$

由于等待时间、车内时间和线路总运行时间的价值不同，引入权重系数 c_1、c_2 和 c_3，表征不同的时间价值成本，总目标函数为：

第 7 章 轨道交通与地面公交运行协调技术

$$\min Z = c_1 \sum_{i=1}^{2} \sum_{j=1}^{N} \left[(U_{i,j} - L_{i-1,j}) \cdot \frac{H_{i,j}}{2} + L_{i-1,j} \cdot \left(\frac{H_{i-1,j}}{2} + H_{i,j} \right) \right]$$

$$+ c_2 \sum_{i=1}^{2} \sum_{j=1}^{N-1} \sum_{k=j+1}^{N} \left\{ W_{i,jk} \cdot \sum_{f=j+1}^{k} [r_f + (\tau_{i,f} + \delta) \cdot y_{i,f}] \right\}$$

$$+ c_3 \sum_{i=1}^{2} \sum_{j=2}^{N} [r_j + (\tau_{i,j} + \delta) \cdot y_{i,j}] \qquad (7-42)$$

3. 约束条件

在假设的前提下,此模型中超车只可能发生在实施了越站调度后的车辆 i 和没有任何控制策略的车辆 $i-1$ 之间。即若车辆 i 在站点 j 处越站,则车辆 i 的运行速度加快,有可能在下一个站点 $j+1$ 处赶上并且超过它前面的车辆 $i-1$。因此,约束条件之一就是避免超车情况的发生,车辆 $i-1$ 离开站点 $j+1$ 和车辆 i 到达站点 $j+1$ 的时间间隔不小于某一规定的临界车头时距值 H_0,即:

$$A_{i,j+1} - D_{i-1,j+1} \geqslant H_0, \quad i=1,2; \quad j=2,3,\cdots,N-1 \qquad (7-43)$$

此外,车辆 i 在首站和末站处不能越站,即:

$$y_{i,1} = y_{i,N} = 1, \quad i = 1 \qquad (7-44)$$

同样的,还可以补充增加其他的约束条件,如不能连续越站、在某些重要的枢纽站点处不允许越站等。

决策变量 $y_{i,j}$ 为 0-1 变量,即

$$y_{i,j} \in \{0, 1\}, \quad i = 1; \quad j = 2, 3, \cdots, N-1 \qquad (7-45)$$

除这些外,地面公交运行系统还需满足车辆运行轨迹过程。一条地面公交线路上的车辆基本上遵循以下的运行过程:到达一个地面公交站点,进行上、下客,然后离开再到达下一个地面公交站点。这个过程开始于首站,结束于末站。

$$A_{i,j} = D_{i,j-1} + r_j + \frac{\delta}{2} \cdot y_{i,j-1} + \frac{\delta}{2} \cdot y_{i,j}, \quad i=1,2; \quad j=2,3,\cdots,N \qquad (7-46)$$

$$D_{i,j} = A_{i,j} + \tau_{i,j}, \quad i=1,2; \quad j=2,\cdots,N \qquad (7-47)$$

$$H_{i,j} = A_{i,j} - D_{i-1,j}, \quad i=1,2; \quad j=2,3,\cdots,N \qquad (7-48)$$

$$\tau_{i,j} = \max(b \cdot U_{i,j}, a \cdot V_{i,j}), \quad i=1,2; \quad j=2,3,\cdots,N \qquad (7-49)$$

其中,式(7-46)表明,车辆 i 到达站点 j 的时间,为它从站点 $j-1$ 处的离开时间、两个站点之间的行驶时间和加、减速的时间损失之和。而站点处的离开时间为其到

达时间与站点处停靠时间之和,如式(7-47)所示。式(7-48)定义了车头时距,为站点处连续到达的两辆地面公交车的离开时间之差。在双门地面公交车辆(前门上车、后门下车)的情况下,站点停靠时间主要由上、下客人数决定,通常采用线性模型表示,如式(7-49)。

分析车辆运行轨迹演化过程的这4个等式的初始条件为地面公交车辆0在所有站点处的离开时间 $D_{0,j}$ ($j=1,2,\cdots,N$),以及各辆地面公交车在首站处的发车时间。在考虑车辆 i 的具体越站调度方案时,车辆 $i-1$ 在已经经过的站点处的离开时间是可以通过 AVL 系统获得的;而后面尚未经过的那些站点处的离开时间,则需要依据乘客平均到达率、车辆 $i-1$ 的当前位置,以及速度进行简单的预测得到。站点 $j-1$ 和站点 j 之间的行驶时间假设为随机变量,均值为 r_j,方差为 σ_j^2。不同地面公交车辆在站点 $j-1$ 和站点 j 之间的行驶时间服从同分布。

运行过程中的地面公交车辆的上、下客情况采用以下4个等式得到:

$$U_{i,j} = y_{i,j} \sum_{k=j+1}^{N} W_{i,jk} y_{i,k}, \quad i=1,2; \quad j=1,2,\cdots,N-1 \quad (7-50)$$

$$V_{i,j} = y_{i,j} \sum_{k=1}^{j-1} W_{i,kj} y_{i,k}, \quad i=1,2; \quad j=2,\cdots,N \quad (7-51)$$

$$W_{i,jk} = L_{i-1,jk} + \lambda_{j,k} H_{i,j},$$
$$i=1,2; \quad j=1,2,\cdots,N-1; \quad k=2,\cdots,N \quad (7-52)$$

$$L_{i,jk} = W_{i,jk} - W_{i,jk} y_{i,k} y_{i,j},$$
$$i=1,2; \quad j=1,2,\cdots,N-1; \quad k=2,3,\cdots,N \quad (7-53)$$

其中,式(7-50)表明,在站点 j 处(假设车辆 i 在站点 j 处停靠)等待车辆 i 的乘客数,取决于在站点 j 与站点 k ($k>j$)之间出行的乘客数(即 O 点为站点 j,D 点为站点 k 的乘客数),以及车辆 i 是否在站点 k 处停靠。若不在其 D 点(即站点 k)处停靠, $y_{i,k}=0$ 这部分乘客将不再等待车辆 i,而是选择等待车辆 $i+1$,它们不被包含在 $U_{i,j}$ 中。同样的,式(7-51)反映出,车辆 i 在站点 j 处(假设车辆 i 在站点 j 处停靠)的下客数,取决于在站点 k 与站点 j ($k<j$)之间出行的乘客数(即 O 点为站点 k,D 点为站点 j 的乘客数),以及车辆 i 是否在站点 k 处停靠。式(7-52)的含义是,在站点 j 处等待车辆 i 的乘客中,D 点为站点 k 的乘客数包含了由于车辆 $i-1$ 越过站点 j 而余留下来的乘客 $L_{i-1,jk}$,以及在车辆 $i-1$ 离开站点 j 之后到达站点 j 的乘客。式(7-53)表明,若车辆 $i-1$ 在站点 j 和站点 k 处停靠,那么由于车辆 $i-1$ 越过站点 j 而余留下来的 D 点为站点 k 的乘客数 $L_{i-1,jk}$ 则为 0;否则, $L_{i-1,jk}$ 为在站点 j 处等待车辆 $i-1$,且 D 点为站点 k 的乘客数。

实际应用时,由于规定车辆0不允许有任何越站调度行为,且车辆容纳能力没有约束,$L_{0,jk}=0$。而且,在末站处没有乘客上车,$U_{i,N}=0$($i=1,2$);在首站处没有乘客下车,$V_{i,1}=0$($i=1,2$)。此外,也可以增加一些其他的约束条件,例如,不允许连续越站时,相应的约束条件为

$$y_{i,j}+y_{i,j+1} \geqslant 1, \quad j=1,2,\cdots,N-1 \tag{7-54}$$

4. 求解算法

图 7-11 描述了遗传算法的基本流程。终止条件一般有以下几种:
(1) 进化次数限制;
(2) 计算耗费的资源限制(例如计算时间、占用的内存等);
(3) 最优值已经找到;
(4) 适应度已经饱和,继续进行不会产生适应度更好的个体。

与其他局部搜索方法相比,遗传算法具有以下特点:
(1) 处理的是参数集的编码,而不是直接处理参数本身;
(2) 搜索一个种群,而非种群中的一个单点;
(3) 采用目标函数信息,而不是其他辅助知识或信息。

这些特点使得遗传算法的应用更加广泛,只需要影响搜索方向的目标函数和相应的适应度函数,而且可以同时对搜索空间中的多个解进行评估,降低了陷入局部最优解的风险,算法易于实现。

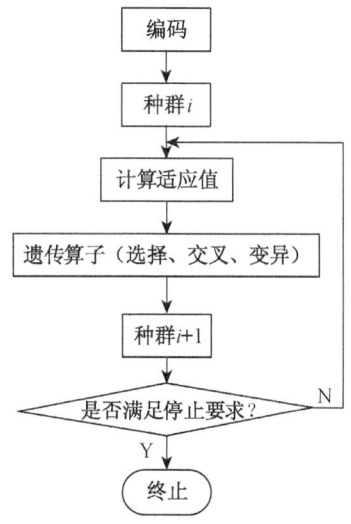

图 7-11 遗传算法的基本流程

遗传算法有选择、交叉和变异 3 个算子。

（1）选择

选择算子有时又称为再生算子。它是一个依据适应度评估值复制个体的过程，目的是把优化的个体（或解）直接遗传到下一代或者通过配对交叉产生新的个体再遗传到下一代。最简单常用的方法是轮盘赌选择法，各个个体的选择概率和其适应度值成比例。假设一个含有 n 个个体的种群，个体 i 的适应度值为 f_i，则 i 被选择的概率为

$$P_i = \frac{f_i}{\sum_{i=1}^{n} f_i} \tag{7-55}$$

个体被选择后，可随机地组成交配对，以供后面的遗传算子操作。

（2）交叉

第二个遗传算子为简单交叉，指根据交叉率，把两个父代个体的部分结构加以替换重组而生成新个体的操作。最常用的交叉算子为单点交叉，是在个体串中随机设定一个交叉点，实行交叉时，该点前或后的两个个体的部分结构进行互换，生成两个新个体，如图 7-12 所示。

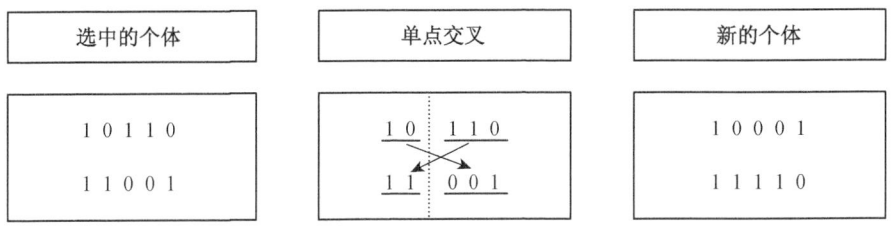

图 7-12 单点交叉算子示例

（3）变异

与再生和交叉算子相比，变异算子主要起辅助作用。它是对群体中的个体串的某些基因座上的基因值做变动，如图 7-13 所示，基因座下方标有"△"的基因发生变异。引入变异的目标有两个：一是使遗传算法具有局部的随机搜索能力；二是使遗传算法可维持群体多样性，防止出现未成熟收敛现象。变异率的选取一般受种群大小、染色体长度等因素的影响，通常取很小的值。

图 7-13 变异算子示例

由式(7-42)可知,研究的越站控制问题实际上是一个非线性 0-1 规划问题,可以采用非线性优化方法进行求解。而且,由于仅需确定一辆地面公交车的越站形式,即哪个站要越过,哪个站不越过,问题的求解规模并不大,采用启发式搜索方法——遗传算法进行求解。

求解越站问题的遗传算法的第一步是对越站形式进行基因表达,即在问题的实际表现形式和遗传算法的染色体位串结构之间建立联系,确定编码和解码运算。由于越站问题的决策变量为 $y_{i,j}$,它本身是一个 0-1 变量,当 $y_{i,j}=0$ 时,车辆 i 越过站点 j,当 $y_{i,j}=1$ 时,车辆 i 在站点 j 处停靠。因此,可以直接采用基于 (0,1) 符号集的二值编码形式,如图 7-14 所示。

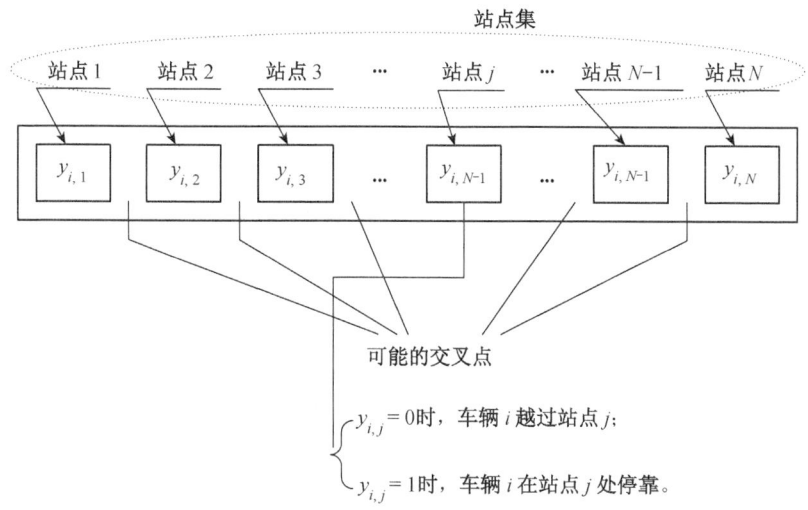

图 7-14 越站问题的编码:染色体和基因

编码确定之后,便是初始种群的选择。选择规模较大的初始种群可以同时处理更多的解,因而容易得到全局最优解,其缺点是增加了每次迭代的时间,因此,种群规模一般取 30~100。而初始种群中的个体是随机产生的。先随机生成一定数目的个体,看是否满足约束条件式(7-44),然后从中挑出最好的个体加到初始群体中。这个过程不断迭代,直到初始群体中个体数达到了预先确定的规模。

遗传算法的适应度是用来判断群体中的个体的优劣程度的指标,它是根据所求问题的目标函数来进行评估的。然而适应度的方法容易导致一些较差的个体依然被选中(虽然它们的概率较低,但不代表是 0),从而丢失好的个体。因此,论文直接选择最优的前 $\bar{k}$ 个个体,进入下一代。例如,一代开始时,有 100 个个体,通过交叉和突变,又有了 76 个个体,那么就选择这 176 个个体中,目标函数值最小的前

100个进入下一代。这样始终不会丢失好的个体。

最后是关于交叉率π和变异率ω的选取。交叉算子采用单点交叉法,交叉率π和变异率ω则采用试算,通过分析各比率值的变化对目标函数以及收敛速度的影响来确定π和ω的值。

终止条件为给定最大迭代数,算法的遗传代数达到时,算法终止。

当行驶时间假设为随机变量时,求解难度增大,采用含蒙特卡罗的遗传算法进行求解。

(1) 蒙特卡罗过程

基于给定的车辆1的越站形式,蒙特卡罗主要用于计算各参数值和目标函数。遗传算法主要用于生成车辆1的不同的越站形式。

Step 1:初始化。令抽样次数$m=1$,$\overline{Z}^{(m)}$表示目标函数式(7-42)的估计值。惩罚参数ρ为一个极大的正数。

Step 2:取样。对于地面公交车辆i,基于站点$j-1$和站点j之间的行驶时间服从的分布函数,产生一组站点间行驶时间$\bar{r}_{i,j}$ ($i=0,1,2; j=2,3,\cdots,N$)。

Step 3:参数计算。利用样本行驶时间值,采用式(7-46)、(7-47)、(7-48)、(7-49)计算各参数值。

Step 4:目标函数值计算。使用式(7-39)、(7-40)、(7-41)计算3个目标函数项,根据式(7-42)计算得到目标函数值,记为$\overline{Z}^{(m)}$。检查约束条件(7-43)是否满足,若不满足,给目标函数值增加惩罚参数,即$\overline{Z}^{(m)} = \overline{Z}^{(m)} + \rho$。

Step 5:检查是否停止算法。$m_{\max}$为设定的样本规模,若$m > m_{\max}$,则算法停止并输出目标函数估计值为$\overline{Z} = \overline{Z}^{(m)}$。

Step 6:更新。计算$\overline{Z}^{(m+1)}$为:$\overline{Z}^{(m+1)} = \overline{Z}^{(m)} + \frac{1}{m}(Z^{(m)} - \overline{Z}^{(m)})$。

(2) 含蒙特卡罗的遗传算法

基于蒙特卡罗过程,可以计算每一种越站形式的目标函数估计值。若地面公交线路上站点个数为$N=20$,则越站形式有$2^{18}=262144$种,采用枚举算法比较繁琐。因此,采用含蒙特卡罗的遗传算法进行求解。

Step 1:初代种群。设种群规模为n,交叉率为π,突变率为ω,采用伪随机数产生器生成初代种群中的染色体,令种群代数$k=1$。染色体的第一个基因和最后一个基因均为1,以满足约束条件式(7-44)。

Step 2:交叉。对每一个染色体,设一个附加的$\gamma^{(k)}$值,$\gamma^{(k)}$为服从$[0,1]$的均匀分布的随机数。将$\gamma^{(k)} < \pi$的染色体集中起来,并进行配对。然后,对选中的

每一对染色体,在 1 和 N 之间取一个整数 $\bar{j}$,交换染色体中的前 $\bar{j}$ 个基因,即形成两个新的染色体。

Step 3:变异。对所有的染色体上的每一个基因(除第 1 个和第 N 个基因外),设一个附加的值 $\bar{\gamma}^{(k)}$,$\bar{\gamma}^{(k)}$ 为服从 $[0,1]$ 的均匀分布的随机数。若 $\bar{\gamma}^{(k)} < \omega$,则改变该基因的值(从 0 变为 1,或者从 1 变为 0),从而生成新的染色体。

Step 4:计算。每一个染色体代表了一种中途越站形式。采用蒙特卡罗过程计算每一个新生成的染色体的目标函数值。

Step 5:选择。将所有染色体的目标函数值 $\bar{Z}$ 按从小到大进行排序,选择前 $\bar{k}$ 个染色体作为优选出的染色体。

Step 6:检验是否停止算法。$k_{\max}$ 为设定的最大迭代次数(即种群代数),若 $k > k_{\max}$,算法停止并输出优选出的染色体的目标函数 $\bar{Z}$ 中的最小值以及对应的染色体;否则,令 $k = k + 1$,转至 Step 1。

7.3.4 动态驻站控制模型

驻站控制是一种重要的实时调度策略。通过在换乘站点实施驻站控制使到站车辆等待与其存在换乘关系的晚点车辆,提高乘客能够换乘到当班地面公交车辆的概率,减少由于换乘失败需等待下一班次车辆造成的出行延误。但是驻站控制会增加非换乘乘客的等待时间,因此需要准确预测晚点车辆的到站时间,确定驻站控制带来的系统成本变化,从而进行驻站控制的决策。

动态驻站控制是以系统总成本最小为驻站控制优化的目标,建立驻站控制模型。在驻站控制模型中,控制变量为驻站时间,成本函数包括企业运行成本和乘客等待时间成本两部分,以总成本最小为目标求解,同时考虑地面公交车辆的容量限制,得到驻站时间阈值;利用卡尔曼滤波算法预测晚点地面公交车辆的到站时间。如果预测的晚点地面公交车辆的到站时间超过了驻站时间阈值,不实施驻站控制;如果预测的晚点地面公交车辆的到站时间在驻站时间阈值内,实施驻站控制,当晚点车辆在驻站时间阈值内到站、乘客换乘完成后立即离站,无论此时是否达到驻站时间阈值;但是晚点车辆的预测到站时间与实际到站时间可能会有误差,如果晚点车辆的预测到站时间在驻站时间阈值内,但是实际到站时间超过了驻站时间阈值,则驻站车辆等待驻站时间阈值后立即离站。

1. 模型假设及定义

针对在换乘站点接客线路发车间隔大、两条线路间存在一定换乘乘客量等特点,建立模型时主要考虑两条换乘线路的特点,在分析运行实际过程的基础上作如下假设:

(1) 接客线路车辆按时刻表运行；

(2) 地面公交车辆到达站点是可以被检测到的；

(3) 不允许车辆在时刻表规定的时间之前离开换乘站点，但是可以在时刻表规定的时间之后离开，以达到为乘坐晚点车辆的乘客提供换乘的目的；

(4) 从送客线路换乘到接客线路的换乘乘客数量是已知的；

(5) 换乘站下游站点乘坐接客线路车辆的乘客数量是已知的；

(6) 两条线路的发车间隔是协调优化好的，都为固定值，发车间隔要么相等，要么成整数倍关系；

(7) 界定研究的基本时段为接客线路的发车间隔 H（较长的发车间隔）；

(8) 在研究的基本时段 H 内站点乘客是均匀到达的，到达率为一定值；

(9) 送客线路车辆的晚点时间超过其发车间隔的概率非常小，可以忽略不考虑，即晚点车辆不会被同线路的下一班次车辆超车。

2. 社会总成本

地面公交在换乘站实施驻站控制策略导致的社会总成本变化如表7-5所示（以不实施驻站控制时的成本为基准点进行比较）。总成本的变化由运行成本变化和乘客成本变化两部分构成。运行成本变化体现在准点到达的接客线路车辆因驻站等待造成的车辆运行成本增加。乘客成本变化反映在接客线路车辆上，直接导致车上乘客、在换乘站点等待本班次车辆的乘客以及下游站点等待本班次车辆乘客的等待时间成本增加，但又使原本到该站点等待下一班次车辆却由于驻站控制策略而乘上本班次车辆的乘客的等待时间成本减少；反映在晚点的送客线路车辆上，因车辆在驻站时间内到达，使车辆上的换乘乘客换乘成功，等待时间成本减少。

表 7-5 地面公交换乘站点车辆驻站控制导致的社会总成本变化

成本类型	子 项	代表符号
运行成本变化	(接客线路)驻站等待造成的车辆运行成本增加	C_0
乘客成本变化	(接客线路)车上乘客因驻站控制导致的等待时间成本增加	C_p^{inv}
	(接客线路)在换乘站点等待本班次车辆的乘客因驻站控制导致的等待时间成本增加	C_p^{ar1}
	(接客线路)下游站点等待本班次车辆的乘客因驻站控制导致的等待时间成本增加	C_p^{down}
	(接客线路)原本到该站点等待下一班次车辆却由于驻站控制而乘上本班次车辆的乘客等待时间成本的减少	C_p^{ar2}
	(送客线路)换乘乘客因驻站控制而换乘成功，使等待时间成本减少	C_p^{tr}

1) 运行成本变化

表 7-5 中的运行成本变化可用式(7-56)表示。

$$C_0 = t_h \cdot c_0 \tag{7-56}$$

式中：C_0——(接客线路)驻站等待造成的车辆运行成本增加(元)；

t_h——接客线路车辆的驻站时间(min)；

c_0——接客线路车辆单车、单位时间内的运行成本(元/min)。

2) 乘客成本变化

(1) 车上乘客的等待时间成本增加

$$C_p^{inv} = P_{i,k}^{ink} \cdot t_h \cdot c_p \tag{7-57}$$

式中：C_p^{inv}——(接客线路)车上乘客因驻站控制导致的等待时间成本增加(元)；

$P_{i,k}^{ink}$——车辆 i 上，在站点 k 不下车的车上乘客人数(人)；

c_p——乘客的单位时间价值[元/(min·人)]。

(2) 等待本班次车辆乘客的等待时间成本增加

$$C_p^{arl} = H \cdot P_{arate} \cdot t_h \cdot c_p \tag{7-58}$$

式中：C_p^{arl}——(接客线路)在换乘站点等待本班次车辆的乘客因驻站控制导致的等待时间成本增加(元)；

H——接客线路车辆的发车间隔(min)；

P_{arate}——到达站点等待接客线路车辆的乘客到达率(人/min)；

(3) 等待下一班次车辆却乘上本班次车辆乘客的等待时间成本减少

$$C_p^{ar2} = -P_{arate} \cdot t_h \cdot (H - t_h) \cdot c_p \tag{7-59}$$

式中：C_p^{ar2}——(接客线路)原本到该站点等待下一班次车辆却由于驻站控制而乘上本班次车辆的乘客等待时间成本的减少(元)。

(4) 下游站点等待本班次车辆乘客的等待时间成本增加

$$C_p^{down} = P_i^d \cdot t_h \cdot c_p \tag{7-60}$$

式中：C_p^{down}——(接客线路)下游站点等待本班次车辆的乘客因驻站控制导致的等待时间成本增加(元)；

P_i^d——换乘站下游站点等待接客线路车辆的乘客人数(人)。

(5) 换乘成功乘客的等待时间成本减少

$$C_p^{tr} = -P_{j,i}^{tr} \cdot (H - L_j) \cdot c_p \cdot \varphi(t_h - L_j) \tag{7-61}$$

其中：

$$\varphi(t_h - L_j) = \begin{cases} 0 & t_h < L_j \\ 1 & t_h \geqslant L_j \end{cases} \quad (7\text{-}62)$$

式中：C_p^{tr} ——（送客线路）换乘乘客因驻站控制而换乘成功，使等待时间成本减少（元）；

$P_{j,i}^{tr}$ ——从送客线路换乘到接客线路的换乘乘客人数（人）；

L_j ——送客线路相较于时刻表的到站晚点时间（min）。

3. 目标函数

通过对驻站控制成本和车辆驻站成本函数的分析可知，社会总成本变化包括了企业运行成本变化和不同类型的乘客成本变化，是一个多目标函数。将多目标函数化为统一的单目标函数进行求解，便可建立如下以车辆驻站时间为变量的最优目标函数式。

$$\begin{aligned}
\min C_H(t_h) &= C_0 + C_p^{inv} + C_p^{ar1} + C_p^{ar2} + C_p^{down} + C_p^{tr} \\
&= t_h \cdot c_0 + P_{i,k}^{ink} \cdot t_h \cdot c_p + H \cdot P_{arate} \cdot t_h \cdot c_p \\
&\quad - P_{arate} \cdot t_h \cdot (H - t_h) \cdot c_p \\
&\quad + P_i^d \cdot t_h \cdot c_p - P_{j,i}^{tr} \cdot (H - L_j) \cdot c_p \cdot \varphi(t_h - L_j)
\end{aligned} \quad (7\text{-}63)$$

$$\text{s.t.} \begin{cases} 0 < t_h < H \\ P_{i,k}^{ink} + P_{arate} \cdot (H + t_h) < \alpha V_{cap} \end{cases} \quad (7\text{-}64)$$

其中：

$$\varphi(t_h - L_j) = \begin{cases} 0 & t_h < L_j \\ 1 & t_h \geqslant L_j \end{cases} \quad (7\text{-}65)$$

4. 动态驻站控制模型求解

对于动态驻站控制模型，当送客线路车辆的到站晚点时间可以确定时，运用Matlab软件对模型进行搜索式求解，可求得接客线路车辆的最优驻站时间，求解的流程如图7-15所示。

图7-15的求解流程是建立在晚点车辆的到站时间是确定的基础上的，然而在实际的地面公交运行系统中，晚点车辆的到站时间是无法完全确定的，即使运用预测精确度很高的模型进行地面公交车辆的到站时间预测，预测的结果也会存在一定误差。因此本书是在到站时间无法确定的情况下，运用Matlab软件对动态驻站控制模型的求解方法进行研究。在晚点车辆的到站时间不确定的情况下，模型求解得到的是驻站时间阈值。

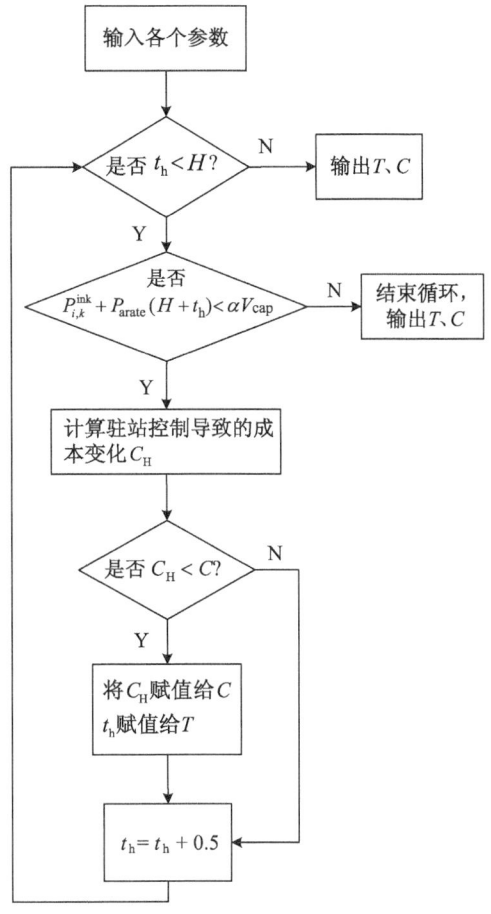

图 7-15　最优驻站时间求解流程图

驻站时间阈值是进行驻站决策的关键因素。在进行驻站决策时,有以下两种情况:(1)当预测的送客线路的晚点到站时间超过驻站时间阈值时,接客线路车辆则不实施驻站,上下客完成后立即离站。(2)当预测的送客线路的晚点到站时间在驻站时间阈值内,接客线路则实施驻站等待。如果在驻站时间阈值内,晚点车辆到达换乘站点,那么换乘成功后接客线路立即离站;如果接客线路等到驻站时间阈值时,送客线路仍然没有到达换乘站点,那么则不再继续等待,立即离站。

当运用驻站时间阈值对驻站控制进行决策时,可以在一定程度上消除由晚点车辆到站时间预测的误差带来的负面影响,减小驻站失败的可能性,提高换乘成功的概率。相比于最优的驻站时间,驻站时间阈值更加合理可靠,更加符合实际情况。

驻站时间阈值求解过程如图7-16所示。

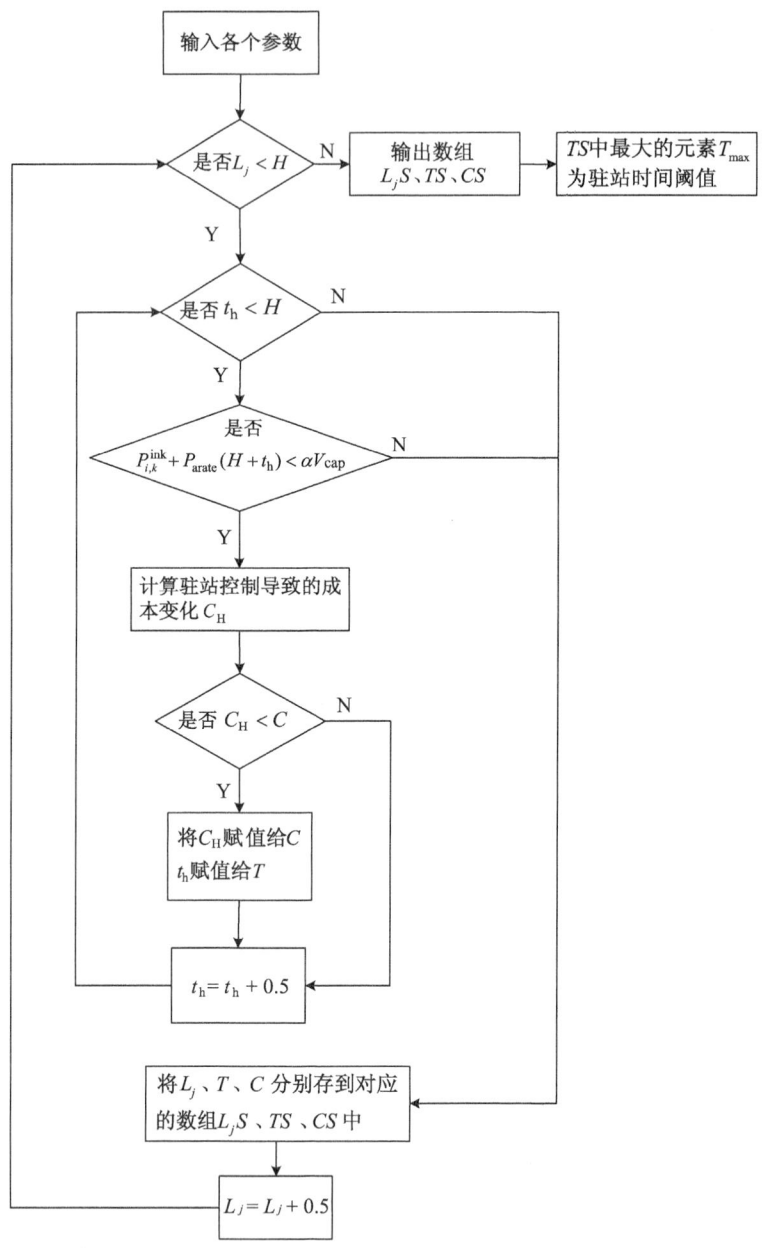

图7-16 驻站时间阈值求解流程图

由图7-16的求解流程得到驻站时间阈值,结合由地面公交车辆到站时间预测模型得到的预测信息,就可以对驻站控制进行决策。假设预测送客线路车辆的到站晚点时间为 L_{jpr},当 $L_{jpr} \leqslant T_{\max}$ 时,实施驻站等待晚点车辆,当晚点车辆在驻站时间阈值内到达时,上下客完成后立即离站;若等到驻站时间阈值时送客线路车辆仍然未到站,那么此时接客线路车辆立即离站,不再继续等待。当 $L_{jpr} > T_{\max}$ 时,不实施驻站,接客线路车辆上下客后立即离站。

7.4 本章小结

本章通过分析轨道交通与地面公交线路几何特征与发车间隔特征,研究了需要进行运行协调的对象;提出了运行协调策略,包括时刻表协同设计与实时调度优化;从到发时间控制和发车间隔优化两方面研究了时刻表协同问题,考虑运能匹配,建立轨道交通与地面公交时刻表协同模型;分常态调度和异常态调度分析了实时调度策略形式,根据地面公交客流需求、行车情况等因素,研究了滞站、越站、区间车以及大站快车等调度形式,并就中途越站和动态驻站调度控制进行了建模。

第8章 轨道交通运营初期公共交通运营管理策略与技术

8.1 公共交通运营管理的目标与内容

我国城市交通运输行政管理体制总体上可以分成组织机构和运行机制不尽相同的3种管理模式，即多部门交叉管理模式、城乡道路运输一体化管理模式和"一城一交"综合交通管理模式，如表8-1所示。尽管模式3相对于前两种模式实现了交通资源的统一管理和优化配置，但无论在何种管理模式下，轨道交通与地面公交的管理都不同程度地涉及多个部门。

表8-1 我国城市轨道交通与地面公交涉及的行业部门

管理模式		代表中心城市		涉及部门				
				交通	市政	城建	交警	发改
模式1	多部门交叉管理	昆明、福州、南宁等(17个)	公交	√	√		√	
			轨道			√		√
模式2	城乡道路运输一体化管理	沈阳、哈尔滨、西宁等(8个)	公交	√			√	
			轨道					√
模式3	"一城一交"综合交通管理	北京、广州、成都等(11个)	公交	√			√	
			轨道	√	√			√

这种"多头管理、政出多门"的管理现状以及各部门、企业之间有效沟通与协调的欠缺，影响着轨道交通与地面公交在设施规划、审批、建设、运营管理等多方面的协调运作。在轨道交通运营初期的管理中，应制定与优化公共交通票制票价，建设完善的信息服务系统，利用轨道交通带动公共交通服务质量和公共交通客流吸引力的提升。

要制定合理的轨道交通票价，需要考虑出行者的承受能力、运营公司利益以及政府补贴,达到既能吸引客流又可尽量减轻政府负担的目标。过低的票价虽能吸引大量客流,但会导致服务质量下降,并不一定能产生最大的经济效益;过高的票价会降低客流需求,居民出行需求得不到满足,且浪费运能,既不能发挥其社会效益也不能产生经济效益。因此,制定完善的票制结构可满足乘客多样化的出行需求,充分发挥公共交通的社会效益;并改善运营企业财政状况,使其获得经济效益。

生活节奏的加快以及对公交服务要求的提高使得公众愈加注重公交出行效率,依赖出行信息服务。利用轨道交通运营的契机,建设与提升公共交通信息服务系统,整合轨道交通与地面公交的信息服务内容和发布途径,有利于提升公共交通服务水平。

8.2 公共交通票价制定与票制优化

8.2.1 票制票价体系

1. 票价结构

票价结构是依据公交服务收费额度与出行距离之间的关系进行划分的,主要有单一票价、分段票价和区域票价。

单一票价,即收费额是固定的,不考虑线路的距离或者乘客的换乘行为。单一票价在实践中易于操作,但不能反映公交服务的数量,短距离出行乘客和长距离出行乘客所付费用相同。

分段票价,主要依据距离或者区间数来制定公交服务收费额度,能够反映实际的服务数量,但在实际操作中相对复杂。

区域票价,将公交服务范围划分成若干个区域,每个区域制定一个票价,也可联合多个区域制定一个票价。

2. 票制分类

依据车票使用周期、时间段、次数以及使用者群体、职业、人数、出行目的等的不同,票制分类情况如表8-2所示。其中,高峰票的价格可高于平峰票,用以调节高峰时期过高的客流量;儿童票、老年票、高龄票是针对社会弱势群体设定的优惠票制,价格低于成人票;通勤票适用于每日上班、上学的人群,有着固定的往返路线和时间段;旅游票一般与相应的旅游景点票结合,购买旅游景点票便可用其乘坐公交;购物票与沿线的购物出行相结合,一般形式是购物后享受优惠的票价或使用公交后享受购物优惠,促使居民购物时从私家车出行转向公共交通出行。

表 8-2 票制分类

分类依据	分 类
使用周期	一日票、三日票、周票、月票、季票、年票
使用时间段	高峰票、平峰票
使用次数	单次票(单程票)、多次票、限时多次票
使用者出行目的	通勤票、旅游票、购物票
使用者年龄段	儿童票、成人票、老年票、高龄票
使用者职业	学生票、员工票

除上述分类外,还有其他特殊票制,以满足公交运营商在运营、商业合作、企业推广等方面的需求。

3. 国内城市公共交通票制票价现状

我国部分城市轨道交通与地面公交的票制票价情况如表 8-3 所示。各城市轨道交通系统均采用分段票价,只在制定票价分段上存在一定差异。大部分城市依据里程分区定价,根据"递远递减"的原则制定分段票价;天津、沈阳、成都、西安等少数城市依据站数或者区间数分区定价。北京和上海的起步价定在 3 元,其余城市均为 2 元。票制种类方面,各城市基本都设有单程票和储值票,其中储值票针对不同的人群提供相应的优惠,包括普通票、学生票、老年票等。上海、广州、深圳、重庆、杭州等城市设有一日票、三日票等类型的限时不计次票;深圳、长春、南京、重庆、西安、苏州等城市设有计次票;重庆、武汉设有团体票;部分城市还与企业合作,推出相应的优惠票种。

各城市地面公交普遍采用单一票价和分段票价结合的票价结构,城区公交线路长度相对较短,且客流量较大,多采用单一票制,根据车型的不同和季节的不同,起步价以 1 元、2 元为主;城郊及城乡线路里程比较长,采用多级票制,根据里程制定票价。票制方面,除单程票和储值票外,仅有北京设有限时不计次票。

轨道交通最低票价一般为地面公交最低票价的 1.5～2 倍,最高票价则基本随着出行距离的不同产生差异。推进不同公交线路或乘车方式间换乘优惠政策的城市有 10 个,均规定在限定时间内完成换乘才能享受票价优惠,其中昆明、成都、无锡、宁波、佛山的换乘优惠仅限于地面公交不同线路之间,即只有 5 个城市实现了轨道交通与地面公交之间的换乘优惠;苏州对进行换乘的公交乘客采取抽奖的形式给予奖励。

表8-3 我国部分城市公共交通票制票价信息汇总表

城市	轨道交通 票价结构	轨道交通 票制种类	轨道交通 票价水平	地面公交 票价结构	地面公交 票制种类	地面公交 票价水平	换乘优惠
北京	分段票价(里程分段计价)	单程票,市政一卡通(普通、学生、企业员工)	0~6 km(含),3元,6~12 km(含),4元,12~32 km(含),1元/km,32 km+,1元/20 km	分段票价	普通票,定期计次卡(三日、周、半月),市政一卡通	0~10 km,2元,1元/5 km	—
上海	分段票价(里程分段计价)	单程票,一日票、三日票,公交卡(普通、老人)	0~6 km,3元,6 km+,1元/10 km (5号线再额外优惠1元)	单一票价,分段票价	普通票,公交卡	单一票价:长度13 km以内,1元;长度13 km以上,1.5元;空调车、电车、双层客车2元。分段票价:普通车1元起,按0.12元/km计价,以0.5元进级;空调车按0.24元/km计价,以1元进级	使用公交卡,于120 min内在不同线路或方式间换乘,可优惠1元,仅限1次
广州	分段票价(里程分段计价)	单程票(普通、学生、老年、企业、联名、会员、纪念、免费、老人优待卡、残疾人优惠证)	0~4 km,2元,4~12 km,1元/10 km,12~24 km,1元/6 km,24 km+,1元/8 km	单一票价,分段票价	普通票,羊城通卡,岭南通卡	单一票价:2元,1××路,××路,4××路,9××路);分段票价:2元起(2××路,3××路,5××路,7××路,8××路,××路)	—
深圳	分段票价(里程分段计价)	单程票,儿童票,学生票、深圳通卡(普通、学生),儿童乘车卡,区段计次票、区段定期票、日票	0~4 km,2元,4~12 km,1元/4 km,12~24 km,1元/6 km,24 km+,1元/8 km	单一票价,分段票价	普通票,深圳通卡	单一票价:2元;分段票价:2元起,空调车10元封顶,普通车7元封顶	使用深圳通卡,于90 min内在不同线路或方式间换乘可优惠0.4元,仅限1次换乘

(续表)

城市	轨道交通 票价结构	轨道交通 票制种类	轨道交通 票价水平	地面公交 票价结构	地面公交 票制种类	地面公交 票价水平	换乘优惠
天津	分段票价(站数分段计价)	单程票、城市卡(普通、纪念、旅游、停车、个性)	1~5站,2元;5~10站,3元;10~16站,4元;16站+,5元	单一票价、分段票价	普通票、城市卡	单一票价:1元起;分段票价:1.5元或2元起,超过某站3元	—
长春	分段票价(里程分段计价)	单程票、储值票、银行卡票员工票、福利票、计次票	0~14.5 km,2元;14.5~24.5 km,3元;24.5 km+,4元	单一票价	普通票、IC卡(普通、老年)	单一票价:1元起,4元封顶	—
南京	分段票价(里程分段计价)	单程票、金陵通卡(普通、学生、老年)、计次票(月卡、双月卡、季卡)	0~10 km,2元;10~16 km,3元;16~22 km,4元;22~30 km,5元;30~38 km,6元;38~48 km,7元;48~58 km,8元;58~70 km,9元;70~84 km,10元	单一票价、分段票价	普通票、金陵通卡	单一票制:普通车1元,空调车2元;分段票价:1元起	使用金陵通卡,于90 min内在不同线路或不同方式间换乘可优惠0.4元,换乘不限次数
重庆	分段票价(里程分段计价)	单程票、宜居畅通卡(普通、优惠、免费)、团休票、单程纪念票、定程票、一日票	0~6 km,2元;6~11 km,3元;11~17 km,4元;17~24 km,5元;24~32 km,6元;32 km+,7元	单一票价、分段票价	普通票、宜居畅通卡	单一票制:普通车1元,中级车2元;25 km以上线路3元或4元;分段票价:1元或2元起	使用宜居畅通卡,于60 min内在不同方式间换乘目换乘票价(不高于2元)的,实行免费换乘,仅限1次换乘

第8章 轨道交通运营初期公共交通运营管理策略与技术

(续表)

城市	轨道交通 票价结构 票制种类	轨道交通 票价水平	地面公交 票价结构 票制种类	地面公交 票价水平	换乘优惠
武汉	分段票价(里程分段计价) 单程票、纪念票、免费票、武汉通卡(普通、团购版、纪念版、银行联名、学生、老人、团体票)	0~9 km,2元 9~14 km,3元 14~21 km,4元 21~30 km,5元 ……	单一票价 普通票、武汉通卡	单一票价:普通车1元,空调车2元;双层巴士普通车1.5元,空调车3元	—
沈阳	分段票价(站数分段计价) 单程票、盛京通卡(夕阳红、夫妻、普通消费、普通月票、学生优惠、小学生月票、学生月票)	1~8 站,2元 9~12 站,3元 13 站+,4元	单一票价、分段票价 普通票、盛京通卡	单一票价:普通车1元;观光巴士5元; 分段票价:1元起	—
成都	分段票价(站数分段计价) 单程票、天府通卡(普通、成人优惠、学生优惠、老年卡、纪念票)	1~7 站,2元 8~11 站,3元 12~17 站,4元 18~25 站,5元	单一票价 普通票、天府通卡	单一票价:普通车1元,空调车2元,高档车2元	使用天府通卡,于120 min 内在地面公交系统内换乘可免去换乘票价,限3次换乘
西安	分段票价(站数分段计价) 单程票、长安通卡(普通、学生、老年、纪念)、纪念票、计次票、员工票	1~7 站,2元 8~11 站,3元 12~17 站,4元 18 站+,5元	单一票价、分段票价 普通票、长安通卡	单一票价:普通车1元,空调车2元; 分段票价:0~10 km,1元, 10 km+,0.5元/5 km	—

(续表)

城市	轨道交通			地面公交		换乘优惠
	票价结构	票价水平	票制种类	票价结构	票价水平	
苏州	分段票价(里程分段计价)	0~6 km,2元;6~16 km,1元/5 km;16~30 km,1元/7 km;30 km+,1元/9 km	普通单程票、预赋值单程票、出站站纳票、纪念票、储值票、应急纸票、员工票、苏州通卡(普通、高领免费、老人电子月票、学生电子月票)、市民卡、教育E卡通	单一票价	单一票价:1元;分段票价:1元起	使用苏州通卡,于120 min内任不同线路或换乘方式间换乘可抽奖,抽奖周期为每月1次
杭州	分段票价(里程分段计价)	0~4 km,2元;4~12 km,1元/4 km;12~24 km,1元/6 km;24 km+,1元/8 km	单程票、储值票、旅游票(一日票、三日票)、杭州通卡(通用、学生、长者)、市民卡	单一票价、分段票价	单一票价:普通车1~1.5元;空调车2~3元;BRT 3~4元	—
哈尔滨	分段票价(站数分段计价)	1~8站,2元;9~12站,3元;13站+,4元	单程票、城市通卡(普通、学生、老年、优待、特惠)	单一票价	单一票价:普通车1元,空调车2元(市区);2元(城乡)	—
郑州	分段票价(里程分段计价)	0~6 km,2元;6~13 km,3元;13~21 km,4元;21 km+,1元/9 km	普通票、绿城通卡(普通、学生、老年、纪念)	普通票、绿城通卡、公交IC卡(通用优惠、成人优惠、学生优惠)	单一票价、分段票价	单一票价:1元(市区);分段票价:2元起(城乡)	—

（续 表）

城市	轨道交通 票制种类	轨道交通 票价水平	地面公交 票制种类	地面公交 票价水平	换乘优惠
昆明	分段票价（里程分段计价） 单程票、储值票	0～4 km，2元 4～6 km，3元 6～10 km，4元 10～16 km，5元 16～24 km，6元 24～34 km，7元	单一票价 普通票、公交IC卡（普通、学生、优惠、爱心）	单一票价：普通车1元，空调车2元	使用公交IC卡（普通卡），于60 min内在地面公交系统内换乘，换乘票价减半；换乘次数不限
长沙	分段票价（里程分段计价） 单程票、普通储值卡、老人卡、学生卡	0～6 km，2元 6～16 km，1元/5 km 16～30 km，1元/7 km 30 km＋，1元/9 km	单一票价、分段票价 普通票、公交IC卡（普通、学生、老年）	单一票价：普通车1元，空调车2元（市区） 分段票价：2元起（城乡）	—
宁波	分段票价（里程分段计价） 普通单程票、单程票、纸票、纪念票、甬城通卡、普通卡、老年卡	0～4 km，2元 4～8 km，3元 8～13 km，4元 13～20 km，5元 20～29 km，6元	单一票价 普通票、甬城通卡	单一票价：1元，2元	使用甬城通卡，于60 min内在地面公交系统部分线路换乘可免票或票价优惠，仅限1次换乘
无锡	分段票价（里程分段计价） 单程票、市民卡（学生、普通、老龄、高龄）	0～5 km，2元 5～15 km，1元/5 km 15～29 km，1元/7 km 29 km＋，1元/9 km	单一票价 普通票、市民卡	单一票价：普通车1元，空调车2元	使用市民卡，于60 min内在地面公交系统内换乘，换乘票价减半；仅限1次换乘（超长线路时间限延至90 min）
佛山	分段票价（里程分段计价） 单程票、广佛通卡（普通、学生）、老年人优待卡	0～4 km，2元 4～12 km，1元/4 km 12～24 km，1元/6 km 24 km＋，1元/8 km	单一票价、分段票价 单程票、广佛通卡、老年人优待卡	单一票价：2元，4元（市区） 分段票价：2元起（城乡）	使用广佛通卡，于60 min内在禅桂新公交线路同换乘可享受换乘票价0.7元，仅限1次换乘

8.2.2 票价制定策略

1. 票价制定影响因素

1) 客流

客流量与票价水平相互影响,主要通过票价弹性指标得到反映。通勤客流对票价的敏感度最小,非高峰期尤其是晚上及周末的客流对票价的敏感度最大,行程越远,受票价影响越小。轨道交通运营初期客流处于培育阶段,轨道交通可考虑采取低价策略。

2) 公众承受能力

若制定的票价超过公众总体承受能力,将会降低公共交通吸引力,影响运营企业的经济效益,并且其社会效益也得不到充分发挥。公众承受能力可分为绝对承受能力和相对承受能力。绝对承受能力即乘客在公共交通出行上的支出占其可支配收入的比例,一般认为6%以内是可接受的。相对承受能力是指各公共交通方式票价的比例。合理的轨道交通与地面公交票价比例,能对客流进行合理分配,避免方式间的恶性竞争,使公共交通资源得到充分利用。

3) 运营成本

轨道交通的建设成本、固定成本、运营成本均较高。依据轨道交通全成本制定的票价,将超出乘客的承受能力,但在轨道交通运营初期,应充分考虑公众认知价值来确定票价。

4) 社会效益和政府补贴

运营企业在轨道交通运营初期的主要收入仅来自于票务,而轨道交通作为重要的城市交通基础设施,社会效益明显。政府应对运营企业实行财务补贴,以维持企业的正常运转。

2. 票价制定原则

1) 公益优先

轨道交通运营后,运输服务产品的销售就成了至关重要的环节,服务乘客是城市轨道交通服务社会的最终目的,乘客的出行需求得到满足,轨道交通的社会效益才能得以体现。

2) 兼顾效益

轨道交通的运营除了要考虑社会效益外,还应当兼顾运营企业的经济效益。

3) 分工明确

制定的轨道交通票价应与出租车等其他交通方式形成级差关系,从而使其服务对象有所差别。对潜在顾客进行有效的群体细分,有利于公共交通与其他交通方式的合理分工与协作,还能缓解地面交通的压力。

3. 票价调整与票款收取

票价的调整需要建立专门的机制,同时兼顾政府、公交运营商和社会公众的利益,综合考虑各方面因素,建立公共交通票价与运营商成本及物价水平的联动机制,并根据城市经济发展状况、物价水平和劳动工资水平,调整公交票价。在票价制定过程中应成立公交定价委员会,规范公交票价的听证机制,由不同阶层的乘客、企业、政府、专家学者共同担任委员,对制定的票价进行认定和监督。如新加坡政府将票价与经济发展、工资水平及生产力挂钩,使乘客分享公共交通行业发展带来的利益,并以中低收入家庭为代表评估票价涨幅,兼顾了公交运营商的可持续发展力和社会公众的承受力。

票款的收取使用现代化电子收费系统可以节约乘客更多的购票时间,提高乘客出行的效率。对于运营商而言,现代化电子收费系统节约了人力成本,为票务管理和清算提供了基础。城市公交系统中,地面公交通常有多家运营商,轨道交通也可能存在多家运营商,需建立专门的机制进行清算工作,分配票款。

8.2.3 票制优化策略

1. 票制系统一体化

一体化的票制系统有利于乘客便捷地在轨道交通与地面公交之间进行转换,在轨道交通运营初期有利于提升公共交通吸引力。轨道交通与地面公交的票制系统相对独立,实现票制系统的一体化即是要将两者进行整合,可以分两阶段逐步实施:第一阶段先推出换乘优惠政策,降低乘客换乘出行成本,鼓励"轨道交通+短驳公交"的出行模式;第二阶段建立"一票制"的票制系统,实现一次购票即可进入公交运输系统。如巴黎、慕尼黑、苏黎世等城市就实现了轨道交通与地面公交票制票价一体化,乘客只需一次购票,在一定的时间内(通常为90~120 min)便可以在公共交通系统内出行。

2. 完善票制结构

完善公共交通票制结构,满足乘客多样化的出行需求。可推出日票、周票、月票来满足不同出行时间段乘客的需求;推出高龄票、老龄票、学生票、儿童票以满足不同年龄段的乘客需求;推出旅游卡等来满足城市外来访客的出行需求;可设置单人票和团体票、单票和长期票,相互组合以提供给不同出行需求的乘客。公交运营商还可以针对大型活动推出会议票,与旅游景点合作推出景点门票和公交车票捆绑一体的联合车票形式。

8.2.4 票制票价优化技术

1. IC卡收费技术

IC卡收费系统是一种以计算机、网络技术等为支持,以非接触式射频IC储值卡支付乘车资费的公共交通售票服务系统。IC卡能够准确记录乘客每次乘车的班次、时间、路线等出行信息,可为换乘优惠政策的实施提供技术保证。IC卡收费系统也可以改变运营商传统的收费模式,方便乘客出行,为企业减员增效消除阻力,还可以杜绝假伪票现象与售票员贪污现象的发生,为公交信息化建设提供可靠保障,提高公交运营效率。

2. 无缝换乘设施设计

通过合理的换乘设施建设,使得乘客换乘可以在枢纽内部完成,省去了再次买票的过程,可以推进"一票制"乘坐公共交通的票制政策。例如,在轨道交通站点周边道路上建设地面公交站台,通过通道连接,轨道交通乘客下车后,无需刷卡出站便可通过通道直接进入地面公交站台乘坐地面公交;BRT线路的站台采用封闭式设计,乘客在进站时就完成了购票的过程,换乘时只要不出站就无需再次购票,方便、高效,同时给予乘客更多优惠。

3. 乘客出行时空路径推定技术

票款清算是否准确是建立在乘客出行判断是否精确的基础上的,这需要更加先进的乘客出行路径推测技术。乘客出行时空路径推定技术是通过车站客流乘车班次比例来确定乘客最可能的乘车方案和出行路径的方法,实现从微观乘客角度将每一位乘客具体匹配到路径及对应的车次,进而统计出各类指标。

4. 换乘行为识别技术

对在不同公交线路间或者不同公交方式间换乘的乘客给予票价优惠的前提是要知道哪些乘客进行了换乘,即需要换乘行为识别技术的支持。

1) 以时间间隔判定是否换乘

公交运营商可以根据乘客连续两次刷卡的时间间隔来判断该次乘车是否为换乘,对于大于规定最小时间间隔并小于规定最大时间间隔内的第二次刷卡一律实行优惠。规定最小时间间隔是为了避免将一卡多人共用的情况误判为换乘;规定最大时间间隔一般为90 min。为避免与往返出行混淆,可设定在此时间间隔内乘坐同一线路的车辆不予换乘优惠;为了增加公交吸引力,也可以将通勤乘客的往返出行当做换乘一并考虑。

2) 固定线路下的换乘优惠

固定线路换乘优惠就是预先在IC卡内设定若干换乘线路;当乘客第二次刷卡时如果符合预设的换乘线路,则判定换乘,执行优惠票价。固定线路换乘优惠判定方式简单,但实施工作量大,且需要实时更新,维护责任重。通勤者的出行时间与线路相对稳定,在IC卡内记录的换乘信息量较少,便于操作,因此通勤票实现固定线路下的换乘优惠较为容易,其仅提供家庭所在地与上班、上学所在地之间公交出行的换乘优惠。

8.3 公共交通信息服务系统建设

8.3.1 信息服务系统建设策略

轨道交通作为新生事物引入到公共交通系统,其运营方式有别于地面公交,在运营初期需要做好宣传工作。且应抓住轨道交通运营初期的契机,统一规划公共交通信息服务系统体系,整合轨道交通与地面公交服务信息的内容与发布途径,以提升公共交通的服务水平和吸引力。

1. 公交信息服务体系统一规划

将轨道交通和地面公交信息服务体系进行整合,统一规划公共交通信息服务体系,包括信息内容、发布途径、设施配置等。为公共交通系统设计统一、醒目、易记的标识,在宣传材料、网络媒体、告示栏(牌)、车票、纪念品等处使用;统一信息发布,将多种信息发布途径整合至一个系统中,例如可建立信息管理系统,统一管理和维护所有信息服务平台相关数据,避免出现信息不一致的现象。乘客在出行起点、公共空间、地面公交站台、轨道交通车站内、车辆上等不同空间以及出行阶段中所希望得到的公交服务信息是不一样的,需要从顶层进行规划和设计。

2. 信息内容多样化

通过现代化信息技术,全方位采集轨道交通和地面公交的信息。根据不同出行空间和阶段中乘客对信息的需求,设置线路、地图、时刻表、票制票价、服务变更、导向指示、车辆实时运行等多样化的信息内容。

3. 信息发布途径多样化

信息发布途径多样化可以方便乘客选择最适合的信息获取渠道,扩大信息服务的覆盖人群。灵活采用多种途径,如站牌、标识牌、信息公告栏、广播、电子查询机、宣传册、信息服务网站、智能移动终端应用软件等信息服务平台发布公交服务信息。关注信息技术发展,探索新的信息发布途径,更新现有信息平台。

4. 信息服务系统设计人性化

信息服务系统设计要"以人为本",人性化地提供公交信息。为弱势群体提供无障碍的信息服务设施,如为盲人在楼梯扶手上刻上盲文,告知其站点信息,在客流集散、转换路径上设置盲道;在公交车辆电子显示屏上显示实时车辆运行信息,方便聋哑人乘车;提供多种语言服务,信息服务网站、宣传材料、引导标识、时刻表、线路地图、购票指南采用多种语言,方便外籍人士获取信息;开展培训,提高运营、管理人员服务意识和服务水平;结合周边历史文化和环境景观设计公共交通设施,体现城市特色,塑造城市公交服务名片。

5. 信息服务规范制度化

政府应建立信息服务的政策与规范,对公交运营商所提供的信息服务内容、形式、发布途径等提出具体指标,结合城市发展提出相应的年度指标,并定期对公交信息服务质量进行考核,将考核结果纳入运营补贴与奖惩条件中,促使公交运营商规范公交信息服务并不断提高服务质量。英国伦敦为规范公交信息服务,制订了《公交车站标识指南》、《伦敦公交基础要素标准》、《伦敦公交图形标准》等标准规范,对站牌、车站标识、车辆内部和车身标识等的设计和设置进行了详细规定,从而实现了公交信息服务的规范化。新加坡陆路交通局(LTA)和公共交通委员会(PTC)制订了包含信息服务在内的公交服务标准,据此定期对公交公司服务效果进行评价,评价结果每半年公布一次,并作为政府给予公交公司奖励或惩罚的依据。

6. 公交信息共享机制

实现跨系统、跨部门的系统综合集成是公共交通信息服务系统建设的重要内容,其信息共享程度是决定公共交通信息服务成败的关键。政府部门应成立专门的组织机构,作为决策部门、执行部门或协调部门来负责管理公共交通信息化规划建设等方面的事宜,并统筹公共交通信息服务系统建设,建立信息资源整合共享机制。轨道交通运营初期,在现有管理体制下,应加快建立轨道交通与地面公交运营管理部门之间的协商机制,应用信息化技术提供的条件,推进双方之间的信息共享,提高公交运营管理和服务水平。

7. 公交信息服务系统调试和维护机制

为了确保信息服务系统的功能特性和有效性,应该定期进行系统调试和维护。因电子公交站牌屏幕无内容显示、信息服务网站信息没有定期更新或是公交站牌因天气、人为破坏等原因磨损严重等现象致使信息服务系统不能正常运行,可能会影响甚至误导公交乘客出行。公交运营商应在轨道交通运营初期就建立公交信息服务系统的调试和维护机制,制定相应的调试和维护计划,招聘专员或签约第三方公司对系统硬件设施进行定期维护,对信息服务平台所提供的公交信息内容进行定期更新。

8.3.2 信息服务配置策略

1. 信息服务内容

1) 公交系统标识名称

乘客了解某一个公交系统时,系统标识名称将给其留下第一印象。轨道交通运营初期,简单易记的名称和醒目朗的标志能对轨道交通系统的宣传和形象塑造起到重要作用。在各种信息发布途径中使用唯一的系统标识名称,易于给乘客留下深刻印象,如南京地铁使用南京人民熟悉和喜欢的市花梅花作为系统标识,广州以"羊城"的称号为基础设计了轨道交通系统标识。这在宣传轨道交通以及提升公共交通服务形象的过程中收效明显。

2) 公交网络信息

乘客在计划某一次出行时,公交网络信息是其最重要的参考。公交运营商所提供的该类信息需全面,且细节清晰。

地面公交和轨道交通的线路、线网,各方式或各线路要用不同的线型和颜色来表示,线上要注明线路号和站点位置;线路转弯、分支和重叠处需要清晰表示。对于线路汇集密集区域,如市中心、公共交通枢纽等,可以对局部进行放大来标明细节;公交线路可根据比例绘出实际走向,也可不按照实际比例,给出抽象缩略图,但需保留上述细节;除了将所有公共交通方式绘制在一张图上,也可以根据需要分开绘制各种交通方式,或根据需要绘制单条线路地图,但需要标明换乘站点以及换乘线路。用浅色表示城市道路网和地标建筑,作为公交线路走向的参考。使用指北针标明地图的方向,根据需要添加比例尺。

在轨道交通运营初期,会对沿线的地面公交进行一定幅度的调整,此时可以对每一条调整的线路都绘制一张地图,标明线路改线前后情况,为乘客重新安排出行提供参考。

3) 公交时刻表

公交时刻表可以让乘客更加精确地安排出行,包含最早发车时刻、最晚发车时刻、发车间隔、到站时间等信息,也可将末三班公交时间提供给乘客。时刻表信息在工作日与周末和高峰与平峰期有所区别。

轨道交通运营初期,需要及时地将轨道交通、调整后的地面公交以及站点接驳地面公交的时刻表提供给乘客。

4) 票制票价信息

票制票价信息包括所提供票制种类以及相应的票价、购票方式等内容。票制种类及相应的票价可以让乘客根据出行距离、时间、人数选择更为优惠的组合方案;购票方式信息包括自助购票机、人工售票点以及储值卡充值点设置位置等,协助乘客快速完成购票。轨道交通的票制票价比地面公交复杂,可以提供票价图和简洁的描述帮助乘客理解可选择的票制种类和任意站点间的票价。轨道交通与地面公交之间的换乘优惠信息也需要及时地传递给乘客。

5) 服务变更信息

服务变更信息包括线路、时刻表、票制票价等调整内容。及时将上述信息传递给乘客，可尽可能减少乘客，尤其是经常使用公共交通服务的乘客，因"乘错公交"所带来的不便。轨道交通运营初期，走廊沿线地面公交线路作了一定的调整，换乘优惠政策的推出也改变了原有的票价，需要做好服务变更信息的推送工作。

6) 导向指示信息

导向指示信息包括公共空间内指示附近公共交通站点设施的各种标识牌和轨道交通站点内指示行人交通流线的各种标识牌、站内布局图等。在公共空间，乘客可以根据导向指示信息快速、准确地找到附近的公交站台或者轨道交通出入口的位置；在轨道交通车站内，乘客可以根据导向指示信息了解进出站、购票以及上下车的流线。

7) 站点周边信息

站点周边信息包括商业、景点、银行、学校、娱乐以及停车换乘(P&R)、自行车停车换乘(B&R)等设施的位置。将站点周边信息提供给乘客，有利于乘客选择适合快速到达出行目的地的交通方式和路径。

8) 车辆实时运行信息

将车辆实时的运行信息提供给乘客，可以方便乘客根据车辆的动态位置或距离站点的时间、距离等信息安排自己的出行，避免在公交站点长时间等待。地面公交到站时间会受到运行路段状况、突发意外的影响而变得不稳定，可以通过车辆上的 GPS 装置，实时监控车辆的运行状态；轨道交通车辆实时运行信息可以通过列车运行控制系统获取，通过电子显示器或者智能移动终端应用软件发布车辆实时运行信息，为乘客提供出行参考。

2. 信息服务发布途径

1) 站牌

公交站牌位于地面公交站点，应提供线路的相关信息，包括线路名称、沿线站点、本站站名、下一站站名、线路行驶方向、票价等信息。如是电子站牌，显示的内容还可以包括车辆实时运行信息，也可以提供服务变更信息。

2) 标识牌

标识牌设置在公共空间或轨道交通车站内，为公交乘客指示流线方向。轨道交通车站内的标识牌一般设置在相应的墙面上或者挂在天花板下方。户外公共空间中的标识牌需要考虑空间范围进行设置，在距离轨道交通站点出入口半径 500 m 范围内，每隔 100 m 设置一个，指向离轨道交通站点出入口最近方向，如图 8-1 所示。遇路口、转弯处或道路宽度大于 50 m 时，需增加设置；遇到市政设施无法安装时，在半径 5 m 范围内选择合适位置安装；在不能使用立杆的情况下，可以采用悬挂式，如图 8-2 所示。

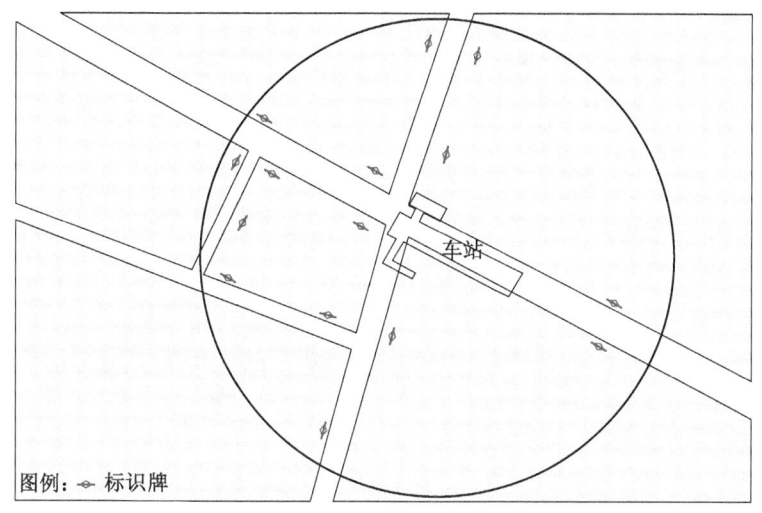

图 8-1 轨道交通站点出入口标识牌设置示意图

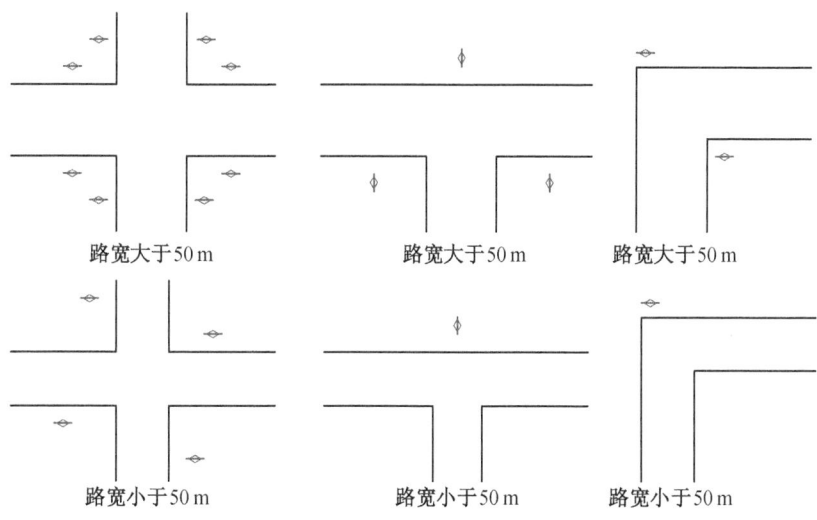

图 8-2 标识牌在路口设置示意图

3) 信息公告栏

信息公告栏通常设置在轨道交通车站内、轨道交通车辆内、出入口处、地面公交站点、公交车辆以及公共空间中,可分为常规信息公告栏和电子信息公告栏,常规信息公告栏显示固定的信息,电子信息公告栏可以显示动态的、变化的信息。

4) 广播

在轨道交通列车、地面公交车辆上或者轨道交通车站内发布语音信息,传播范围广,受众面大。语音信息可以是事前录制的固定信息,也可以是根据实际运营情况发布的人工信息。

5) 宣传册

宣传册可以覆盖公共交通所能提供的所有静态服务信息,同时可以根据不同的对象,将宣传册的内容详略进行调整。

6) 电子查询机

电子查询机连接到因特网,可以放置在轨道交通车站内、公共空间内供乘客查询多种公交服务信息。

7) 智能移动终端应用软件

智能移动终端的普及以及其多功能性为运营商提供了一个良好的平台,研发公交服务软件,为乘客提供每一条公交线路车辆的实时运行情况、发车时刻表、线路地图、站点周边信息、服务变更或者调整信息,根据用户的需求为其定制出行方案。

8) 信息服务网站

互联网已经能够包含各种形式的媒体和信息,将公交信息通过互联网进行传播将极大地提高其受众面。以纽约大都会运输署的信息服务网站(www.mta.info)为例,其包含了线路时刻表、票制票价、各种交通方式每一条线路的地图、变更或调整及线路的实时状况等信息。

除上述信息发布途径外,公共交通服务信息还可以通过电话、新媒体平台、短信、电视广播、报纸杂志、移动电视平台、电子邮件等途径对外发布。

3. 公交乘客信息服务需求

乘客使用公共交通出行的频率影响了其对公交系统的熟悉程度,对于公交信息服务的需求也就有差异。依据使用公共交通频率的不同,将乘客分成固定公交出行线路的乘客、偶尔使用公交出行的乘客和其他城市来访者3种类型。

(1) 固定公交出行线路的乘客。这一类型的乘客通常是有着固定工作或学习地点的通勤者,经常做相同的出行,对于公交系统非常熟悉。

(2) 偶尔使用公交出行的乘客。该类型的乘客虽然对城市非常熟悉,但又是偶尔会使用公共交通工具前往某一个地区,对于公共交通所提供的部分服务内容不是特别了解。

(3) 其他城市来访者。这一类型的乘客通常是前往一个陌生的城市旅游或出差,需要使用公共交通前往城市的多个地点,对城市地区和公交服务都不了解。

对于不同类型的乘客,所提供的公共交通信息服务内容应有所区别,如表8-4所示。在确定所需的信息类型、发布途径和发布位置时都必须考虑到每一类乘客。

表 8-4 不同乘客所需公共交通信息服务的内容

乘客类型	所需的公交服务信息
固定公交出行线路的乘客	时刻表、线路和站点的变更或调整信息
偶尔使用公交出行的乘客	所去地点公交线路、时刻表和站点信息、相应票价结构和购票方式
其他城市来访者	完整的信息

4. 公共交通信息服务配置指引

出行前,即在家、办公室或者在一个陌生城市的宾馆,乘客通常可以从公交地图、因特网以及智能移动终端应用软件上获得相应的公交服务信息。相比于纸质的地图,因特网或者智能移动终端应用软件会提供更加多元化的内容,除了一些固有的信息,可以根据乘客出行的起讫点,提供相应的出行方案。

在出行过程中,按照乘客出行过程,分为公共空间、地面公交站台、地面公交车辆、轨道交通站点出入口、轨道交通车站以及轨道交通列车6个空间位置。不同空间位置的公交服务信息配置要求如表8-5所示。

在公共空间中,需要配置标识牌来引导乘客前往附近的公共交通站点,同时在主要枢纽地区可选择配置信息公告栏、电子查询机、宣传册,以方便乘客对公交信息进行查询。

在地面公交站台上,需要对原有的公交站牌进行调整,在地面公交线路信息的基础上添加轨道交通标识。如站台位于轨道交通车站附近,还需添加轨道交通首末班时间,方便乘客换乘轨道交通。信息公告栏须发布因轨道交通开通使得部分公交线路调整的信息。可选择配置电子站牌、宣传册等设施。

在地面公交车辆上,配置常规的地面公交线路、票价、首末班时间等信息,可选择配置电子显示器显示实时运行信息。在地面公交线路信息上添加轨道交通标识。通过广播播报地面公交站点周围轨道交通信息,方便乘客换乘轨道交通。

在轨道交通站点出入口,除公布轨道交通首末班时间信息外,在信息公告栏上还应公布站点周边地面公交线路、票价、首末班时间等信息,方便乘客换乘地面公交,还可选择向乘客提供地面公交实时运行信息,为乘客的出行规划提供参考。

在轨道交通车站内,除提供与轨道交通相关的信息外,还应公布公交服务变更信息,并配置电子查询机和宣传册。

在轨道交通列车上,可选择通过广播播报轨道交通站点周围地面公交换乘线路信息以及公交服务变更信息,方便乘客换乘。

表8-5 公共交通服务信息配置一览表

发布途径	公共空间	地面公交 站台	地面公交 车辆	地面公交 站点出入口	轨道交通 车站	轨道交通 列车
站牌	—	■ 轨道交通标识 ■ 轨道交通首末班时间 ■ 地面公交线路信息 ■ 地面公交票价信息 ■ 地面公交首末班时间	—	—	—	—
标识牌	■ 导向指示信息	—	—	■ 导向指示信息	■ 导向指示信息	—
信息公告栏	■ 轨道交通标识 ▲ 轨道交通首末班时信息 ■ 轨道交通线路信息 ■ 轨道交通票价信息 ■ 地面公交线路信息 ■ 地面公交首末班时间 ■ 地面公交服务变更信息	▲ 地面公交实时运行信息(电子) ■ 公交服务变更信息	■ 轨道交通标识 ■ 地面公交线路信息 ■ 地面公交票价信息 ■ 地面公交首末班时间 ▲ 地面公交实时运行信息(电子)	■ 地面公交线路信息 ■ 地面公交票价信息 ■ 地面公交首末班时间 ▲ 地面公交实时运行信息(电子) ▲ 轨道交通首末班时间	■ 轨道交通站内布局信息 ■ 车站周边信息 ■ 轨道交通线路信息 ■ 轨道交通票价变更信息 ■ 公交服务变更信息 ▲ 轨道交通实时运行信息(电子)	▲ 轨道交通线路信息 ▲ 轨道交通实时运行信息(电子)
广播	—	—	▲ 地面公交实时运行信息 ■ 轨道交通线路信息	—	▲ 导向指示信息 ▲ 轨道交通实时运行信息 ■ 公交服务变更信息 ▲ 轨道交通首末班时间	▲ 轨道交通线路信息 ▲ 地面公交服务变更信息
电子查询机	▲ 所有公交服务信息	▲ 所有公交服务信息	—	—	▲ 所有公交服务信息	—
宣传册	▲ 所有公交服务信息	▲ 所有公交服务信息	—	—	▲ 所有公交服务信息	—

注：■表示必须配置；▲表示可选择配置。

8.3.3 信息服务技术

1. 导向标识系统设计

乘客在公共场所、街道上寻找公交站点或是在轨道交通车站内时,导向标识系统可以帮助乘客迅速找到目标,并通过引导将乘客进行分流,维持站内的客流秩序。在设计时需要考虑以下几点:

(1) 保证交通标识的醒目性和区别性。标识系统在视觉上要醒目,要对人的视觉有强烈的冲击效果。标识上的文字、符号等要足够大,同时兼顾自身尺寸与所在空间的协调。

(2) 内容确切并且简单便利。方向诱导标识上的内容应该采用专业词汇,所指内容尽可能有唯一的理解,避免引起乘客的误会。方向标识上的词句应精简、明确,人们在正常流动的情况下可以便利地阅读标识上的内容。

(3) 标识的位置应一致化、系统化。标识系统应设置在出入口、交叉口、楼梯口等人流必经的地方,位置统一,且应连续设置,方便乘客寻找。

(4) 以人为本,完善面向社会弱势群体的方向指示标识。面向社会弱势群体的方向诱导标识是一种专用的标识,须采用专门的材料和特定的符号设置和设计标识。

(5) 设计应规范并国际化。设计应遵从相应的规范要求,同时考虑使用多种语言,方便外籍人士阅读。

(6) 特殊情况的处理。考虑到发生意外情况时,例如火灾发生时,烟雾向上聚集,出口上方的标识可能被挡住,需要在疏散线路出口四周的较低位置处再设置出口标识。

2. 公交信息采集

公交信息采集技术是公交信息服务的基础。公交信息主要分为两类静态信息和动态信息。静态信息是指在一定时间内不发生变化或者不需要进行实时更新的信息,包括规划设计的公交线路、公交站点位置、站点周边停车泊位数、公交换乘站点位置、换乘站点连接线路的情况等。动态信息主要是指根据时间和空间的变化需要实时更新的信息,包括公交车辆位置、运行速度、公交站点实时客流量、道路交通车流量等信息。

1) 客流量采集技术

客流量采集技术不断发展,由最开始的只能记录上车人数,发展到记录上车人数、车线路、车次等,现在已能记录上车人数、车线路、车次、上车站点等更加全面的数据。现有的主流技术有 ERF(Electronic Registering Fareboxes)信息采集技术、IC 卡(Integrated Circuit Card)客流信息采集技术、乘客自动计数系统(Automatic Passenger Counting System,APCS)等。

2) 车辆定位技术

通信技术、卫星技术和传感器技术的发展,保证了车辆定位技术的实用性和可靠性,定位技术已经成为公交系统中一个重要的组成部分,是保障公交车辆正常运行的必要信息来源之一。现阶段主要的定位技术包括推算定位方法、惯性导航系统(INS)、无线电(TRF)定位技术、基于车路通信的定位技术、北斗卫星定位技术和全球定位系统(GPS)。

3) 道路交通流采集技术

根据检测方式可分为固定型检测和移动型检测两大类。固定型检测包括环形感应线圈检测、视频检测、微波检测、超声波检测、红外检测等等。移动型检测包括GPS定位系统、电子标签式检测、拍照识别检测等。

3. 车辆行程时间预测技术

应用车辆行程时间预测技术,有助于获得准确的车辆到站时间,以提供给在站点等待的乘客。车辆行程时间预测的已有研究多采用随机服务系统理论、神经网络、概率统计、卡尔曼滤波、支持向量机等方法,其中基于卡尔曼滤波的行程时间预测精度较高。该方法基于实时和历史的公交车辆自动定位数据(AVL),综合考虑天气、一天中的时间段等因素,运用卡尔曼滤波算法建立公交初始行程时间预测模型,并结合公交运行的历史数据,研究公交在站点间的行程时间;利用预测得到的行程时间,建立基于卡尔曼滤波算法的公交到站时间预测模型,结合公交运行的实时数据,实现公交到站时间的动态预测。

4. 智能移动终端应用软件系统

移动终端的应用软件可以使得乘客随时查阅出行所需要的公交服务信息,极大方便了出门在外的乘客。应用软件根据开发者的设计可以实现多种功能,例如查询公交车辆的信息、动态规划出行线路、查询公交服务变更公告等。

移动终端应用软件仅是数据的输入和输出端口,数据的处理由远程的服务器来实现,数据的采集则由安置在车辆和线路上的采集器来实现。

8.4 本章小结

本章提出了轨道交通运营初期公共交通运营管理的目标与内容,包括公共交通票价制定与票制优化和公共交通信息服务系统建设;分析了公共交通票制票价体系、票价制定影响因素和原则,提出了票价制定策略和票制优化策略以及 IC 卡收费、无缝换乘设施设计、乘客出行时空路径推定、换乘行为识别等相关技术;提出了轨道交通运营初期公共交通信息服务系统的建设策略;提出了公交信息服务体系中信息服务内容、信息服务发布途径、乘客信息服务需求以及信息服务配置指引;介绍了导向标识系统设计、公交信息采集、车辆行程时间预测和智能移动终端应用软件系统等相关支持技术。

第 9 章　无锡市轨道交通开通后地面公交线网调整规划

9.1　公共交通发展现状

1. 公交公司发展沿革

无锡市公交公司成立于 1956 年,当时名为"公私合营无锡市公共汽车公司",经过近 60 年的发展,无锡市公交系统由 4 家国有企业运营,发展沿革如图 9-1 所示。无锡市公共交通股份有限公司(简称"市公交")运营中心城区内以及部分从中心城区到外围乡镇的线路,无锡锡惠公共交通有限公司(简称"锡惠公交")运营部分中心城区到惠山区、锡山区内以及两区内部的线路,无锡新区公交公司(简称"新区公交")运营部分中心城区到新区以及新区内部的线路,无锡马山公交公司(简称"马山公交")运营马山镇内部线路。

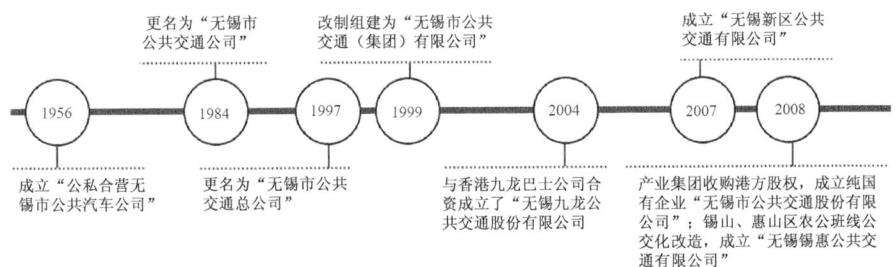

图 9-1　无锡市公交公司发展沿革

2. 公交客运量

2007 年以来,无锡市公交客运量呈平稳上升的趋势,2012 年日均客运量为 119.1 万人次,略高于常州,但与苏州(171 万人次)相比有一定的差距,如图 9-2 所示。

3. 公交线路

至 2012 年底,无锡市共有公交线路 232 条,网络规模在 2008 年大幅提升后,持续稳步增长。线路总长度 4 670 km,平均线路长度 20.13 km。受空间格局、道路布局以及历史因素影响,部分线路过长,长度超过 20 km 的线路占总线路的比

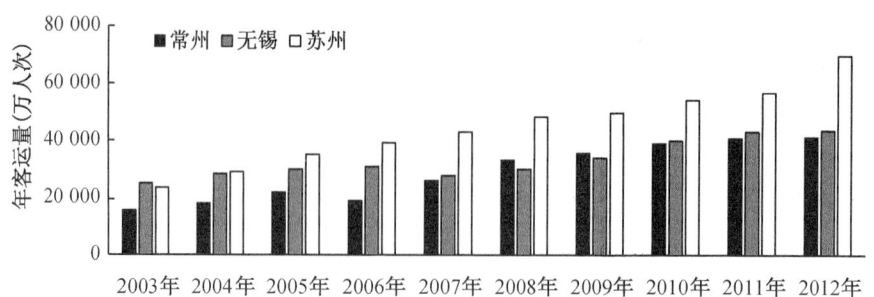

图 9-2 苏、锡、常公交年客运量发展趋势图

例将近 40%,且多为城乡线路,如图 9-3 所示。

线路以中心城区(特别是火车站)为中心,沿锡澄路、锡沪路、清扬路、梁溪路、盛岸路、长江路等主要道路呈放射状分布。日均客运量小于 3 000 人次的线路比例较高,将近 56%,这与锡澄路、长江路等主要道路上的不同公交公司间的竞争存在一定关系,如图 9-4 所示。

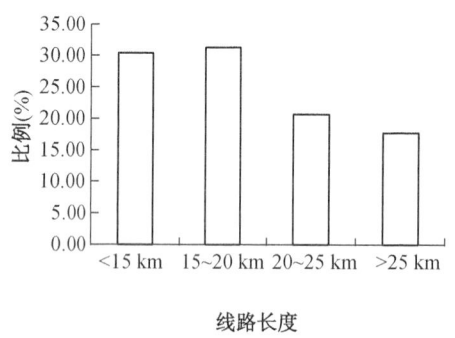

图 9-3 无锡市公交线路长度分布图　　图 9-4 无锡市公交线路日均客运量分布图

4. 公交车辆配置

至 2012 年底,无锡市公交系统共有营运车辆 3 144 辆,折合 3 928 标台,平均每万人拥有 16.35 标台,达到了住建部在《城市公共交通当前产业政策实施办法》中提出的要求(10 标台/万人)。

5. 公交场站

至 2012 年底,市区有公交场站 86 座,总占地面积 76.65 万 m^2。以租用、路面占道形式使用的场站占有一定的比例,场站用地存在缺口,以致部分线路到达末站不停车,利用附近道路绕行。

市区有公交站台 3 471 个,沿主要客流走廊分布,中心城区站点覆盖率高,外围地区覆盖率不足,城市外围新建小区存在服务盲区,如图 9-5 所示。

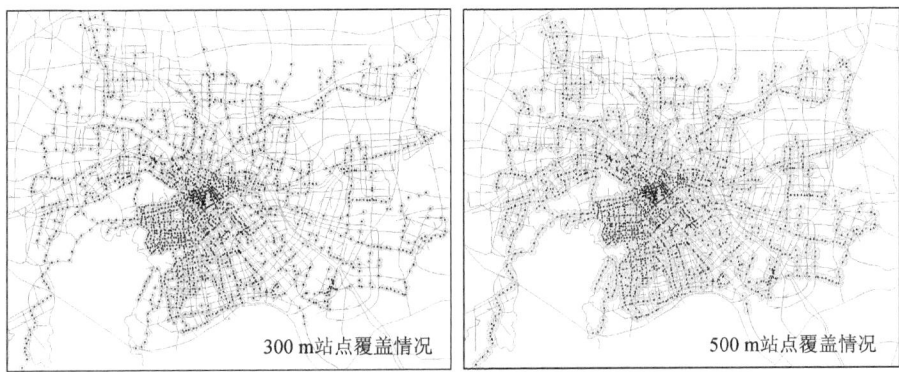

图 9-5　无锡市公交站点覆盖情况

6. 公交运营

非高峰时段部分线路发车间隔较长。21:00 以后运营公交线路有 70 条,但与轨道交通运营时间的衔接仍有待完善,外围片区居民晚间回程线路的运营结束过早。

9.2　轨道交通沿线用地与地面公交现状

1. 轨道交通 1 号线

1 号线起于惠山新城堰桥站,途经凤宾路、火车站、三阳广场、清扬路、太湖新城新 CBD 以及大学城,至太湖新城长广溪站,线路全长 29.42 km,设车站 24 座,平均站距 1.28 km,基本位于无锡市南北向主要客流走廊及城市发展轴上。

沿线城北地区多为老居民区、厂房、农田,未来以居住为主,商业为辅;城中地区多为商业和居住区;太湖新城为行政中心所在地,规划以居住功能为主,商业为辅,如图 9-6 所示。

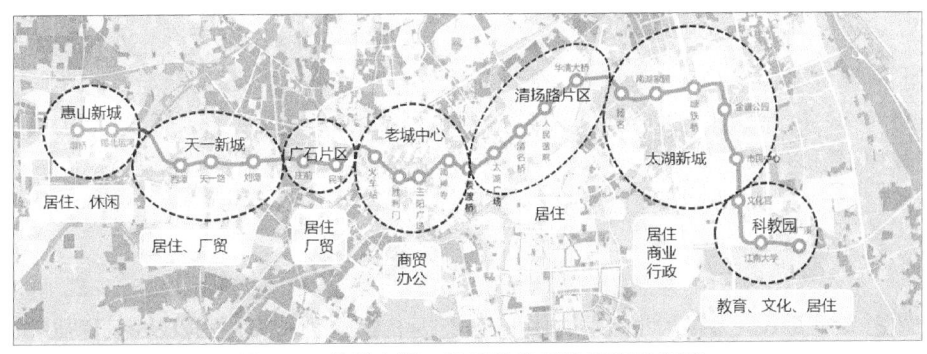

图 9-6　轨道交通 1 号线沿线用地情况示意图

沿线共有公交场站7个,包括4个停车场(首末站),两个换乘枢纽,1个修理厂,且主要分布在中心城区,外围新城分布较少,如图9-7所示。

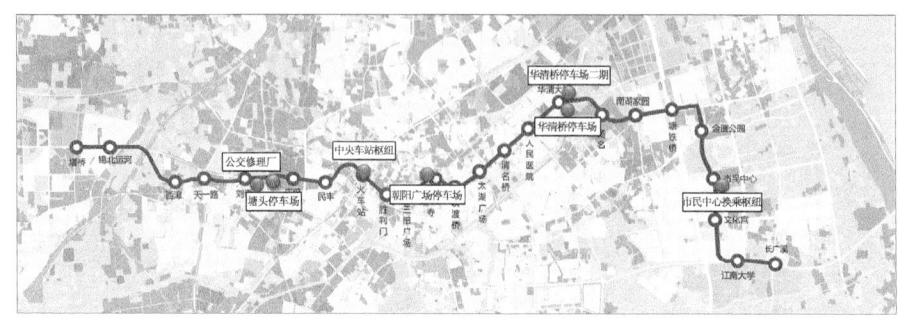

图9-7 轨道交通1号线沿线公交场站示意图

沿线停靠公交线路119条,公交站点83个,中心城区明显多于外围地区。部分站点距离轨道交通站点出入口较远。轨道交通经过的区段同时也是地面公交走廊,锡澄路、中山路、清扬路沿线公交线路共线率高,最大达到25条共线线路;而外围惠山大道和蠡湖大道则较低,如图9-8所示。

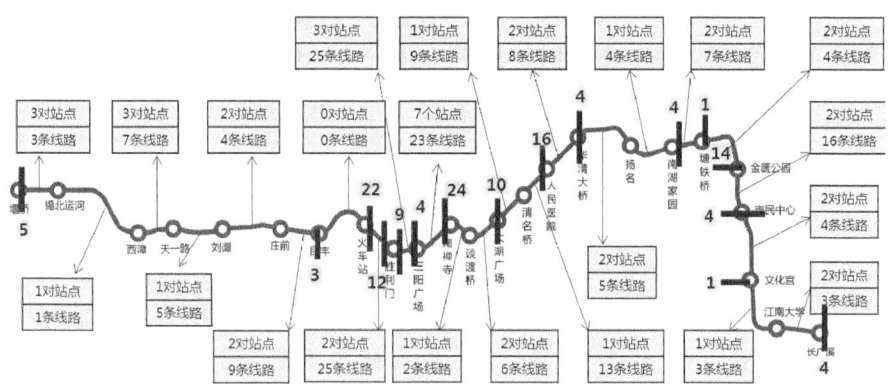

图9-8 轨道交通1号线沿线公交站台及停靠线路示意图

在沿线停靠的公交线路中,有76.5%与1号线有联系,以重合率小的交叉和接驳线路为主。平行线路有6条,平均重合站数为7.33站,最高重合11站;交叉线路有63条,平均重合站数为1.98站,整体衔接良好;接驳线路107条,已达到一定规模,是提供轨道交通1号线辐射服务的主要线路,平均重合站数为2.19站,中心城区接驳衔接良好,外围区域有待加强。

2. 轨道交通2号线

2号线西起梅园站,东至锡东新城安镇西站,线路全长26.74 km,设车站22座,平均站距1.27 km,沿无锡东西向发展轴布置,连接中心城、河埒口片区以及锡东新城。

沿线河埒口片区以行政、办公、居住和景点为主,商业为辅;城中地区为商业中心;锡东新城现多为工业用地,规划以商务、办公、居住功能为主,如图 9-9 所示。

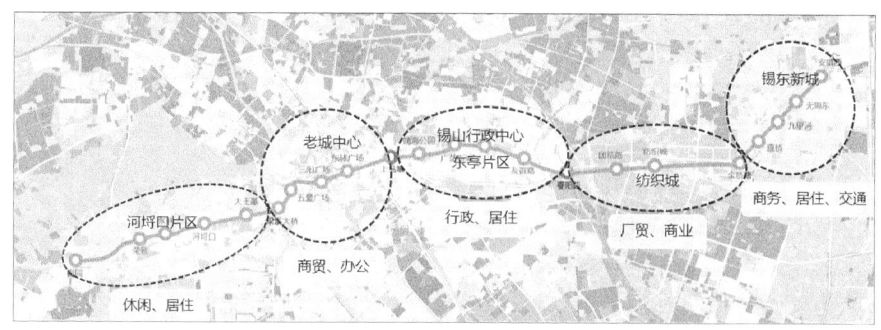

图 9-9 轨道交通 2 号线沿线用地情况示意图

沿线共有公交场站 7 个,包括 4 个停车场,3 个首末站,分布较为均匀,如图 9-10 所示。

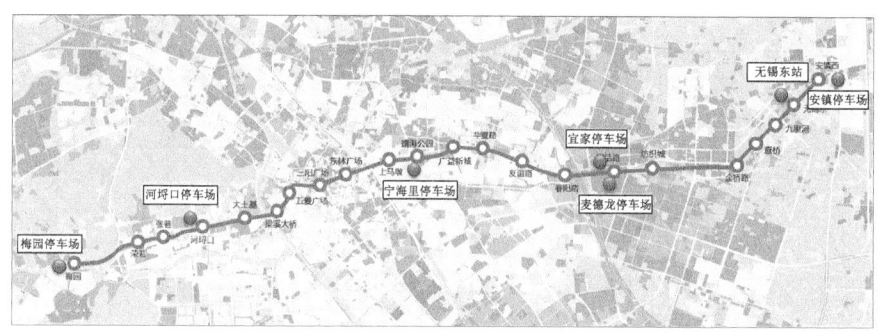

图 9-10 轨道交通 2 号线沿线公交场站分布示意图

沿线停靠公交线路 103 条。纺织城至安镇西 5 个站间没有共线线路,沿线有公交站点 72 个。河埒口片区和老城地区站点分布密集,锡东新城公交站点较少。梁溪路、人民路、锡沪路沿线公交线路共线率较高,最大达到 15 条共线线路;而无锡东站附近(西侧)土地开发尚未成熟,东安路沿线共线率则较低,如图 9-11 所示。

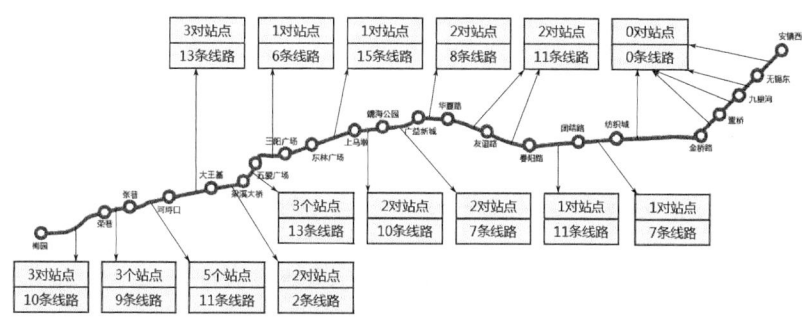

图 9-11 轨道交通 2 号线沿线公交站台及停靠线路示意图

在沿线停靠的公交线路中,有 66.5% 与 2 号线有联系。同样以重合率小的交叉和接驳线路为主。平行线路有 4 条,平均重合站数为 6.25 站,最高达到了 8 站;交叉线路 94 条,是提供轨道交通 2 号线辐射服务的主要线路,平均重合站数为 1.53 站,整体衔接良好;接驳线路有 55 条,主要集中在中心城区,平均重合站数为 2.37 站。

9.3 公交线网总体规划

轨道交通 1、2 号线相继开通后,形成十字形轨道交通骨架,无锡市公共交通线网总体布局应有所改变,将以轨道交通和优质公交主干线为骨干,高密度公交次干线和小运量便捷公交支线为主体,辅以其他特色公交,建立功能明确、层次清晰、衔接顺畅、与运量相匹配的多模式协同公共交通系统,如图 9-12 所示。

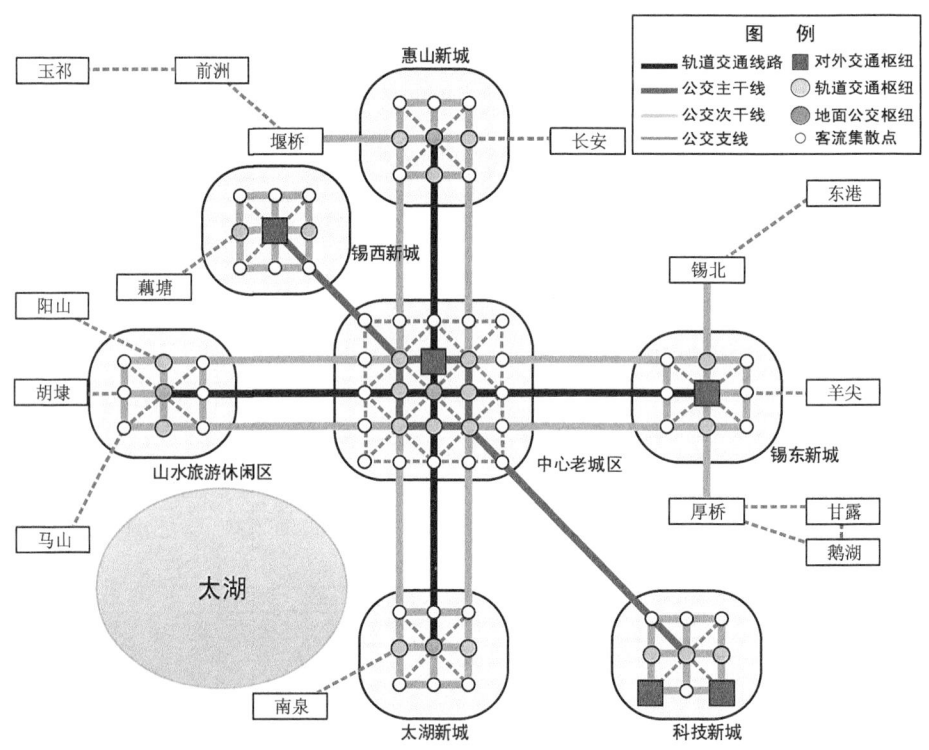

图 9-12　无锡市轨道交通运营初期公共交通线网总体布局示意图

通过确定地面公交与轨道交通的功能分担,使轨道交通沿线重要组团均能与轨道交通形成便利的公交联系,如图 9-13 所示。

第9章 无锡市轨道交通开通后地面公交线网调整规划

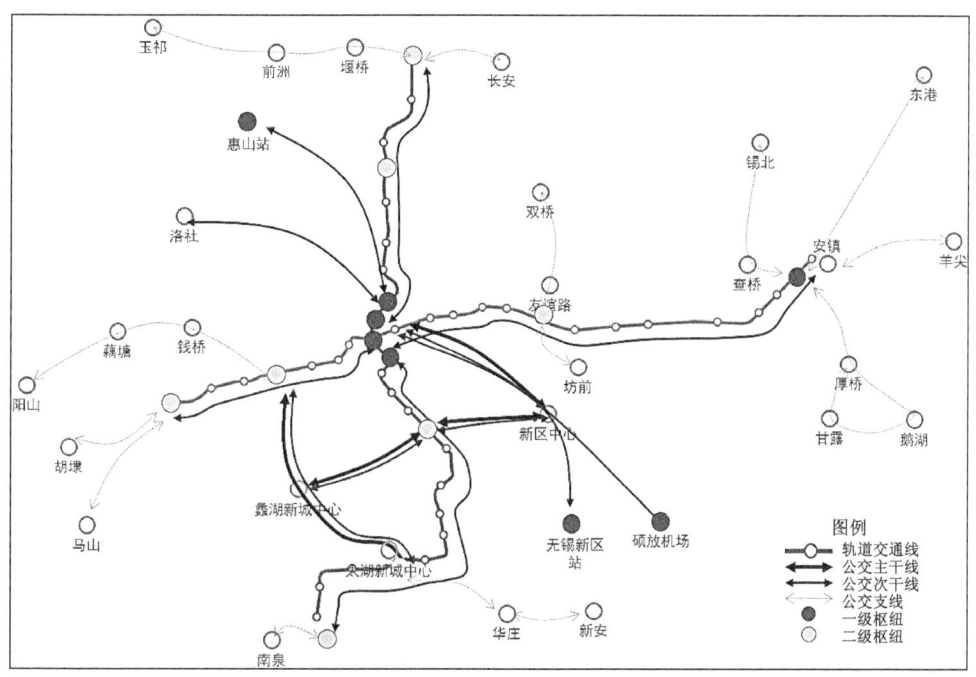

图 9-13　无锡市重要组团与轨道交通 1、2 号线衔接示意图

中心城区：与轨道交通 1、2 号线走廊重合平行方向以公交次干线为补充服务，不重合平行方向仍以现状线网为主，垂直方向加强干线的接驳换乘；以无锡站为枢纽服务新区和洛社地区，考虑对外出行需求，可形成从惠山站、新区站、硕放机场到轨道交通 1 号线无锡站的次干线接驳；以人民医院站为枢纽，用公交干线连接蠡湖新城和新区中心区域。

惠山区：以堰桥站为主要换乘枢纽的接驳线网主要服务长安、堰桥、前洲和玉祁等偏远组团。

锡山区：以无锡东站为枢纽开行查桥、锡北以及安镇、羊尖、东港和厚桥、甘露、鹅湖方向的公交线路；以友谊路站为枢纽，连接云林、双桥、坊前地区。

河埒口、梅园片区：以梅园站为主要换乘枢纽的接驳线服务于胡埭、马山等区域；利用河埒口站为换乘枢纽来服务钱桥、藕塘、阳山等偏远组团，同时利用公交干线加强与蠡湖新城和太湖新城的联系。

太湖新城：利用长广溪站为主要换乘枢纽的微循环线路联系南部南泉古镇；利用以市民中心站为主要换乘枢纽的公交干线联系蠡湖新城和河埒口地区，并设接驳线联系华庄和新安街道。

9.4 公交线路调整

9.4.1 走廊上地面公交线路调整

线路调整主要针对轨道交通 1、2 号线进行统一规划、分批实施,共调整线路 29 条(市公交 20 条、锡惠公交 6 条、新区公交 3 条)。其中为减少与轨道交通共线 7 条,加强与轨道交通衔接 5 条,过长线路截短 5 条,扩大轨道交通覆盖区域 2 条,保留线路、减少运力(留线减车)10 条,具体方案如表 9-1 所示。典型线路调整如图 9-14 至图 9-16 所示。

表 9-1 结合轨道交通线路调整方案

番号	起讫点	调整措施	调整理由
12	新彩印厂—南禅寺(朝阳广场)	局部调整	减少与轨道交通共线长度,加强市中心与凤宾路沿线的联系;其原有部分功能由轨道交通 1 号线替代
24	芦庄小区—东林广场	局部调整	避免与轨道交通长距离共线,同时加强市中心与中联新村、中桥二村、中星苑、时代上城等区域的联系。其原有部分功能由 23 路和 135 路公交替代
81	金城桥—惠畅里	局部调整	减少在清扬路沿线与轨道交通共站数,增加对通扬路沿线公交盲区的覆盖;其原有部分功能由 57 路和 76 路公交替代
2	梅园—火车站	局部调整	减少与轨道交通共线长度,加强市中心与张巷、荣巷(梁清路沿线)的联系;其原有部分功能由 52 路公交替代
28	新世界国际总站—火车站	局部调整	避免与锡沪路上多条公交线路以及轨道交通长距离共线,同时加强市中心与二泉路沿线的联系;其原有部分功能由 6 路和 715 路公交替代
102	盛岸西路—春江花园	局部调整	避免与锡沪路上多条公交线路以及轨道交通长距离共线,同时加强公交线路对人民东路沿线公交盲区的覆盖;其原有部分功能由 6 路和 715 路公交替代
89	灵山胜景—梅园	长线截短	减少梁溪路沿线与轨道交通共站数。截断长线,提高车辆周转速度与运营效率。部分旅游客流的运输可由即将开通的旅游公交来承担
503	华庄街道—塘南路(永乐东路)	局部调整	填补公交线路在梁东路沿线覆盖的空白,并与轨道交通扬名站衔接
66	太湖花园三期—吟苑公园	局部调整	加强新区与轨道交通马墩站和靖海公园站的接驳,覆盖前卫路公交盲区
71	新彩印厂—西园里	局部调整	加强线路与轨道交通河埒口站的接驳
103	科技职业学院—青祁路	线路延长	加强线路与轨道交通河埒口站的接驳
733	港下—无锡东站	线路延长	加强线路与轨道交通无锡东站的接驳,同时填补大成路相应的公交盲区

第9章 无锡市轨道交通开通后地面公交线网调整规划

(续 表)

番号	起讫点	调整措施	调整理由
762	新洲路—盛岸花园	长线截短	截断长线,提高车辆周转速度与运营效率。与轨道交通人民医院站和华清大桥站形成衔接,原线路人民医院以北部分的功能可由其他线路代替
788	新安—八佰伴(华夏银行)	长线截短	截断长线,提高车辆周转速度与运营效率。与轨道交通南禅寺站形成换乘衔接,原线路南禅寺以南部分功能可由118路等其他公交线路代替
88	灵山胜景—梅园	长线截短	截断长线,提高车辆周转速度与运营效率。与调整后的89路公交走向一致
91	梅园公交总站—啤酒花园	长线截短	截断长线,提高车辆周转速度与运营效率。加强福安小区(胡埭)与轨道交通的联系
766	新洲路—河埒口	长线截短	截断长线,提高车辆周转速度与运营效率,同时减少与轨道交通的共线长度
622	政和大道公交总站—政和大道公交总站	局部调整	覆盖堰裕路公交盲区
621	政和大道公交总站—政和大道公交总站	局部调整	覆盖文惠路西端公交服务盲区,实现该区域与轨道交通的接驳
5	城南路停车场—中央车站	留线减车	与轨道交通长距离共线,但客流量大(8 860人次/日),且需承担夜间清扬路沿线的客流运输任务
23	新安—中央车站	留线减车	与轨道交通长距离共线,但客流量大(10 643人次/日)
25	朝阳广场—堰桥	留线减车	与轨道交通长距离共线,但客流量大(10 585人次/日)
52	向阳—梅园	留线减车	与轨道交通长距离共线,但客流量大(8 576人次/日)
67	梅园—火车站	留线减车	与轨道交通长距离共线,但客流量大(11 041人次/日)
106	梅园—新世界国际	留线减车	与轨道交通长距离共线,但客流量大(6 142人次/日)
112	梅园—广益佳苑	留线减车	与轨道交通长距离共线,但客流量大(7 272人次/日)
607	玉祁—无锡汽车站	留线减车	与轨道交通长距离共线,但客流量大(7 706人次/日)
715	羊尖—招商城	留线减车	与轨道交通长距离共线,但客流量大(7 944人次/日)
722	安镇—火车站	留线减车	与轨道交通长距离共线,但客流量大(7 278人次/日)

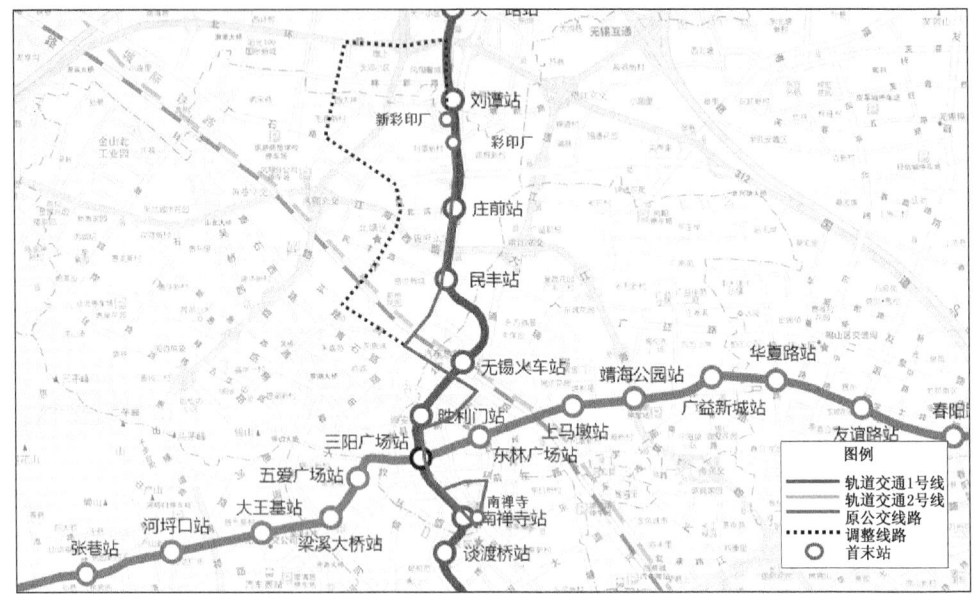

图 9-14 典型线路调整——局部调整(12 路)

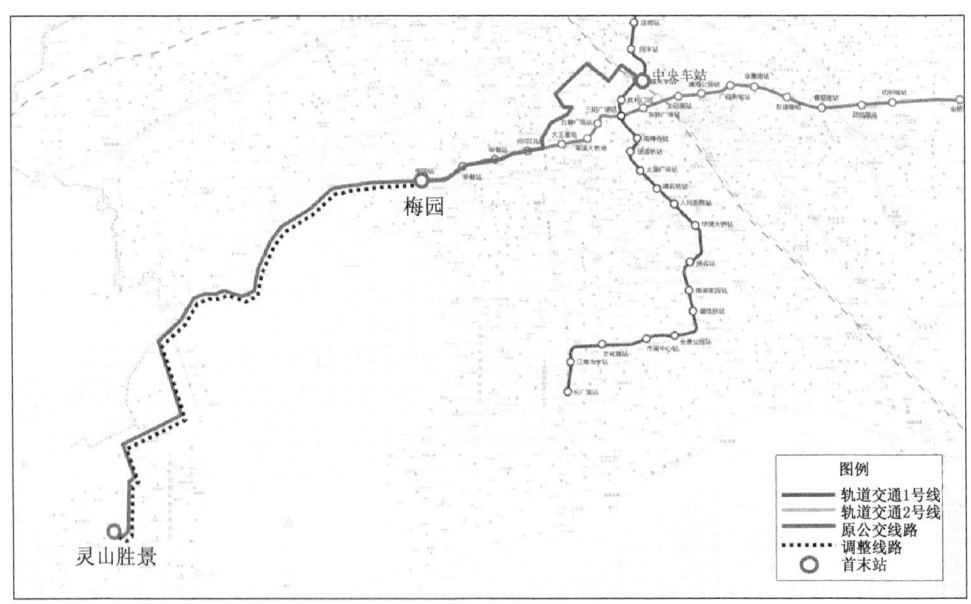

图 9-15 典型线路调整——长线截短(89 路)

第 9 章 无锡市轨道交通开通后地面公交线网调整规划

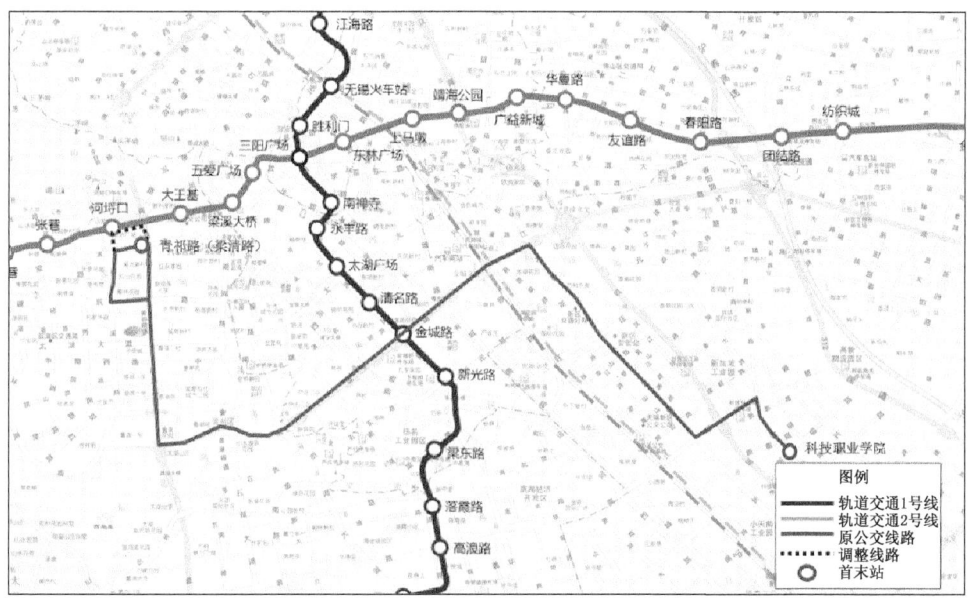

图 9-16 典型线路调整——延长（103 路）

9.4.2 新增外围接驳线路

遵循公交线网总体规划，并结合轨道交通 1、2 号线沿线各分区土地利用情况、道路网布局形态以及场站设施建设情况等要素，将外围区域划分为惠山新城、刘潭、太湖新城、东站、东亭和梅园 6 个片区。针对各片区制定不同的接驳公交线路布局模式，提出新增接驳线路方案，新增线路 9 条（市公交 6 条，锡惠公交 3 条），具体方案如表 9-2 所示。典型的新增接驳线路如图 9-17 和图 9-18 所示。

表 9-2 新增接驳线路方案

番号	区域	起讫点	长度(km)	所属公司
X1	惠山新城	玉祁客运站—长安客运站	20.0	锡惠公交
X2	刘潭地区	新彩印厂—金桥商贸城	9.0	市公交
X3	太湖新城	瑞景道停车场—三房桥	17.6	市公交
X4	太湖新城	市民中心换乘枢纽—新安	12.0	市公交
X5	太湖新城	瑞景道—总装疗养院	13.9	市公交
X6	梅园	渔港(环线)	20.0	市公交
X7	锡山行政中心	毛岸里(环线)	7.0	市公交
X8	东亭地区	双桥村—宜家家居	9.2	锡惠公交
X9	东亭地区	宜家家居(环线)	7.1	锡惠公交

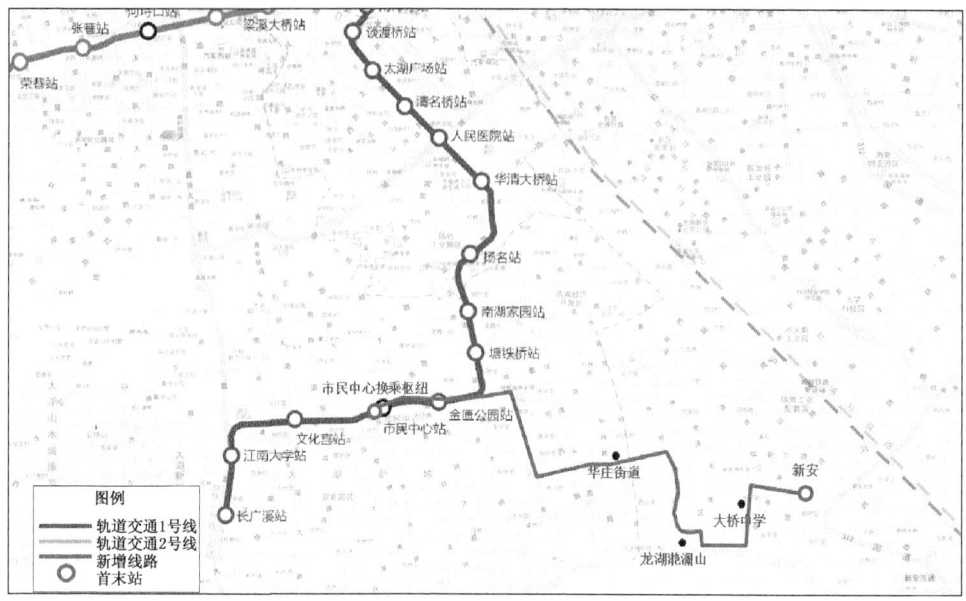

图 9-17 典型新增接驳线路(X4 路)

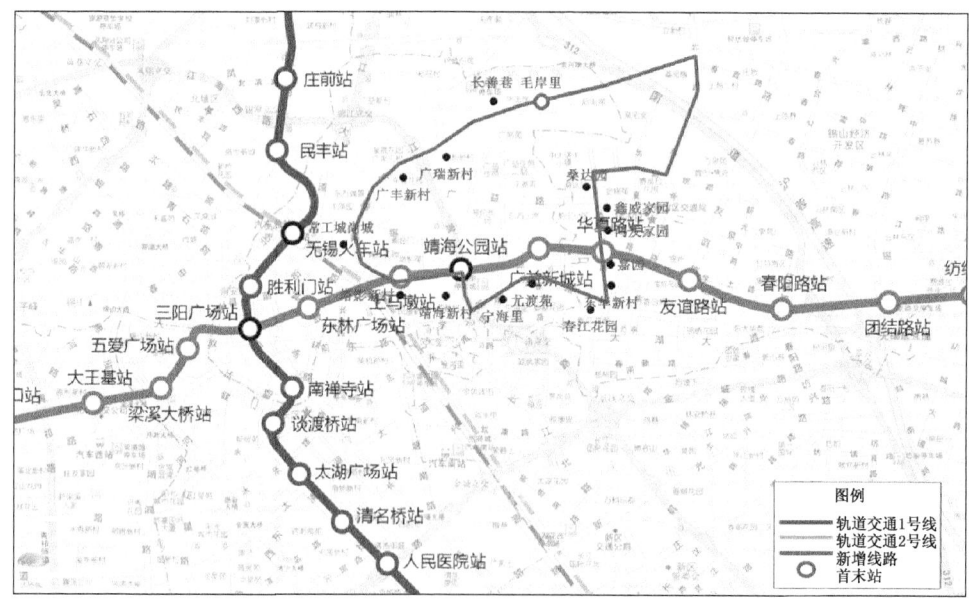

图 9-18 典型新增接驳线路(X7 路)

9.5 线路运营组织调整

9.5.1 公交运营时间调整

轨道交通和与其衔接紧密的公交线路需要在运营时间上保持较强的协同性。轨道交通运营初期末班时间在 21:00 左右,分析无锡市目前公交线路的运营时间,市区 21:00 以后运营的公交线路已有 70 条,但总体上晚间线路运营结束时间较早,与轨道交通运营时间的衔接仍有不足,建议将相关线路的运营时间进行适当调整,根据与轨道交通的衔接关系将公交线路分为两类,提出相应的运营组织优化措施,如表 9-3 所示。

表 9-3 公交运营时间优化调整措施

线路类型	线路特征	运营组织优化措施
紧密衔接线路	线路走向与轨道有很强的互补性,其服务的客流中需要换乘轨道交通的总量和比例均较大,可为轨道交通提供良好的补给功能,其在运营时间上需要与轨道交通运营时间高度衔接与配合	首班次的时间均至少提前轨道交通半小时; 末班至少晚于轨道交通半小时; 超过原有运营时间的班线按照平峰时段的发班密度进行运营
相关线路	线路走向与轨道交通有一定的互补性,其服务的客流中有一定比例的客流需要换乘轨道交通,轨道交通开通后需要在运营时间上预留一定的运力加强与它的配套衔接	首班次的时间均至少提前轨道交通半小时; 超过原有运营时间的班线按照平峰时段的发班密度的一半进行运营

9.5.2 公交发班频率调整

在轨道交通运营且相关公交线路调整和新增后,需对线路运力配置进行优化调整,合理控制相应成本,提高公交资源利用率。主要需要对以下 3 类线路的运营情况进行持续跟踪关注,并根据需要进行发班频率的调整。

(1) 本次调整或新增线路

线路运营初期,乘客需要一定的适应过程,客流不稳定,需要对这部分线路进行跟踪和运力调整。

(2) 原竞争线路

部分公交线路与轨道交通有一定的重合,而这部分线路客流量较大。考虑到乘客的出行习惯,如果随意缩减发班频率可能会对其他区段的乘客造成较大影响。因而,只选取走向基本一致,轨道和公交客流重合较多的线路进行关注。

(3) 原接驳线路

轨道交通开通后相关接驳线路的客流量可能会增长，也需要对这部分线路的运营情况进行跟踪。

9.6 调整方案评价分析

9.6.1 公交网络布局评价

1. 全市区网络布局评价

通过对公交线路的调整，全市区公交线路条数、公交线路长度及公交线网长度等均有所增加；线路重复系数从 2.89 降低到 2.82；300 m 和 500 m 站点覆盖率均有一定程度的提高，如表 9-4 所示。

表 9-4 无锡市区公交线网网络布局改善

评价指标	调整前	调整后	变化情况
线路条数	232 条	241 条	增长 3.88%
线路长度	4 670 km	4 717.4 km	增长 47.4 km
线网长度	1 563.4 km	1 615.4 km	增长 52.0 km
重复系数	2.89	2.82	降低 0.07
300 m 站点覆盖率	66.8%	69.1%	增长 2.3%
500 m 站点覆盖率	99.3%	100.0%	增长 0.7%

2. 各片区公交网络布局评价

(1) 无锡东站片区

以无锡东站为枢纽，放射布置有 730、731、732、733 路，加强了查桥、锡北、港下、廊下、羊尖、厚桥、鹅湖等外围镇（街道）与轨道交通的联系；布设有 801 路微循环公交，加强了安镇与轨道交通的联系；覆盖了大成路公交盲区，如图 9-19 所示。

(2) 梅园、河埒口片区

以梅园站为枢纽布设有 87、89、X7、X10 路公交线路，加强了鼋头渚、胡埭、灵山、职教园与轨道交通的联系；布设有 X6 微循环线路，沟通了 2 号线沿线居住、商业区与轨道交通的联系；以河埒口站为枢纽布设有 26、608、88 等路线，加强了阳山、胡埭、职教园与轨道交通的联系，如图 9-20 所示。

第9章 无锡市轨道交通开通后地面公交线网调整规划

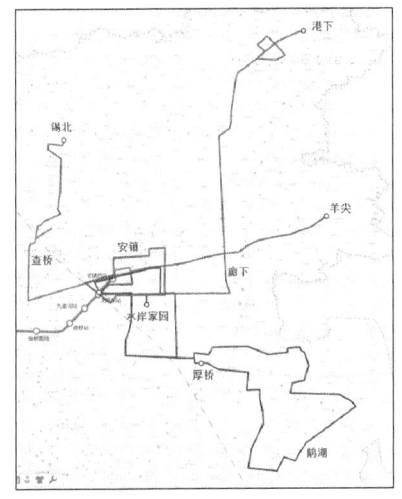

图 9-19 无锡东站片区公交网络布局图　　图 9-20 梅园、河埒口片区公交网络布局图

(3) 惠山新城片区

以堰桥站为枢纽，布设有 X1 路、617 路，加强了外围玉祁、前洲、长安与轨道交通的联系；布设有 601 区、602 路以及 621、622、630 等区内循环型线路沟通了惠山新城内部与轨道交通的联系；覆盖了文惠路西段、堰裕路公交盲区，如图 9-21 所示。

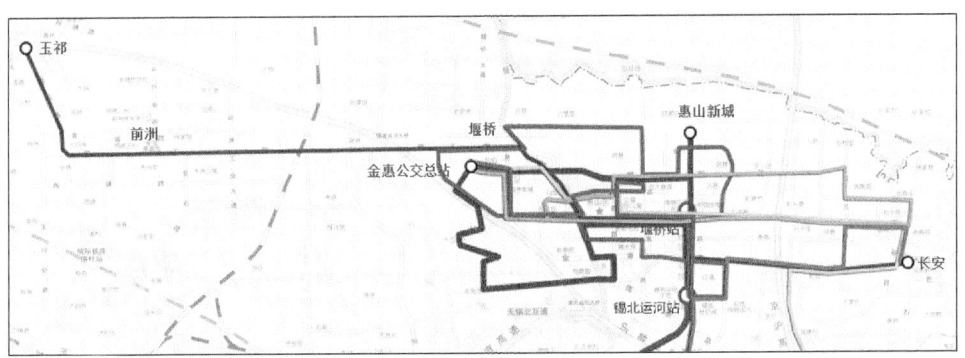

图 9-21 惠山新城片区公交网络布局图

(4) 太湖新城片区

以市民中心站为枢纽，布设有 X4 路和 X5 路，加强了南泉、总装疗养院、华庄、新安等外围镇（街道）与轨道交通的联系；以长广溪站为枢纽，通过途经分散型布局

公交,沟通了许舍(大学城)与轨道交通;覆盖了五湖大道南段、缘溪道、清源路、静惠东路、净慧西路等公交盲区,如图9-22所示。

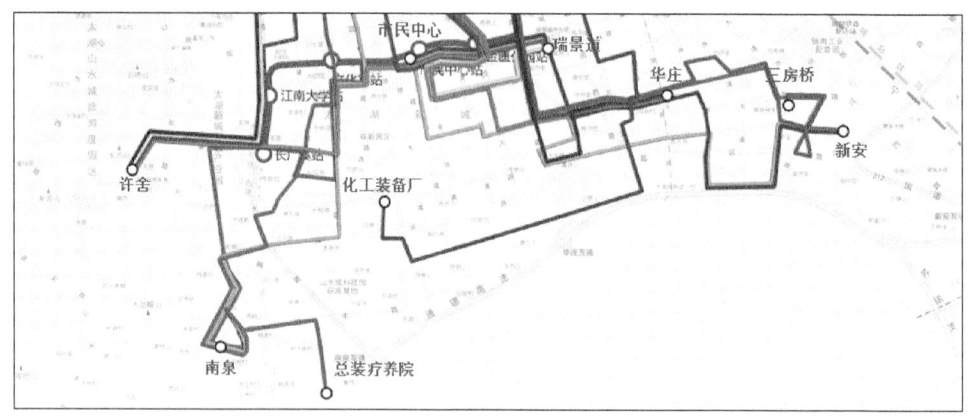

图9-22 太湖新城片区公交网络布局图

3. 轨道交通沿线公交共线情况评价

通过调整后,轨道交通1、2号线沿线公交共线情况趋于均衡。总体上,变化不大,是由于轨道交通开通后客流的发展和市民出行习惯的调整都要有一个过程,因而通道上的公交线路并不适合大规模增减,可通过微调来保障线网优化的稳健推进。如原本重复系数特别大的清扬路、锡沪路、梁溪路重复系数有所降低,而外围区域为了加强衔接,使个别路段的重复系数有所增加,如惠山大道、观山路,如图9-23和图9-24所示。

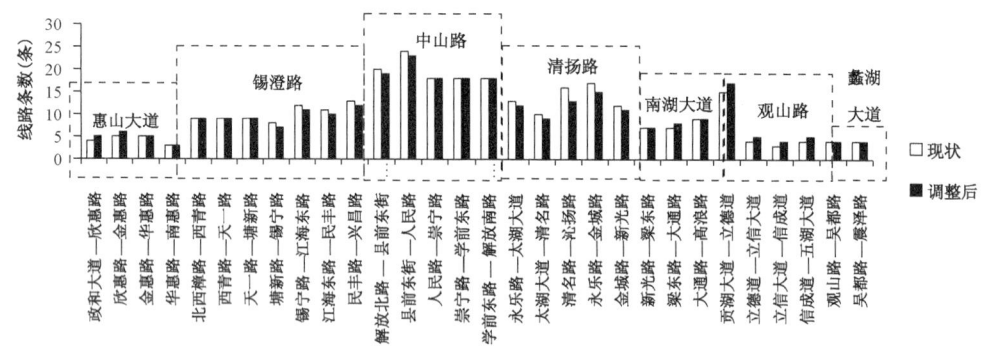

图9-23 轨道交通1号线沿线公交共线情况对比

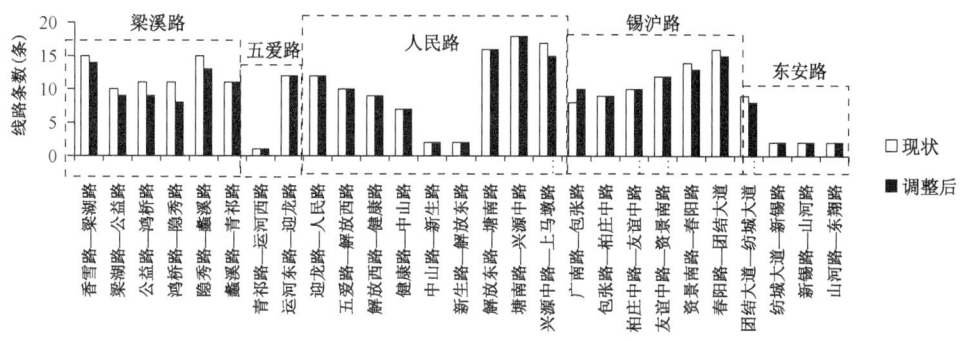

图 9-24　轨道交通 2 号线沿线公交共线情况对比

9.6.2　公交网络服务水平评价

公交线网进行调整以后,乘客的平均总出行时间下降了 0.80 min,候车时间和车外时间均有所下降,表明服务水平得到了提高;由于轨道交通的引入,乘客平均换乘次数较调整前有所提高,但并不影响出行时间下降的趋势,如表 9-5 所示。

表 9-5　公交线网优化服务水平评价指标

评价指标	调整前	调整后
平均总出行时间(min)	36.05	35.25
平均换乘次数(次)	1.26	1.28
平均候车时间(高峰)(min)	6.60	6.20
平均候车时间(平峰)(min)	9.9	9.5

9.7　方案实施

9.7.1　具体实施方案

实施方案分为两个阶段:第一阶段,使公共线路与轨道交通 1 号线开通时间相契合,调整线路优化方案中实施难度较小的线路,并以新增接驳线路(微循环)为主,及时建设 1 号线沿线配套场站。第二阶段,使公共线路与轨道交通 2 号线开通时间相契合,调整第一阶段中实施难度较大的线路,以及部分时机尚未成熟的新增接驳线路(微循环);并针对 2 号线调整难度较小的线路、新增接驳线路(微循环),完成 2 号线沿线公交场站的建设。

9.7.2 保障措施

为使本次调整方案能够顺利实施,提出以下保障措施。

1. 建设场站

通过轨道交通站点周边的公交枢纽、站点等设施建设,实现轨道交通与公交线路的高效无缝衔接,整合城市交通资源,进一步扩展轨道的辐射范围,带动站点周边的土地开发。

(1) 场站建设同步进行

公交线网调整与公交场站有密切关系,公交场站的建设及时完成,才能保障公交线网调整方案的顺利实施。建议政府督促场站用地移交,解决场站用地拆迁问题,实行公交场站项目审批"绿色通道"制度。

(2) 重视公交综合体建设

公交综合体集场站、商业、居住、办公为一体,不仅能够节约土地资源,实现资源的充分利用,同时能够为站点集聚客流,促进沿线用地开发,为公共交通产业创造经济效益,从而减轻政府对公交补贴的经济负担。建议出台与公交场站综合开发相关的扶持政策,支持场站立体开发,提高公交场站利用效率。探索轨道交通与公共交通的共建形式与经营开发模式,进一步节约有限的土地资源,提高站点吸引力。

2. 整合服务信息

信息服务整合需要实现在轨道交通站点、相关公交站点及建筑物内彼此互通信息,完善交通语言系统,以指示、诱导人流便捷地移动与换乘,达到保证乘客连续、顺畅、方便、省时出行的目的。

信息服务整合的内容包括在车站和周围各种客流集散点设置各种相关交通工具的信息提示(如发车时刻表、票价表等),以及各种简明的诱导与指示标志等,在形式上可以是地图、灯箱、手册、电子告示牌、电子查询机等。

3. 改善运行环境

(1) 建设公交专用道和港湾式停靠站

轨道交通建设工地围挡拆除之后,建议在恢复路面的同时恢复或新施划公交专用道,在有条件时,增加专用道长度,并建设港湾式停靠站,创造良好的公交运行环境,提高公交运行质量,进一步提升公交整体服务水平,从而吸引更多的客流,提高客流走廊的运输能级,同时带动周边地块的开发,优化城市空间结构。

(2) 优化交通组织模式

随着轨道交通的开通,公交的快速发展,应该逐步对交通组织模式进行优化,在站点周围增设公共自行车租赁设施,逐步推行"公交优先、慢行友好"的出行模式,对小汽车交通进行需求管理,交警部门加强对公交专用道的监管,为公共交通创造优质的运行环境。

4. 运营一体化

"短驳公交+轨道交通"模式将是社会推崇和鼓励发展的新公交出行模式。无论是公交换乘轨道交通，还是轨道交通换乘公交，市民都将多掏一次钱，出行成本势必会增加，影响整个公共交通系统的吸引力。实现票制票价一体化，同时加强运营时间的协调可以鼓励乘客在两种公共交通方式之间换乘，改变上述局面。

轨道交通与地面公交票制票价一体化表现在两个方面：售票服务的整合与收费体系的整合，需要建立统一的 IC 卡系统和票款清算体系；利用市民卡，实现轨道交通、公交、公共自行车一卡通；出台轨道交通、公交、公共自行车之间的换乘优惠政策。

5. 资金保障

建立地面公交长效补贴机制。将公共交通资金投入纳入公共财政预算体系，合理核定公交票价成本，完善公交补贴政策，在全行业实施成本规制和经营绩效考核制度。

6. 建立协商机制

轨道交通 1、2 号线的开通，主要对锡惠公交的部分放射性线路产生影响，也将对客流走廊上不同公司间的竞争性线路带来影响；轨道交通 3、4 号线开通后，新区公交长江路上的线路也将受到影响。这些影响将会导致公交资源的浪费，同时带来利益上的损失，有必要建立各公交公司之间以及公交公司与轨道公司之间的协调机制，共同协商制定相关运营政策以及线路设置方案，实现线网本身的优化并加强与轨道交通的衔接，整合资源，减少重复建设，形成更为高效、优质的服务网络，实现大公交体系的共赢和共同发展。

9.8 本章小结

本章以无锡为例，进行了轨道交通运营初期地面公交线网调整的示例分析。分析了无锡市公共交通发展概况以及轨道交通走廊沿线用地与地面公交资源概况等相关规划背景；研究提出了无锡轨道交通运营初期公共交通线网功能与布局方案以及重要组团与轨道交通的衔接布局方案；从地面公交线路与轨道交通的关系、客流特征、公交服务盲区、道路交通条件等方面考虑，提出了走廊上地面公交线路调整方案以及外围地区新增接驳线路方案；从运营时间和发班频率两方面，提出了线路运营组织优化方案；对线路调整方案前后公共交通网络布局与服务水平进行了评价分析；提出了线路调整实施方案和相应的保障措施。

第10章 无锡市轨道交通1、2号线交通接驳规划

10.1 轨道交通沿线用地与地面交通现状

10.1.1 沿线土地利用

1. 土地利用现状

轨道交通1、2号线基本处于建成区范围内,土地开发情况相对比较成熟,外围地区多为老居民区、厂房、农田,新城区段有部分住宅及商业开发,中心城区段以商业和居住功能为主,如图10-1所示。

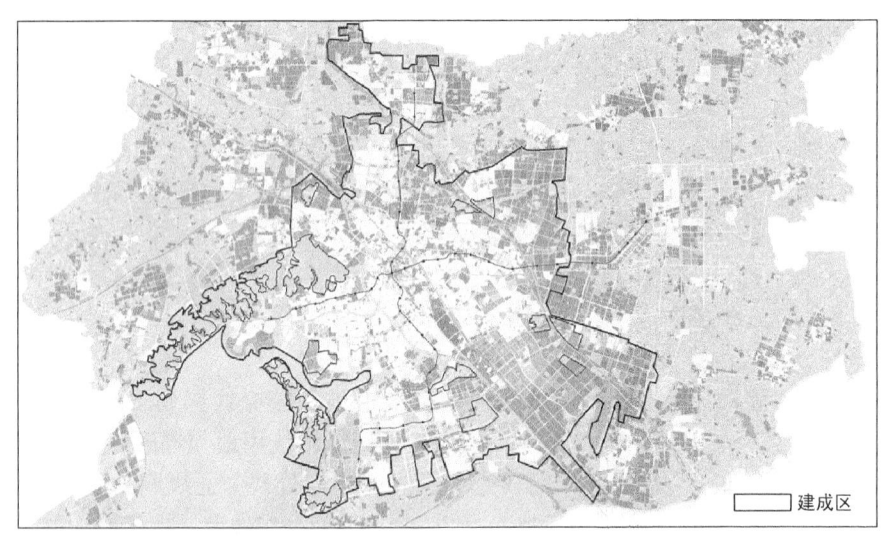

图10-1 无锡市轨道交通1、2号线沿线土地利用现状

2. 规划土地利用

轨道交通1、2号线沿线两侧各1 km半径服务区内,居住用地比例最高,均达到35%,公共设施用地比例分别为22%和25%,且绿地比例高达19%和18%,用地混合度不高。除了1号线南段以及2号线西段外,轨道交通沿线用地容积率基

本只有1.0左右,如图10-2所示。商业、商务用地的缺乏以及土地开发强度的不足使得用地难以给予轨道交通强有力的客流支撑。

图 10-2　无锡轨道交通 1、2 号线沿线规划土地容积率

3. 用地审批情况

2009—2012年规划审批建设用地总量约120 km², 其中轨道交通1、2号线沿线仅占20.4%。用地开发并没有在轨道交通走廊内集中, 不利于与轨道交通形成合力来培育大运量的客运走廊, 如图10-3所示。

10.1.2　沿线交通设施

1. 公交线网

无锡轨道交通1、2号线路位于城市主要客流走廊之上, 与地面公交线路长距离共线。轨道交通1号线途径的锡澄路、中山路、清扬路沿线公交线路共线率高, 最大达到25, 与轨道交通重复5站以上的线路有6条; 轨道交通2号线途经的梁溪路、人民路、锡沪路沿线公交线路同样存在共线率高的现象, 最大达到15, 与轨道交通重复5站以上的线路有4条, 如图10-4所示。

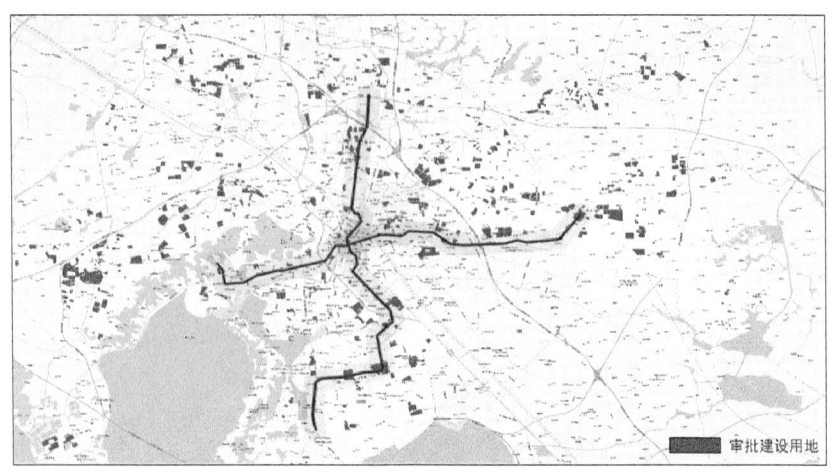

图 10-3　2009—2012 年无锡轨道交通 1、2 号线沿线用地审批情况

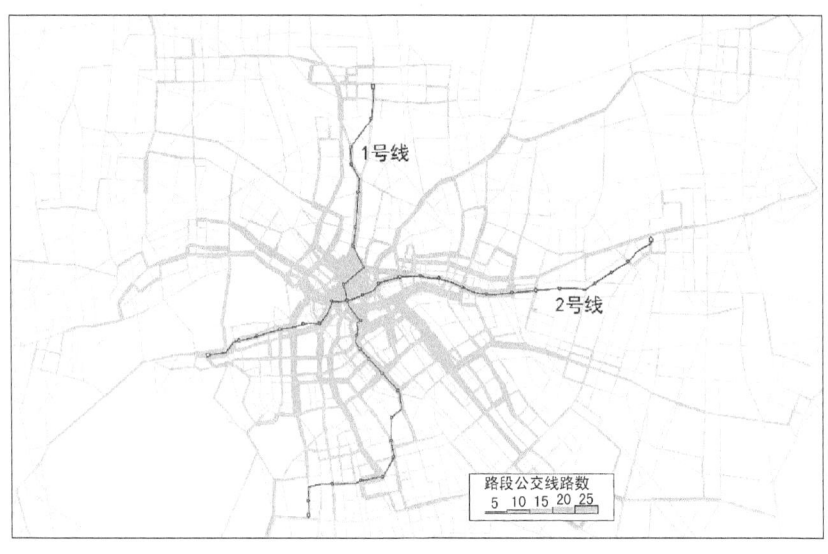

图 10-4　无锡轨道交通 1、2 号线沿线地面公交线路数量

2. 公交场站

轨道交通 1、2 号线沿线公交接驳服务范围内有公交场站 52 处,可利用的公交场站资源较为充裕;但紧临轨道交通站点建设的场站仅 8 处,如图 10-5 所示。

3. 公共自行车

轨道交通 1 号线站点 2 km 范围内共有 91 处布点,公共自行车 1 365 辆;轨道交通 2 号线站点 2 km 范围内共有 40 处布点,公共自行车 750 辆;太湖新城内公共自行车租赁点建设有待加强;惠山区、锡山区是租赁点分布盲区,如图 10-6 所示。

第 10 章 无锡市轨道交通 1、2 号线交通接驳规划

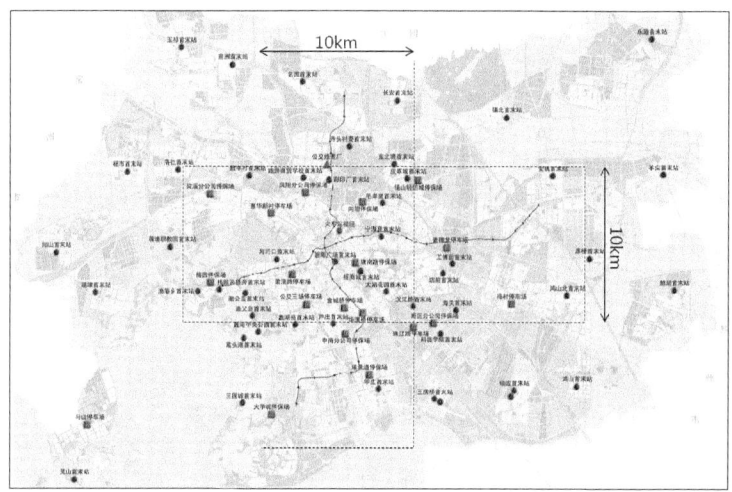

图 10-5 无锡轨道交通 1、2 号线沿线公交接驳服务范围场站分布图

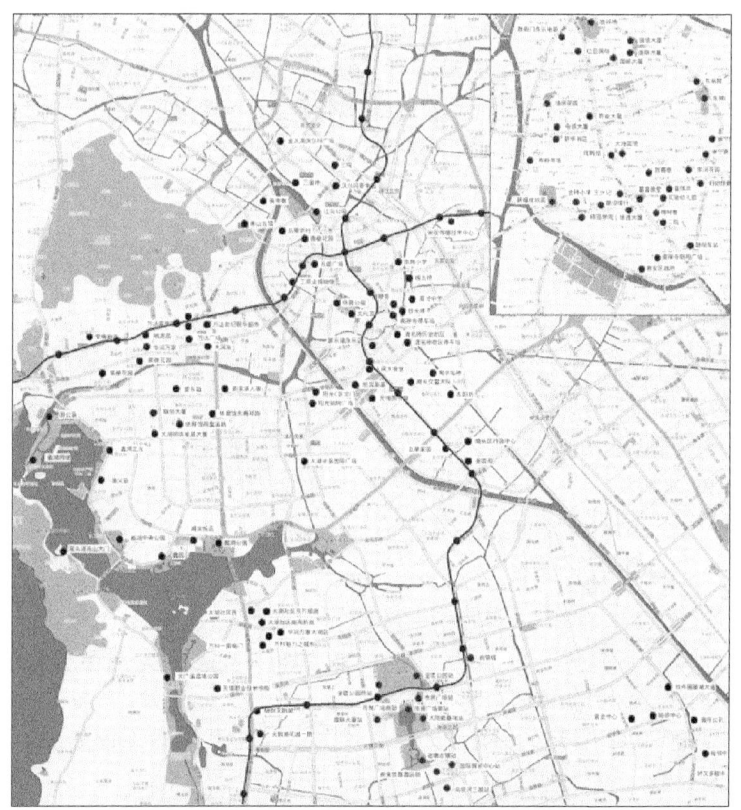

图 10-6 无锡轨道交通 1、2 号线沿线公共自行车租赁点分布图

10.2 客流需求分析

1. 出行生成

据无锡市计生委预测,无锡市区 2020 年常住人口将达到 440 万,流动人口按 10% 计为 44 万。根据《无锡市城市综合交通规划(2006—2020)》中的数据,2006 年居民平均出行次数为 2.25 次/日,预测特征年 2020 年,无锡市常住居民的平均出行次数为 2.4 次/日,流动人口平均出行次数为 3 次/日,合计日出行量约为 1 188 万人次/日,如表 10-1 所示。

表 10-1 2020 年无锡市交通出行量

特征年 \ 类别	常住人口 (万人)	流动人口 (万人)	合计人口 (万人)	常住人口 出行量 (万人次/日)	流动人口 出行量 (万人次/日)	合计人口 出行量 (万人次/日)
2020 年	440	44	484	1 056	132	1 188

采用交叉分类法对出行生成量进行预测。计算不同出行目的下交通小区的日均交通发生量以及吸引量,其中常住人口出行目的主要包括上班、上学、弹性出行和回程。流动人口出行目的主要包括弹性出行和回程。

无锡市各交通小区规划年发生吸引量如图 10-7 所示,主要交通发生和吸引源集中在城市核心区。

2. 出行分布

采用双约束重力模型进行出行分布预测,阻抗函数选用 Gamma 函数。

根据各交通小区内常住居民和流动人口的发生量和吸引量预测,运行 EMME/3 进行重力模型参数标定,并预测各交通小区之间的交通

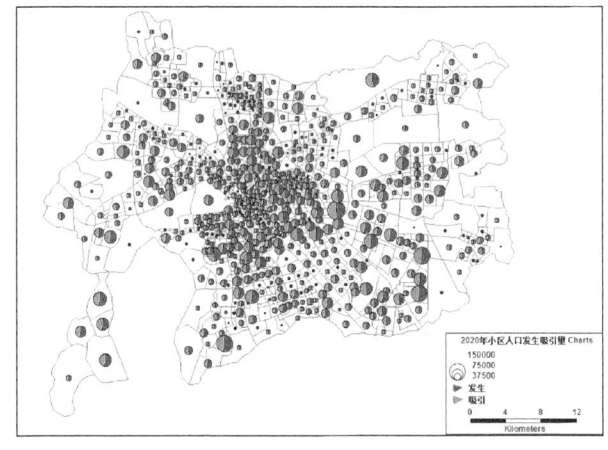

图 10-7 2020 年交通小区人口发生吸引量

分布量,得到 2020 年全方式出行 OD。交通大区全方式出行 OD 如图 10-8 所示。

3. 方式分担

轨道交通 1、2 号线开通五六年的时间后,居民对轨道交通已适应并熟悉,加

第 10 章 无锡市轨道交通 1、2 号线交通接驳规划

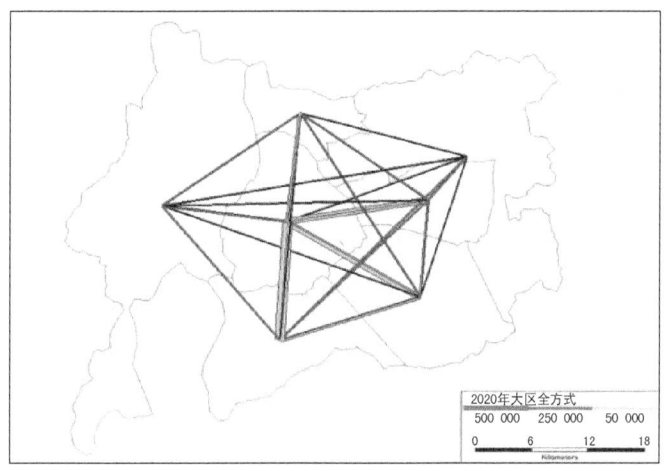

图 10-8　2020 年交通大区全方式出行期望线

之轨道交通 3、4 号线的开通和公共交通的大力发展,且对机动车进行了必要的控制,以此作为前提条件,得到的无锡市各交通方式分担率预测值如表 10-2 所示。包含地面公交、轨道交通和出租车的公共交通出行分担率达到 30%。

表 10-2　2020 年交通方式分担率表

交通方式	步行	非机动车	小汽车	公共交通		其他
				出租车	公交(含轨道)	
分担率	21%	24%	21%	4%	26%	4%

通过方式划分得到公交出行分布,中心城区与周围惠山新城区、锡东新城区、科技新城区、太湖新城区 4 个组团间的断面的客流量较大,分别为 5.5 万人次/日、10.2 万人次/日、9.0 万人次/日和 15.3 万人次/日。

4. 公交客流分配

1) 公交 OD 分配模型

采用公交类 OD 竞争分配的方法,即把公交类 OD(包括地面公交和轨道交通)在地面公交网和轨道交通网组成的联合网络上进行分配。

运用最优战略分配法。采用加权的综合时间因子,包括候车、上下车、步行和乘车等多个因素;采用多线路概率计算,按乘客花费综合时间最少的原则选择可乘线路,按线路行车间隔等因素决定线路的优先级别。

2) 公交客流分配结果

通过 EMME/3 进行公交 OD 分配,得到 2020 年地面公交客流量为 194.8 万人次,轨道交通客流量 110.6 万人次,其中 1 号线 30.8 万人次,2 号线 30.4 万人

次,3 号线 29.8 万人次,4 号线 19.6 万人次。无锡市 2020 年的公共交通客流分配如图 10-9 所示。

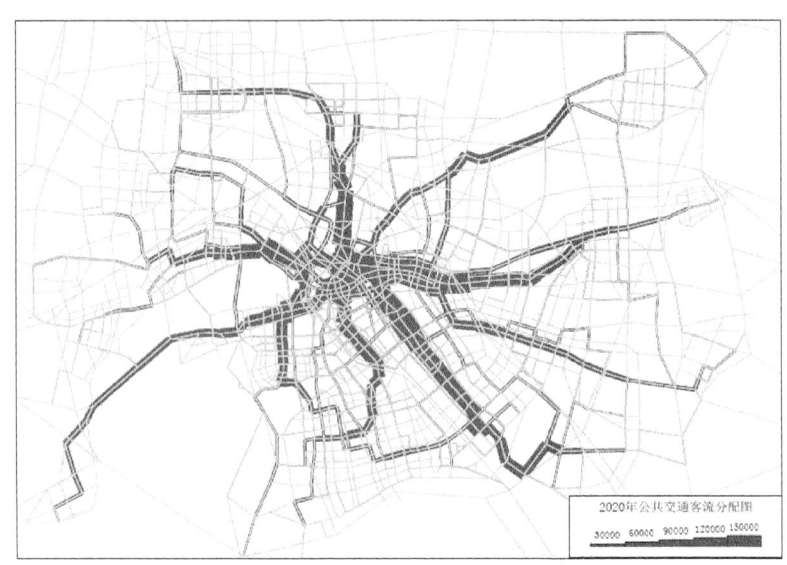

图 10-9 2020 年公交客流分配图

3) 轨道站点客流集散量

2020 年轨道交通 1、2 号线各站点高峰小时客流集散量如图 10-10 和图 10-11 所示。

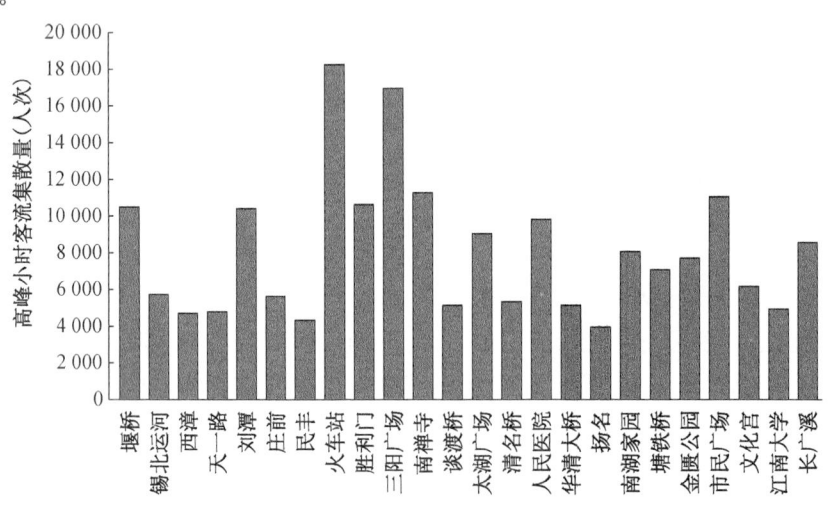

图 10-10 1 号线站点高峰小时客流集散量

第 10 章　无锡市轨道交通 1、2 号线交通接驳规划

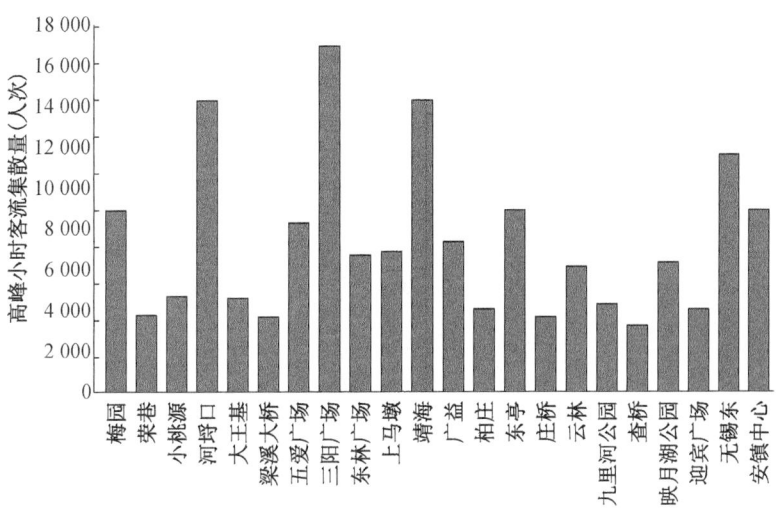

图 10-11　2 号线站点高峰小时客流集散量

10.3　站点交通接驳系统配置

1. 轨道交通站点功能定位

结合轨道交通站点服务范围、客流集散量、线网规划以及相关规划定位，将轨道交通站点分为综合枢纽站、大型换乘站、一般换乘站 3 类。依据站点周围用地功能，细分为公共中心型、交通接驳型、居住区型、工业区型和混合功能型，如表 10-3 和表 10-4 所示。

表 10-3　无锡轨道交通 1 号线站点功能分类

区段	站点	一级类别	二级类别	区段	站点	一级类别	二级类别
惠山段新城	堰桥	大型换乘站	交通接驳型	城中段	太湖广场	大型换乘站	公共中心型
	锡北运河	一般换乘站	居住区型		清名桥	一般换乘站	混合功能型
城北段	西漳	一般换乘站	居住区型	城南段	人民医院	大型换乘站	居住区型
	天一路	一般换乘站	居住区型		华清大桥	一般换乘站	混合功能型
	刘潭	综合枢纽站	交通接驳型		扬名	一般换乘站	工业区型
	庄前	一般换乘站	工业区型		南湖家园	一般换乘站	居住区型
	民丰	一般换乘站	居住区型		塘铁桥	一般换乘站	居住区型
城中段	火车站	综合枢纽站	交通接驳型	太湖新城段	金匮公园	一般换乘站	混合功能型
	胜利门	大型换乘站	公共中心型		市民中心	综合枢纽站	交通接驳型
	三阳广场	综合枢纽站	公共中心型		文化宫	一般换乘站	居住区型
	南禅寺	大型换乘站	公共中心型		江南大学	一般换乘站	居住区型
	谈渡桥	一般换乘站	混合功能型		长广溪	大型换乘站	交通接驳型

表 10-4 无锡轨道交通 2 号线站点功能分类

区段	站点	一级类别	二级类别	区段	站点	一级类别	二级类别
河埒段	梅园	大型换乘站	交通接驳型	广益—东亭段	广益	一般换乘站	混合功能型
	荣巷	一般换乘站	混合功能型		柏庄	大型换乘站	公共中心型
	小桃源	大型换乘站	居住区型		东亭	综合枢纽站	交通接驳型
	河埒口	综合枢纽站	交通接驳型		庄桥	一般换乘站	居住区型
城中段	大王基	一般换乘站	混合功能型	锡东段	云林	一般换乘站	混合功能型
	梁溪大桥	一般换乘站	居住区型		九里河公园	一般换乘站	混合功能型
	五爱广场	大型换乘站	公共中心型		查桥	大型换乘站	公共中心型
	三阳广场	综合枢纽站	公共中心型		映月湖公园	综合枢纽站	交通接驳型
	东林广场	大型换乘站	公共中心型		迎宾广场	一般换乘站	混合功能型
广益—东亭段	上马墩	大型换乘站	居住区型		无锡东	综合枢纽站	交通接驳型
	靖海	综合枢纽站	交通接驳型		安镇	大型换乘站	交通接驳型

2. 站点交通接驳系统配置准则

1) 各区段总体交通接驳要求

结合轨道交通站点服务范围、站点功能定位、各区段周围用地情况以及已有交通设施情况,提出以下接驳要求:

(1) 1 号线

惠山新城段:加强轨道交通站点与大型居住区的衔接;加强公交接驳,增设高峰时段接驳公交;设置自行车停车场、公共自行车租赁设施;末端站可考虑设置小汽车停车换乘设施。

城北段:加强轨道交通站点与大型居住区的衔接;增设高峰时段接驳公交;设置自行车停车场、公共自行车租赁设施;完善慢行接驳设施。

城中段:设置完善的慢行交通系统,包括立体过街设施、非机动车停车场和公共自行车租赁设施;与地面公交进行系统整合。

城南段:加强轨道交通站点与大型居住区的衔接;增设高峰时段接驳公交;设置自行车停车场、公共自行车租赁设施;完善慢行接驳设施。

太湖新城段:加强轨道交通站点与大型居住区的衔接;加强公交接驳,完善区内公交网络;加强与区内慢行系统整合;加强东西两侧产业区与轨道交通站点的衔接。

(2) 2 号线

河埒段:加强轨道交通站点与大型居住区的衔接;加强公交接驳,增设高峰时段接驳公交;设置自行车停车场、公共自行车租赁设施;末端站可考虑设置小汽车停车换乘设施。

城中段:设置完善的慢行交通系统,包括立体过街设施、非机动车停车场和公共自行车租赁设施;与地面公交进行系统整合。

广益—东亭段:加强轨道交通站点与大型居住区的衔接;增设高峰时段接驳公交;设置自行车停车场、公共自行车租赁设施;完善慢行接驳设施。

锡东段:加强轨道交通站点与大型居住区的衔接;加强公交接驳,完善区内公交网络;加强与区内慢行系统的整合;末端站可考虑设置小汽车停车换乘设施。

2) 站点交通接驳设施配置准则

(1) 所有站点均配置

公交停靠站、自行车停车场、公共自行车租赁点。

(2) 公交场站

综合枢纽站、大型接驳站根据客流及站点功能设置以客流接驳为主要功能的集散型公交场站(首末站、枢纽站),承接公交线路的停靠及上下客。停保、修理等功能场站外移至接驳服务区外场站。

(3) 非机动车停车场

中心区站点利用沿街或绿化广场用地分散布置非机动车停车场;外围站点利用待开发项目或市政设施用地进行集中布置。

(4) 出租车上下客点

结合道路(公交站台)或商业广场布设。

(5) 社会车辆停车场

对外围末端部分站点、高速闸道口附近站点设置社会车辆停车场。

10.4 站点交通接驳设施规模测算

结合站点功能定位、各区段总体交通接驳要求以及交通接驳设施配置准则,参考国内外城市轨道交通站点接驳交通方式结构,预测无锡轨道交通各类站点交通接驳方式结构比例,如表 10-5 所示。

表 10-5 轨道交通站点接驳方式结构表 单位:%

一级类别	二级类别	步行	非机动车	公交	出租车	小汽车*
综合枢纽站点	公共中心型	80	3	15	2	0
	交通接驳型	65	9	23	2	1
大型换乘站点	公共中心型	80	3	15	2	0
	交通接驳型	65	9	23	2	1
	居住区型	68	10	20	2	0

(续　表)

一级类别	二级类别	步行	非机动车	公交	出租车	小汽车*
一般换乘站点	居住区型	68	10	20	2	0
	工业区型	80	3	15	2	0
	混合功能型	70	8	20	2	0

* 注：小汽车方式具体为"P+R"方式，不包括采用小汽车接送的方式。

依据各站点高峰小时客流集散量以及各类站点交通接驳方式结构，计算高峰小时站点各交通接驳方式客流量，进而推算出站点的各类换乘设施规模，如表10-6和表10-7所示。其中，火车站与无锡东站中各接驳方式设施已经同枢纽进行一体化设计，不再给出具体配置规模。

表10-6　无锡轨道交通1号线站点接驳设施规模

站点	非机动车位(个)	公交线路(条)	小汽车位(个)	站点	非机动车位(个)	公交线路(条)	小汽车位(个)
堰桥	1 182	6	148	太湖广场	679	4	0
锡北运河	645	3	0	清名桥	480	3	0
西漳	353	3	66	人民医院	811	4	0
天一路	432	2	0	华清大桥	503	3	0
刘潭	781	5	98	扬名	384	2	0
庄前	423	3	0	南湖家园	787	4	0
民丰	390	2	0	塘铁桥	743	4	0
火车站	—	—	—	金匮公园	869	4	0
胜利门	637	4	0	市民中心	994	6	52
三阳广场	382	8	0	文化宫	601	3	0
南禅寺	676	6	0	江南大学	517	3	0
谈渡桥	385	3	0	长广溪	771	4	40

表10-7　无锡轨道交通2号线站点接驳设施规模

站点	非机动车位(个)	公交线路(条)	小汽车位(个)	站点	非机动车位(个)	公交线路(条)	小汽车位(个)
梅园	1 001	5	125	广益	552	4	0
荣巷	423	2	0	柏庄	305	2	0
小桃源	422	2	0	东亭	804	5	42
河埒口	1 284	8	67	庄桥	276	2	34

(续表)

站点	非机动车位(个)	公交线路(条)	小汽车位(个)	站点	非机动车位(个)	公交线路(条)	小汽车位(个)
大王基	345	2	0	云林	598	3	0
梁溪大桥	331	2	0	九里河公园	419	2	0
五爱广场	747	4	0	查桥	366	2	0
三阳广场	382	8	0	映月湖公园	666	3	0
东林广场	402	3	0	迎宾广场	396	2	0
上马墩	516	3	0	无锡东	—	—	—
靖海	858	7	0	安镇	1 004	5	84

10.5 站点交通接驳设施总体布局规划

结合各站点接驳设施规模,考虑已有和在建设施情况,确定轨道交通1号线各站点需要配置公交接驳场站9个,总面积40 600 m²,其中新增(改建)场站6个,面积为21 000 m²;新建、移建及恢复公交站台61处;机动车停车场(P+R)3个,总泊位350个;非机动车停车面积14 745 m²;出租车停靠点43处。轨道交通2号线各站点需要配置公交接驳场站7个,总面积53 000 m²,其中新增(改建)场站4个,面积为42 200 m²;新建、移建及恢复公交站台53处;机动车停车场(P+R)两个;非机动车停车面积12 515 m²;出租车停靠点41处。各站点接驳设施具体配置情况如表10-8和表10-9所示。

表10-8 无锡轨道交通1号线站点接驳设施配置一览表

站点	设施规模	补充说明
堰桥	公交场站:8 000 m²	公交场站结合站点东南角工业地块改造综合开发,规划预控
	机动车停车:150泊位	近期结合站点东北角的路口三角绿地设置临时停车场;远期结合东南角工业地块改造综合开发
	非机动车停车:1 120 m²	
	公交站台:2处	政和大道路口调整新增2处公交站台
	出租车停靠点:2处	
锡北运河	非机动车停车:525 m²	
	公交站台:4处	结合周边地块开发及公交线路开行在华惠路路口预控两处公交站台
	出租车停靠点:2处	

(续　表)

站点	设施规模	补充说明
西漳	机动车停车:100泊位	P+R停车场结合站点西侧地块综合开发,近期可设置临时接驳场地
	非机动车停车:470 m²	
	公交站台:4处	站点周边公交站台、出租车停靠点结合凤宾路、西锦路同步建设
	出租车停靠点:2处	
天一路	非机动车停车:660 m²	
	公交站台:4处	站点周边公交站台、出租车停靠点结合凤宾路、天一路同步建设
	出租车停靠点:2处	
刘潭	公交场站:4 000 m²	结合站点东北侧广场设置枢纽场地,利用规划道路组织进出交通
	非机动车停车:500 m²	
	公交站台:2处	站点周边公交站台、出租车停靠点结合天池路同步建设
	出租车停靠点:1处	
庄前	非机动车停车:900 m²	
	公交站台:4处	锡澄路调整新增两处公交站台,北滨路口预控两处公交站台,结合北滨路同步建设
	出租车停靠点:2处	
民丰	非机动车停车场:700 m²	
	公交站台:6处	恢复原锡澄路福祁制药站台两处,老民丰路口南侧新增两处站台,民丰路改造预控两处站台
	出租车停靠点:3处	
火车站		利用火车站地区交通接驳设施现状
胜利门	公交场站:3 000 m²	原书院弄施工恢复后作为接驳专用通道,路边设置分站台首末站
	非机动车停车:600 m²	
	公交站台:4处	书院弄新增4处公交站台
	出租车停靠点:1处	
三阳广场		利用现状站点周边地块配建设施
南禅寺	公交场站:4 000 m²	近期利用现状朝阳广场首末站,远期结合朝阳地块改造综合开发,规划预控
	非机动车停车:430 m²	取消中山路—解放南路路口北侧扩大展宽渠化岛,增设非机动车停车点
	出租车停靠点:2处	
谈渡桥	非机动车停车:400 m²	
	公交站台:4处	永丰路两处、通扬路两处现状公交站台迁移
	出租车停靠点:2处	沿石子街设置出租车停靠点,同步建设

(续 表)

站点	设施规模	补充说明
太湖广场	非机动车停车:800 m²	取消永乐路—清扬路路口扩大展宽渠化岛,增设非机动车停车点
	公交站台:2处	清扬路调整新增两处站台
	出租车停靠点:2处	
清名桥	公交场站:1 000 m²	沿文华路设置路边首末站
	非机动车停车:650 m²	
	公交站台:2处	清名路口新增两处公交站台
	出租车停靠点:1处	
人民医院	非机动车停车:1 000 m²	
	公交站台:1处	清扬路新增1处公交站台
	出租车停靠点:2处	
华清大桥	公交场站:15 000 m²	利用现状华清大桥停车场
	非机动车停车:500 m²	
	公交站台:2处	调整清扬路2处公交站台
	出租车停靠点:2处	
扬名	非机动车停车:350 m²	
	公交站台:4处	恢复并改造梁东路两处原公交站台,芦中路新增两处公交站台
	出租车停靠点:2处	
南湖家园	非机动车停车:450 m²	
	公交站台:4处	恢复原南湖大道两处公交站台,新增大通路两处公交站台
	出租车停靠点:2处	
塘铁桥	公交场站:1 000 m²	沿南湖大道路侧高压走廊和绿化带设置路边多层港湾式换乘枢纽
	非机动车停车:800 m²	
	公交站台:3处	
	出租车停靠点:2处	
金匮公园	非机动车停车:750 m²	
	出租车停靠点:2处	
市民中心	公交场站:4 600 m²	利用现状海岸城公交枢纽
	非机动车停车场:1 000 m²	
	公交站台:2处	沿立信大道、立德道各新增1处公交站台
	出租车停靠点:2处	

(续 表)

站点	设施规模	补充说明
文化宫	非机动车停车:750 m²	
	公交站台:3 处	五湖大道新增1处、观山路新增两处公交站台
	出租车停靠点:4 处	
江南大学	非机动车停车:620 m²	
	公交站台:2 处	沿蠡湖大道、吴都路各新增1处公交站台
	出租车停靠点:2 处	
长广溪	机动车停车:100 泊位	近期设置地面临时停车场,远期结合地块综合开发

表10-9　无锡轨道交通2号线站点接驳设施配置一览表

站点	设施规模	补充说明
梅园	公交场站:30 000 m²	近期沿用现状梅园公交总站,规划移建至青龙山车辆段上盖开发
	机动车停车:150 泊位	P+R停车场结合军民路西侧地块综合开发,近期沿香雪路东侧(梅园对面)设置临时接驳场地
	非机动车停车:1 110 m²	
	公交站台:4 处	环太湖公路调整新增3处、香雪路移建1处公交站台
	出租车停靠点:2 处	
荣巷	非机动车停车:610 m²	
	公交站台:4 处	公益路新增两处、梁溪路移建两处公交站台
	出租车停靠点:2 处	
小桃源	非机动车停车:610 m²	
	公交站台:4 处	鸿桥路新增两处、梁溪路移建两处公交站台
	出租车停靠点:2 处	
河埒口	公交场站:6 700 m²	调整原河埒公交总站至蠡溪路—展西路口东北角。建设展西路联通蠡溪路,便于进出线交通组织
	非机动车停车:1 300 m²	
	公交站台:4 处	梁溪路恢复两处、蠡溪路新增两处公交站台
	出租车停靠点:2 处	
大王基	非机动车停车:350 m²	
	公交站台:2 处	梁溪路恢复1处、新增1处公交站台
	出租车停靠点:2 处	

(续表)

站点	设施规模	补充说明
梁溪大桥	公交场站：1 000 m²	现状梁溪大桥南侧老匝道作为公交专用通道，设置路边首末站
	非机动车停车：350 m²	
	公交站台：2 处	五爱路恢复两处公交站台
	出租车停靠点：2 处	
五爱广场	非机动车停车：750 m²	
	公交站台：4 对	五爱路恢复 4 处公交分站台
	出租车停靠点：2 处	
三阳广场		利用现状站点周边地块配建设施
东林广场	非机动车停车：400 m²	
	公交站台：3 处	解放东路移建两处、人民中路恢复1处、新建1处公交站台
	出租车停靠点：3 处	
上马墩	非机动车停车：600 m²	
	公交站台：3 处	上马墩路移建两处公交站台，长江路北延伸规划预控1处公交站台，与长江北路建设同步
	出租车停靠点：2 处	
靖海	公交场站：4 000 m²	公交场站结合江海路—上马墩路口东北侧地块改造综合开发
	非机动车停车：900 m²	
	公交站台：4 处	江海路移建两处、上马墩路移建1处、新增1处公交站台
	出租车停靠点：2 处	
广益	非机动车停车：600 m²	
	公交站台：2 处	锡沪路恢复两处公交站台
	出租车停靠点：2 处	
柏庄	非机动车停车：310 m²	
	公交站台：4 处	锡沪路移建两处、柏庄路新增两处公交站台
	出租车停靠点：2 处	
东亭	非机动车停车：800 m²	
	公交站台：4 处	锡沪路、友谊路各恢复移建两处公交站台
	出租车停靠点：2 处	
庄桥	非机动车停车：300 m²	
	公交站台：2 处	锡沪路新增两处公交站台
	出租车停靠点：2 处	

(续　表)

站点	设施规模	补充说明
云林	公交场站:9 800 m²	利用现状麦德龙公交停车场
	非机动车停车:600 m²	
	公交站台:2处	东安路新增两处公交站台
	出租车停靠点:2处	
九里河公园	非机动车停车:425 m²	
	出租车停靠点:2处	
查桥	非机动车停车:400 m²	
	出租车停靠点:2处	
映月湖公园	非机动车停车:700 m²	
	公交站台:3处	东安路新增1处、山河路新增两处公交站台
	出租车停靠点:2处	
迎宾广场	非机动车停车:400 m²	
	公交站台:2处	和祥路新增两处公交站台
	出租车停靠点:2处	
无锡东		利用现状火车站地区交通接驳设施
安镇	公交场站:1 500 m²	公交场站结合润锡路东侧地块改造综合开发

10.6　典型站点交通接驳设施布局规划

1. 刘谭站

1) 站点区位

刘谭站设在规划的天池路与老锡澄路交叉口北侧,为高架三层侧式站,有两个出入口,分别位于西北角和东南角。

2) 站点周围用地现状与规划

现状站点南北两侧主要为工业用地,西面为刘谭居住村庄,配建有刘谭小学、中学等。规划站点以东为金融商业用地,以西为居住用地,且站点周围用地基本处于已出让待建设状态,如图10-12所示。现状站点周边开发较少,西片成熟的小区为凤翔馨城、天河小区,其余均为老的民房、厂房,站点周边及东侧主要为商业开发,站点西侧接驳需求较强。

3) 站点周围交通设施

(1) 道路系统

站点周边主要道路系统包括:惠山大道、凤翔路、凤宾路、北环路、天池路、广石路,如表10-10所示。该区域南北向过境交通主要由惠山大道、凤翔路及凤宾路承担,东西向过境交通主要由北环路、广石路承担,天池路为集散性道路。

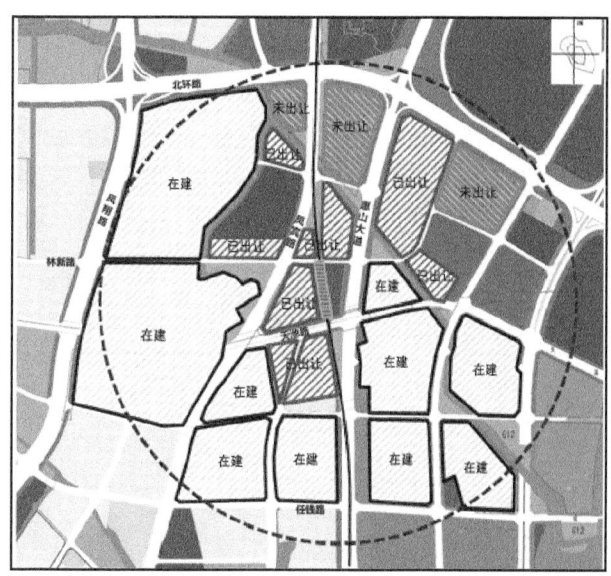

图 10-12(彩图 1) 刘谭站周围用地规划图

表 10-10 刘谭站周边道路设施一览表

道路名称	道路等级	红线宽度(m)	车道数	道路断面形式
惠山大道	主干路	50	6	四幅路
凤翔路	快速路	60	6	四幅路
凤宾路	次干路	30	4	四幅路(规划)
天池路	次干路	30	4	四幅路(规划)
广石路	主干路	40	6	四幅路
北环路	快速路	60	6	四幅路

(2) 公交系统

站点建设于地块当中,周边凤宾路、天池路均为规划道路,尚未布置公交线路。惠山大道上距离最近的公交站点为公交修理厂,所经线路包括 25 路、601 路、601 路区间、607 路支、607 路、新塘里专线、界泾专线。

(3) 停车系统

机动车停车场:现状周边没有配置社会车停车场,远期站点东侧规划有机动车停车场。

非机动车停车场:现状周边没有配置非机动车停车场。

公交停车场:沿惠山大道向南 700 m 处有一彩印厂首末站,场站规模为

2 043 m²。公交修理厂有保养、修理功能,占地面积达 17 946 m²。

4) 站点接驳设施布局

沿天池路站点道路设置港湾式公交站台;结合公交站台设置出租车临时上下客点;沿天池路站点出入口设置非机动车停车场 300 m² 以及公共自行车租赁点,沿站点西侧出入口设置非机动车停车场 200 m²;周边住宅区、老新村附近设置公共自行车租赁点。站点南侧地块改造时将现状彩印厂公交停车场迁往现状公交修理厂,站点东侧地块进行综合开发,设置 4～6 条公交枢纽线,面积达 4 000 m²,如图 10-13 所示。

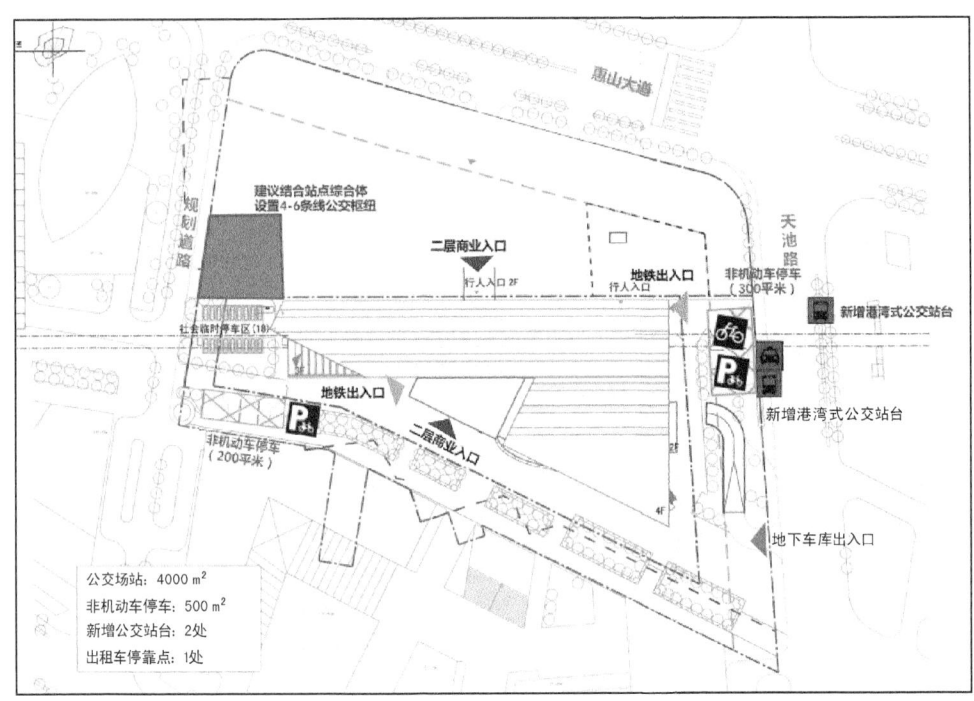

图 10-13 刘谭站交通接驳设施布局图

建议以本站为枢纽,新增放射状的接驳公交线路(微循环),增加对西漳、牌楼、广石路等区域的公交覆盖,吸引客源。同时进行商务、商业集成开发,即将办公、商业及公交场站集成于一体进行开发,重点发展大型购物中心、写字楼、展览、广告等业态。

2. 三阳广场站

1) 站点区位

三阳广场站位于中山路与人民路交叉口下,为 1、2 号线换乘站。三阳广场 1

号线站沿中山路设置,大致呈南北走向,为地下三层岛式车站。该站前方衔接胜利门站,后方为南禅寺站。三阳广场2号线站沿人民路设置,大致呈东西走向,为地下二层侧式车站。该站前方衔接五爱广场站,后方为东林广场站。

在车站站厅东、南、西、北4端均设有物业开发空间。车站共设置27个出入口,其中预留13个出入口连接车站周边商业。

2) 站点周围用地现状与规划

现状站点周围为无锡市的商业中心。车站的东北面为天安大厦购物商场、崇安寺生活步行街、城中购物公园等商业;东南面为三阳百盛广场、摩天360商务楼、中国银行无锡分行和拟建的苏宁三阳广场;西北面为无锡商业大厦、交通银行无锡分行、财富大厦;西南面为无锡新世界百货、华光大厦、鸿运大酒店和拟建的恒隆广场。用地开发已较为成熟,部分商业用地正在建设中,如图10-14所示。

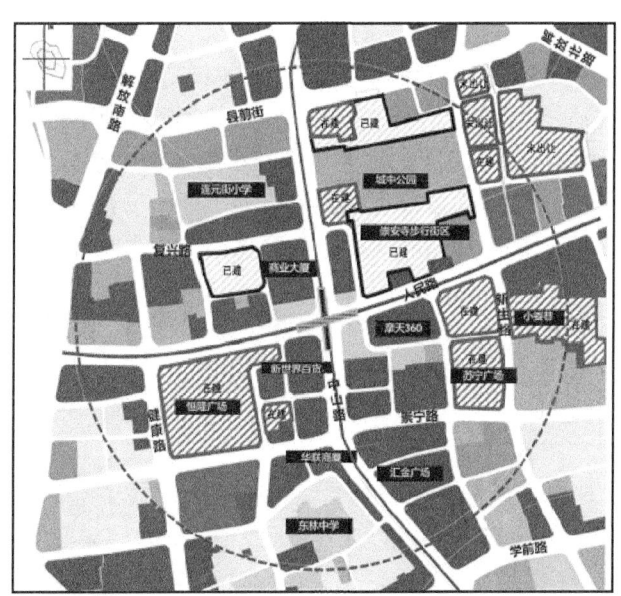

图10-14(彩图2) 三阳广场站周围用地规划图

3) 站点周围交通设施

(1) 道路系统

站点周边主要道路系统包括:县前街、人民路、中山路、解放环路、新生路、后西溪,如表10-11所示。该区域南北向过境交通主要由中山路承担,东西向三条干路通达性均较强。

表 10-11 刘谭站周边道路设施一览表

道路名称	道路等级	红线宽度(m)	车道数(条)	道路断面形式
县前街	主干路	34	6	一幅路
人民路	主干路	40	6	三幅路
中山路	主干路	26	6	一幅路
解放环路	主干路	40	6	一幅路
新生路	支路	14	2	一幅路
后西溪	支路	10	2	一幅路

(2) 公交系统

周边共分布有 6 对公交站台,平均距离三阳广场站为 200 m 左右,途经线路 22 条。该站出入口多,乘客可选择靠近现状公交站台的出入口以满足"零距离换乘"的要求。

(3) 停车系统

机动车停车场:现状三阳广场周边拥有华光停车场(244 泊位)、锦江大酒店地下停车场(78 泊位)、沈果巷社会停车场(500 泊位)、吟春地下停车场(200 泊位)、崇安寺地下停车场(231 泊位)等大型停车场及小型和路边停车场。

非机动车停车场:现状周边没有配置非机动车停车场,非机动车沿路边停靠。

公交停车场:在三阳广场站北面有一公交场站——火车站枢纽站,场站功能为首末站,面积为 6 000 m^2。

4) 站点接驳设施布局

该站为轨道交通 1、2 号线换乘站,进出站客流以地块内到发为主,适当布设公共自行车租赁点。在路口 4 个方向结合地块现状各设置一个公共自行车租赁点,如图 10-15 所示。

3. 梅园站

1) 站点区位

梅园站是 2 号线首站,位于环太湖公路与军民路路口正下方,沿环太湖公路东西向布置,为地下二层岛式站。车站共设置 10 个出入口,分别位于环太湖公路两侧。梅园站区位如图 10-16 所示。

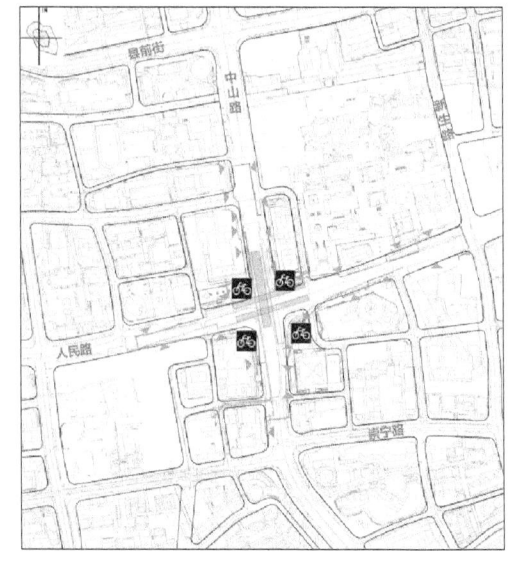

图 10-15 三阳广场站交通接驳设施布局图

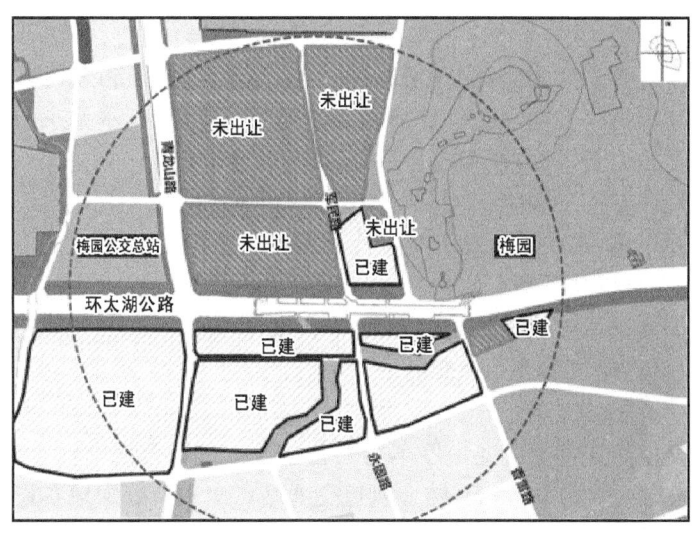

图 10-16(彩图 3)　梅园站周围用地规划图

2) 站点周围用地现状与规划

车站周边现状以居住用地和风景区为主,车站北侧有梅园社区、梅园小学、青龙山新城和部队等,南侧有梅地亚假日酒店、太湖饭店、大箕山家园等,东侧有梅园。现状地块开发尚不完全成熟。站点周围规划以南主要为居住用地和风景园林用地,站点北面用地功能较为混合,分布有居住、工业、绿化等,基本处于未出让状态,如图 10-17 所示。梅园站主要辐射区域为环太湖公路沿线区域和马山方向,具有远距离接驳需求。

3) 站点周围交通设施

(1) 道路系统

站点周边主要道路系统包括:环太湖公路、环湖路、青龙山路和香雪路,如表 10-12 所示。该区域东西向过境交通主要由环太湖公路承担,到钱荣路往东后分流向梁溪路和梁清路两条主干道。南北向接驳道路以青龙山路为主,未来青梅巷街区开发后,接驳需求较大。

表 10-12　梅园站周边道路设施一览表

道路名称	道路等级	红线宽度(m)	车道数(条)	道路断面形式
环太湖公路	一级公路	42	6	四幅路
环湖路	次干路	20	2	单幅路
青龙山路	次干路	23	4	单幅路
香雪路	支路	20	2	单幅路

(2) 公交系统

梅园站周边有4处公交站台,分别为环太湖公路(独月路)站、梅园公交总站、梅园站、梅园(香雪路)站。共有20条公交线路经过该站,基本呈东西走向。现状站点距离梅园站位置较远,换乘极为不便,接驳功能较差。

(3) 停车系统

机动车停车场:现状周边没有配置社会车停车场,远期在西北角有预留交通枢纽用地,内部设有机动车停车位。

非机动车停车场:现状周边没有配置非机动车停车场,非机动车沿路边停靠。

公交停车场:现状周边无公交场站。

4) 站点接驳设施布局

梅园公交枢纽迁移至青龙山停车场上盖物业。设置公交站台4处,香雪路少年宫现状公交站点向北移50 m;结合轨道交通站点出入口处绿地布设自行车停车区7处,共计1 110 m²。结合轨道交通站点附近公交站台布设出租车临时停车泊位两处。将站点北侧地块进行综合开发,设置150泊位的地下P+R停车设施;轨道站周边地区布设公共自行车租赁点,如图10-17所示。

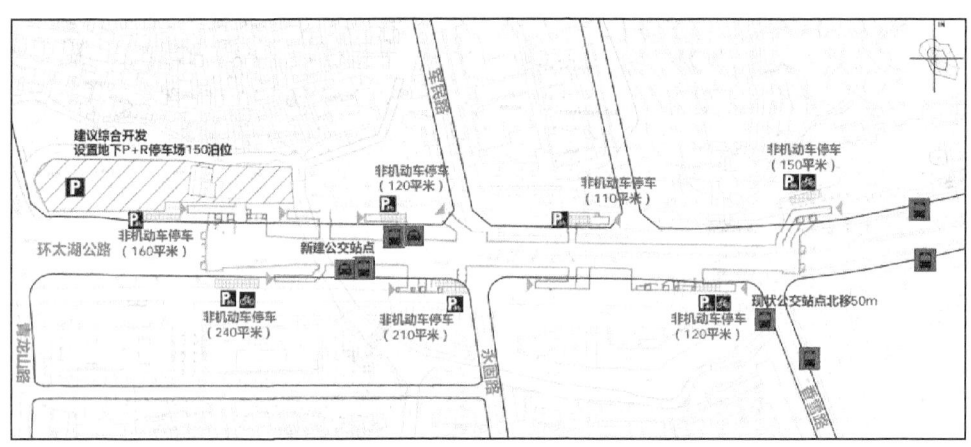

图10-17 梅园站交通接驳设施布局图

10.7 本章小结

本章以无锡为例,进行了轨道交通站点周边交通衔接规划的示例分析。分析了轨道交通走廊沿线土地利用、交通设施等相关规划背景;预测了公共交通客流,计算了各轨道交通站点高峰小时客流集散量;结合站点服务范围、客流集散量、轨道交通线网规划以往相关规划定位,研究了站点分类、功能定位以及接驳设施的配置准则;依据站点高峰小时客流集散量测算了交通接驳设施规模;提出了站点交通接驳设施总体布局规划方案和典型站点交通接驳设施布局规划方案。

第 11 章 苏州市轨道交通 2 号线换乘枢纽单体规划与设计

11.1 轨道交通沿线地面交通现状

苏州市轨道交通 2 号线主线部分总体呈南北走向,线路起于相城区太平车辆段,沿线经过苏州北站、相城区、平江新城、苏州火车站、石路商业区、沧浪新城,终点位于吴中区迎春南路站。

2 号线主线部分长 26 km(全长 40.25 km),设有 22 站(全线 33 站),其中高架站 5 座,地下站 17 座。线路与近期建设规划确定的线网有 3 个衔接换乘点,即 4 号线苏州火车站站、1 号线广济南路站、3 号线宝带西路站,如图 11-1 所示。

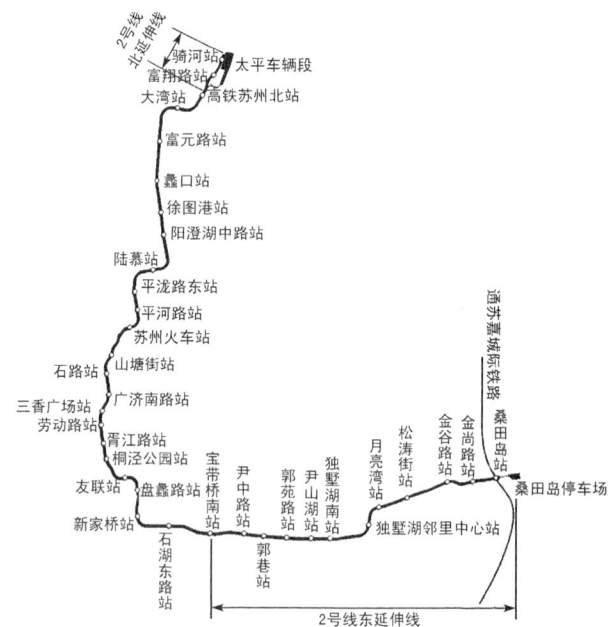

图 11-1 苏州轨道交通 2 号线走向示意图

轨道交通 2 号线沿线的公交首末站共有 3 个,总面积 48 500 m²(聚元路站 4 000 m²,齐门北大街站 22 500 m²,苏州火车站 22 000 m²),如图 11-2 所示。

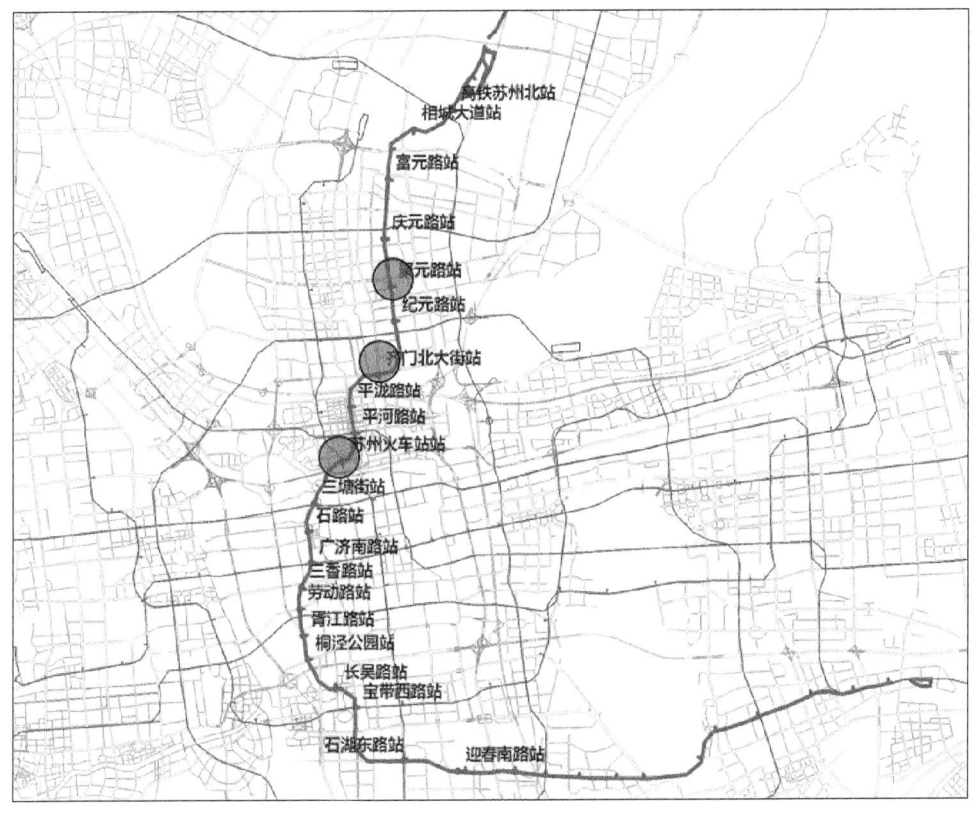

图 11-2　轨道交通 2 号线沿线现状公交场站设施分布

轨道交通 2 号线沿线的公交站点共 57 对。其中中心城区的轨道交通站点周边公交站点明显多于外围。部分站点距离轨道交通车站较远,超过 300 m,造成换乘的不便。沿线拥有社会公共停车场 4 个,停车泊位约 1 080 个(高铁苏州北站 200 个,聚元路站 200 个,苏州火车站 480 个,三香路站 200 个),如图 11-3 所示。专用出租车上下客点、自行车停车场和人行过街设施建设滞后。

轨道交通 2 号线各站点 500 m 范围内的主要公交站点所对应的线路总数达到 134 条,占苏州市公交线路总数的 52.5%,存在总体密度不足,辐射区域不均衡,换乘距离较远等问题,如图 11-4 所示。

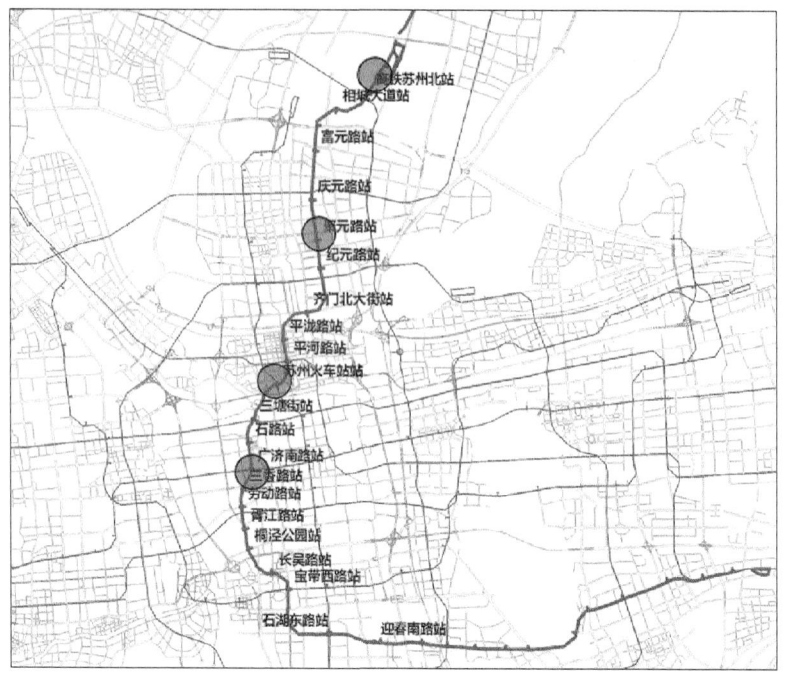

图 11-3　轨道交通 2 号线沿线现状路外社会停车场分布

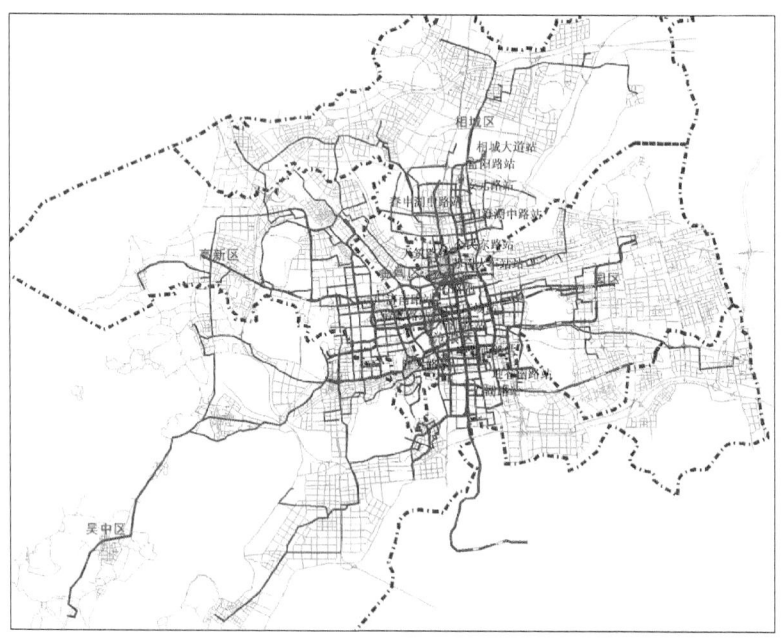

图 11-4　轨道交通 2 号线站点周边现状地面公交线网

11.2 换乘枢纽发展目标与策略

秉承"以人为本、交通成和、节能降耗、无缝换乘"的设计理念,在满足各种交通接驳需求的基础上,在集约化土地利用等原则下,将轨道交通换乘枢纽承担的各种功能进行优化组织和设计,以实现以下目标:(1)实现轨道交通换乘枢纽功能的多样化和综合化;(2)优化轨道交通与周边地块的衔接;(3)建立良好的地面公交与轨道交通接驳换乘系统,形成"无缝接驳",提高枢纽服务水平;(4)建立安全、便捷、舒适的人行系统;(5)整合既有及规划公交场站及相关设施,提高公交系统的效率;(6)协调各接驳方式设施的布局和交通组织,尽可能满足不同客流需求。

结合轨道交通工程和综合体特点,枢纽发展策略如下:(1)工程建设与远期开发策略结合,以轨道工程建设直接涉及的土地为划分依据,考虑整体空间使用以及与周边地块的远期开发的协同性;(2)开发空间与周边空间的有机联合,考虑客流走廊与周边未来开发空间的有机联通性;(3)导入业态与远期业态的有效衔接,与品牌商业开发商或运营商联合,使导入的业态与远期业态协调一致;(4)同期开发实施与土地联合开发,在地面层保持土地使用上的完整性,通过土地转让或联合开发的方式,保证开发物业功能与地标形象统一协调;(5)开发投入与开发效益的协调,兼顾社会效益和经济效益,合理分析投入产出,实现资金的良性运转和使用效率的最大化。

11.3 典型站点规划与设计

11.3.1 阳澄湖中路站规划与设计

1. 站点概况

阳澄湖中路站为轨道交通 2 号线第 7 座车站,为高架三层侧式车站,位于线路相城区段中部,纪元路南侧的采莲路中央绿化带内,南北向布置,设置两个出入口,分别位于采莲路东西两侧路边,设备管理用房布置在采莲路东侧。车站总建筑面积 10 734 m^2,主体建筑 3 165 m^2,设备用房 7135 m^2。车站外包长度 102.0 m,标准段外包宽度 22.2 m。车站共三层,地面一层车站主体部分为架空层;地面二层为公共区,分付费区和非付费区,地面三层为站台层。2 号出入口及设备管理用房结合物业开发布置在采莲路东侧地块内,其中一、二层局部与三层为商业用房;四层局部为物业办公;其余均为车站设备管理用房。

2. 站点周边土地利用分析

站点周边现状以新建成的居住用地和待改造的工业用地为主,宜改造用地存量多,主要集中在站点东侧和西侧外围。站点西侧为建成的大型居住小区嘉园小区;东侧为刚建成的康桥丽都小区,沿采莲路东侧有一排商业店面,西侧为狭长的铺地广场。华元路西北角为相城区人民医院。

站点位于规划的居住片区内部,靠近客流走廊——采莲路和公共服务走廊——嘉元路。为提高站点地区公共设施总量和临近站点地区的聚集度,将原沿相城大道分布的部分商住用地调整至站点附近。YCH-01 地块调整为交通设施用地、YCH-02 地块高度控制在 24 m 以内,容积率以 2.0 为宜,两地块可一起开发,周边主要地块规划指标情况如表 11-1 所示。

表 11-1 阳澄湖中路站周边主要地块规划指标情况

地块名称	YCH-01	YCH-02	YCH-03
用地性质	U21	C21	Rcz
用地面积(m²)	5 400	8 700	5 000
容积率	0.5	1.5~2.0	1.5~2.0
建筑密度(%)	25	50	45
建筑限高(m)	20	12~24	12~24
绿地率(%)	20	20	35

调整后站点 500 m 影响区内公共设施容量上调至 4.8 万 m²。站点周边规划土地利用情况如图 11-5 所示。

图 11-5(彩图 4) 阳澄湖中路站周边规划土地利用情况

3. 站点周边交通设施分析

站点周边路网基本已按规划建成，采莲路、华元路、阳澄湖路和相城大道为主干道，嘉元路和澄风路为次干道，支路纪元路已实施到澄风路。

站点周边公交配套条件较好，相城大道、齐门北大街、阳澄湖路为重要公交走廊；采莲路为次级公交廊道，轨道交通开通将使其服务功能进一步提升。华元路与采莲路东北设置有采莲换乘中心站，其公交停车用地为3 000 m^2，现状设置有始发线路9条，途经线路3条，场站设施已基本饱和。

4. 客流需求分析

根据《轨道交通2号线延伸线工程初步设计客流说明》，阳澄湖中路站早高峰小时客流集散量如表11-2所示。

表11-2 阳澄湖中路站早高峰小时客流集散量　　　　　　单位：人次/h

年份	北向南		南向北		总上客量	总下客量	总集散量
	上客量	下客量	上客量	下客量			
2019	1 387	804	696	1 603	2 083	2 407	4 490
2026	2 073	986	890	2 542	2 963	3 528	6 491
2041	2 946	420	523	3 147	3 469	3 567	7 036

结合阳澄湖中路站点区位和一体化衔接换乘设施规划研究，该站不同年份的客流接驳比例结构如表11-3所示。

表11-3 阳澄湖中路站客流接驳方式比例　　　　　　单位：%

年份	步行	地面公交	非机动车	小汽车	出租车
2019	66.50	17.00	15.00	0.75	0.75
2026	66.50	20.00	12.00	0.75	0.75
2041	66.50	22.00	10.00	0.75	0.75

根据客流接驳比例和各站点高峰小时客流集散量，推算出站点不同方式的换乘客流量，如表11-4所示。

表11-4 早高峰小时阳澄湖中路站不同方式换乘客流量　　单位：人次/h

年份	步行	地面公交	非机动车	小汽车	出租车
2019	2 986	762	674	34	34
2026	4 317	1 298	778	49	49
2041	4 679	1 547	704	53	53

5. 站点交通接驳设施规划

1）设施规模测算

各类交通接驳设施规模如表11-5所示。

表 11-5　阳澄湖中路站各类交通接驳设施规模

接驳设施	地面公交	自行车/电瓶车	私家车	出租车
相关测算参数	平均发车密度高峰小时 10 班,每条线路高峰小时集散能力为 400 人次,现状有两条经过线路	租赁自行车比例为 40%,周转率为 4 次/h;常规自行车比例为 60%,周转率为 1 次/h	高峰小时车辆周转率为 1 次/h,平均每车乘坐 1.8 人次	高峰小时每 6 min 完成一次上下客,平均每车乘坐 1.8 人次
交通设施数量	4~6 条始发线路	租赁自行车 80 泊位 常规自行车 300 泊位	30 泊位	4 泊位

2) 设施布局规划

调整嘉园花园站的站台长度为 30 m;设置地下非机动车停车场,停车泊位 650 个;沿采莲路设置两排租赁非机动车停车泊位 80 个;在采莲路东侧公交站台北边设置电调待客区,长度 30 m,设置泊位 6 个;在采莲路与纪元路东北角设置公共停车场,规模为 5 880 m²,设置停车位 200 个。站点接驳设施布局如图 11-6 所示。

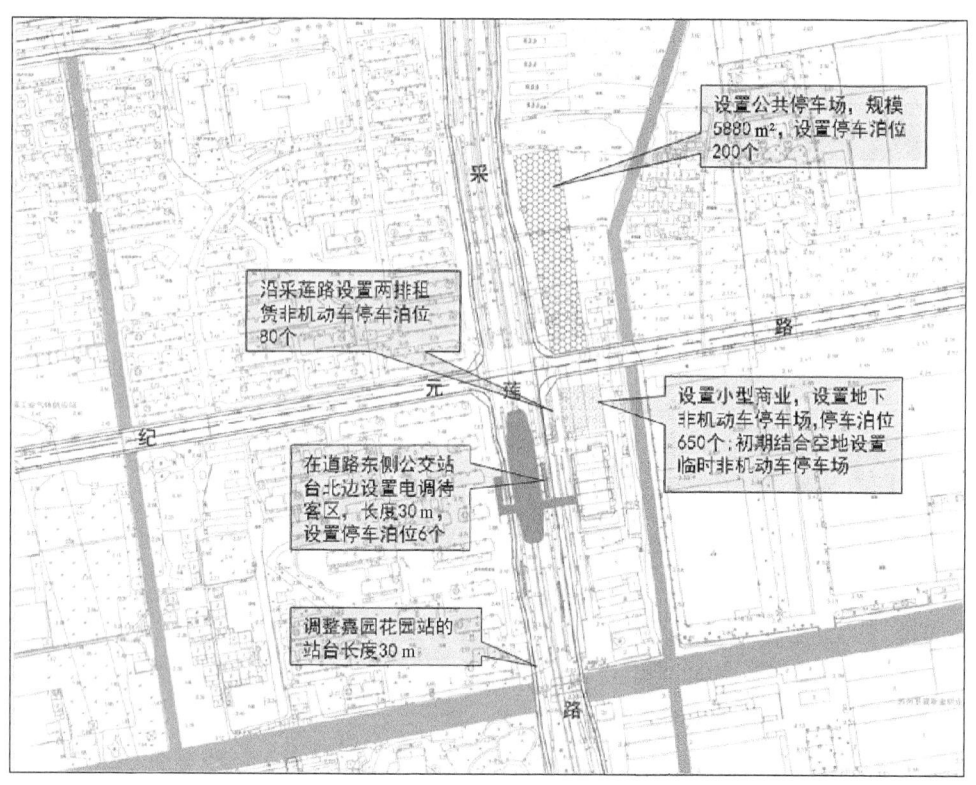

图 11-6　阳澄湖中路站接驳设施布局图

3) 方案实施规划

站点接驳设施规划方案实施安排如表 11-6 所示。

表 11-6 方案实施安排

期限	公交场站	公交站点	自行车停车区域	社会车辆停车场	出租车上下客点
初期		调整嘉园花园站	在公交场站外侧设置租赁非机动车停车泊位 80 个	设置公共停车场,规模 5 880 m²,停车泊位 200 个	在道路东侧公交站台北边设置电调待客区,长度 30 m,设置停车泊位 6 个
近期			设置小型商业,设置地下非机动车停车场,停车泊位 650 个		

6. 站点开发模式分析

结合车站用地情况,对整体开发模式进行多方案比选,如图 11-7 所示。

1) 方案一

公交场站设施位于车站用房地块北侧,采用地面设置形式,中部为轨道交通站房,南侧为商业开发用地。该方案的优点是地块划分明确清晰,换乘距离短。缺点是公交场站用地面积减少到 3 500 m² 左右,规模不足;公交枢纽用地西侧基本位于规划道路禁止开口段,仅在北侧能够设置出入口,不利于交通组织;公交场站地面设置,综合效益不佳。

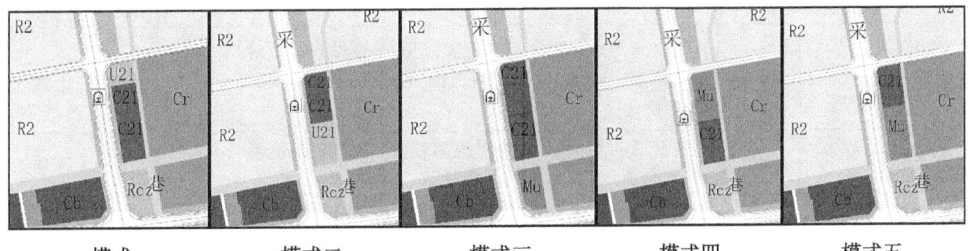

图 11-7 阳澄湖中路站开发模式示意图

2) 方案二

公交场站设施位于车站用房地块南侧,地面设置;北侧为商业设施和轨道交通设施用房。该方案的优点是地块划分明确清晰,换乘距离短,公交场站规模能够满足需求。缺点是公交场站用地分隔南侧商业用地,特别是北侧商业地块规模过小,开发难度增大;公交场站地面设置,综合效益不佳。

3) 方案三

公交场站设施位于河的南侧,综合开发。该方案的优点是地块划分明确清晰,北侧商业连片开发,对整体开发效果较有利。缺点是公交场站用地靠近路口,位于规划道路禁止开口段,不利于交通组织;地面公交与轨道交通换乘距离较长。

4) 方案四

公交场站设施与车站用房地块综合立体开发,统一建设。该方案的优点是用地统筹考虑,综合开发,总体效益良好,公交枢纽用地北侧开口,便于交通组织;换乘距离近,几乎无缝换乘。缺点是公交场站用地占用一部分纪元路界面,该界面商业开发规模受影响。

5) 方案五

公交场站设施与车站用房地块综合立体开发,统一建设。该方案的优点是用地统筹考虑,综合开发,总体效益良好;公交场站用地进出口均在采莲路上,人流换乘距离较近,沿街商业充分利用,商业开发价值较高。缺点是公交场站用地占用纪元路界面,该界面商业开发规模受影响,出入口均位于采莲路上,交通压力过于集中,不利于交通组织。

6) 方案比选

各开发模式比选如表 11-7 所示。模式四在技术上最为合理,符合实际情况,可操作性强,将其作为推荐模式进行方案的深化。

表 11-7 阳澄湖中路站开发模式比选

分类	公交枢纽面积	换乘距离(m)	交通衔接评价	商业面积	可操作性	综合性评价
方案一	较小	60	轨道交通与地面公交换乘距离较短,公交站点客流对商业氛围影响很小,占用沿街面,地块商业价值没有最大化	较少	不佳	不佳
方案二	大	80	轨道交通与地面公交换乘距离较短,但公交车辆流线、人行流线、商业流线互相穿插,干扰大	少	良	不佳
方案三	较小	230	轨道交通与地面公交换乘距离过远,商业价值较好,交通组织不便	中等	不佳	良
方案四	较大	30	轨道交通与地面公交无缝换乘,公交车辆流线与换乘客流对地块影响最小化,西侧沿街面充分利用,商业价值较大化	较多	良	好
方案五	较大	80	轨道交通与地面公交换乘较为方便,公交车辆流线与换乘客流对地块影响很小,西侧和北侧沿街面充分利用,商业价值最大化	较多	良	好

7. 站点初步设计

1) 总体布局分析

(1) 基地利用分析

基地东西向窄,南北向长,总体布局上秉承"以人为本、交通成和、节能降耗、无缝换乘"的设计理念,在满足各种交通接驳需求的基础上,合理安排商业区。根据出入口及周边道路情况自然形成场地内部的车辆出入流线;考虑公交线路数目以及基地相邻城市道路的交通量,将公交车辆的入口设置在纪元路,出口设置在采莲路,结合出入口位置,设置通向地下车库的双向出入口,便于车辆的管理;在公交停靠站上侧设置物业上盖,设置商业区,充分利用高架轨道交通站点和公交站点的客流来提升商业区域的价值;利用采莲路的临街面,设置商业步行街,既可以提升地块的建筑形象,也可以提升商业区域的人流量,使得行人能方便地进入商场;基地西侧紧邻阳澄湖中路站,在二层位置设置人流的转换平台,可以方便地与商业区和公交站点相接。阳澄湖中路站总平面图如图11-8所示。

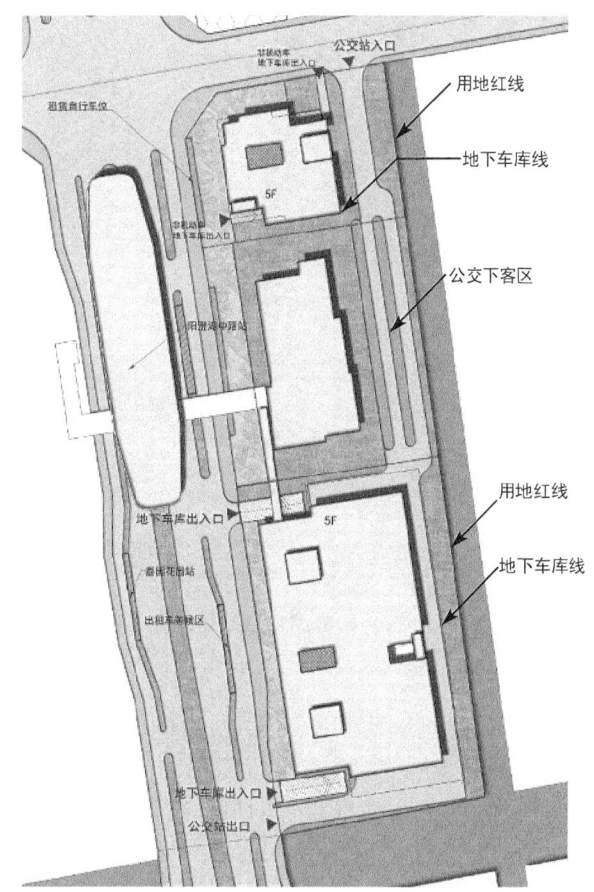

图 11-8(彩图 6)　阳澄湖中路站总平面图

(2) 功能分区

主体建筑沿采莲路展开,与高架轨道交通的走向保持一致,同时建筑东侧和南侧为滨河区域,可利用沿河的水景空间来提升空间品质。沿采莲路的商业步行街采用的是"两端广场,线性连接"的布局,南北两端各设一个广场,作为商业街的首末端,中间设置多个景观节点,呈线性排列,如图11-9所示。

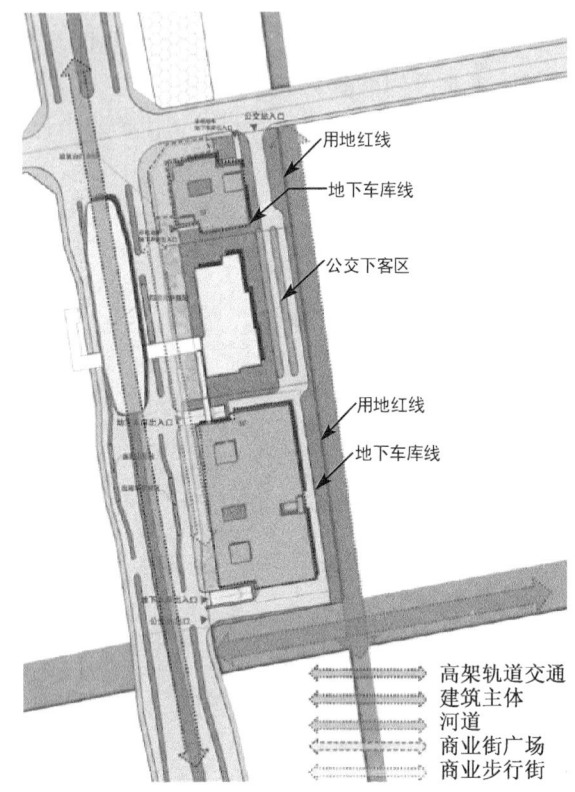

图 11-9(彩图 7) 阳澄湖中路站功能分区示意图

(3) 景观分析

景观设计主要沿主体建筑东西侧展开设置:西侧为高架轨道交通,是主要的沿街面,结合道路设置商业步行街,并且设置广场和不同的景观节点,属于主要的商业景观;东侧为河道,属于自然景观,并且结合河道设置滨河的绿化景观,使得环境更加宜人,也为主体建筑内部空间提供了视觉上的补充,如图11-10所示。

2) 分层初步设计

阳澄湖中路站分层平面布局如图11-11所示。

第 11 章　苏州市轨道交通 2 号线换乘枢纽单体规划与设计

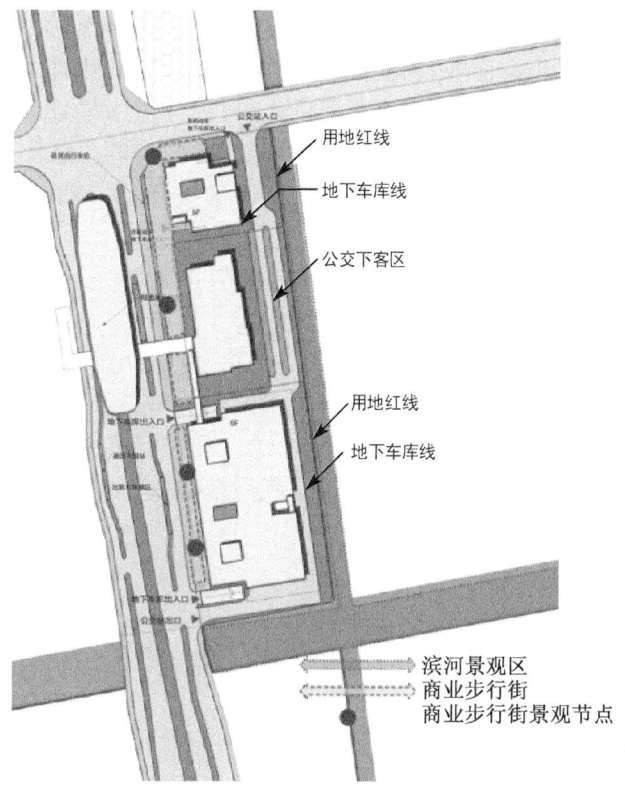

图 11-10(彩图 8)　阳澄湖中路站景观分析示意图

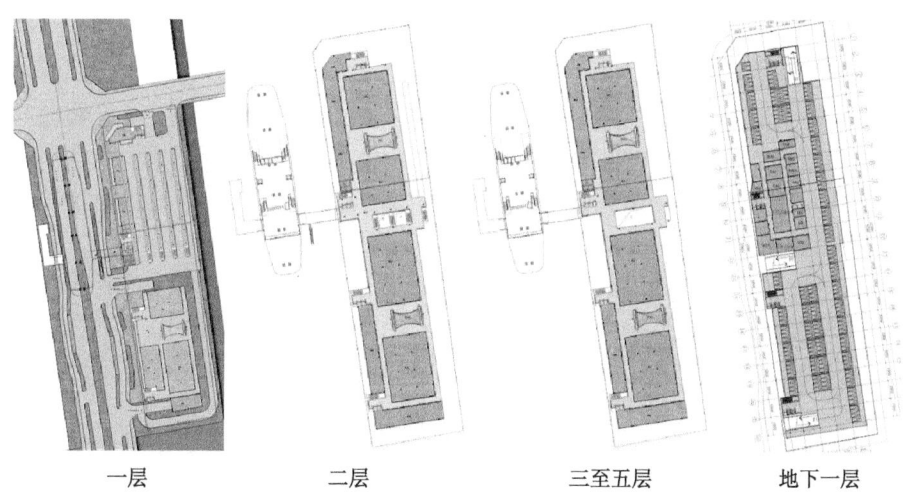

一层　　　　　二层　　　　　三至五层　　　　地下一层

图 11-11　阳澄湖中路站分层平面布局图

一层:整个地块分为南北两个部分,北侧地块为公交换乘站,设置5条公交线路,沿街部分布置小型商业;南侧以商业为主,设置开敞的整体商业空间;地下社会停车场结合城市道路共设两个主要出入口,内部道路与城市道路形成环线,建筑面积共2 643 m²。公交场站设有4条公交廊道,入口在纪元路,出口在采莲路,在建筑中部区域设置有通向二层换乘大厅的楼梯,方便客流与轨道交通的换乘。

二层:南北地块分别设计,布置商业空间,设置连桥与轨道站点换乘大厅相接,并通过竖向的交通与公交站点相接,建筑面积为5 741 m²。

三层至五层:以商业为主,辅以部分设备机房及管理用房等,分设两个中庭,商业空间围绕两个中庭展开,可灵活布置开敞的商业空间或者小型的商店。

地下一层在建筑体内部中间位置设置一个上下贯通的井道,可有效地排除地面层公交车产生的尾气,保证公交站点的空气质量,建筑面积为5 625 m²。

3) 交通组织规划

(1) 交通流线组织

阳澄湖中路站综合交通组织流线如图11-12所示。

公交车辆:从北侧纪元路入口进入基地,南侧在采莲路为出口;进出口与路口的距离较好,交通压力分散。

社会车辆:河道以北整体地下停车联通,进出口设置3个,分别位于整个地块南侧、中部和北侧,开口分布较为均衡,可满足各个方向车辆组织的要求。

人流:通过位于公交站台的楼梯与二层联系,二层整体空间打通,通过专门的通道与轨道交通实现连通,换乘距离近。

(2) 公交运营组织

采莲换乘中心和阳澄湖中路站均位于相城区南部区域,靠近与中心城区对接的界面,并且周边开发和道路条件较为成熟,在该区域设置服务城区公交线路与相城区线路衔接换乘的公交换乘枢纽是恰当的。而采莲换乘中心原本承担区域线路换乘的功能,但是由于场站规模较小,已经超饱和运转,更不能满足线路增长的需要,需要疏散采莲换乘中心的部分线路,减轻其压力。

阳澄湖路站区位较好,规划控制用地较为宽裕,能够弥补现状采莲换乘中心用地不足的问题,同采莲换乘中心协作共同承担片区公交线路换乘组织的要求,方案采用上盖开发的建设形式,适合作为车辆快速周转,乘客便捷换乘的公交换乘枢纽,不便于车辆的长时间停靠和维修保养。

两个场站合理分工,各侧重于对一定方向的服务。采莲换乘中心兼具有车辆较长时间停靠和简易维修保养功能;阳澄湖中路站则主要偏重客流换乘集散功能。采莲换乘中心主要服务于来自中心城区、园区的公交线路;阳澄湖中路站主要服务

第 11 章　苏州市轨道交通 2 号线换乘枢纽单体规划与设计

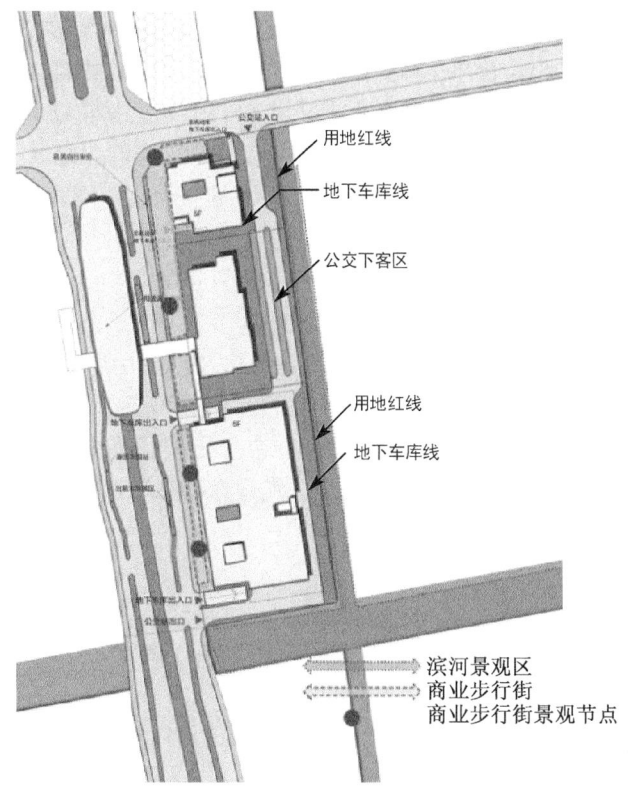

图 11-10(彩图 8)　阳澄湖中路站景观分析示意图

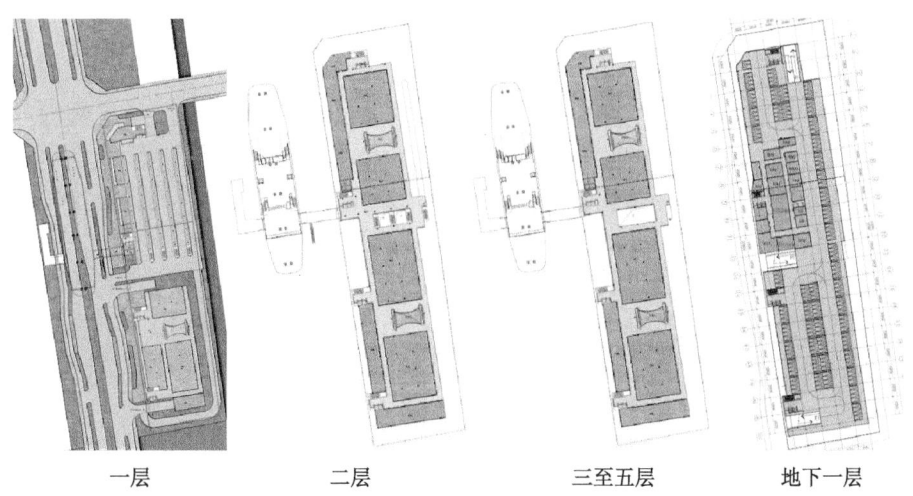

　　一层　　　　　二层　　　　　三至五层　　　　地下一层

图 11-11　阳澄湖中路站分层平面布局图

一层：整个地块分为南北两个部分，北侧地块为公交换乘站，设置5条公交线路，沿街部分布置小型商业；南侧以商业为主，设置开敞的整体商业空间；地下社会停车场结合城市道路共设两个主要出入口，内部道路与城市道路形成环线，建筑面积共2 643 m²。公交场站设有4条公交廊道，入口在纪元路，出口在采莲路，在建筑中部区域设置有通向二层换乘大厅的楼梯，方便客流与轨道交通的换乘。

二层：南北地块分别设计，布置商业空间，设置连桥与轨道站点换乘大厅相接，并通过竖向的交通与公交站点相接，建筑面积为5 741 m²。

三层至五层：以商业为主，辅以部分设备机房及管理用房等，分设两个中庭，商业空间围绕两个中庭展开，可灵活布置开敞的商业空间或者小型的商店。

地下一层在建筑体内部中间位置设置一个上下贯通的井道，可有效地排除地面层公交车产生的尾气，保证公交站点的空气质量，建筑面积为5 625 m²。

3）交通组织规划

（1）交通流线组织

阳澄湖中路站综合交通组织流线如图11-12所示。

公交车辆：从北侧纪元路入口进入基地，南侧在采莲路为出口；进出口与路口的距离较好，交通压力分散。

社会车辆：河道以北整体地下停车联通，进出口设置3个，分别位于整个地块南侧、中部和北侧，开口分布较为均衡，可满足各个方向车辆组织的要求。

人流：通过位于公交站台的楼梯与二层联系，二层整体空间打通，通过专门的通道与轨道交通实现连通，换乘距离近。

（2）公交运营组织

采莲换乘中心和阳澄湖中路站均位于相城区南部区域，靠近与中心城区对接的界面，并且周边开发和道路条件较为成熟，在该区域设置服务城区公交线路与相城区线路衔接换乘的公交换乘枢纽是恰当的。而采莲换乘中心原本承担区域线路换乘的功能，但是由于场站规模较小，已经超饱和运转，更不能满足线路增长的需要，需要疏散采莲换乘中心的部分线路，减轻其压力。

阳澄湖路站区位较好，规划控制用地较为宽裕，能够弥补现状采莲换乘中心用地不足的问题，同采莲换乘中心协作共同承担片区公交线路换乘组织的要求，方案采用上盖开发的建设形式，适合作为车辆快速周转，乘客便捷换乘的公交换乘枢纽，不便于车辆的长时间停靠和维修保养。

两个场站合理分工，各侧重于对一定方向的服务。采莲换乘中心兼具有车辆较长时间停靠和简易维修保养功能；阳澄湖中路站则主要偏重客流换乘集散功能。采莲换乘中心主要服务于来自中心城区、园区的公交线路；阳澄湖中路站主要服务

第11章 苏州市轨道交通2号线换乘枢纽单体规划与设计

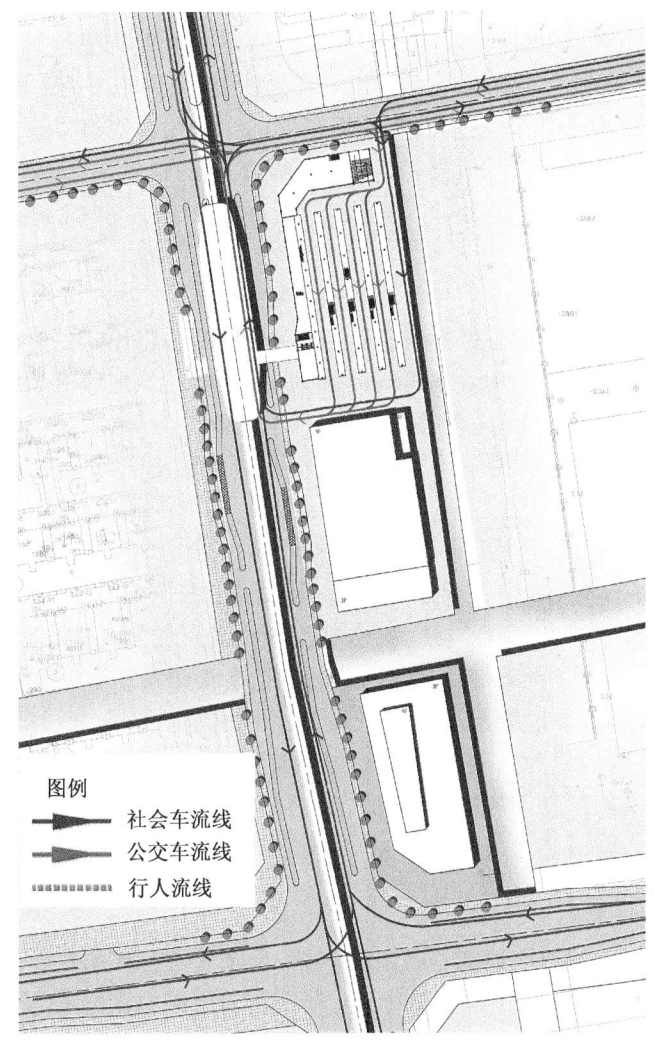

图11-12(彩图9) 阳澄湖中路站地面层机动车交通组织流线分析

于来自相城区北部的线路,从而实现来自两个方向线路的衔接换乘。

北部公交线路组织:相城区北部方向的线路从地块的北侧入口进入,选择靠西侧的4条公交廊道停靠,从南侧出口出基地后往北,在该站主要实现线路终点站上下客,短时停靠。由于场站上盖开发,部分车辆长时间停靠和维护保养功能在采莲换乘中心,需要相应服务的车辆可以往北后进入换乘中心。北部公交客流到达场站内部,作为首末站全部下客,由于南部公交线路在采莲换乘中心折返后,进入场站内部作为中途站上客,北部客流可在站内通过垂直楼梯和二层高架通道实现换乘。

南部公交线路组织:相城区南部方向的线路经过场站附近,在位于基地西侧的中途站停靠,与场站内客流换乘,后继续往北,在采莲换乘中心折返,线路返回后经过阳澄湖中路站从北侧入口进入,选择靠东侧的1条公交廊道停靠,作为中途站,客流在站内实现换乘。南部公交客流到达场站西侧的中途站后,通过设置在站台上的楼梯和二层高架通道与站内的公交廊道联系,与到站的北部公交线路实现换乘。

8. 整体开发建议

站点初步设计方案能较好地实现地块的综合开发,将设施的交通功能和商业功能较好的融合。但受到地块本身规模和地形的限制,该地块规模并不大并呈现狭长形状,设置公交首末站规模并不大,并且与北侧约1 km的采莲换乘中心距离较近;商业开发体量不大,只有与河道东侧待改造地块共同开发,才能有更好的开发效果。

首末站设置上,也可考虑将阳澄湖中路站的首末站功能与采莲换乘中心进行归并,将需求与采莲换乘中心合并,形成一个大型的公交换乘枢纽,而阳澄湖中路站则简化和纯化功能,以商业功能为主,在交通设施配给上主要以公交停靠站、非机动车停车场、租赁自行车带和北侧已建成的社会车辆停车场为主。

商业开发上,将此地块与东侧待开发的大规模地块结合,做好沟通设施的预留,可将东侧商业地块的人流直接引入轨道站点,同时也将进一步带动阳澄湖中路站周边地块的商业开发,提升土地价值,形成整体开发的综合效益。

11.3.2 迎春南路站规划与设计

1. 站点概况

迎春南路站为轨道交通2号线南端末站,为地下二层岛式车站,位于迎春南路与石湖东路路口东侧,沿石湖东路东串河和南溏河之间东西向布置。车站外包总长249.3 m,设置6个出入口,其中乘客出入口4个,工作人员出入口两个;各乘客出入口均预留与开发建筑连通接口。

2. 站点周边土地利用分析

站点位于吴中区澹台湖片区,石湖东路的北侧,迎春南路的东侧。周边现状以三类居住用地、二类工业用地为主。西南侧有碧波中学、宝伊花园、迎春花园;南侧有钱家花园;北侧有吴中区宝南友好小学;西北侧有澹台湖休闲浴场、金都大厦。

规划站点周边多为二类居住用地和商办混合用地。原控规方案中,规划南北向支路与轨道交通站设施(冷却塔、风亭等)之间存在冲突。本次对规划南北向支路进行线位调整,站点周边规划土地利用情况如图 11-13 所示。

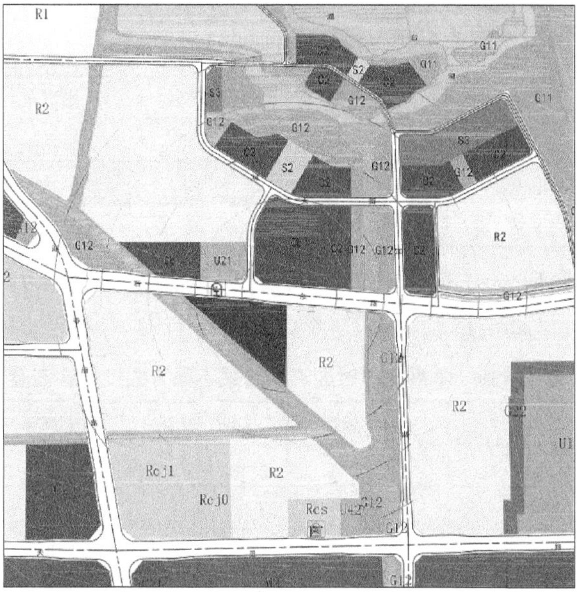

图 11-13(彩图 5) 迎春南路站周边规划土地利用情况

3. 站点周边交通设施分析

站点周边区域主要依靠迎春南路、石湖路对外联系。迎春南路为双向 4 车道,石湖路以迎春南路为界,以西段为双向 4 车道,以东段为双向 2 车道,次干路和支路欠缺。

站点周边在迎春南路上有两处公交站点,分别停靠公交 514 路和 103 路两条线路;在石湖东路上有一处公交站点,停靠公交 57 路。

4. 客流需求分析

根据《轨道交通 2 号线延伸线工程初步设计客流说明》,迎春南路站早高峰小时客流集散量如表 11-8 所示。

表 11-8 迎春南路站早高峰客流集散量　　单位:人次/h

年份	由北向南		由南向北		总上客量	总下客量	总集散量
	上车	下车	上车	下车			
2017	484	697	882	620	1 366	1 317	2 683
2024	675	962	1 354	976	2 029	1 938	3 967
2039	1 793	2 211	3 054	1 670	4 847	3 881	8 728

结合迎春南路站点区位和一体化衔接换乘设施规划研究,该站不同年份的客流接驳比例结构如表 11-9 所示。

表 11-9　迎春南路站客流接驳方式比例　　　　　　　　单位:%

年份	步行	地面公交	非机动车	小汽车	出租车
2017	58.00	25.00	12.00	1.50	3.50
2024	60.00	24.00	10.50	2.00	3.50
2039	69.00	20.00	7.00	1.50	2.50

根据客流接驳比例和各站点高峰小时客流集散量,推算出站点不同方式的换乘客流量,如表 11-10 所示。

表 11-10　早高峰小时迎春南路站不同方式换乘客流量　　单位:人次/h

年份	步行	地面公交	非机动车	小汽车	出租车
2017	1 556	671	322	40	94
2024	2 380	952	417	79	139
2039	6 022	1 746	611	131	218

5. 站点交通接驳设施规划

1) 设施规模测算

各类交通接驳设施规模如表 11-11 所示。

表 11-11　迎春南路站各类交通接驳设施规模

接驳设施	地面公交	自行车/电瓶车	私家车	出租车
相关测算参数	高峰小时平均发车间隔为 10 min,定员为 60 人;首末站到发车满载率取 80%;中途站停靠车上下车比例取 15%	停车位周转率取 1.5 次/日	平均每车乘坐 1.5 人;停车位周转率取 1.5 次/日	平均每车乘坐1.5人;高峰小时每 2 min 完成一次上下客
交通设施数量	4~5 条始发线路	1 366 泊位	195 泊位	5~6 泊位

2) 设施布局规划

规划公交场站设置综合交通设施用地,地面东侧为公交首末站,占地约 5 460 m²,设置 6~8 条发车廊道。新增一对港湾式停靠站,站台长度为 30 m;利用地下一层设置机动车停车场,专供轨道交通衔接换乘,总共设置泊位 300 个;利用地面西侧用地设置自行车停车区,共设置泊位 850 个,其中租赁自行车位 100 个,社会自行车位 750 个;在东出口公交站台的东侧设置出租车电调待客区,长度为 30 m,设置泊位 6 个。站点接驳设施布局如图 11-14 所示。

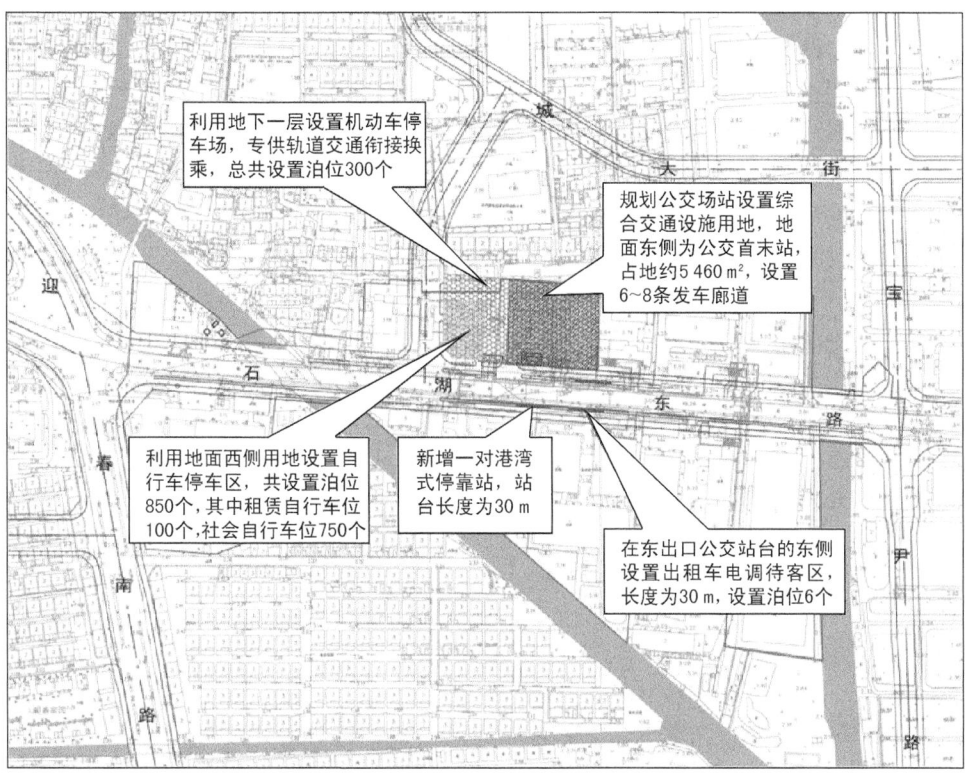

图 11-14　迎春南路站接驳设施布局图

3）方案实施规划

站点接驳设施规划方案实施安排如表 11-12 所示。

表 11-12　方案实施安排

期限	公交场站	公交站点	自行车停车区域	社会车辆停车场	出租车上下客点
初期		新增一对港湾式停靠站，站台长度为 30 m			在东出口公交站台的东侧设置出租车上下客区，长度为 30 m，设置泊位 6 个
近期	规划公交场站设置综合交通设施用地，地面东侧为公交首末站，占地约 5 460 m²，设置 6~8 条发车廊道		利用地面西侧用地设置自行车停车区，共设置泊位 850 个，其中租赁自行车位 100 个，社会自行车位 750 个	利用地下一层设置机动车停车场，专供轨道交通衔接换乘，总共设置泊位 300 个	

6. 站点开发模式分析

结合车站用地情况,在石湖东路上靠近轨道交通站出入口适当位置处,设置公交停靠站和出租车上下客车位,满足公交车辆中途停靠需求和出租车上下客要求;占用道路红线外、轨道交通车站出入口旁部分用地,设置非机动车停车场,满足部分非机动车停车需求。设置公交枢纽,主要包含公交首末站和公共停车场功能,满足公交始发停靠需求和部分机动车、非机动车停车需求。提出4个整体开发方案进行比选,如图11-15所示。

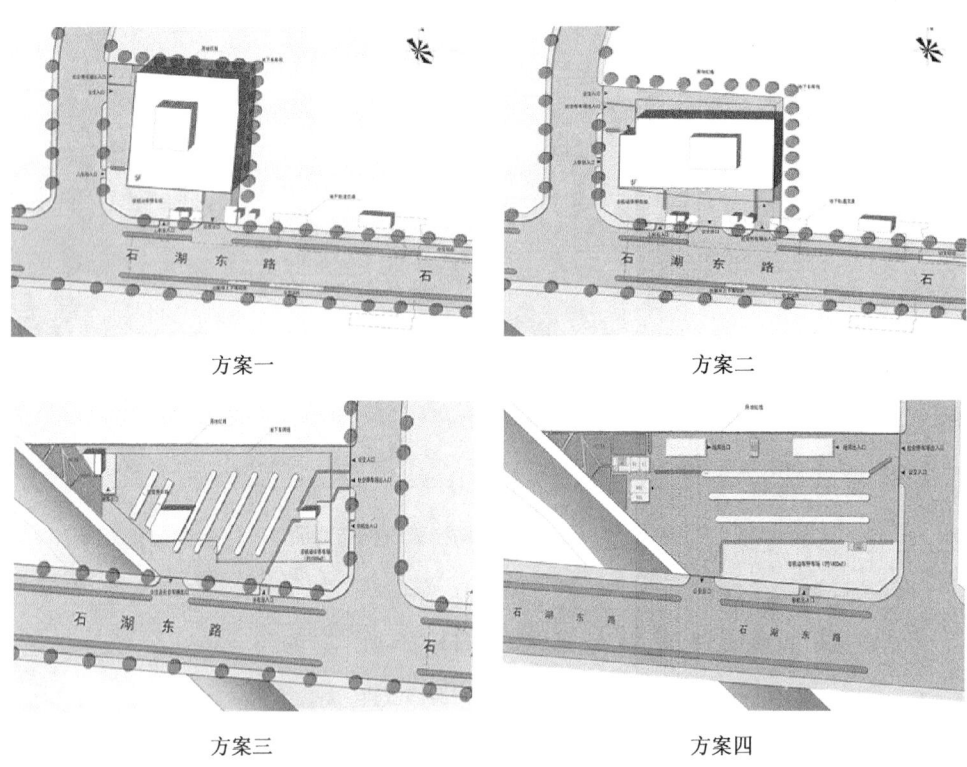

图 11-15 迎春南路站开发方案示意图

1) 方案一

公交枢纽位于规划支路东侧,包括公交首末站、社会停车场及上盖物业开发功能。社会机动车停车场位于地下一层,非机动车停车场位于地块西南角;公交站台东西向布置。在规划支路和石湖东路上分别设置一个公交出入口,并设置单行。在规划支路上设置社会车辆出入口。地下一层空间与轨道交通出入口连通。

2) 方案二

公交枢纽位于规划支路东侧,包括公交首末站、社会停车场及上盖物业开发功能。

社会机动车停车场位于地下一层,非机动车停车场位于地块西南角;公交站台南北向布置。在规划支路和石湖东路上分别设置一个公交出入口,并设置单行。在规划支路和石湖东路上分别设置一个社会车辆出入口。地下一层空间与轨道交通出入口连通。

3) 方案三

公交枢纽位于规划支路西侧,包括公交首末站、社会停车场功能。社会机动车停车场位于地下一层,非机动车停车场位于地块东南角;公交站台西南—东北方向布置。在规划支路和石湖东路上分别设置一个公交出入口,并设置单行。在规划支路上设置一个社会车辆出入口。

4) 方案四

公交枢纽位于规划支路西侧。包括公交首末站、社会停车场功能。社会机动车停车场位于地下一层,非机动车停车场位于地块东南角;公交站台西南—东北方向布置。在规划支路和石湖东路上分别设置一个公交出入口,并设置单行。在规划支路上设置一个社会车辆出入口。

5) 方案比选

各开发模式比选如表 11-13 所示。经比选,考虑地面公交与轨道交通之间的换乘距离和便利性,将方案二作为推荐方案,并进一步深化设计。

表 11-13　迎春南路站开发方案比选

方　案	方案一	方案二	方案三	方案四
对城市用地布局的影响	嵌入商办用地,需处理好与商办用地的关系	嵌入商办用地,需处理好与商办用地的关系	相对独立	相对独立
对道路交通的影响	增加石湖东路—规划支路路口压力	增加石湖东路—规划支路路口压力	增加石湖东路—规划支路路口压力	增加石湖东路—规划支路路口压力
与轨道交通之间的换乘便利性	距离约 80 m,不需要过街;适宜设置地下人行通道相连	距离约 80 m,不需要过街;适宜设置地下人行通道相连	距离约 200 m,需要过街;设置地下人行通道相连则距离较长	距离约 200 m,需要过街;设置地下人行通道相连则距离较长
枢纽占地面积	6 520 m²	7 572 m²	9 237 m²	9 237 m²
枢纽起讫公交线路规模容量	5 条	5 条	5 条	6 条
非机动车停车场规模	590 泊位	620 泊位	1 000 泊位	1 200 泊位
地下汽车库规模	50 泊位	72 泊位	147 泊位	141 泊位
	一个出入口	两个出入口	两个出入口	两个出入口
上盖物业开发	上盖四层 地面设置临街商业	上盖四层 地面设置临街商业	不考虑	不考虑

7. 站点初步设计
1) 总体布局分析
(1) 基地利用分析

利用相交的两条道路来组织公交车辆的流线:从西侧道路进,从石湖东路出,合理考虑现有的交通流量;公交车站上侧设置上盖物业,作为商业区,地下设置社会停车场,并设有与地下轨道交通换乘的大厅,方便各种交通之间的换乘。根据出入口及周边道路情况自然形成场地内部的车辆出入流线,考虑公交线路的数目以及基地相邻城市道路的交通量,将公交车的入口设置在西侧城市道路,出口设置在石湖东路,结合公交车的出入口位置,设置通向地下车库的双向出入口,便于车辆的管理;在公交停靠站上侧设置物业上盖,设置商业区,充分利用高架轨道交通站点和公交站点的人流来提升商业区域的价值;充分利用临街面,设置商业区,既可提升地块的建筑形象,也可以提升商业区域的人流量,使得行人能方便地进入商场;地下层设置换乘大厅与地下轨道交通方便换乘。迎春南路站总平面图如图11-16所示。

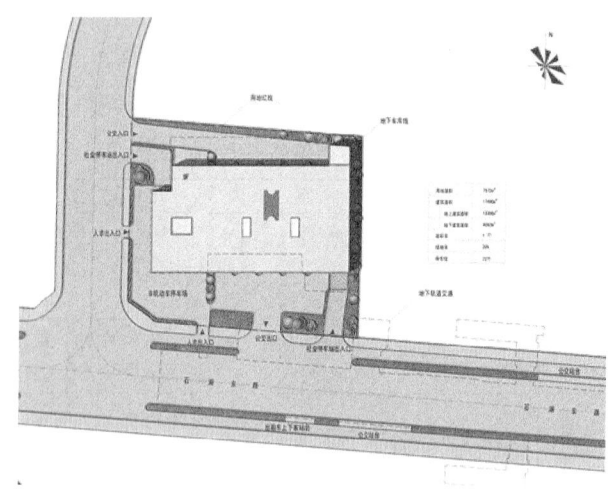

图 11-16(彩图 10)　迎春南路站总平面图

(2) 规划结构及功能分析

主体建筑南北向排布,紧接城市道路,便于公交车辆出入。结合公交流线设置了地下停车场和地上的非机动车停车场,使得各种交通方式融合在一起。在融合大量人流的基础上,公交车站上方设置了商业区,提升了地块的空间活力,如图 11-17 所示。

(3) 景观分析

受限于地块面积,景观设计以边界的绿地为主,以绿地设计来隔断相邻地块。由于地块内包含有公交车站、地下停车场、非机动车停车场、商业区等多种功能,设

第 11 章 苏州市轨道交通 2 号线换乘枢纽单体规划与设计

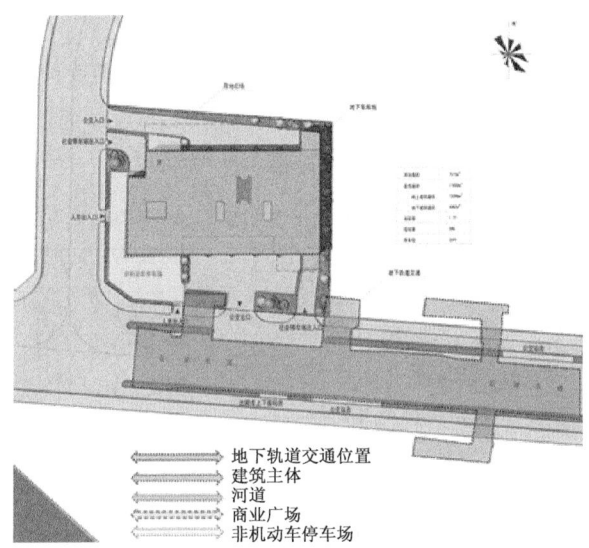

图 11-17(彩图 11) 迎春南路站功能分区示意图

计中利用了绿地景观来分隔各种功能,如图 11-18 所示。

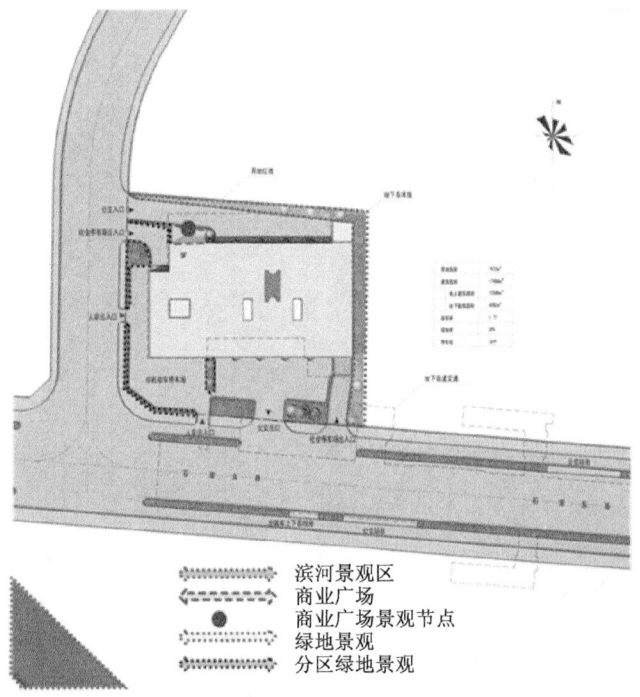

图 11-18(彩图 12) 迎春南路站景观分析示意图

2) 上盖物业开发业态分析

通过对片区带动性、城市经济发展与产业提升性、与周边地区的功能协调发展性、与交通功能一体化发展性等核心因素进行评价,作为筛选依据,力求打造迎春南路站区域的商业生活中心,业态构成如表 11-14 所示。

表 11-14 商业生活方式中心业态构成

业态	业　　种	比例	品牌举例
时尚购物	时尚百货、品牌专卖店、名品店等	15%	Reel 时尚生活百货、NOVO 新概念生活空间、玩具反斗城、Fashion ITAT、屈臣氏
家居生活	精品家居店、时尚运动用品店生活超市	40%	DIY 家居设计中心、第六空间、Sport 100、乐购
特色餐饮	主题餐厅、美食广场	30%	古典餐饮:邓家私房菜、孔膳堂、福昌饭店、海逸海鲜、巴国布衣、黔香阁等
休闲娱乐	动感影城、溜冰场、主题休闲俱乐部、会所、时尚秀	15%	影院:嘉禾影城 娱乐:东魅、金碧辉煌、麦乐迪 VIP 会所:一兆韦德健身会馆

3) 分层初步设计

迎春南路站分层平面布局图如图 11-19 所示。

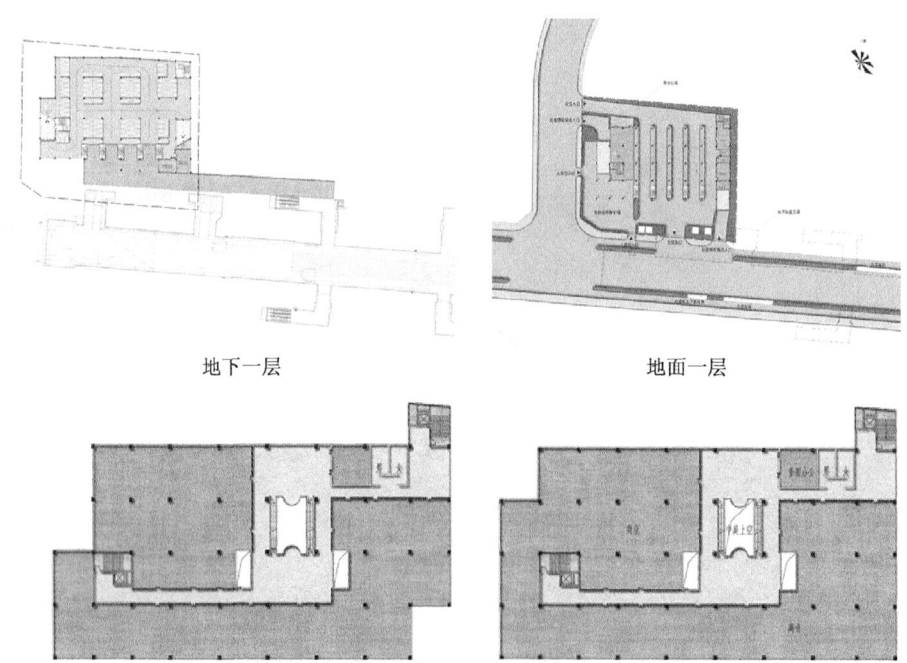

地下一层　　　　　　　　　　　地面一层

2～5 层用作商业办公

图 11-19　迎春南路站分层平面图

地下一层:地下机动车停车场与轨道交通相通,设置停车位72个。将轨道交通和地面公交通过地下一层的联系大厅衔接起来,实现无缝换乘。

地面一层:公交首末站设有5条公交廊道,入口在西侧城市道路,出口在石湖东路,在建筑南侧设有通向地下一层换乘大厅的楼梯,方便与轨道交通换乘。设置有公交停靠站台1对,长度均为30 m;出租车临时停靠点1对,与公交站台联合设置,分别为2~3个车位;路外非机动车停车场,面积为600 m^2 左右。

上盖物业:综合体建筑2~5层为商业,交通换乘枢纽力图在一个建筑中将多种功能融合到一起,甚至延展到相邻的地块规划,将相邻片区联系起来,增强区域的整体性。

4) 交通组织规划

迎春南路站地面交通组织流线如图11-20所示。

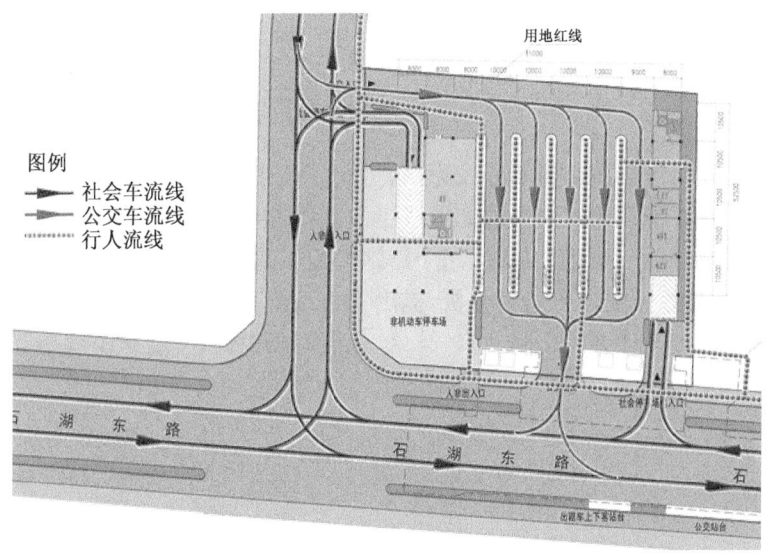

图11-20(彩图13) 迎春南路站地面交通组织流线分析

社会车流线:规划支路设有社会停车场出入口,允许社会车辆左、右转进出;石湖东路上的社会车辆停车场出入口,只允许社会车辆右进右出。

公交流线:公交车从规划支路公交出入口进,从石湖东路公交出入口出,内部也相应组织由北向南单行;两个出入口均允许公交车左、右转。

行人流线:公交枢纽站内各功能分区均有人行通道沟通。

8. 整体开发建议

轨道交通站点周边地块整体开发模式一般分为综合集成模式、商业集成模式、商务集成模式和居住集成模式 4 种。结合迎春南路站周边的规划条件,采用综合集成模式,即将办公、商业、轨道站、公交换乘枢纽集成于一体开发。

将由石湖东路、规划支路及右侧绿化景观带围合而成的地块(总占地面积约 50 000 m²)进行整体开发,地块内包含办公、商业、公交换乘、轨道车站等功能。地下层为轨道交通站厅、换乘通道、商业店铺以及停车库,停车库规模不仅需满足地块开发的配建要求,还应考虑轨道交通乘客停车换乘需求;地面层紧挨轨道交通站点、公交换乘枢纽和非机动车停车场,满足轨道交通乘客换乘需求,其余面积设置商业、银行、餐饮、超市、办公楼大厅、休闲广场等,根据需要设置出租车临时上下客及候客场地;低层裙房设置商业购物中心,还可设置一些教育、家政服务、个人健康护理等机构和各类休闲娱乐及餐饮设施;商业层上面可设置办公层。

整体综合开发后,不仅能实现不同交通方式的换乘,也能提供多种功能的组合开发,集聚大量人流、提升商业气氛和土地利用价值。

11.4 本章小结

本章以苏州市轨道交通 2 号线为例,进行了轨道交通换乘枢纽规划与设计的示例分析。分析了苏州轨道交通 2 号线走向及沿线站点设置等规划背景;提出了换乘枢纽发展目标与策略;以阳澄湖中路站和迎春南路站为例,对站点周边土地利用、交通设施和客流需求进行了分析,提出了站点开发模式,并进行了多方案比选;提出了站点初步设计方案,包括总体布局、分层初步设计、交通组织规划等,并提出了枢纽整体开发建议。

参 考 文 献

[1] 曹玫,林小涵.2005.基于遗传算法的城市轨道交通接运公交线网规划[J].武汉理工大学学报:交通科学与工程版,29(4):568-570.

[2] 曹玫.2005.城市轨道交通与常规公交客流一体化研究[D].南京:东南大学硕士学位论文.

[3] 岑敏.2007.上海郊区轨道站点客流特征与换乘设施研究[D].上海:同济大学硕士学位论文.

[4] 陈必壮.2009.轨道交通网络规划与客流分析[M].北京:中国建筑工业出版社.

[5] 陈富昱.2004.城市公交枢纽布局方法研究[J].城市,(4):32-35.

[6] 陈鹏,严新平.2011.轨道交通与常规公交计划调度协调模型[J].吉林大学学报,(4):950-955.

[7] 陈素平,刘岱宗,姜洋.2013.轨道沿线常规公交线网优化——基于目标要素分析法[J].现代城市研究,(1):23-28.

[8] 陈旭梅,林国鑫,于雷.2009.常规公共交通与轨道交通运营调度协调模型[J].系统工程理论与实践,(10):165-173.

[9] 陈艳艳,孙明正,王振报.2011.多层次公交线网规划与评价技术[M].北京:人民交通出版社.

[10] 陈挚.2013.自行车与轨道交通接驳规划研究[C]//2013中国城市规划年会论文集.

[11] 邓捷.2014.智能公交信息的采集处理及应用研究[D].重庆:重庆交通大学硕士学位论文.

[12] 邓连波,高伟,赖天珍,等.2012.基于换乘网络的城市轨道交通关联公交接驳线网优化[J].铁道科学与工程学报,9(6):77-83.

[13] 邓毛颖.2004.轨道交通与其它交通方式衔接规划研究[J].规划师,20(8):76-78.

[14] 东南大学,无锡市城市规划编制研究中心.2013.无锡地铁1、2号线交通接驳规划[R].

[15] 东南大学,无锡市交通产业集团.2013.无锡轨道交通开通地面公交线网调整方案[R].

[16] 杜彩军,蒋玉琨.2005.城市轨道交通与其他交通方式接驳规律的探讨[J].都市快轨交通,18(3):45-49.

[17] 范海雁,杨晓光,夏晓梅,等.2005.基于轨道交通的常规公交线网调整方法[J].城市轨道交通研究,(04):50-52.

[18] 甘勇华.2007.自行车与城市轨道交通的换乘衔接[J].城市轨道交通研究,04:8-10.

[19] 葛亮.2005.城市综合客运换乘枢纽规划及设计方法研究[D].南京:东南大学博士学位论文.

[20] 郭本峰,张杰林,李铁柱.2012.城市轨道交通接运公交最优长度与线路布设研究[J].交通运输工程与信息学报,(4):74-81.

[21] 过文魁.2007.面向轨道站点的换乘模式和设施布局研究[D].南京:南京林业大学硕士学位论文.

[22] 过秀成,姜晓红.2011.城乡公共客运规划与组织[M].北京:清华大学出版社.

[23] 过秀成,孔哲.2013.城市轨道交通网络演变机理及生成方法[M].北京:科学出版社.

[24] 过秀成,吕慎.2000.基于合作竞争类OD联合方式划分轨道客流分配模型研究[J].中国公路学报,13(4):91-94.

[25] 过秀成,吕慎,张瑷媛.2001.城市快速轨道交通客流需求分析的框架体系[J].地铁与轻轨,(01):18-21.

[26] 过秀成,王炜,吕慎.2000.基于合作竞争类OD的轨道客流预测方法研究[J].公路交通科技,(04):57-59.

[27] 过秀成,严亚丹.2013.地面公共交通运行可靠性分析与调度控制[M].南京:东南大学出版社.

[28] 过秀成.2010.城市交通规划[M].南京:东南大学出版社.

[29] 韩兵.2012.轨道交通接运公交线网协调与调度方法研究[D].南京:东南大学硕士学位论文.

[30] 何波.2009.城市轨道交通与常规公交运营协调优化技术研究[D].北京:北京交通大学硕士学位论文.

[31] 何明,过秀成,冉江宇,等.2010.基于非集计MNL模型的轨道交通方式预测[J].交通运输系统工程与信息,10(2):136-142.

[32] 胡思涛.2007.基于城市轨道站点的换乘系统规划研究[D].武汉:华中科技大学硕士学位论文.

[33] 惠英.2008.机动化背景下历史街区交通发展与规划研究[D].上海:同济大学博士学位论文.

[34] 季令,张国宝.1998.城市轨道交通运营组织[M].北京:中国铁道出版社.

[35] 江志彬,费翔,滕靖.2011.常规道路公交与网络化运营的城市轨道交通协作模式[J].城市轨道交通研究,(12):15-17.

[36] 蒋冰蕾,孙爱充.1998.城市快速轨道交通接运公交路线网规划[J].系统工程理论与实践,(03):131-135.

[37] 姜帆.2001.城市轨道交通与其它交通方式衔接的研究[J].北方交通大学学报,04:108-110.

[38] 交通运输部道路运输司.2010.世界主要城市公共交通[M].北京:人民交通出版社.

[39] 金昱.2012.上海轨道交通进出站客流影响因素与规划对策[C].2012中国城市规划年会论文集.

[40] 孔繁钰,高志刚,徐上,等.2010.基于轨道交通的常规公交配套规划[J].交通科技与经济,(03):25-27.

［41］孔哲,过秀成,侯佳,等.2013.大城市轨道交通网络演变的生命周期特征研究[J].城市轨道交通研究,(08):32-38.

［42］李家斌,过秀成,姜晓红,等.2014.城市轨道交通运营初期地面公交线网调整策略研究[J].现代城市研究,(10):50-54.

［43］李金萍.2009.城市轨道交通与常规公交协调研究[D].西安:长安大学硕士学位论文.

［44］李橘云.2009.基于轨道交通的常规公交线路优化对策研究[J].都市快轨交通,(03):10-13.

［45］李昆达,杨新苗.2013.我国公共交通场站建设模式研究[J].城市,02:62-66.

［46］李萌,彭国雄.2006.基于换乘系统经济效益最优的公共交通调度问题研究[J].城市轨道交通研究,(2):31-34.

［47］李诗灵,陈宁,赵学彧.2010.基于粒子群算法的城市轨道交通接运公交规划[J].武汉:武汉理工大学学报:交通科学与工程版,34(4):780-783.

［48］李淑庆,滕宏伟,岳顺,等.2006.城市公交现状问题分析与线网布局规划模式研究[J].重庆交通学院学报,25(2):89-92.

［49］李锁平,吴烁,彭佳.2011.公交场站综合开发浅析[C].2011中国城市交通规划年会论文集.

［50］梁丽娟.2009.城市轨道线网形成期公交线路调整方法研究[D].上海:同济大学硕士学位论文.

［51］廖姜.2012.基于用地功能的轨道站点衔接研究[D].重庆:重庆交通大学硕士学位论文.

［52］林国鑫.2007.城市轨道交通与常规公交运营调度协调研究[D].北京:北京交通大学硕士学位论文.

［53］刘超平.2011.大城市公交枢纽功能分类及设施规模分析方法[D].南京:东南大学硕士学位论文.

［54］卢果.2012.城市公共交通系统与城市形态协调发展研究[D].成都:西南交通大学硕士学位论文.

［55］罗磊,陈学武.2007.城市公共交通多元票制初探[J].城市公共交通,12:32-36.

［56］吕慎,过秀成.2001.轨道线网客流预测方法研究[J].系统工程理论与实践,(08):106-110.

［57］毛保华.2011.城市轨道交通规划与设计[M].北京:人民交通出版社.

［58］梅丽.2013.城市轨道交通接驳方式选择研究[D].成都:西南交通大学硕士学位论文.

［59］莫海波.2006.城市轨道交通与常规公交一体化协调研究[D].北京:北京交通大学硕士学位论文.

［60］南京市规划局.2014.2014年南京交通发展年度报告[D].

［61］潘述亮,俞洁,卢小林,等.2014.灵活型公交服务系统及其研究进展综述[J].城市交通,(02):62-68.

［62］秦观明.2010.城市轨道交通接驳方式选择及客流吸引范围研究[D].哈尔滨:哈尔滨工业大学硕士学位论文.

[63] 秦焕姜,关宏志,潘小松.2012.基于随机连续平衡模型的停车换乘需求[J].吉林大学学报:工学报,42(2):321-326.

[64] 桑曙光.2008.城市公共交通信息标识系统设计研究[D].济南:山东大学硕士学位论文.

[65] 宋瑞,刘志谦.2011.轨道交通系统接运公交线路生成的启发式算法[J].吉林大学学报:工学版,(05):1234-1239.

[66] 孙杨,宋瑞,何世伟.2011.弹性需求下的接运公交网络设计[J].吉林大学学报:工学版,41(2):349-354.

[67] 孙杨,孙小年,孔庆峰,等.2014.轨道交通新线投入运营下常规公交网络优化调整方法研究[J].铁道学报,(3):1-8.

[68] 苏州市规划局,苏州市规划设计研究院.2011.苏州轨道换乘枢纽单体规划与设计(2号线)[R].

[69] 覃煌,宗传荃.2006.轨道交通接运系统规划方法[J].城市交通,(09):6-12.

[70] 覃矞.2002.轨道交通枢纽规划与设计理论研究[D].上海:同济大学博士学位论文.

[71] 覃煜,晏克非.2009.轨道交通与常规公交衔接系统分析[J].城市轨道交通研究,(2):44-48.

[72] 滕靖,杨晓光.2004.APTS下城市公交枢纽调度问题的实用优化方法研究[J].系统工程,22(8):78-82.

[73] 滕靖,杨晓光.2006.APTS下公共汽车单线路实时控制方法[J].同济大学学报:自然科学版,34(6):744-751.

[74] 王飞,叶青,戴时,等.2011.公交枢纽站综合开发模式的探索——以武汉市武胜路公交枢纽站改造为例[J].城市交通,(06):43-49.

[75] 王飞.2012.城市轨道交通换乘通道设施能力匹配研究[D].北京:北京交通大学硕士学位论文.

[76] 王国新,李家斌.2014.无锡轨道交通开通后地面公交系统调整策略[J].交通标准化,23:53-57.

[77] 王佳,胡列格.2010.城市轨道交通站点对常规公交客流的吸引范围[J].系统工程,(1):14-18.

[78] 王秋平,李峰.2003.城市其他客运交通换乘轨道交通协调探讨[J].西安建筑科技大学学报:自然科学版,02:136-139,150.

[79] 王文红,关宏志,王山川.2008.Nested Logit模型在轨道交通接驳方式选择中的应用[J].城市轨道交通研究,7:25-29.

[80] 王学尽.2004.城市轨道交通与常规公交换乘协调性研究[D].成都:西南交通大学硕士学位论文.

[81] 王宇萍.2010.城市轨道交通换乘站点客流预测及规模确定方法研究[D].哈尔滨:哈尔滨工业大学硕士学位论文.

[82] 王振报,陈艳艳,段卫静.2011.常规公交线路调整方案评估方法[J].交通运输系统工程与信息,(03):124-130.

[83] 熊杰,关伟,黄爱玲.2014.社区公交接驳地铁路径优化研究[J].交通运输系统工程与信息,(01):166-173.

[84] 许旺土,何世伟,宋瑞,等.2009.基于改进遗传算法的接运公交线路生成优化模型[J].北京交通大学学报,33(3):40-44,51.

[85] 谢玉洁,韩宝明,许惠花.2006.城市轨道交通与地面常规公交的客运一体化[J].都市快轨交通,01:32-34,48.

[86] 杨晓光,周雪梅,臧华.2003.基于ITS环境的公共汽车交通换乘时间最短调度问题研究[J].系统工程,21(2):56-59.

[87] 殷远飞.2005.城市轨道接驳方式选择研究[D].北京:北京工业大学硕士学位论文.

[88] 岳芳,毛保华,陈团生.2007.城市轨道交通接驳方式的选择[J].都市快轨交通,20(4):36-39.

[89] 张杰林,郭本峰,李铁柱.2013.城市轨道交通接运公交最优线路模型[J].公路交通科技,30(1):102-109.

[90] 张丽,张晗,张琳波.2012.国外的城市公交信息服务及其启示[J].综合运输,12:67-70.

[91] 张小辉.2014.城际铁路客运枢纽交通衔接设施配置方法研究[D].南京:东南大学博士学位论文.

[92] 张宇石,陈旭梅,于雷,等.2009.基于换乘站点的轨道交通与常规公交运营协调模型研究[J].铁道学报,31(3):11-19.

[93] 赵路敏,张秀媛.2007.TransCAD软件在轨道交通与常规公交换乘线路优化中的应用[J].都市快轨交通,20(2):32-35.

[94] 赵鑫.2006.城市轨道交通与常规公交的协调研究[D].成都:西南交通大学硕士学位论文.

[95] 郑祖武,李康,徐吉谦,等.1998.现代城市交通[M].北京:人民交通出版社.

[96] 中国城市轨道交通协会.2014.城市轨道交通2014年度统计分析报告[R].

[97] 周昌标,王婷静,赖友兵.2008.基于道路公交与轨道交通布局模式的公交线网调整方法[J].城市轨道交通研究,(04):44-47.

[98] 周立新,李英.2001.城市轨道交通系统的换乘研究[J].城市轨道交通研究,(4):35-38.

[99] 周韬,邵敏华.2011.与轨道线平行的常规公交线路优化方法研究[J].公路工程,36(5):122-124,127.

[100] 周雪梅,杨晓光.2004.基于ITS的公共交通换乘等待时间最短调度问题研究[J].中国公路学报,17(2):82-85.

[101] 住房与城乡建设部.2011.城市道路公共交通站、场、厂工程设计规范(CJJ/T15-2011)[S].北京:中国建筑工业出版社.

[102] 宗传苓,杨崇明,杨德明.2011.基于粗糙集的市域快线与城际轨道交通衔接模型评价[J].交通运输系统工程与信息,11(2):130-135.

[103] 邹迎,黄溅华.2002.公共交通调度实时发快车模型研究[J].数学的实践与认识,(6):960-962.

[104] Alshalalfah B, Shalaby A. 2011. Feasibility of flex-route as a feeder transit service to rail stations in the suburbs: Case study in Toronto[J]. Journal of Urban Planning and Development, 138(1): 90-100.

[105] Bruno G, Ghiani G, Improta G. 1998. A multi-modal approach to the location of a rapid transit line[J]. European Journal of Operational Research, 104(2): 321-332.

[106] Ceder A, Marguier P H J. 1985. Passenger waiting at transit stops [J]. Traffic Engineering and Control, 26: 327-329.

[107] Cevallos F, Zhao F. 2006. Minimizing transfer times in a public transit network with a genetic algorithm[J]. Journal of the Transportation Research Board, 1971(1): 74-79.

[108] Chien S I, Schonfeld P M. 1998. Joint Optimization of a Rail Transit Line and Its Feeder Bus System[J]. Journal of Advanced Transportation, 32(3): 253-284.

[109] Chien S I, Spasovic L N, Elefsiniotis S S, et al. 2001. Evaluation of feeder bus systems with probabilistic time-varying demands and nonadditive time costs[J]. Journal of the Transportation Research Board, 1760(1): 47-55.

[110] Chien S I, Yan Z W, Hou E. 2001. Genetic algorithm approach for transit route planning and design[J]. Journal of Transportation Engineering, 127(3): 200-207.

[111] Chien S I, Yang Z W. 2000. Optimal feeder bus routes on irregular street networks[J]. Journal of Advanced Transportation, 34(2): 213-248.

[112] Chowdhury S M, Chien S I. 2001. Optimization of transfer coordination for inter modal transit network[C]. Presented at the 80th Transportation Research Board Annual Meeting.

[113] Chowdhury S M, Chien S I. 2002. Intermodal transit system coordination [J]. Transportation Planning and Technology, 25(4): 257-287.

[114] Chung E H, Shalaby A. 2007. Development of a control strategy for intermodal connection protection of timed-transfer transit routes[J]. Journal of the Transportation Research Board, 2006(1): 3-10.

[115] Hall R. 2003. Feeding system of urban rail transit hub in European[J]. Transportation Science, 19(3): 2001-2110.

[116] Han B, Guo X C, Kong Z, et al. 2011. Decision method for rail transit network growth stage in big cities based on life cycle[C]. Presented at the 11th International Conference of Chinese Transportation Professionals.

[117] He M, Guo X C, Ran J Y, et al. 2010. Forecasting rail transit split with disaggregated MNL model [J]. Journal of Transportation Systems Engineering and Information Technology, 10(2): 136-142.

[118] Joffre S. 2001. Choice set generation within the generalized extreme value family of discrete choice models[J]. Transportation Research Part B, 35(7): 643-666.

[119] Kuah G K, Perl J. 1988. Optimization of feeder bus routes and bus stop spacing[J].

Journal of Transportation Engineering, 114(3): 341-354.

[120] Kuah G K, Perl J. 1989. The feeder-bus network-design problem[J]. Journal of the Operational Research Society, 40(8): 751-767.

[121] Kuah G K, Perl J. 1998. Optimization of feeder bus routes and bus-stop spacing[J]. Journal of Transportation Engineering, 114(3): 341-354.

[122] Kuan S N, Ong H L, Ng K M. 2006. Solving the feeder bus network design problem by genetic algorithms and ant colony optimization[J]. Advances in Engineering Software, 37(6): 351-359.

[123] Lee K K, Schonfeld P M. 1994. Real-time dispatching control for coordinated operation in transit terminal[J]. Journal of the Transportation Research Board, 1433(1): 3-9.

[124] Li J B, Chen X M, Li X, et al. 2013. Evaluation of public transportation operation based on data envelopment analysis[C]. Presented at the 13th COTA International Conference of Transportation Professionals.

[125] Li J B, Guo X C, Xue Y Y, et al. 2015. An analysis of metro peak-hour boarding and alighting in Hangzhou, China[C]. Presented at the 94th Transportation Research Board Annual Meeting.

[126] Li J, Zhou K, Zhang L, et al. 2012. A multimodal trip planning system with real-time traffic and transit information[J]. Journal of Intelligent Transportation Systems, 16(2): 60-69.

[127] Li X, Quadrifoglio L. 2010. Feeder transit services: Choosing between fixed and demand responsive policy[J]. Transportation Research Part C: Emerging Technologies, 18(5): 770-780.

[128] Lúcio M C, Vaz P M. 1998. Search strategies for the feeder bus network design problem[J]. European Journal of Operational Research, 106(2): 425-440.

[129] Maged D, Randolph H. 1999. Bus dispatching at timed transfer transit stations using bus tracking technology[J]. Transportation Research Part C, 7(4): 187-208.

[130] Meyer R J, Kain F J. 2001. The urban transportation problem[J]. Transportation Science, 17(12): 1544-1547.

[131] Mohaymany A S, Gholami A. 2010. Multimodal feeder network design problem: ant colony optimization approach[J]. Journal of Transportation Engineering, 136(4): 323-331.

[132] Nabil S. 2010. Optimal urban rail transit corridor identification within integrated framework using geographical information system[J]. Journa of Urban Planning and Development-ASCE, 25(1): 32-41.

[133] Quadrifoglio L, Li X. 2009. A methodology to derive the critical demand density for designing and operating feeder transit services[J]. Transportation Research Part B: Methodological, 43(10): 922-935.

[134] Sara C M. 2010. The choice between bus and light rail transit: a stylized cost-benefit analysis model[J]. Munich Personal RePEc Archive, 4(2): 93-102.

[135] Shrivastav P, Dhingra S L. 2001. Development of feeder routes for suburban railway stations using heuristic approach[J]. Journal of Transportation Engineering, 127(4): 334-341.

[136] Shrivastava P, O' Mahony M. 2009. Use of a hybrid algorithm for modeling coordinated feeder bus route network at suburban railway station[J]. Journal of Transportation Engineering, 135(1): 1-8.

[137] Uchida K, Sumalee A, Watling D, et al. 2005. Study on optimal frequency design problem for multimodal network using probit-based user equilibrium assignment[J]. Journal of the Transportation Research Board, 1923(1): 236-245.

[138] Van Nes R, Bovy P H. 2004. Multimodal traveling and its impact on urban transit network design[J]. Journal of Advanced Transportation, 38(3): 225-241.

[139] Verma A, Dhingra S L. 2005. Feeder bus routes generation within integrated mass transit planning framework[J]. Journal of Transportation Engineering, 131(11): 822-834.

[140] Wan Q K, Lo H K, Yip C. 2002. Optimal integrated transit network design[C]. Presented at the International Conference on Applications of Advanced Technologies in Transportation Engineering.

[141] Wan Q K, Lo H K. 2009. Congested multimodal transit network design[J]. Public Transport, 1(3): 233-251.

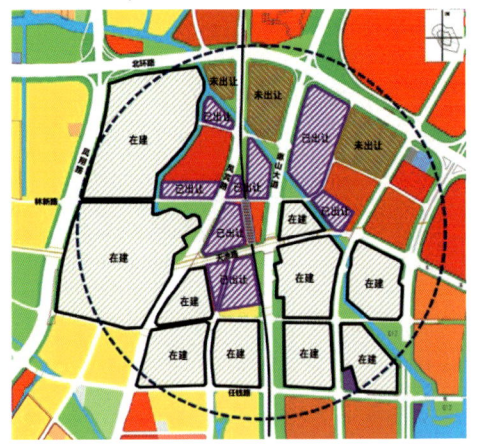

彩图 1　刘潭站周围用地规划图

彩图 2　三阳广场站周围用地规划图

彩图 3　梅园站周围用地规划图

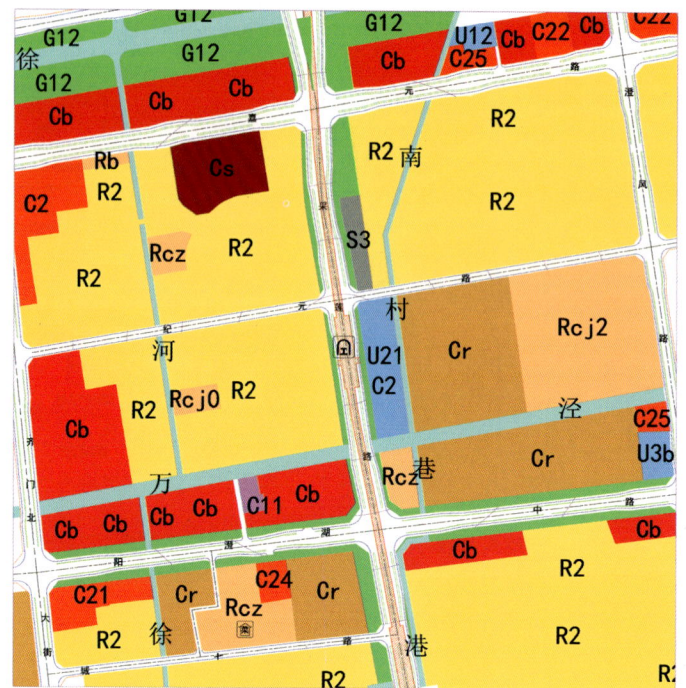

彩图 4 阳澄湖中路站周边规划土地利用情况

彩图 5 迎春南路站周边规划土地利用情况

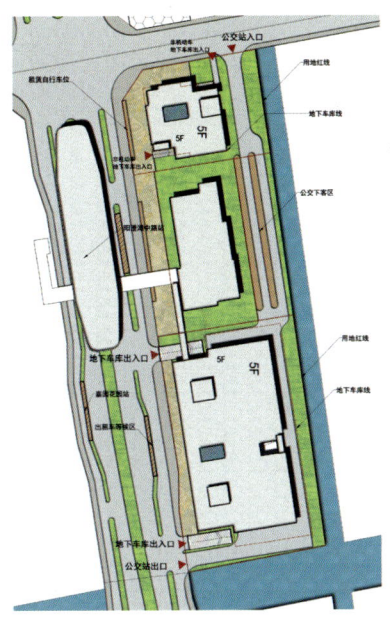

彩图 6 阳澄湖中路站总平面图

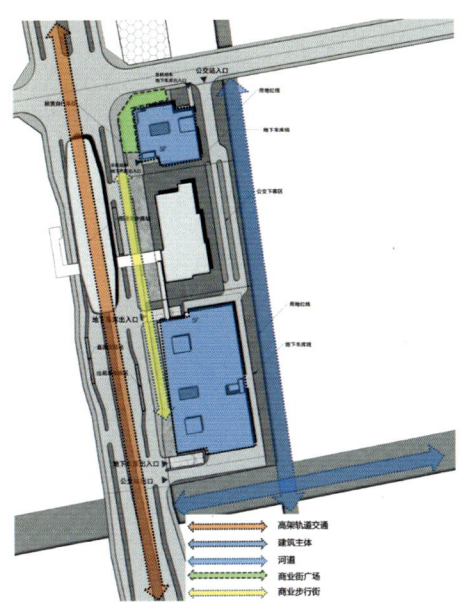

彩图 7 阳澄湖中路站功能分区示意图

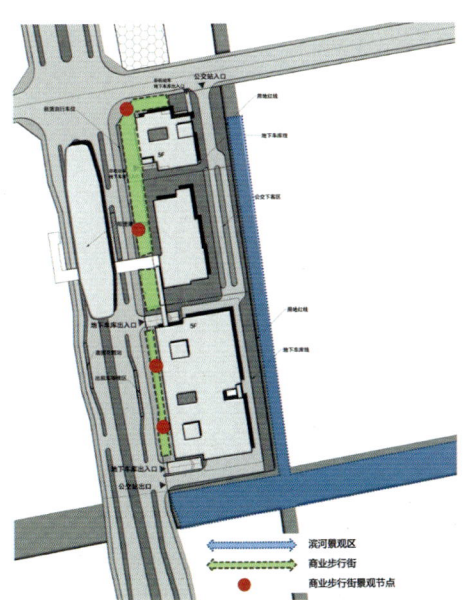

彩图 8 阳澄湖中路站景观分析示意图

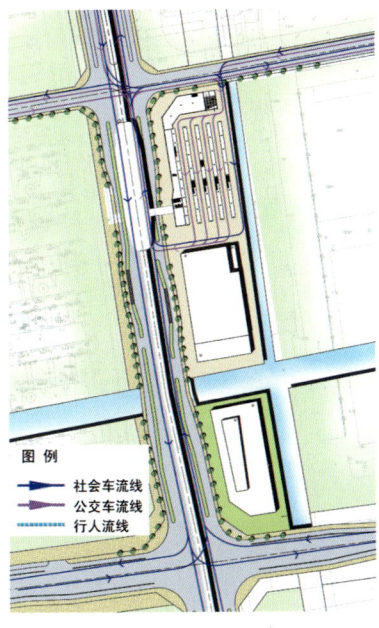

彩图 9 阳澄湖中路站地面层机动车交通组织流线分析

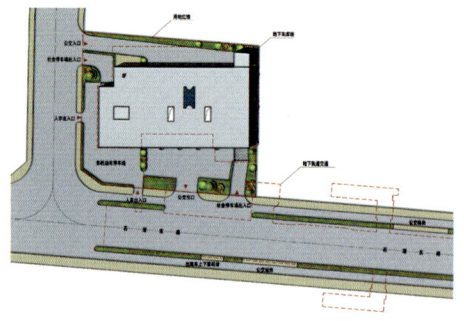

彩图 10　迎春南路站总平面图

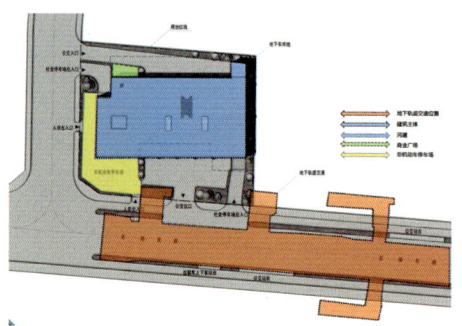

彩图 11　迎春南路站功能分区示意图

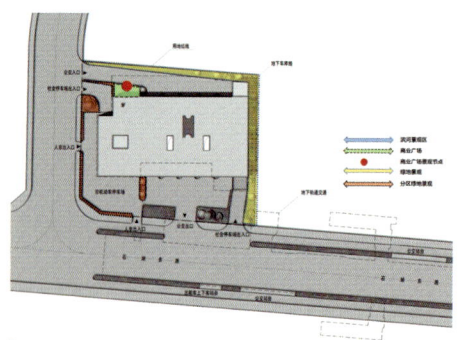

彩图 12　迎春南路站景观分析示意图

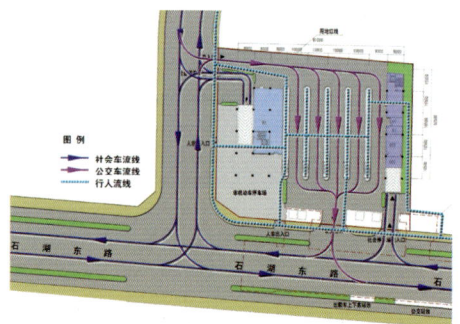

彩图 13　迎春南路站地面交通组织流线分析